Uni-Taschenbücher 586

UTB

Eine Arbeitsgemeinschaft der Verlage

Birkhäuser Verlag Basel und Stuttgart
Wilhelm Fink Verlag München
Gustav Fischer Verlag Stuttgart
Francke Verlag München
Paul Haupt Verlag Bern und Stuttgart
Dr. Alfred Hüthig Verlag Heidelberg
Leske Verlag + Budrich GmbH Opladen
J. C. B. Mohr (Paul Siebeck) Tübingen
C. F. Müller Juristischer Verlag – R. v. Decker's Verlag Heidelberg
Quelle & Meyer Heidelberg
Ernst Reinhardt Verlag München und Basel
F. K. Schattauer Verlag Stuttgart-New York
Ferdinand Schöningh Verlag Paderborn
Dr. Dietrich Steinkopff Verlag Darmstadt
Eugen Ulmer Verlag Stuttgart
Vandenhoeck & Ruprecht in Göttingen und Zürich
Verlag Dokumentation München

Edward E. Lawler III.

Motivierung in Organisationen

Ein Leitfaden für Studenten und Praktiker

Verlag Paul Haupt Bern und Stuttgart

Edward E. Lawler III., geb. 16. Juni 1938. Ph. D. in Psychologie. Professor für Psychologie und Programmdirektor am Institute for Social Research of the University of Michigan.

Titel der amerikanischen Ausgabe:
Motivation in Work Organizations
by Edward E. Lawler III.

Original English language edition published by
Brooks/Cole Publishing Company

Übersetzung aus dem Amerikanischen: Christoph Markert, Gran Canaria

ISBN 3-258-02442-1

Printed in Germany

Vorwort

Dieses Buch behandelt die für das Verhalten in Organisationen motivierenden Faktoren. Es wurde für Studenten und Doktoranden geschrieben, die sich für das Verhalten in Organisationen interessieren sowie für Praktiker, die sich mit den täglichen Problemen der Motivierung in Organisationen beschäftigen. Für die studentische Leserschaft wird die Theorie der Motivation in den Kapiteln 2, 3 und 4 ausführlich behandelt. Ich halte es für wichtig, dass man auf diesem Gebiet mit der Theorie vertraut ist, denn nur auf dieser Basis kann man die in Organisationen auftauchenden Fragen der Motivation analytisch durchdenken.

Die Kapitel 5, 6, 7, 8 und 9 betonen Forschung und Praxis; sie übertragen die Theorie auf die Praxis anhand von Beispielen, wie Stellenbeschreibung, Führungsstil und Belohnungssysteme, soweit diese die Motivation beeinflussen.

Manager werden es vielleicht vorziehen, die Kapitel 5 bis 9 besonders zu beachten, da sich dieses Material direkt auf ihre Probleme bezieht. Manager können jedoch auch Nutzen ziehen aus den einführenden Kapiteln, die den begrifflichen Rahmen bieten. So können sie Situationen und Verhaltensweisen beeinflussen, die hier nicht speziell behandelt werden. Manager müssen die Fähigkeit entwickeln, Situationen aus dem Blickwinkel der motivierenden Faktoren zu analysieren, wenn sie mit den vielfältigen Problemen der Motivation fertig werden wollen. Kein Buch kann Lösungen für alle möglichen Probleme anbieten, die in Organisationen auftauchen. Daher ist es wesentlich, dass man die motivierenden Faktoren versteht.

Für mich bedeutet dieses Buch eine Zusammenfassung mehrjähriger Forschungsarbeit. Viele Menschen halfen mir bei meinen Untersuchungen und beeinflussten mein Denken während dieser Zeit. Ich erhielt nützliche Hinweise bezüglich des Manuskriptes von Cortlandt Cammann, J. Richard Hackman, Terry Mitchell, Lyman Porter und Gerrit Wolf. Ich möchte all jenen danken, die das fertige Manuskript durchsahen: Mason Haire (Massachusetts Institute of Technology), Edgar H. Schein (Massachusetts Institute of Technology) und Victor Vroom (Yale University). Jane

Doberstyn, Maryellen Holford und Barbara Prittie halfen beim Tippen und Redigieren des Manuskripts. Besonderen Dank verdient Ginny Decker für ihre redaktionelle Arbeit.

Edward E. Lawler III.

Inhaltsverzeichnis

1. Motiviertes Verhalten in Organisationen

Bei den meisten Fabrikarbeiten produziert der beste Arbeiter zwei- bis dreimal soviel wie der schlechteste Arbeiter. Bei anderen Tätigkeiten ist der Unterschied sogar noch grösser. Dieses Buch beschäftigt sich mit den Hauptgründen für diese Unterschiede in der Produktivität, mit der Motivation. Die Leistung eines Arbeitnehmers wird sicherlich nicht allein durch seine Motivation beeinflusst; es gibt noch eine Reihe anderer Faktoren, wie z. B. die Fähigkeiten des Arbeitnehmers, ferner verschiedene Faktoren betreffend Situation und Umgebung. Unterbrechungen des Produktionsvorganges, minderwertiges Material, stockende Materialzufuhr usw. können die Produktion beträchtlich herabsetzen. Trotzdem kann besonders auf niedrigeren Ebenen, auf denen wenig Können verlangt wird, die Motivation der wichtigste Leistungsfaktor sein.

Die wichtige Rolle der Motivation beim Ermitteln der Leistung wird durch Whytes (1955) Untersuchung zweier Arbeiter in einer Maschinenfabrik deutlich illustriert. Die Arbeiter erhielten jedesmal eine Prämie, wenn ihre Produktion 66 Prozent der als „normal" ermittelten Produktion überstieg. Einer der Arbeiter produzierte im Durchschnitt nur 52 Prozent der Norm. Was verursachte diese niedrige Leistung? War der Mann für diese Arbeiten nicht geeignet? Das schien nicht der Fall zu sein, da er bei anderer Gelegenheit eine beträchtliche Prämie verdient hatte. Wie er selbst sagte, produzierte er einfach deshalb nicht mehr, weil er sich nicht unmässig anstrengen wollte:

> „Man muss sich ja immer auf die Arbeit konzentrieren, um die Prämie zu gewinnen. Man kann z. B. seine Mitarbeiter nie besuchen, wenn man nicht alles verlieren will. Auch wenn ich bei wahnsinnigem Arbeitstempo regelmässig eine Prämie verdienen könnte, würde ich keinen Wert darauf legen, wenn ich es dadurch mit meinen Mitarbeitern verdürbe. Verstehen Sie mich nicht falsch. Ich verdiene ganz gern etwas extra Geld, aber man kriegt ja nichts geschenkt, und der Preis ist mir zu hoch . . ."

Nicht alle Arbeiter in der Fabrik teilten jedoch diese Ansicht in bezug auf hohe Leistung. Der zweite in der Untersuchung erwähnte Arbeiter erreichte 150 Prozent der Norm und wurde durch das Prämiensystem stark motiviert:

> „Ich komme hieher, um Geld zu verdienen. Wenn diese Faulenzer glauben, sie könnten mich daran hindern, sollen sie es nur probieren. Ich bezahle meine Rechnungen und schulde niemandem einen Pfennig. Ich kümmere mich um meine eigenen Angelegenheiten und um meine Arbeit. Ich komme nie zu spät, ich drücke mich nie, und ich gehe nie vorzeitig nach Hause. Die Firma kann sich auf mich verlassen. Warum soll ich mich aufregen über das, was ein paar verdammte Faulenzer von mir denken? ..."

Die von ihm erwähnten „verdammten Faulenzer" sind seine Mitarbeiter, die seine hohe Leistung kritisieren.

Die höchst unterschiedlichen Ebenen der Motivation bei diesen beiden Arbeitern waren kein Zufall, und die Erklärung dafür ist nicht allzu schwierig. Die verschiedenen Motivationsebenen sind eine direkte Funktion einer Reihe von Faktoren, u. a. der Ziele der beiden Arbeiter, ihrer Beurteilung der Situation, ferner des wirklichen Funktionierens des Belohnungssystems. Aber bevor wir genauer untersuchen, was einen Menschen in seiner Arbeitssituation motiviert, sollten wir uns im klaren sein, wie der Begriff „Motivation" von den Psychologen benutzt worden ist und welches die vorherrschenden psychologischen Theorien sind auf diesem Gebiet.

11 Der Begriff „Motivation"

Die Psychologen haben den Begriff „Motivation" auf verschiedene Arten gebraucht. Daher stimmen sie nicht immer genau darin überein, welche Verhaltenstypen als motivierte zu bezeichnen sind. Gegenwärtig scheint man sich weitgehend einig zu sein, dass motiviertes Verhalten zielorientiert ist. Bindra (1959) sagte, der Kern sogenannter Probleme der Motivation liege im zweckhaften oder zielorientierten Aspekt des Verhaltens. Der Begriff „Motivation" braucht nicht zur Erklärung allen Verhaltens herangezogen zu werden. Man braucht ihn nicht, um die Verkleinerung der Pupille bei Lichteinwirkung zu erklären, oder um die Reflexbewegung des Knies nach einem Schlag unterhalb der Kniescheibe vorherzusagen. Bestimmte Verhaltensweisen sind reflexartig und nicht zweckhaft oder zielorientiert. Wir schliessen uns hier der allgemeinen Definition an, nach der motiviertes Verhalten unter zentraler oder willkürlicher Kontrolle steht. Daher werden wir uns nicht mit reflexartigem Verhalten beschäftigen, das allein durch die Reaktion der Nerven auf externe Anregungen verursacht wird.

Es wird allgemein bestätigt, dass man bei der Untersuchung zielorientierten Verhaltens in Betracht ziehen muss, was das Verhalten anregt und was das Verhalten zum Ziel führt. Atkinson (1964) sagte: „Das Studium der Motivation hat mit der Analyse der verschiedenen Faktoren zu tun, welche die Handlungen eines Menschen anregen und steuern". M. R. Jones (1955) sagte, dass die Motivation sich damit beschäftigt, „wie das Verhalten ausgelöst wird, durch welche Kraft es getrieben wird, wie es gesteuert wird, wie es aufhört, und welche subjektiven Reaktionen während dieser Phasen im Organismus stattfinden". Die Definition von Jones ist umfassender und genauer als die von Bindra oder Atkinson. Wie wir sehen werden, hat die Erforschung der Motivation in Organisationen alle die Fragen berührt, die in der Definition von Jones erwähnt sind, und vermutlich müssen zum Verständnis des Themas alle diese Fragen in Betracht gezogen werden. Daher werden wir diese Definition akzeptieren, zumal sie am ehesten die entsprechende Fachliteratur umfasst.

12 Gesunder Menschenverstand und Motivation

„Vernünftige Erklärungen" für motiviertes Verhalten bestehen gewöhnlich darin, dass sie eine bestimmte Handlung mit einer anderen Handlung verbinden, die zu anerkannten oder gewünschten Zielen führt. Jedes beliebige Verhalten wird für den gesunden „Menschenverstand" einsehbar, wenn der Satz stimmt: „X tut Y, um zu . . .". Auf diese Weise kann erklärt werden, warum jemand hart arbeitet: „X arbeitet hart, um mehr Geld zu verdienen". Dies ist jedoch kaum eine wissenschaftliche Erklärung, denn es steht immer noch offen, warum X mehr Geld verdienen will, oder warum X durch die Y-Tätigkeit und nicht durch die Z-Tätigkeit das Geld verdienen will. Ausserdem ist noch nicht erklärt, warum X Geld wünscht, nicht etwas anderes. Eine annehmbare wissenschaftliche Erklärung des Verhaltens von X muss auf alle diese

Dinge gesondert eingehen. Sie muss erklären, warum Geld das Ziel ist, warum das Geld anderen Zielen vorgezogen wird und warum X sein Ziel durch diese bestimmte Tätigkeit erreichen will.
Hier ist es wichtig, dass man unterscheidet zwischen Theorien der Motivation und Theorien, die sich mit der Beschreibung menschlicher Bedürfnisse oder Antriebe beschäftigen. Letztere ergründen nur, weshalb Ziele wie Gehalt, Beförderung und Sicherheit des Arbeitsplatzes erstrebt werden, und warum andere Ziele vermieden werden. Diese Art von Theorie sollte man nicht verwechseln mit einer Theorie der Motivation, die das Verhalten gänzlich erklärt und voraussagt. Um das Verhalten zu erklären und vorauszusagen, muss die Theorie nicht nur festhalten, warum bestimmte Ziele oder Ergebnisse erstrebt, andere vermieden werden; sie muss auch die Faktoren erklären die dafür verantwortlich sind, wie die Ziele erstrebt werden.
Viele Psychologen und Manager bringen jedoch die beiden Theorien durcheinander. Sie nehmen an, dass eine Theorie betreffend die Anziehungskraft bestimmter Ziele auch die Motivation umfasse, welche das Verhalten erklären und voraussagen kann. Dies ist eine irreführende Annahme. Aufgrund der Begrenztheit ihrer Theorien können sie nur sagen, warum ein Ziel und welche Art von Ziel oder Ergebnis erstrebt werden wird. Sie können nicht voraussagen, wie ein Mensch sich verhalten wird, um ein bestimmtes Ergebnis zu erreichen oder zu vermeiden.

13 Motivation und die menschliche Natur

Die psychologischen Arbeiten zum Thema Motivation sind von zwei verschiedenen Ansichten über die menschliche Natur beeinflusst. Einerseits wird der Mensch als ein Wesen beschrieben, das von ererbten, widersprüchlichen und unbewussten Instinkten getrieben wird, die manchmal ein selbstzerstörerisches Verhalten bewirken. Die zweite Ansicht beschreibt den Menschen als ein rationales Wesen, das sich seiner Ziele bewusst ist und dessen Verhalten zielorientiert ist. Die erste Ansicht beruht auf den Untersuchungen Freuds und der Neo-Freudianer und hat sich in den letzten 50 Jahren ständig weiterentwickelt. Die zweite Ansicht kann auf die Werke von Plato und Aristoteles zurückgeführt werden und später auch auf Descartes, Hobbes und Spinoza. Eine

Reihe wissenschaftlicher Theorien der Psychologie beruhen auf den Ansichten dieser Philosophen. Zum Beispiel beschreiben Tolman und Lewin in ihrer Erwartungstheorie, dass das Verhalten der Menschen durch ihre Ziele bestimmt wird und dass sich Menschen in bestimmter Weise verhalten, weil sie erwarten, dass sie dieses Verhalten zum Ziel führt. Die Antriebstheorien von Hull und Spence betonen, dass das Verhalten durch Antriebe und durch erlernte Assoziationen zwischen Situation und Verhalten bestimmt wird.

Die Unterscheidung zwischen dem Menschen als einem rationalen, zielorientierten Wesen einerseits und einem von unbewussten Trieben kontrollierten Wesen andrerseits ist sehr wichtig. Wenn wir den Menschen als rationales Wesen akzeptieren, müssen Organisationen grundsätzlich anders konstruiert sein, als wenn wir im Menschen ein Instinktwesen sehen. Das Instinkt-Menschenbild führt zu einer streng kontrollierten Organisation, in der das Verhalten der Arbeitnehmer direkt überwacht wird. Das rationale Menschenbild führt zur Ansicht, dass die Arbeitnehmer durch Ziele motiviert werden können und dass Selbstkontrolle möglich ist.

Die beiden Modelle führen auch zu sehr verschiedenen Studien auf dem Gebiet der Motivation. Beim einen Modell versucht man zu verstehen, wie sich die Ziele der Menschen entwickeln und wie die Menschen lernen, ihre Ziele zu erreichen. Beim anderen Modell versucht man, die Instinkte zu verstehen, und man analysiert die Phantasie, die Gedanken und Handlungen der einzelnen, um die unbewussten Motive zu erkennen.

Beim gegenwärtigen Stand der Motivationsforschung zweifelt man nicht daran, dass sich die Menschen manchmal irrational verhalten und dass ihre Ziele nicht gänzlich vom Bewusstsein beeinflusst sind. Die Untersuchungen Freuds und seiner Nachfolger haben dies eindeutig bewiesen. Die Begriffe der Freud'schen Psychologie haben sich bei der Behandlung geistig kranker Menschen als sehr nützlich erwiesen, da sich diese Menschen typischerweise ihrer Motive kaum bewusst sind und ihr Betragen oft irrational wirkt.

Es scheint jedoch auch erwiesen, dass in der überwältigenden Mehrheit der Fälle das menschliche Verhalten zielorientiert ist oder doch zumindest vom betreffenden Menschen selbst als rational betrachtet wird. Offenbar sind sich die meisten Menschen ihrer Ziele bewusst, und offenbar versuchen sie diese Ziele auf bestmögliche Weise zu erreichen. Objektiv gesehen mag ihr Weg nicht der beste sein, aber zumindest erscheint er in den Augen der betreffenden Menschen als die beste Lösung. Untersuchungen haben auch bewiesen, dass Menschen auf die Ergebnisse ihres Verhaltens gefühlsmässig stark reagieren, besonders in bezug auf Erfolg und Misserfolg. Diese Reaktionen kann man voraussagen, und sie sind für das Verständnis des menschlichen Verhaltens von grosser Wichtigkeit. Daher werden wir bei unserer Behandlung der Motivation von folgenden Annahmen ausgehen:

1. Die Menschen haben viele bewusste Ziele, die oft komplex sind und einander widersprechen können.
2. Meist richtet sich ein Verhalten bewusst auf ein Ziel.
3. Die Menschen reagieren gefühlsmässig auf die Ergebnisse ihres Verhaltens.

Zusammenfassend kann man daher sagen: Hauptaufgabe einer Motivationstheorie sollte es sein, die bewussten Entscheidungen zu erklären, die ein Mensch zwischen verschiedenen Arten des Verhaltens trifft. Wir nehmen an, dies erreiche man am besten, wenn man versteht, welche Ziele die Menschen haben und wie, ihrer Ansicht nach, diese Ziele erreicht werden können. Zugegeben: So erfassen wir nicht alle Arten des Verhaltens – insbesondere jenes Verhalten nicht ausserhalb willkürlicher Kontrolle –, aber wir erfassen wahrscheinlich die meisten Verhaltensweisen erwachsener Menschen. Sicherlich erfassen wir fast ausnahmslos alle ausschlaggebenden Verhaltensweisen im Rahmen industrieller und kommerzieller Organisationen.

14 Warum ist Motivation wichtig?

Der Arbeitsplatz von Menschen innerhalb einer Organisation eignet sich besonders für Studien auf dem Gebiet der Motivation. Wir leben in einer Gesellschaft, die von Organisationen beherrscht wird. Von fünf Menschen arbeiten im Verlauf ihres Lebens vier in Organisationen, früher oder später. Viele Menschen verbringen die Hälfte ihrer wachen Stunden in Organisationen. Unbestritten wichtig ist es, die Motive zu verstehen, die einem grossen Teil des Verhaltens in unserer Gesellschaft zugrundeliegen. Unbestritten eignet sich auch die Arbeitsumgebung besonders gut für das

Studium der Motivation. Organisationen kontrollieren weitgehend das Leben der Arbeitnehmer während acht Stunden an jedem Arbeitstag. Während dieser Stunden versuchen die Organisationen auf verschiedene Weise, ihre Arbeitnehmer zu einem bestimmten Verhalten zu motivieren. Indem wir die Ergebnisse dieser organisatorischen Bemühungen studieren, können wir erfahren, wie die Menschen auf verschiedene motivierende Eingriffe reagieren. Da sich die Arbeitnehmer in den meisten Organisationen in bezug auf Erziehung, auf soziale und ökonomische Schicht voneinander unterscheiden, ist es auch möglich, sich auf individuelle Unterschiede in Motivation und Verhalten zu konzentrieren (Dubin, 1958).

Da wir nun in einer Gesellschaft leben, die so sehr von Organisationen beherrscht ist, müssen wir unbedingt mehr über die Determinanten der organisatorischen Wirksamkeit erfahren. Wir alle machen uns manchmal über die Unfähigkeit grosser bürokratischer Organisationen lustig, die sich in unserer Gesellschaft entwickelt haben. Diese Leistungsschwäche hat jedoch auch eine ernste Seite. Eine komplexe Gesellschaft voller Wechselwirkungen muss leistungsfähige Organisationen haben, um ihren Mitgliedern eine hohe Lebensqualität zu gewährleisten.

Das individuelle Verhalten, das die Leistungsfähigkeit einer Organisation entscheidend beeinflusst, ist fast ausnahmslos freiwillig motiviertes Verhalten. Daher müssen wir unbedingt verstehen, wie die Organisationen die Motivation ihrer Mitglieder bestimmen. Wenn unsere Organisationen leistungsfähig sein sollen, müssen wir fähig sein, den einzelnen zu hohen Leistungen zu ermutigen. Wir müssen erklären, warum ein Arbeitnehmer weniger als 60 Prozent der Norm erfüllt, während ein anderer über 150 Prozent erreicht.

Das Studium der Motivation in Organisationen ist eine herausfordernde Aufgabe, wegen Ausmass und Vielfalt des Problems. Zum Teil ist das Problem deswegen so komplex, weil Organisationen verschiedene Grössen, Strukturen und Formen haben können. Sie unterscheiden sich auch in der Art ihrer Produkte, in der Art ihrer Kunden und in ihren finanziellen Strukturen. Sie haben andrerseits vieles gemeinsam, und aufgrund des Verständnisses dieser gemeinsamen Elemente können wir weitgehend den Einfluss der Organisationen auf die Motivation erklären. Worin bestehen diese gemeinsamen Elemente? Es ist oft gesagt worden, dass sich Organisationen aus zwei oder mehreren Mitgliedern zusammensetzen, dass sie zielorientiert sind und für einige Zeit bestehen sollten. Diese Faktoren führen zu folgenden Charakteristika, die beim Studium der Motivation wichtig sind:

1. *Geld spielt eine wichtige Rolle.* Es spielt deswegen eine Rolle, weil die Organisationen Menschen bezahlen müssen, um sie anzuziehen und zu behalten. Organisationen müssen auch finanziell lebensfähig sein, um existieren zu können. Daher ist in allen Organisationen das Verdienen, Verteilen und Ausgeben des Geldes ein äusserst wichtiges Thema. Da das Geld für so viele Menschen von Bedeutung ist, kann es offensichtlich ein motivierender Faktor sein. Daher muss jede Auseinandersetzung mit Motivation in Organisationen in Betracht ziehen, wie die Handhabung des Geldes die Arbeitnehmer beeinflusst.
2. *Es besteht eine Art Hierarchie.* Die Strukturen der meisten Organisationen sind durch ihre Beziehungen zwischen Untergebenen und Vorgesetzten charakterisiert. Der Grund dafür ist einfach: Beim Wachstum von Organisationen entstehen Probleme der Koordination, und ein Mensch oder eine andere Instanz muss nun darauf achten, dass die Handlungen der Arbeitnehmer *auf die jeweiligen Ziele der Organisation ausgerichtet sind.* Organisationen versuchen, dieses Problem zu lösen, indem sie bestimmte Menschen für das Koordinieren der Arbeit anderer verantwortlich machen und indem sie Informations- und Kontrollsysteme schaffen, die die Arbeit der einzelnen überwachen. Allerdings fällt es einem oft schwer zu glauben, dass die komplexen Hierarchien mancher Organisationen (mit bis zu 20 Ebenen) tatsächlich zur Koordinierung beitragen. Es gibt keinen Zweifel darüber, dass in unserer Gesellschaft die hierarchische Beziehung zwischen Untergebenen und Vorgesetzten bei der Motivation eine ausschlaggebende Rolle spielt. Das Wesen des Beaufsichtigens liegt im Beeinflussen des Verhaltens der Beaufsichtigten und beispielsweise auch in der Beeinflussung der Motivation. Die hierarchische Struktur der Organisationen bringt es auch mit sich, dass bestimmte Menschen einen höheren Status haben als andere. Aus diesem Grunde ist die Möglichkeit der Beförderung innerhalb der Struktur oft für die Arbeitnehmer wichtig und stellt einen beträchtlichen motivierenden Faktor dar.

3. *Die Arbeitnehmer erhalten bestimmte Aufgaben zur Erledigung.* Die verschiedenen Aufgaben, die ein Arbeitnehmer ausführt, ergeben gesamthaft seine Tätigkeit (job). Grosse Organisationen bieten tatsächlich Tausende von verschiedenen Tätigkeiten an. Der Grund für diese Arbeitsteilung ist einfach: Kein einzelner Mensch kann alle notwendigen Funktionen ausführen, damit beispielsweise ein Auto hergestellt und verkauft wird. Daher werden Menschen für verschiedene Teile des Herstellungs- und Vertriebsvorganges verantwortlich gemacht. Neuere Untersuchungen haben ergeben, dass die Gruppierung der Aufgaben innerhalb einer Tätigkeit grossen Einfluss auf die Motivierung hat. Diese Entdeckung sollte uns nicht überraschen. Der Mensch, der an einem Fliessband arbeitet und dieselben Handgriffe alle 15 Sekunden wiederholt, befindet sich offensichtlich in einer anderen Situation als der Mensch, der eine weniger monotone Aufgabe hat – wie sich der Vertreter in einer anderen Situation befindet als der Chef der Firma.

Sicher gibt es für jede Art von Organisation eine andere Methode der Motivierung von Arbeitnehmern. Einige Organisationen motivieren ihre Arbeitnehmer, indem sie ihre Arbeit interessanter machen, andere lassen die Prinzipien des demokratischen Management zur Anwendung kommen und einige bedienen sich mit Erfolg der Belohnungssysteme. Die Vielfalt dieser Methoden ist nicht überraschend, da die Organisationen wegen grundlegender Verschiedenheiten ihre Arbeitnehmer auch auf unterschiedliche Weise motivieren müssen. Die Art des Produktes beeinflusst beispielsweise die Möglichkeiten der Arbeitsplatzbeschreibung und daher beeinflusst das Produkt auch das Ausmass der Motivierung durch Arbeitsplatzbeschreibung (job design).

Wie sich die Organisationen in der Art der Motivationsbeeinflussung unterscheiden, so unterscheiden sich auch die Menschen in der Art, wie sie zur Arbeit motiviert werden können. Manche Menschen arbeiten hauptsächlich wegen der damit verbundenen Geselligkeit; andere arbeiten hauptsächlich, um Geld zu verdienen. Manche Menschen arbeiten hart, weil sie aufgrund eines Belohnungssystems entschädigt werden. Obwohl diese Unterschiede das Verständnis der Motivation in bestimmter Hinsicht erschweren, sind sie doch durchaus begreiflich. Wie wir sehen werden, haben die unterschiedlichen Motive von Arbeitnehmern viele verschiedene Ursachen, u. a. kommt es darauf an, wie sie erzogen wurden und wie sie bei der Arbeit behandelt werden. In mancher Hinsicht wäre es noch schwerer zu verstehen, wenn jemand aus dem Ghetto mit mangelnder Schulbildung in das Vorstandsbüro einer grossen Firma einträte und ein hervorragendes Verständnis für organisatorische Probleme bewiese. Da solche Fälle jedoch kaum vorkommen, werden wir uns weiterhin mit der Motivierung Einzelner und deren Gesetzmässigkeit befassen. Wir können zusammenfassend sagen, dass wir für ein befriedigendes Verständnis der Motivation in der Lage sein müssen vorauszusagen, wie bestimmte Menschen auf bestimmte organisatorische Praktiken reagieren werden. Wir müssen voraussagen können, wie bestimmte Arbeitnehmer auf Belohnungssysteme reagieren, auf demokratische Führung, auf Routinearbeiten, usw. Wie wir sehen werden, können wir ziemlich genaue Aussagen machen, wenn wir verstehen, wie die organisatorischen Praktiken die Ziele der Menschen beeinflussen und wie diese Praktiken auch die Ansichten der Menschen bezüglich der Wege zu ihren Zielen beeinflussen.

15 Leistung = f (Fähigkeit x Motivation)

Wie am Anfang des Kapitels erwähnt, wird das Arbeitsverhalten nicht nur durch Faktoren der Motivation beeinflusst. Einer der wichtigsten Faktoren ist die Fähigkeit. Ganz gleichgültig, wie stark ein Mensch zu hoher Leistung motiviert sein mag: Er kann nicht viel leisten, wenn er die nötige Fähigkeit nicht besitzt. Viele Wissenschaftler haben dies in folgender Formel ausgedrückt:

Leistung = f (Fähigkeit x Motivation)

Gewöhnlich werden dabei die Faktoren Fähigkeit und Motivation in Zahlen zwischen 0 und 1 angegeben. Die Gleichung erfordert eine multiplizierende Kombination von Fähigkeit und Motivation; – wenn einer dieser beiden Faktoren klein ist, muss daher auch die Leistung klein sein; mit anderen Worten: Hohe Motivierung kann geringe Fähigkeit nur begrenzt ausgleichen; – dasselbe gilt auch bei ausgeprägter Fähigkeit und geringer Motivation.

Es gibt viele Beweise für die Tatsache, dass Fähigkeit und Motivation durch Multiplikation verbunden sind und auf diese Weise die Leistung bestimmen (Lawler, 1971). Es ist klar, dass Menschen in ihrer Reaktionsfähigkeit begrenzt sind, und dass insofern auch ihre Leistung begrenzt ist. Manchen Menschen fehlen einfach die Fähigkeiten zum professionellen Fussballspieler oder zur Sopransängerin. Mögen sie noch so motiviert sein: in diesen Berufen werden sie nie Erfolg haben.

Ein weiterer, sehr wichtiger Punkt in bezug auf die Formel (Fähigkeit x Motivation) sollte hier erwähnt werden. Die gebräuchlichste Definition des Begriffes „Fähigkeit" umfasst Ausbildung, Erfahrung und Eignung als die Faktoren, die in einer bestimmten Situation eine gute Leistung bewirken. Das Wort Fähigkeit beschreibt also, wieviel ein Mensch zur Zeit leistet. Damit unterscheidet sich dieser Begriff vom Begriff der Eignung, welcher besagt, ob ein Mensch durch Ausbildung und Erfahrung zu einem bestimmten Fähigkeitsniveau gelangen kann. Die Eignung bestimmt daher, wie sehr die Reaktionsfähigkeit eines Menschen entwickelt werden kann. Indem man so zwischen Fähigkeit und Eignung unterscheidet, präsentiert sich die vorher erwähnte Gleichung folgendermassen:

Leistung = f (Fähigkeit x Motivation); dabei ist
Fähigkeit = f (Eignung x (Ausbildung + Erfahrung)).

Dieser Zusatz ist nötig, da wir an der augenblicklichen Leistung interessiert sind, welche direkt durch die Reaktionsfähigkeit beeinflusst und entwickelt wird.

Daraus ergibt sich die wichtige Folgerung, dass nicht alle Leistungsprobleme in Organisationen durch niedrige Motivation entstehen. Besonders auf höheren Ebenen werden Leistungsprobleme oft durch mangelnde Fähigkeit verursacht. Bei der Diagnose von Leistungsproblemen einzelner ist es daher äusserst wichtig herauszufinden, wieweit das Problem auf mangelnde Fähigkeit zurückzuführen ist und wieweit auf niedrige Motivation. Die nötigen korrektiven Massnahmen sind in diesen beiden Fällen sehr unterschiedlich. Wie wir sehen werden, können die Probleme, die durch niedrige Motivation entstehen, oft gelöst werden, indem man die Arbeitsplatzbeschreibung (job design), den Führungsstil oder das Vergütungssystem ändert. Probleme, die durch geringe Fähigkeit entstehen, sind manchmal schwieriger zu lösen. Zunächst muss man ermitteln, ob die Schwierigkeiten durch Ausbildung beseitigt werden können. Oft fehlen einem Menschen nicht Eignung oder Begabung, sondern Ausbildung und Erfahrung, die zu einer befriedigenden Leistung nötig sind. Wenn dies der Fall ist, kann das Problem durch Ausbildung gelöst werden; wenn es jedoch an Eignung mangelt, kann die Leistung auf keine Weise erhöht werden.

16 Zum Aufbau dieses Buches

Der erste Schritt beim Erklären motivierten Verhaltens besteht darin, dass man begreift, wie sich die Menschen bestimmte erwünschte Ergebnisse oder Zustände als Ziele setzen. Daher werden wir im zweiten Kapitel eine Reihe verschiedener Theorien behandeln, die beschreiben, warum bestimmte Ergebnisse von den Menschen erstrebt werden und welche Faktoren die Wertskala ihrer Ziele bestimmen. Die meisten dieser Theorien können als Inhaltstheorien (content theories) kategorisiert werden, da sie die Bedürfnisse, Motive und Ziele von Menschen beschreiben. In Kapitel 3 werden wir uns mit einigen Prozesstheorien (process theories) der Motivation beschäftigen, die zu erklären suchen, wie das Verhalten gesteuert wird und warum die Menschen ein bestimmtes Verhalten wählen, um ein bestimmtes Ziel zu erreichen. Wie bereits betont, ist es zum Verständnis des motivierten Verhaltens nötig, dass wir die Ziele der Menschen ermitteln und wissen, wie die Menschen sich für einen bestimmten Weg zu diesen Zielen entscheiden. Daher ergänzen sich die in den Kapiteln 2 und 3 beschriebenen Aussagen zum Thema Motivation, sie widersprechen einander nicht. In Kapitel 4 werden wir unsere Betrachtung der verschiedenen Theorien abschliessen, die beim Studium der Motivation von Bedeutung sind. Wir werden dabei verschiedene Theorien der Befriedigung (theories of satisfaction) betrachten, die sich damit beschäftigen, wie Menschen auf die Ergebnisse ihres Verhaltens reagieren.

Kapitel 5 befasst sich mit den Entscheidungen der Menschen betreffend Beitritt zu einer Organisation und betreffend Präsenzzeit. Es werden Untersuchungen betrachtet die beweisen, warum Menschen arbeiten, wie sie ihre Arbeit und den Arbeitsort wählen und wie ihre Abwesenheit durch Motivation beeinflusst wird. Kapitel 6, 7 und 8 befassen sich mit den organisatorischen Faktoren, welche die Arbeitnehmer zu höherer Leistung motivieren. Kapitel 6 beschäftigt sich mit Belohnungen wie Salär und Beförderung, Kapitel 7 mit der Stellenbeschreibung und Kapitel 8 mit zwischenmenschlichen Einflüssen. Wie wir sehen werden, können alle diese Faktoren einen grossen Einfluss auf Befriedigung und Motivierung der Arbeitnehmer ausüben. Kapitel 9 bietet schliesslich eine Zusammenfassung und Integration verschiedener Ansichten über die Motivation in Organisationen und bringt diese Ansichten in Beziehung zu zitierten Untersuchungen.

2 Antriebe, Bedürfnisse und Ergebnisse

Jahrhundertelang haben Psychologen zu erklären versucht, warum bestimmte Dinge oder Ergebnisse den Menschen erstrebenswert scheinen, während andere Dinge ausser acht gelassen werden. Die Begriffe Instinkt, Antrieb, intrinsische Motive, funktionale Autonomie, abgeleitete Motive usw. sind herangezogen worden, um diese Erscheinung zu erklären. Dieses Kapitel wird viele der Begriffe beschreiben und einen integrierten Überblick vermitteln über die heutigen Kenntnisse betreffend Wünsche und Ziele der Menschen.

Eine befriedigende Erklärung des Problems, warum bestimmte Ergebnisse wünschenswert sind, muss sich mit drei verschiedenen aber aufeinander bezogenen Fragen beschäftigen:

1. Welche Faktoren in der Natur der einzelnen Menschen lassen ihnen bestimmte Ergebnisse als wünschenswert erscheinen?
2. Welche allgemeinen Gruppen oder Klassen von Ergebnissen finden die Menschen erstrebenswert oder nicht erstrebenswert?
3. Welche Faktoren beeinflussen die Wünschbarkeit der Ergebnisse, d. h. wie verändert sich die Wünschbarkeit der Ergebnisse im Laufe der Zeit, und warum unterscheiden sich die einzelnen Menschen in ihrer Wertung der Ergebnisse?

Wenn die zweite und die dritte Frage nicht beantwortet werden, kann unmöglich das Verhalten einer Person in bezug auf ihre Entscheidungen vorausgesagt werden. Obwohl die Antwort auf die erste Frage zur Vorhersage des Verhaltens nicht nötig ist, haben doch die meisten Forscher entdeckt, dass diese Antwort eine Vorbedingung zur Beantwortung der Fragen zwei und drei ist. Die Forscher fanden es also nötig, Annahmen zu formulieren betreffend die Faktoren, welche die Ergebnisse überhaupt wichtig machen, bevor sie irgend etwas über die Arten der erwünschten Ergebnisse und die Gründe für die Wünschbarkeit der Ergebnisse aussagen konnten.

Unsere erste Frage wird normalerweise durch eine Reihe von Annahmen über den inneren Zustand des Menschen beantwortet. Einige Forscher haben beispielsweise angenommen, dass die Menschen homöostatische Antriebe haben; andere haben von Instink-

ten gesprochen und wieder andere von erlernten Antrieben. Die zweite Frage ist durch die Entwicklung einer Reihe von Bedürfnis- und Ergebnissystemen beantwortet worden. Einige dieser Systeme beschränken sich auf zwei Klassen von Bedürfnissen, während andere mehr als zwanzig enthalten. Die dritte Frage ist auf viele verschiedene Arten beantwortet worden. Maslow (1943) hat beispielsweise gesagt, dass Bedürfnisse hierarchisch angeordnet sind, so dass die niedrigeren Ebenen befriedigt werden müssen, bevor die höheren Bedürfnisse eine Rolle spielen können. Andere Psychologen haben betont, dass die Wünschbarkeit von Ergebnissen durch erlernte Assoziationen verändert werden kann.
Nicht jede Theorie über die Wünschbarkeit von Ergebnissen hat versucht, alle diese Fragen zu beantworten. Einige der Theorien befassen sich im wesentlichen nur mit einer einzigen Frage. White (1959) befasst sich beispielsweise in seiner Behandlung des Zuständigkeitsmotivs (competence motive) mit dem Existenzbeweis dieses Motivs. Er bringt keine allgemeine Klassifizierung der Motive, und er sagt auch nichts aus über die Einflüsse, welche die Bedeutung anderer Motive bestimmen. In unserer Diskussion der verschiedenen Theorien über die Wünschbarkeit von Ergebnissen sollten wir im Auge behalten, welche der drei Fragen jeweils beantwortet oder übersehen worden sind.
Wir werden uns jetzt mit einigen massgebenden Theorien befassen.

21 Historische Behandlung des Themas

Vor den vierziger Jahren herrschten drei theoretische Erklärungen für die Wünschbarkeit von Ergebnissen vor, jedenfalls auf dem Gebiet der Psychologie. Die ersten beiden, Instinkt-Theorie und Hedonismus, machen keine wissenschaftlich beweisbaren Voraussagen über die von den Menschen angestrebten Ergebnisse. Die dritte wird als Antriebstheorie bezeichnet und versucht, eine Theorie mit beweisbaren Voraussagen zu entwickeln.

211 *Instinkttheorie*

Charles Darwin lenkte als erster die Aufmerksamkeit der wissenschaftlichen Welt auf die Möglichkeit, dass ein grosser Teil des menschlichen und tierischen Verhaltens auf Instinkte zurückzuführen ist. Er glaubte, dass viele „intelligente" Handlungen ererbt sind, und um seine Ansichten zu unterstützen, brachte er eine Reihe von Beispielen aus seiner Forschungsarbeit mit Tieren. William James, Sigmund Freud, und William McDougall entwickelten die Instinkt-Doktrin als einen wichtigen Teil ihrer psychologischen Theorien. Einige Wissenschaftler bezeichneten die Instinkte als mechanisch und automatisch, nicht als bewusste Motive des Verhaltens. Aber McDougall, der das ausführlichste Instinkt-System entwickelte, betrachtete die Instinkte als zweckhafte, ererbte und zielsuchende Tendenzen.
McDougall (1908) schrieb: „Wir können einen Instinkt als eine ererbte oder angeborene psycho-physische Anlage betrachten, die den Besitzer dazu bestimmt, Objekte einer bestimmten Klasse zu erfassen und zu beachten, bei der Erfassung solcher Objekte eine gefühlsmässige Erregung bestimmter Art zu erfahren und darauf in bestimmter Weise zu reagieren oder wenigstens zu einer Reaktion angeregt zu werden" (S. 39). Danach wäre der „Kampfinstinkt" ein Instinkt, der zum Kampf anregt, wenn der Organismus den entsprechenden Stimuli ausgesetzt wird. Zuerst dachte McDougall, er könne alles Verhalten mit etwa einem Dutzend Instinkten erklären. Im Laufe der Zeit fügte er jedoch seiner Liste mehr und mehr bei, so dass 1932 die Liste neunzehn Instinkte enthielt. Andere Psychologen fanden noch andere Kategorien, so dass am Ende der zwanziger Jahre die Liste fast 6000 Instinkte umfasste, u. a. den „Instinkt, es zu vermeiden, im eigenen Obstgarten Äpfel zu essen" (Murray, 1964, p. 6).
Die Instinkttheorie fiel gewissermassen ihrer eigenen Bedeutung zum Opfer. Als mehr und mehr Instinkte formuliert wurden, begannen gewisse Psychologen, den erklärenden Wert der ganzen Theorie zu bezweifeln. Die Aussage, dass ein Tier wegen des Kampfinstinktes kämpft oder dass ein Mensch wegen des Arbeitsinstinktes arbeitet, ist nur eine wiederholende Beschreibung des beobachteten Verhaltens und trägt nicht zum Verständnis der Gründe bei. Die Theorie verlor ferner an Boden, weil einige Psychologen zur Erklärung jedes neuen Verhaltens einen neuen

Instinkt zu entdecken suchten. Allmählich schien die Instinkttheorie unbefriedigende Antworten auf alle unsere Fragen zu geben. Es wurde beispielsweise gesagt, die von einem Organismus erstrebten Ziele oder Ergebnisse seien erblich bestimmt (was unvollständig und irreführend ist), und die Ziele der Menschen bestünden aus den von ihnen erstrebten Objekten (was eine wiederholende Feststellung ist). Die Instinkttheorie berücksichtigte also nicht die Voraussage der erstrebten Ergebnisse; sie erklärte nur nachträglich, warum bestimmte Ziele erstrebt wurden. Die Theorie brachte auch keine nützliche Klassifikation der von den Menschen erstrebten Ergebnisse. Die ursprüngliche Liste der Instinkte war zu kurz, und die späteren Listen waren so umfangreich, dass sie sich als nutzlos erwiesen.

212 Hedonismus

Die Ursprünge der meisten heutigen Vorstellungen über Motivation können im Prinzip des Hedonismus nachgewiesen werden (Atkinson, 1964). Der Hedonismus wiederum kann auf die ersten Werke der englischen Utilitarier zurückgeführt werden. Die zentrale Annahme liegt darin, dass das Verhalten sich auf lustbringende Ergebnisse richte und schmerzbringende Ergebnisse vermeide. In jeder Situation bemühen sich die Menschen, Ziele oder Ergebnisse zu erreichen, die das grösste Vergnügen oder die grösste Freude versprechen. Obwohl das Prinzip des Hedonismus einfach und beliebt ist, beantwortet es keine der drei von uns gestellten Fragen hinreichend. Es wird nicht gesagt, warum gewisse Dinge Vergnügen machen und andere nicht. Die Arten der lust- oder unlustbetonten Ergebnisse werden nicht beschrieben, und es wird nicht einmal gesagt, wie diese Ergebnisse für einen Menschen im voraus bestimmt werden können. Jede Art des Verhaltens kann nachträglich erklärt werden indem gesagt wird, die jeweiligen Ergebnisse würden Lust oder Unlust verursachen. Schliesslich wird auch nichts darüber gesagt, wie die Wünschbarkeit von Ergebnissen durch Erfahrung oder Umwelteinflüsse verändert werden kann. Kurz: Die hedonistische Annahme enthält keine wirklichen empirischen Aussagen, die der Voraussage des Verhaltens dienen, und daher ist sie unbeweisbar.

Obwohl der Hedonismus gewissermassen im Kreis herumführt und Mängel aufweist, hat er einen enormen Einfluss auf die Psychologie ausgeübt. Ein Psychologe drückte dies so aus: „Das Studium der Motivation durch Psychologen hat sich weitgehend darauf gerichtet, die dem Hedonismus fehlende empirische Seite zu berücksichtigen" (Vroom, 1964, S. 10). Es stimmt sicherlich, dass fast alle modernen Theorien annehmen, die Menschen richteten ihr Verhalten auf Ergebnisse, die sie als lustbringend empfinden und wendeten sich von unangenehmen Ergebnissen ab. Allerdings versuchen die meisten modernen Theorien, die im Kreis herumführenden Schlüsse des Hedonismus zu vermeiden. Sie beschreiben im voraus, wie wünschenswert ein bestimmtes Ergebnis für bestimmte Menschen sein wird, und sie entwickeln Modelle, welche voraussagen, wann sich die Wünschbarkeit von Ergebnissen ändern wird.

213 Antriebstheorie

Die Antriebs- oder Triebtheorie entwickelte sich teilweise als eine Reaktion auf die Instinkttheorie und den Hedonismus, aber sie ist mehr empirisch ausgerichtet und daher besser beweisbar. Im Jahre 1918 veröffentlichte R. S. Woodworth ein kleines Buch mit dem Titel „Dynamic Psychology", in dem er die Ansicht vertrat, dass Psychologen untersuchen sollten, warum sich die Menschen in bestimmter Weise verhalten. Er bezeichnete die bewegende Kraft als Trieb oder Antrieb, und dieser Begriff ersetzte bald den Begriff des Instinkts im Wortschatz der Psychologen. Später bekam der Begriff „Trieb" in den Werken von C. L. Hull (1943) eine sehr genaue Bedeutung. Er glaubte, dass alles Verhalten entweder durch primäre oder durch sekundäre Triebe motiviert wird. Nach Hull waren die primären Triebe biologischer Art und stellten Zustände des homöostatischen Ungleichgewichts dar:

> „Die hauptsächlichen primären Bedürfnisse oder Triebe sind überall sichtbar und brauchen nur kurz erwähnt zu werden. Sie umfassen das Bedürfnis nach Nahrung verschiedener Art (Hunger), das Bedürfnis nach Wasser (Durst), das Bedürfnis nach Luft, das Bedürfnis, körperliche Verletzung zu vermeiden (Schmerz), das Bedürfnis, eine optimale Temperatur beizubehalten, das Bedürfnis Exkremente auszuscheiden, das Bedürfnis

zu urinieren, das Bedürfnis nach Ruhe (nach längerer Anstrengung), das Bedürfnis nach Schlaf (nach längerem Wachen), und das Bedürfnis nach Tätigkeit (nach längerer Untätigkeit). Die Triebe, die sich auf die Erhaltung der Art richten, führen zum Geschlechtsverkehr und zum Bedürfnis, ein Nest zu bauen und die Jungen (die Kinder) zu versorgen" (S. 59–60).

In der Theorie von Hull werden aus Ergebnissen Belohnungen, wenn sie die primären Triebe vermindern und dadurch das homöostatische Ungleichgewicht verringern können, welches sich einstellt, wenn sich Organismen im Zustand der ökologischen Entbehrung befinden. So ist Nahrung eine Belohnung für den hungrigen Menschen, und Wasser ist eine Belohnung für den durstigen Menschen. Hull betont auch, dass die Stärke des Triebes durch Entbehrung erhöht werden kann, und dass sie sich verringert in dem Masse, in dem die Bedürfnisse befriedigt werden. Je hungriger also ein Mensch wird, desto mehr verlangt er nach Nahrung; wenn er aber zu essen beginnt, verringert sich der Hunger und damit das Verlangen. Obwohl Hull annahm, dass sich alle Belohnungen und Triebe letzten Endes auf die Verringerung der primären Triebe richten, anerkennt er doch, dass bestimmte sekundäre Triebe und Belohnungen sich entwickeln oder erlernt werden könnten, wenn diese in der Vergangenheit mit Essen oder anderen primären Belohnungen verbunden waren. So ist Geld eine sekundäre Belohnung, weil es oft mit Essen und anderen primären Belohnungen assoziiert wird. Soziale Anerkennung wird eine Belohnung für Kinder, die für gute Essgewohnheiten oder andere erwünschte Gewohnheiten gelobt werden. Nach Hulls Ansicht wären die meisten der in Organisationen gebotenen Belohnungen sekundärer Art.

Hulls Theorie stellt einen beträchtlichen Fortschritt gegenüber früheren Theorien der Motivation dar. Sie gibt klare Antworten auf die Frage, welche Ziele oder Ergebnisse zweckdienlich sind, d. h. welche Ziele und Ergebnisse entweder primäre, biologisch begründete Triebe befriedigen oder auf solche Ergebnisse bezogen worden sind. Die Theorie bietet auch eine Klassifizierung der Triebe, welche heute noch allgemein gebräuchlich ist: Sie unterscheidet primäre und sekundäre Triebe, und sie definiert die primären Triebe. Schliesslich besagt sie auch, dass Entbehrung die Stärke des Triebes erhöht, während das Erreichen des erwünschten Ergebnisses die Stärke vermindert. Hulls Theorie beantwortet damit die drei von uns gestellten Fragen. Aber die wirkliche Bedeutung der Theorie besteht darin, dass sie durch Tests empirisch nachgewiesen werden kann. Die Theorie kann bewiesen werden, da sie in allen Einzelheiten das Verhältnis zwischen messbaren Faktoren wie Entbehrung, Trieb, und Erlernen definiert, und sie hat eine grosse Anzahl von wissenschaftlichen Untersuchungen angeregt.

Zurückblickend kann man sicher sagen, dass sich aufgrund dieser Studien Hulls Theorie in mancher Hinsicht als unzureichend erwiesen hat. Die meisten Mängel haben damit zu tun, dass die Theorie Motive erklären kann, die nicht auf primären Antrieben basieren. Hulls grundsätzlicher Standpunkt in bezug auf die Tatsache, dass Organismen bestimmte primäre Triebe haben, die bei Entbehrung stärker und bei Befriedigung schwächer werden, scheint nach wie vor richtig zu sein. Aber seine Annahme wird nun bezweifelt, dass alle sekundären Motive auf der Basis von primären physiologischen oder homöostatischen Trieben erlernt werden.

Es gibt keine soliden Beweise dafür, dass Triebe aufgrund ihrer Assoziation mit positiven Trieben wie Hunger und Durst erlernt werden können (Cravens und Renner, 1970). Es gibt Beweise dafür, dass Organismen für Belohnungen arbeiten, die mit der Verringerung eines bestehenden primären Triebes assoziiert waren.

Wenn jedoch der primäre Antrieb nicht vorhanden ist, scheint es keinen „erworbenen" Trieb zum Erreichen der Belohnung zu geben. In den klassischen Experimenten von Wolfe (1936) und Cowles (1937) lernten beispielsweise Schimpansen, Spielmarken mit dem Erhalten von Nahrung zu assoziieren. Zuerst lernten die Schimpansen einen Apparat bedienen, der das Heben eines Gewichtes mit Weintrauben belohnte. Sie fuhren auch dann mit der Bedienung des Apparates fort, als die Belohnung nur aus Spielmarken bestand, die mit den Weintrauben assoziiert gewesen waren. Sie schienen jedoch kein erworbenes Bedürfnis für Spielmarken zu entwickeln, da sie nur dann für die Spielmarken arbeiten wollten, wenn sie hungrig waren und die Spielmarken etwas Erwünschtes versprachen – nämlich Nahrung. Es ist daher schwer einzusehen, wie Hulls Erklärung uns helfen soll zu verstehen, warum Arbeiter weiterhin für mehr Geld arbeiten, wenn ihre grundsätzlichen Bedürfnisse befriedigt sind.

Tiere scheinen also keine Triebe zu erlernen, und es scheint erwiesen, dass Menschen und Tiere von vielen Ergebnissen angezogen werden, die sich nicht direkt auf primäre Bedürfnisse beziehen. Insofern hat sich die Annahme von Hull als unrichtig erwiesen. Ratten lernen die Gänge eines Labyrinths kennen, um eine neue Umgebung zu erforschen. Affen lösen Rätsel, obwohl sie keine extrinsischen Belohnungen dafür erhalten – und Menschen arbeiten oft einfach, um ihre Fähigkeiten und ihre Kompetenz zu entwickeln. Diese und viele andere Erscheinungen können schwerlich durch die Triebtheorie erklärt werden.

22 Heutige Annahmen

In letzter Zeit haben viele Psychologen die Betonung der primären Triebe in der Triebtheorie abgelehnt, da die Menschen ihrer Ansicht nach viele Bedürfnisse haben. Diese Annahme findet man besonders bei Psychologen, die am Studium des menschlichen Verhaltens interessiert sind. Wie wir sehen werden, haben sie eine Reihe von Bedürfnissen beschrieben, die sich nicht direkt auf homöostatisches Ungleichgewicht, Überleben des Organismus, oder Überleben der Art zu beziehen scheinen. Diese neueren Untersuchungen der Motivation haben zwei unterschiedliche Richtungen hervorgebracht.

Die Forscher der einen Gruppe konzentrierten sich darauf, die Existenz von ein oder zwei Motiven hervorzuheben, die sie für besonders wichtig hielten. So betonte McClelland das Motiv der Leistung (achievement), während White sich auf das Motiv der Zuständigkeit (competence) konzentrierte. Sie haben nicht versucht, komplexe Bedürfnis- oder Motivsysteme zu entwickeln, d. h. unsere zweite Frage (siehe S. 22) zu beantworten. Sie haben sich damit begnügt zu verstehen, warum eine Reihe oder ein Typ von Ergebnissen den Menschen als wünschenswert erscheint. Andere Forscher haben versucht, klassifizierende Bedürfnis- oder Motivsysteme zu entwickeln um vorauszusagen, welche Arten von Ergebnissen von den Menschen erstrebt werden. Beispiele hierfür sind Murrays (1938) Liste der Bedürfnisse und Maslows (1943) Hierarchie der Bedürfnisse. Aber bevor wir diese Systeme näher betrachten, sollten wir noch einen Blick auf einige der Bedürfnisse werfen, die in Ergänzung zu Hulls primären Trieben vorgeschlagen worden sind.

Eine Reihe von Forschern haben Beweise dafür erbracht, dass ein Anschluss- oder Zugehörigkeitsmotiv besteht. Sie haben gezeigt, dass die Menschen soziale Wechselwirkungen für wünschenswert halten und dass diese sich vor allem unter bestimmten Bedingungen ergeben. Schachter (1959) hat beispielsweise festgestellt, dass Menschen die Gesellschaft anderer erstreben, wenn sie besorgt und verwirrt sind in bezug auf ihre Motive. In Schachters Untersuchungen hatten Studenten die Gelegenheit, eine Schockbehandlung entweder allein oder mit anderen zu erfahren. In dieser Situation zogen es mehr Studenten vor, mit anderen zusammenzusein –, und zwar auch dann, wenn keine Unterhaltung gestattet war. Andere Untersuchungen deuten an, dass Menschen ein Anschlussbedürfnis zeigen, wenn ihr Selbstbewusstsein geschwächt ist.

Harlow (1958) erbrachte interessante Beweise dafür, dass das gesellschaftliche Motiv angeboren sein könnte. In seinen Experimenten mit Affen zog er einige Affenkinder mit „Ersatzmüttern" auf. Die eine Ersatzmutter bestand aus einem Zylinder von Maschendraht mit einer Milchflasche als „Brust". Die andere Ersatzmutter war ebenso geformt, war jedoch mit samtartigem Stoff überzogen. Einige Affenkinder wurden so von der „Stoffmutter" aufgezogen, andere von der „Drahtmutter". Nach der Triebtheorie hätten nun die Kinder der Drahtmutter ein Gefühl der Anhänglichkeit zu dieser „Mutter" entwickeln sollen, da sie für eine Triebverringerung (mit Hilfe von Milch) sorgte. Dies war jedoch nicht der Fall: Die Kinder der Drahtmutter drängten sich fast immer an die Stoffmutter.

Es scheint also, dass die Affen ihre Anhänglichkeit an die Mutter aufgrund angenehmer Berührung entwickeln, nicht aufgrund der Verringerung eines primären Triebes.

Für uns ist jedoch in diesen Untersuchungen über das Bedürfnis nach sozialem Kontakt nicht entscheidend, ob das Bedürfnis angeboren oder erlernt ist, sondern, dass es in den meisten erwachsenen Menschen existiert. Ganz eindeutig stellt es eine wichtige Motivation dar, die das Verhalten in Organisationen entscheidend beeinflusst. Viele Organisationen haben zu ihrem Verdruss entdeckt, dass Personalwechsel und Abwesenheitsziffer besonders hoch sind, wenn eine Tätigkeit keinen sozialen Kontakt ermöglicht –, einfach weil die Menschen Isolation nicht aushalten. Oft ergibt sich soziale Isolation durch mechanische oder architektonische Anordnungen, die das Bedürfnis nach sozialen Beziehungen nicht berücksichtigen.

222 Das Bedürfnis nach Gerechtigkeit

Die Menschen wollen angemessen behandelt werden. Sie beobachten, wie andere Menschen behandelt werden und stellen Vergleiche an. Wenn sie im Vergleich zu den Mitarbeitern „zuviel" oder „zu wenig" erhalten, sind sie beunruhigt. Eine Studie zeigte beispielsweise, dass das Unbehagen in bezug auf Beförderungen bei der Armee in den Abteilungen am stärksten war, in denen verhältnismässig schnell befördert wurde. Warum? Weil sich diejenigen, die nicht aufstiegen, benachteiligt fühlten. Adams (1963, 1965) hat eine Theorie entwickelt, die eine Reihe von interessanten Voraussagen macht über die Auswirkungen ungleicher Bezahlung auf Arbeitsleistung, Arbeitsqualität und Einstellung zur Arbeit. Obwohl dies eine allgemeine Theorie der sozialen Ungleichheit ist, hat man sie ausführlich in bezug auf ungleiche Bezahlung überprüft, und sie erlaubt einige interessante Schlüsse darauf, wie ungleiche Bezahlung die Wünschbarkeit von Belohnungen beeinflusst. Diese Voraussagen scheinen besonders aufschlussreich zum Verständnis der Wirkung unterschiedlicher Gehaltserhöhungen und unterschiedlicher Lohnangebote überhaupt.

Adams (1965) definiert Ungleichheit so:

> „Ungleichheit besteht für einen Menschen dann, wenn es ihm scheint, dass seine eigene Leistungsratio (in bezug auf den Lohn) nicht mit der Leistungsratio der anderen übereinstimmt. Dies kann entweder geschehen, wenn
> a.) er und die anderen in einer direkten Wechselbeziehung stehen oder wenn
> b.) er und gewisse andere in einer Wechselbeziehung zu einer dritten Partei stehen, wobei er sich mit den „anderen" vergleicht." (S. 280)

Zu den Ergebnissen einer Tätigkeit gehören Bezahlung, Nebenvergünstigungen, Status, das intrinsische Interesse an der Tätigkeit, usw. Zur Eingangsleistung (Input) gehören die Intensität (wie hart

arbeitet er?), der Ausbildungsstand, die allgemeine Eignung für die Tätigkeit, usw. Dabei darf nicht vergessen werden, dass der bestimmende Faktor in der Input/Output-Gleichung die Vorstellung ist, die der Arbeitnehmer selbst von seiner Leistung bzw. seiner Entschädigung hat. Diese Vorstellung entspricht nicht immer der Wirklichkeit oder der Vorstellung eines Beobachters.
Die Gerechtigkeitstheorie besagt, dass das Vorhandensein einer Ungleichheit den einzelnen dazu bewegt, die Ungleichheit zu vermindern, und dass die Stärke dieser Motivation direkt im Masse der vorgestellten Ungleichheit zwischen Input und Ergebnissen zunimmt. Gefühle der Ungleichheit können auf verschiedene Weise und in verschiedenen Situationen entstehen. Adams hat die Ungleichheit studiert, die durch Überbezahlung entsteht. Seine Untersuchungen deuten an, dass Überbezahlung den Arbeitnehmern weniger anziehend erscheint als angemessene Bezahlung. Es erwies sich beispielsweise, dass ein Akkordarbeiter seine Produktivität vermindert, wenn er sich überbezahlt fühlt, um dadurch seinen Lohn auf eine angemessene Ebene zu senken.
Uns kommt es bei dieser Behandlung der Gerechtigkeitstheorie darauf an, dass die Menschen normalerweise eine angemessene Bewertung ihrer Tätigkeit erstreben und dass dieses Streben ihr Verhalten beeinflusst.

223 Tätigkeit und Abwechslung

Mangelnde Anregung wird als unangenehm empfunden. In einer Untersuchung erhielten Studenten 20 Dollar pro Tag dafür, dass sie sich in einer Umgebung mit minimaler Anregung aufhielten (Bexton, Heron & Scott, 1954). Sie wurden aufgefordert, so lange wie möglich auf einer Bahre in einem beleuchteten und teilweise schalldichten Raum zu verbleiben. Sie trugen Schutzbrillen, Handschuhe und Papp-Manschetten, um Anregungen des Tastsinns möglichst auszuschalten. Das Summen einer Klimaanlage übertönte andere Geräusche, und mit den Köpfen ruhten die Studenten auf U-förmigen Kissen zur weiteren Schalldämpfung. Nach einer gewissen Zeit, die von den meisten schlafend verbracht worden war, fanden die Studenten die Situation unerträglich und verliessen den Raum. Kaum ein Student hielt diesen Zustand länger als zwei Tage aus, obwohl die Bezahlung verhältnismässig hoch war. Andere Untersuchungen kamen zu ähnlichen Ergebnissen, und es wurde auch festgestellt, dass die Versuchspersonen einen Hunger nach Anregung entwickelten, den sie durch tastende Bewegungen und Muskelzucken zu befriedigen suchten.

Untersuchungen von Scott (1969) haben gezeigt, dass sich ähnliche Ergebnisse einstellen, wenn Menschen monotone Arbeiten ausführen. Sie entwickeln eine negative Einstellung zur Tätigkeit, unterbrechen nach einer gewissen Zeit die Arbeit öfter und versuchen auf verschiedene Art, ihr Verhalten zu variieren. Wie wir sehen werden, ist diese Feststellung im Zusammenhang mit der Stellenbeschreibung (job design) in Organisationen wichtig.

Andere Studien haben gezeigt, dass Menschen und auch Tiere nach Gelegenheiten zur Erforschung neuer Situationen suchen. Butler (1953) hat bewiesen, dass Affen ein Fenster öffnen, nur um zu entdecken, was auf der anderen Seite zu sehen ist, und dass sie dies immer wieder tun. Butler zeigte auch, dass der Trieb nach neuartigen Anregungen durch Entzug intensiviert werden kann. Ein Experiment von Smock und Holt (1962) bewies, dass Kinder vor einem Fernsehapparat jene Programme und Objekte wählen, die möglichst komplexe Stimuli bieten.

Viele Experimente mit Ratten haben gezeigt, dass die Ratten gewisse Verhaltensweisen erlernen, um neue Anregungen zu erfahren. In einem Experiment zogen Ratten eine gefüllte Kiste einer leeren Kiste vor. Miles (1958) entdeckte, dass junge Katzen gewisse Dinge lernten, wenn die Belohnung auch nur aus der Gelegenheit bestand, ein Zimmer zu erforschen. Es gibt viele Beweise dafür, dass Menschen und Tiere Rätsel zu lösen versuchen, lediglich wegen der damit verbundenen Anregung. Harlow (1953) zeigte, dass Affen tagelang versuchen, ein Rätsel zu lösen. Ein Affe versuchte monatelang, einen vierkantigen Stöpsel in ein rundes Loch zu stecken – und starb schliesslich an Magengeschwüren.

Verschiedene Wissenschaftler haben darauf hingewiesen, dass die Ergebnisse der Stimulus-Entzugsstudien und der Stimulus-Belohnungsstudien durch den „Reiz des Neuartigen" erklärt werden können (Berlyne, 1967). Nach der Anregungstheorie gewöhnen sich Menschen an ein bestimmtes Niveau bzw. an die Beschaffenheit äusserer Anregung. Bei manchen Menschen liegt diese Ebene oder Schwelle niedrig, und bei anderen hoch. Psychologen nehmen an, dass eine Abweichung von dieser Ebene den Menschen stark beeindruckt, wie hoch bzw. wie niedrig seine Ebene auch sein mag. Geringe Abweichungen werden als angenehm und lohnend empfunden, starke Abweichungen als schädlich und unbefriedigend. Abbildung 1 stellt dies graphisch dar. Nach dieser Theorie bewirkt Stimulus-Entzug ein Gefühl des Unbehagens, weil die Anpassungsebene unterschritten wird. Das Untersuchen neuer Dinge erscheint solange anziehend, als die Anpassungsebene minimal überschritten wird. Wenn der Stimulus zu sehr ansteigt, wird die Situation hingegen vermieden: Sowohl Tiere wie Menschen fürchten sich vor Situationen, die ihnen richtig fremd sind.

Abbildung 1: Die Schmetterlingskurve
Aus R. N. Haber, Discrepancy from adaptation level as a source of affect. Journal of Experimental Psychology, 1958 56.

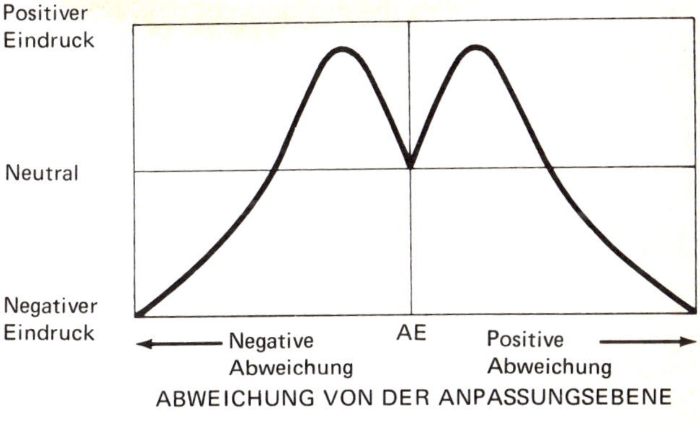

Eines der Probleme bei der Anregungstheorie besteht darin, dass die Anpassungsebene eines Menschen manchmal sehr schwer im voraus gemessen werden kann. Dennoch liefern die Theorie und die damit verbundene Forschung einige interessante Beweise dafür, dass nicht alle Antriebe oder Bedürfnisse entweder primär sind oder aufgrund primärer Antriebe erlernt werden. Es wäre schwer, die verschiedenen Ebenen der Anregung zu erklären, indem man sie auf erlernte Triebe zurückführte, die auf primären Antrieben basieren.

Das Erfolgsmotiv ist eingehend von D. C. McClelland (1951, 1961) studiert worden, als ein Bestreben nach bestmöglicher Leistung oder als Wunsch nach Erfolg in Wettbewerbssituationen. McClelland betont, dass das Erfolgsmotiv in den meisten Menschen vorhanden ist, dass jedoch die Stärke von vielen Faktoren abhängt, u. a. davon, wie ein Mensch als Kind behandelt wurde. Eine Studie hat gezeigt, dass Menschen mit grossem Erfolgsverlangen aus Familien stammen, in denen schon früh viel Unabhängigkeit und Leistung verlangt wurde. Die Mütter beurteilten die Errungenschaften wohlwollend und belohnten sie grosszügig.
McClelland misst die Stärke des Erfolgsmotivs bei verschiedenen Menschen anhand ihrer Reaktionen auf eine Reihe von Bildern. Menschen werden aufgefordert, einen Fünf-Minuten-Aufsatz darüber zu schreiben, was auf einem Bild vor sich geht. Die Aufsätze werden dann danach bewertet, wie oft erfolgsorientierte Themen erwähnt worden sind (Beispiel: „Er wird alles tun um zu gewinnen"). Die folgende Geschichte zeigt ein deutliches Erfolgsthema. Sie beschreibt ein Bild, auf dem ein Junge im Vordergrund steht, während im Hintergrund eine Operation vorgenommen wird.

> „Ein Junge träumt davon, Arzt zu werden. Er kann sich selbst schon in dieser zukünftigen Rolle sehen. Er hofft, dass er es schaffen wird. Es ist mehr oder weniger ein Wunschtraum. Der Junge hat viele Bilder von Ärzten in Büchern gesehen, die ihn inspiriert haben. Er wird sein Bestes tun und hofft, der beste Arzt des Landes zu werden. Er sieht sich schon in der Rolle eines sehr berühmten Arztes. Er nimmt eine sehr gefährliche Operation vor. Die Operation gelingt, und er ist sehr stolz darauf. Er erlangt Weltruhm durch diesen Erfolg. Er ist auch ein ehrenwerter Mann, und sein Name wird in die Geschichte der Medizin eingehen. Man wird sich seiner als eines der grössten Männer erinnern (Atkinson, 1958, S. 193).

McClellands Untersuchungen haben gezeigt, dass das Erfolgsmotiv unter bestimmten Bedingungen ein wichtiger Faktor im Zusammenhang mit den menschlichen Leistungen in Organisationen sein kann. Wenn das Erfolgsmotiv wirksam ist, empfindet der Mensch eine gute Arbeitsleistung als sehr erstrebenswert, und er leistet daher mehr. Das Erfolgsmotiv tritt gewöhnlich nicht in Kraft, wenn ein Mensch monotone und langweilige Arbeiten ausführt, bei denen kein Wettbewerb besteht. Sobald jedoch Herausforderung und Wettbewerb eine Rolle spielen, kann das Erfolgsmotiv zu guter Leistung anregen. Eine Studie von French (1955) illustiert diesen Sachverhalt deutlich. In dieser Studie führten Offiziersanwärter leichte Aufgaben aus, und zwar anhand von drei verschiedenen Anleitungen. Unter den „entspannten" Anleitungen wurde den Anwärtern gesagt, dass der beaufsichtigende Wissenschaftler lediglich sehen wollte, welche Art von Resultaten sich bei diesem Test ergäben. Die „aufgaben-motivierten" Anleitungen besagten, dass der Test zeigen sollte, wie schnell man neues Material bewältigen könne. Die „extrinsisch motivierten" Anleitungen besagten, dass die erfolgreichsten Anwärter das Experiment verlassen könnten, während die anderen weitermachen müssten. Die Leistungen waren am höchsten unter den „aufgaben-motivierten" Anleitungen, am niedrigsten unter den „entspannten" Anleitungen. Anwärter mit hohem Erfolgsverlangen leisteten mehr unter den „aufgaben-motivierten" Anleitungen, während ihre Leistungen unter den anderen beiden Anleitungen durchschnittlich blieben.

Andere Studien vertreten auch die Ansicht, dass Menschen lediglich durch ein Erfolgsverlangen motiviert sein können. Alper (1946) beispielsweise gab zwei Gruppen von Menschen eine Liste mit sinnlosen Silben zum Auswendiglernen. Einer Gruppe wurde gesagt, dass es sich um einen Intelligenztest handle. Nach 24 Stunden ergab eine Prüfung, dass die „Intelligenztest-Gruppe" mehr behalten hatte als die andere Gruppe. McClelland (1961) zeigte, dass erfolgreiche Menschen in stark wettbewerbsorientierten Berufen oder Tätigkeiten ausnahmslos eine hohe Erfolgsmotivierung aufweisen. Zum Beispiel bewies er, dass erfolgreiche Manager in den USA, in Italien und Indien allgemein stark erfolgsmotiviert sind.

Im grossen und ganzen deuten die Untersuchungen über Erfolgsmotivierung an, dass dieser Faktor dann am meisten hervortritt, wenn leicht herausfordernde Aufgaben erledigt werden (mit einer Erfolgschance von etwa 50 : 50), wenn eine Wettbewerbssituation herrscht, wenn die Leistung von einer besonderen Fähigkeit abzuhängen scheint und wenn Leistungs-Feedback gegeben wird (bei dem die Teilnehmer das Ergebnis erfahren). Die Untersuchungen deuten ausserdem an, dass Menschen mit hohem Erfolgsverlangen meistens Situationen wählen, in denen sie sich bewähren können,

und dass ihnen die hohe Leistung zusagt, wenn sie sich einmal in der Situation befinden. Diese Punkte sind bei der Stellenbeschreibung (job design) in Organisationen von Bedeutung, und sie sind gleichzeitig für die Menschen wichtig, die verschiedene Arbeitsmöglichkeiten in Betracht ziehen.
Nach den oben erwähnten Untersuchungen über die Wirkung der Erziehung auf die Stärke des Erfolgsverlangens scheint es sicher zu sein, dass Erfolgsmotivation teilweise ein erlernter Trieb ist. McClelland behauptet sogar, dass dieser Faktor in verschiedenen Kulturen verschieden stark vertreten sei, eben aufgrund der verschiedenen Arten von Kindererziehung. Obwohl die Erfolgsmotivation erlernt ist, kann man sich jedoch kaum vorstellen, wie sie sich aus einem primären Trieb entwickelt hat. Vielleicht besteht ein Zusammenhang, da Erfolg den Menschen oft hilft, sich primäre Belohnungen, wie Nahrung, zu beschaffen. Aber dies erklärt kaum, warum frühe Gewöhnung an Unabhängigkeit zu starkem Erfolgsverlangen führt. Obwohl also das Erfolgsmotiv ein erlernter Trieb ist, scheint dieses Motiv nur teilweise aufgrund von primären Trieben erlernt zu sein.

225 Zuständigkeit

Robert W. White (1959) suchte die Existenz eines Zuständigkeitsmotivs zu beweisen. Er verstand unter Zuständigkeit die Fähigkeit eines Organismus, eine wirksame Wechselbeziehung mit der Umwelt zu unterhalten. Bei wenig lernfähigen Organismen wird Zuständigkeit als ererbt angesehen. Beim Menschen jedoch wird die Zuständigkeit, die Fähigkeit wirksamer Wechselwirkung mit der Umwelt, langsam durch zeitraubende Lernprozesse erreicht. Für diese Lernprozesse sind grosse Ausdauer und ein starkes Zielbewusstsein nötig. Da das Lernen eine so wichtige Rolle spielt, folgerte White, dass die Zuständigkeit eine besondere Motivation erfordert, die von den primären Trieben oder Instinkten unabhängig ist. Er bringt viele Beweise von Organismen, die mit ihrer Umgebung fertig zu werden suchen, allem Anschein nach nur, um diese Umgebung zu meistern. White erwähnt dann die zahlreichen entsprechenden Hinweise in der psychologischen Literatur:

> „. . . Die bekannte Reihe erlernter Fähigkeiten beginnt mit Saugen, Fassen und visueller Untersuchung und fährt fort mit

Kriechen und Laufen, gelenkter Aufmerksamkeit und Verstehen, Erinnerung, Sprache und Denken, Vorwegnahme, Untersuchung neuer Dinge und Orte, Bewirken von Stimulus-Änderung in der Umgebung, Manipulation und Ausnutzung der Umgebung, und mit besserer Koordination von Bewegungen und Gedanken ...

... gewöhnlich benutzen wir jedoch keinen umfassenden Begriff für diese verschiedenartigen Errungenschaften, durch die wir lernen, mit der Umgebung fertig zu werden. ... Ich schlage nun vor, dass wir die eben erwähnten vielfältigen Verhaltensweisen, die mit der wirksamen Wechselwirkung mit der Umgebung zu tun haben, unter dem Begriff der Zuständigkeit (Kompetenz) zusammenfassen. ... dies wäre dann ein Begriff der Motivation, und wir würden von einem Zuständigkeitsmotiv sprechen" (1959, S. 317–318).

White folgert weiter, dass die Zuständigkeitsmotivation angeregt wird, wenn Menschen mehr oder weniger neue Situationen antreffen und dass die Motivation schwindet, wenn eine Situation soweit untersucht und gemeistert worden ist, dass sie keine Herausforderung mehr darstellt.

Es besteht eine offensichtliche Ähnlichkeit zwischen Whites Ansicht über den Anlass der Zuständigkeitsmotivation und der Ansicht der Anregungstheoretiker über die Wirkung des Neuheitsstimulus auf die Motivation. Beide besagen, dass die Motivation hoch ist, wenn mehr oder weniger neue Situationen vorgefunden werden. Whites Theorie ist also sehr eng mit der Theorie der Erfolgsmotivation verwandt. Beide sprechen von der Notwendigkeit, mit dem Leben fertig zu werden. White behauptet sogar, dass der Erfolg ein Ergebnis der Zuständigkeitsmotivation sein kann. Whites Theorie erlaubt einige interessante Schlüsse in bezug auf die Stellenbeschreibung in Organisationen. Die Theorie deutet an, dass Menschen zu grosser Leistung motiviert werden können, wenn sie die richtige Aufgabe erhalten – und zwar ohne die Benutzung extrinsischer Belohnungen wie Bezahlung oder Beförderung. Sobald jedoch die Aufgabe erledigt ist, verschwindet auch die Zuständigkeitsmotivation. Von Interesse ist ausserdem, dass White, wie andere moderne Forscher, behauptet, das Zuständigkeitsmotiv basiere nicht auf irgendeinem primären Antrieb. Obwohl er den Ursprung des Motivs nicht genau beschreibt, scheint er anzunehmen, dass das menschliche Streben nach Zuständigkeit angeboren ist.

In den letzten dreissig Jahren haben eine Reihe von Psychologen Begriffe in ihre Theorien eingeführt, die mit dem Drang der Menschen nach Wachstum und Entwicklung zu tun haben. Abbildung 2 führt einige dieser Forscher und ihre Begriffe auf. Die Arbeiten von Maslow übten weitaus den grössten Einfluss aus auf das Denken bezüglich der Motivation in Organisationen. Maslow benutzt den Begriff „Self-actualization", um den Drang der Menschen nach Wachstum und Entwicklung zu beschreiben. Nach ihm ist dies der Wunsch nach Selbsterfüllung, . . . nämlich die Tendenz eines Menschen, sein Potential zu verwirklichen . . . der Wunsch, immer mehr „man selbst" zu sein und alles zu entwickeln, was in einem steckt . . ." (1954, S. 91). Maslow betont, dass nicht alle Menschen auf der Ebene der Selbstverwirklichung „funktionieren". Er beschreibt auch die Eigenschaften der Menschen, die durch Selbstverwirklichung motiviert sind. Seiner Ansicht nach ist das Verhalten eines sich selbst verwirklichenden Menschen weitgehend durch die Freude motiviert, die er im Gebrauch und Entwickeln seiner Fähigkeiten findet. Sein Verhalten ist nicht unbedingt durch extrinsische Ziele oder Belohnungen bestimmt. Für ihn besteht das Ziel einfach darin, sich auf eine bestimmte Weise zu verhalten und bestimmte Gefühle zu erfahren. Maslow drückt dies folgendermassen aus:

> „. . . für sich selbst verwirklichende Menschen müssen wir eine grundlegend andere Psychologie konstruieren, d. h. eine Psychologie des Ausdrucks oder Wachstums anstelle einer Psychologie des Mangels. Vielleicht wäre es nützlich, hier zwischen Leben und Vorbereitung zum Leben zu unterscheiden. Vielleicht sollte der Begriff der Motivation nur auf Menschen angewandt werden, die sich nicht selbst verwirklichen. Ein sich selbst verwirklichender Mensch strebt nicht mehr im gewöhnlichen Sinne, er entwickelt sich. Er versucht, Vollkommenheit zu erreichen und mehr und mehr seinen eigenen Stil zu entwickeln, während andere Menschen sich um die Befriedigung ihrer elementaren Bedürfnisse bemühen. Dem sich selbst verwirklichenden Menschen fehlen jedoch diese Befriedigungen nicht, und dennoch hat er Impulse. Er arbeitet, er bemüht sich, er ist ehrgeizig, allerdings nicht im gewöhnlichen Sinn. Seine

Motivation ist gleichzusetzen mit Wachstum und Ausdruck des Charakters, mit Reifung und Entwicklung, – nun: mit Selbstverwirklichung" (S. 211).

So legt Maslow, wie White und andere, Wert darauf zu sagen, dass nicht alle Motivation auf primären Trieben beruht. Maslow betont auch, dass die Menschen oft arbeiten, um intrinsische Ergebnisse zu erreichen, wie z. B. Gefühle des Wachstums. Er lehnt die Ansicht vollkommen ab, dass begehrte Ergebnisse auf extrinsische Belohnungen wie Nahrung und Wasser bezogen sein müssen. Maslow geht wahrscheinlich weiter als die anderen bisher besprochenen Forscher, indem er die Unterschiede zwischen der auf primären Trieben basierenden Motivation und der von primären Trieben unabhängigen Motivation hervorhebt. Im Gegensatz zu der auf primären Trieben basierenden Motivation verringern sich seiner Ansicht nach die Entwicklungsbedürfnisse nicht durch deren Befriedigung. Ganz im Gegenteil behauptet Maslow, dass

Abbildung 2: Liste der Forscher, welche die Selbstverwirklichung betonen, mit den von ihnen benutzten Begriffen. (Nach C. N. Cofer, und M. H. Appley: Motivation, Theory and Research, 1964).

Kurt Goldstein (1939): Self-actualization (Selbstverwirklichung)

Erich Fromm (1941): The productive orientation (Die produktive Einstellung)

Prescott Lecky (1945): The unified personality; self-consistency (Die integrierte Persönlichkeit)

Donald Snygg und Arthur Combs (1949): The preservation and enhancement of the phenomenal self (Die Erhaltung und Förderung des phänomenalen Selbst)

Karen Horney (1950): The real self and its realization (Das wirkliche Selbst und seine Verwirklichung)

David Riesman (1950): The autonomous person (Die autonome Persönlichkeit)

Carl Rogers (1951): Actualization, maintenance, and enhancement of the experiencing organism (Verwirklichung, Förderung und Erhaltung des erfahrenden Organismus)

Rollo May (1953): Existential being (Existentielles Sein)

Abraham Maslow (1954): Self -actualization (Selbstverwirklichung)

Gordon W. Allport (1955): Creative becoming (Schöpferisches Werden)

---

ein Mensch immer mehr nach Wachstum und Selbstverwirklichung strebt, wenn er einmal Erlebnisse solcher Art gehabt hat. Seiner Ansicht nach weckt Wachstum den Wunsch nach mehr Wachstum, während z. B. das Essen den Hunger verringert.
Maslow behauptet, dass der Begriff der Selbstverwirklichung einen bedeutenden Teil der Motivation in Organisationen erklären könne. Seiner Ansicht nach sind besonders auf der Manager-Ebene viele Menschen durch den Wunsch nach Selbstverwirklichung motiviert. Hierfür gibt es eine Vielzahl von Beweisen. In einer Untersuchung beurteilten die Manager das Bedürfnis nach Selbstverwirklichung als ihr wichtigstes Bedürfnis (Porter, 1964). Ausserdem bieten die meisten grossen Organisationen eine Vielfalt von Trainings- und Entwicklungsprogrammen an, die den Menschen bei der Entwicklung ihrer Fähigkeiten helfen sollen. Manchmal besuchen Menschen diese Kurse lediglich in der Hoffnung auf Beförderung oder Lohnerhöhung – in anderen Fällen aber tun sie es auch einfach aus Gründen der Selbstentwicklung. Es gibt auch Beweise dafür, dass Menschen nach schwierigen Tätigkeiten Ausschau halten, nur weil sie sich dadurch besser entwickeln können.
Maslows Arbeiten über Selbstverwirklichung stehen in einem interessanten Kontrast zu den Arbeiten der existentiellen Psychologen wie Allport (1955) und Rogers (1961). Diese beiden Wissenschaftler sprechen zwar auch davon, dass Menschen durch Wünsche motiviert sein können, die sich nicht auf Belohnungen wie Geld oder Status beziehen. Jedoch betonen sie weniger die Entwicklung von Fähigkeiten und das Erreichen von Zielen, und sie sprechen mehr von neuen Erfahrungen, die zur Selbsterkenntnis führen. Rogers spricht beispielsweise davon, dass Menschen von dem Wunsch motiviert werden, „wirklich sie selbst zu sein". Er betont Selbstentdeckung und die Notwendigkeit, Erfahrungen gegenüber offen zu sein.
Die existentiellen Psychologen haben vielleicht weniger Einfluss auf die Industriepsychologie gehabt, weil sie die Entwicklung von Fähigkeiten und Leistung weniger betonen als Maslow. Dies ist bedauerlich, und wir sollten nicht vergessen, dass Menschen manchmal allein vom Drang nach Selbstentdeckung und Selbstverwirklichung motiviert sind.

Zahlreiche Listen und Kategorien von Bedürfnissen sind von Psychologen aufgestellt worden. Eine der wichtigsten ist die von Henry A. Murray (1938) aufgestellte Liste der „psychogenen" oder „sozialen" Bedürfnisse. Sie enthält mehr als zwanzig Motive und wurde durch die Untersuchung einer Anzahl „normaler" Menschen ermittelt. Obwohl diese Liste sehr einflussreich war auf dem Gebiet der Psychologie, ist sie doch bei der Erforschung der Motivation in Organisationen selten angewandt worden, wahrscheinlich weil sich ihre Länge als unpraktisch erwies. Wie die oben erwähnte Liste der Instinkte ist sie so lang, dass sie fast für jedes beobachtete Verhalten eine besondere Kategorie vorsieht. Ein Blick auf die Abbildung 3, die einige von Murrays Kategorien enthält, vermittelt einen Eindruck von der Art des Problems. Die Frage ist nicht, ob Murray bestimmte Verhaltensweisen ausgelassen hat (was nicht der Fall ist), sondern, ob er die Liste genügend vereinfacht hat.

Abbildung 3: Einige Kategorien aus Murrays Liste der Bedürfnisse. (Aus: C. S. Hall und G. Lindzey, Theories of Personality, 1957.

Soziales Motiv	Kurze Beschreibung
Unterordnung, Erniedrigung	sich passiv einer äusseren Macht unterordnen. Verletzung, Beschuldigung, Kritik, Strafe hinnehmen. aufgeben, kapitulieren. sich dem Schicksal ergeben. Unterlegenheit, Irrtum, Fehler oder Niederlage zugeben. gestehen und bereuen. sich selbst beschuldigen, herabsetzen oder verletzen. Schmerz, Bestrafung, Krankheit und Unglück suchen und geniessen.
Erfolg, Errungenschaft	etwas Schwieriges erreichen. Objekte, Menschen, Ideen meistern, manipulieren bzw. organisieren. dies so schnell wie möglich und ohne Hilfe erreichen. Hindernisse überwinden und ein hohes Niveau erreichen. sich selbst übertreffen. mit anderen in Wettbewerb treten und sie übertreffen. das Selbstvertrauen stärken durch den Einsatz eigener Talente.
Zugehörigkeit	sich anderen nähern, freudig mit ihnen zusammen arbeiten und in eine Wechselbeziehung mit Menschen treten, die einem ähnlich sind und Sympathien zeigen. anderen gefallen und das Gefallen der anderen gewinnen. einem Freund beistehen, treu sein.

Soziales Motiv	Kurze Beschreibung
Aggression	Opposition mit Gewalt überwinden. streiten. sich für eine Verletzung rächen. andere angreifen, verletzen oder töten. sich anderen mit Gewalt entgegenstellen und andere bestrafen.
Autonomie, Selbständigkeit	sich befreien, Fesseln abschütteln, aus einer Beschränkung ausbrechen. Zwang und Beschränkung widerstehen. Tätigkeiten vermeiden oder beenden, die von dominierenden Autoritäten vorgeschrieben sind. unabhängig sein und nach eigenen Impulsen handeln. ungebunden und ohne Verantwortung sein. Konventionen ablehnen.
Widerstand, Gegenschlag	einer Niederlage Herr werden oder sie durch neue Versuche ausgleichen. Eine Erniedrigung durch einen Gegenschlag gutmachen. Schwächen und Furcht überwinden. einen Ehrverlust durch Taten ausgleichen. sich bewusst mit Hindernissen und Schwierigkeiten auseinandersetzen. ein hohes Mass an Stolz und Selbstachtung bewahren.
Verteidigung	gegen Angriff, Kritik und Beschuldigung verteidigen. eine Missetat, einen Fehler oder eine Erniedrigung verschleiern oder rechtfertigen. das Ego verteidigen.
Ehrerbietung	einen Vorgesetzten verehren und unterstützen. jemanden loben oder ehren. sich eifrig dem Einfluss eines anderen anpassen oder einem Beispiel folgen. sich den Bräuchen anpassen.
Herrschaft	die eigene menschliche Umgebung kontrollieren. das Verhalten anderer durch Andeutung, Verführung, Überredung oder Befehl beeinflussen. verhindern oder verbieten.
Beeindrucken	gesehen und gehört werden. erregen, faszinieren, unterhalten, schockieren, intrigieren und amüsieren.
Schaden verhüten	Vermeiden von Schmerz, körperlicher Verletzung, Krankheit und Tod. einer gefährlichen Situation entgehen. vorbeugen.
Erniedrigung vermeiden	sich peinlichen Situationen entziehen oder solchen, die zu Selbsterniedrigung, Verachtung, zum Belächeln oder zur Missachtung anderer führen. eine Handlung aus Furcht vor der Niederlage unterlassen.
Pflege und Heilung	Sympathie zeigen und einem Hilflosen helfen, z. B. einem Säugling oder Kind oder anderen „Objekten", die schwach, behindert, müde, unerfahren, kränklich, besiegt, erniedrigt, einsam, entmutigt, krank oder verwirrt sind. einem Objekt in der Gefahr beistehen. nähren, helfen, heilen, unterstützen, trösten, beschützen oder erquicken.

Soziales Motiv	Kurze Beschreibung
Ordnung	Dinge in Ordnung bringen. säubern, arrangieren, organisieren, balancieren, aufräumen, genau machen.
Spiel	etwas „aus Spass" ohne weiteren Zweck unternehmen. gerne lachen und Witze machen. freudige Entspannung vom Stress suchen. an Spiel, Sport, Tanz, Trinken und Kartenspiel teilnehmen.
Ablehnung	sich von einem als negativ empfundenen Objekt absetzen. ausklammern, verlassen, wegwerfen, ausstossen, oder sich einem minderwertigen Objekt gegenüber gleichgültig verhalten. verachten oder vermeiden.
Sinnliche Empfindung	sinnliche Eindrücke suchen und geniessen.
Sex	ein erotisches Verhältnis eingehen und fördern. Geschlechtsverkehr haben.
Unterstützt werden	Sympathie und Hilfe von Verbündeten erhalten. genährt, gestützt, beschützt, geliebt, beraten, verwöhnt, getröstet werden und Vergebung erhalten. Schützling sein und einen Beschützer haben.
Verständnis	allgemeine Fragen stellen oder beantworten. sich für Theorie interessieren. formulieren, analysieren und generalisieren.

Maslows hierarchische Anordnung der Bedürfnisse wird in der Studie der Motivation in Organisationen weitaus am meisten benutzt. Maslow weicht von Murray in zwei wichtigen Hinsichten ab: Erstens ist seine Liste kürzer, und zweitens sind die Bedürfnisse bei ihm pyramidenförmig angeordnet.

Maslows hierarchisches Modell (1943, 1954, 1970) besteht aus fünf Ebenen von menschlichen Bedürfnissen und einem Satz von Hypothesen darüber, wie die Befriedigung dieser Bedürfnisse ihre Bedeutung beeinflusst.

Maslows fünf Bedürfniskategorien:

1. Physiologische Bedürfnisse, einschliesslich der Bedürfnisse nach Nahrung, Wasser, Luft usw.
2. Sicherheitsbedürfnisse, oder die Bedürfnisse nach Stabilität und nach Abwesenheit von Schmerz, Drohung, Krankheit.

3. Zugehörigkeits- oder Liebesbedürfnisse, einschliesslich des Bedürfnisses nach Zuneigung, Zugehörigkeit, Liebe usw.
4. Achtungs- oder Ansehensbedürfnisse, einschliesslich des Bedürfnisses nach persönlichem Erfolg oder Selbstachtung und des Bedürfnisses nach Anerkennung oder Respekt durch andere.
5. Das Bedürfnis nach Selbstverwirklichung, nach dem Gefühl der Selbsterfüllung oder der Verwirklichung des eigenen Potentials.

Wichtiger als die Definition dieser fünf Bedürfnisgruppen ist jedoch der Prozess, durch den jede Gruppe aktiviert wird und zur Bedeutung gelangt. Nach Maslow sind die Gruppen hierarchisch angeordnet, so dass die niedrigeren oder grundlegenderen Bedürfnisse automatisch den Vorrang über höhere und weniger grundlegende Bedürfnisse haben. Dies bedeutet, dass die physiologischen Bedürfnisse eines Menschen befriedigt sein müssen, bevor irgendwelche höheren Bedürfnisse Bedeutung erlangen. Sobald jedoch die physiologischen Bedürfnisse befriedigt sind, verringert sich ihre Intensität oder Wichtigkeit, und die nächsthöhere Ebene nimmt die Stelle des stärksten Verhaltensmotivs ein. Dieser Vorgang von „erhöhter Befriedigung / verringerter Bedeutung / erhöhter Bedeutung der nächsthöheren Ebene" wiederholt sich, bis die höchste Ebene der Hierarchie erreicht ist. Maslow hat in späteren Revisionen seiner Theorie (1968, 1970) vorgeschlagen, dass auf der höchsten Ebene der Hierarchie eine Umkehrung in der Beziehung zwischen Befriedigung und Bedeutung des Bedürfnisses stattfinde. Auf der Ebene der Selbstverwirklichung nimmt nämlich bei zunehmender Befriedigung die Stärke des Bedürfnisses zu (anstatt ab). „Befriedigung erhöht die Motivation anstatt sie zu verringern, sie führt zu stärkerer und nicht zu schwächerer Anregung" (1968, S. 30).

Kurz gesagt: Das Verhalten des einzelnen ist durch die Bemühung motiviert, das Bedürfnis zu befriedigen, das zum jeweiligen Zeitpunkt am wichtigsten ist. Ausserdem wird die Stärke eines jeden Bedürfnisses von dessen Position und vom Ausmass der Befriedigung der niedrigeren Bedürfnisse bestimmt.

Maslows Theorie erlaubt die Voraussage eines dynamischen, schrittweisen, kausalen Prozesses der menschlichen Motivation, bei der das Verhalten durch fortlaufende (aber voraussagbare) Änderungen in bezug auf „wichtige" Bedürfnisse geregelt wird. Erhöhte Befriedigung der Bedürfnisse in einer Kategorie bewirkt eine Verringerung der Stärke dieser Bedürfnisse, wodurch wiederum die Bedeutung der Bedürfnisse auf der nächsthöheren Ebene wächst. Allerdings sagt Maslow, dass die Hierarchie der Bedürfnisse nicht für jeden Menschen genau gleich ist. Besonders bei den Bedürfnissen in der Mitte der Hierarchie variiert die Reihenfolge oft von Mensch zu Mensch. Maslow ist jedoch der Ansicht, dass die physiologischen Bedürfnisse den Vorrang haben und dass das Bedürfnis nach Selbstverwirklichung gewöhnlich an letzter Stelle auftaucht.

Es gibt noch zwei andere Theorien der Bedürfnis-Hierarchie: Die eine wurde von Langer (1937) noch vor der Theorie von Maslow formuliert, die andere von Alderfer (1969). Die letztere ist besser entwickelt, und sie enthält drei Ebenen von Bedürfnissen (1972): Existenz, Bezogenheit und Wachstum. Wie Maslow behauptet auch Alderfer, dass die Befriedigung eines Bedürfnisses dessen Stärke sowie die Wichtigkeit der höheren Bedürfnisse beeinflusst. Er stimmt der Hypothese von Maslow zu, dass die Wachstumsbedürfnisse durch Befriedigung zunehmen statt abnehmen. Allerdings nimmt er auch an, dass eine mangelnde Befriedigung der höheren Bedürfnisse wiederum zu einer Höherschätzung der Bedürfnisse der niedrigen Ebenen führen kann. Er folgert weiter, dass die Bedeutung eines Bedürfnisses durch die Befriedigung (oder mangelnde Befriedigung) der nächsthöheren und nächstniedrigeren Bedürfnisse in der Hierarchie beeinflusst werden. Er nimmt auch an, dass alle Bedürfnisse gleichzeitig wirksam sein können. Vorrang spielt also in seiner Theorie eine geringere Rolle als bei Maslow.

Was die drei von uns am Anfang des Kapitels gestellten Fragen betrifft, geben die hierarchischen Theorien von Maslow und Alderfer fast vollständige Antworten auf die beiden letzten Fragen. Diese beiden Theorien machen spezifische Aussagen darüber, welche Ergebnisse die Menschen schätzen werden (Ergebnisse, welche die jeweils vorherrschenden Bedürfnisse befriedigen). Die Theorien sagen auch genau voraus, was die Anziehungskraft der verschiedenen Ergebnisse beeinflussen wird, beispielsweise in bezug auf die Befriedigung wichtiger Bedürfnisse, einschliesslich solcher auf niedrigerer Ebene. Die Theorien bieten eine weniger vollständige Antwort auf unsere erste Frage, da sie nicht den Ursprung der Bedürfnisse erklären. Sie deuten jedoch an, dass die Bedürfnisse der niedrigeren Ebenen in den meisten

Menschen vorhanden sind und in Erscheinung treten, wenn sie nicht blockiert werden.
Der Begriff der hierarchischen Ordnung der Bedürfnisse hat bei den Praktikern und Theoretikern, die sich mit Organisationen beschäftigen, viel Aufsehen erregt. Dies ist zweifellos dadurch zu erklären, dass der Begriff, falls er stichhaltig ist, ein mächtiges Werkzeug zur Voraussage der wechselnden Bedeutung verschiedener Ergebnisse bei organisatorischen Eingriffen darstellt. Der Begriff kann auch einige wichtige Andeutungen bezüglich der Dinge bieten, die wahrscheinlich von den Arbeitnehmern erstrebt werden. Beispielsweise deutet die Theorie an, dass Menschen sich für Selbstverwirklichung und Wachstum interessieren, sobald sie befördert werden und ihre niedrigeren Bedürfnisse befriedigt sind.
Die Theorie deutet ferner an, dass ein Mensch, der seine Stellung bedroht sieht, alles andere beiseitelässt, um die Stellung zu sichern. Schliesslich ergibt sich auch, dass eine Organisation dem Arbeitnehmer genügend Belohnungen auf den unteren Ebenen (z. B. Sicherheit) bieten kann, dass sie jedoch auf der Ebene des persönlichen Wachstums nie genug zu bieten vermag. Sobald also die Arbeitnehmer mehr von den Organisationen erhalten, werden sie noch mehr verlangen, obwohl sich die Art ihrer Wünsche von den niedrigen Ebenen auf die höheren Ebenen verschieben wird. Mehr als ein Manager hat festgestellt: „Wir haben unseren Arbeitnehmern gute Arbeitsbedingungen, hohe Bezahlung und eine gesicherte Zukunft geboten. Jetzt wollen sie interessantere Arbeiten und mehr Entscheidungsfreiheit. Werden sie denn nie zufrieden sein?" Die Hierarchie der Bedürfnisse deutet an, dass Arbeitnehmer nie zufrieden sein werden.

23 Die Wünschbarkeit der Ergebnisse

Die Annahmen von Maslow, McClelland und anderen sind beim Studium der Motivation in Organisationen nützlich. Sie deuten eine Reihe von wichtigen Punkten an, die man beachten muss, wenn man die Wünschbarkeit bestimmter Ergebnisse in den Augen der Arbeitnehmer studiert. Es bleiben jedoch viele Fragen offen. Der Rest dieses Kapitels wird sich mit diesen Fragen beschäftigen und die Wünschbarkeit von Ergebnissen zu erklären suchen.

231 *Triebe, Bedürfnisse, Motive – oder einfach Ergebnisse?*

Alle bisher besprochenen Forscher haben angenommen, dass Ergebnisse von den Menschen deshalb erstrebt werden, weil die Menschen irgendwelche Triebe, Motive oder Bedürfnisse haben.
Vroom (1964) jedoch hat eine andere Ansicht vertreten. In seiner Theorie benutzt er nicht die Begriffe Trieb, Motiv oder Bedürfnis. Er sagt einfach, dass Ergebnisse einen Wert haben, wenn sie zu anderen geschätzten Ergebnissen führen. Nichts wird darüber gesagt, warum die Menschen diese oder andere Ergebnisse erstreben, oder welche anderen Ergebnisse wahrscheinlich geschätzt werden. Obwohl so die Frage nach dem Verständnis der Wünschbarkeit individueller Ergebnisse unnötig wird, verliert eine solche Theorie ihre Macht der Voraussage. Die Bedürfnistheorie hingegen besagt im voraus, welche Ergebnisse wahrscheinlich geschätzt werden und wodurch ihr Wert beeinflusst wird.
Eine Theorie der Bedürfnisse kann einige Voraussagen machen z. B. darüber, wann und bei welchen Gelegenheiten ein Ergebnis wichtig sein wird – was mit der Theorie von Vroom nicht möglich ist. Wenn beispielsweise bekannt ist, dass ein Mensch ein hohes Gehalt schätzt, da dies sein Ansehen erhöht, so kann Vrooms Theorie nur voraussagen, dass die Bezahlung weniger wichtig wird, wenn auf Ansehen weniger Wert gelegt wird. Demgegenüber kann eine Bedürfnistheorie wie die Maslows weitere Voraussagen machen. Sie kann voraussagen, welche Bedingungen die Bedeutung des Ansehens (d. h. Befriedigung des Wunsches nach Anerkennung und nach Erfüllung niedrigerer Bedürfnisse) beeinflussen werden – und wie eine Reihe anderer Faktoren, z. B. Beförderung, sich auf die Bedeutung der Bezahlung auswirken werden.
Die Frage, ob Bedürfnisse angeboren oder erlernt sind, ist wichtig. Aber da wir uns hier mit Erwachsenen beschäftigen, deren Bedürfnisstruktur bereits entwickelt ist, spielt diese Frage keine entscheidende Rolle. Die Frage ist für uns nur insofern von Bedeutung, als sie uns darüber informieren kann, wieviele Menschen ein bestimmtes Bedürfnis haben. Angeborene Bedürfnisse sollten bei allen Menschen mehr oder weniger gleich stark vorhanden sein, während erlernte Bedürfnisse nur bei bestimmten Gruppen auftreten sollten. Es behauptet heute natürlich niemand im Ernst, dass die Bedürfnisse der höheren Ebenen ganz erlernt oder ganz

angeboren sind. Trotzdem scheint es, dass die niedrigeren Bedürfnisse in Maslows Hierarchie eher angeboren und daher weiter verbreitet sind als die höheren Bedürfnisse.

Für unsere Zwecke braucht eine Theorie der Bedürfnisse nicht auszusagen, warum die Menschen Bedürfnisse haben, solange sie die Bedürfnisse und die Bedingungen, unter denen sie wirksam sind, beschreibt. Die Theorie braucht nur zu sagen, dass bestimmte Ergebnisse zusammengefasst werden können, da sie in ihrer Wünschbarkeit voneinander abhängen. Die Menschen erstreben oft mehrere Gruppen von solchen Ergebnissen. Die Gruppen können als „Bedürfnisse" bezeichnet werden und, wenn sie von den meisten Menschen erstrebt werden, als „menschliche Bedürfnisse". Vielleicht sollte auch erwähnt werden, dass solche Gruppen nur dann als Bedürfnisse bezeichnet werden können, wenn sie um ihrer selbst willen und nicht als Mittel zur Erreichung anderer Ergebnisse erstrebt werden. So kann beispielsweise Nahrung um ihrer selbst willen erstrebt werden; daher sprechen wir von einem Bedürfnis nach Nahrung; ein grosses Büro ist dagegen kein Selbstzweck und kann daher nicht als Bedürfnis bezeichnet werden. Sobald man sich darüber einig ist, dass die Menschen Bedürfnisse haben, ergibt sich die Frage: „Wie viele Bedürfnisse?"

232 Wie viele Bedürfnisse?

Eigentümlicherweise bestehen unter den Forschern keine Meinungsverschiedenheiten über die von den Menschen gewöhnlich erstrebten Ergebnisse. Aber man ist sich nicht darüber einig, welche Arten von Bedürfnissen zu Ergebnissen führen, die die Eigenschaft von Zielen annehmen. Psychologen haben behauptet, dass Menschen drei bis mehrere Hundert Bedürfnisse haben. Diese Variationen lassen sich teilweise dadurch erklären, dass die Bedürfnisse verschieden definiert sind. Ursprünglich war das Kriterium einfach: Man nahm an, dass Bedürfnisse oder Triebe nur dann bestehen, wenn eine physiologische Basis für die erstrebten Ergebnisse gefunden werden kann.

Die neuere Forschung über die Bedürfnisse der höheren Ebenen hat klar bewiesen, dass dieser Ansatz nicht genügt: Es wurde daher vorgeschlagen, den Begriff „Bedürfnis" für die Gruppen von

Ergebnissen zu benutzen, die von Menschen als Selbstzweck erstrebt werden. Diese Definition löst jedoch nicht das Problem, die Eigenschaften solcher Gruppen zu beschreiben. Ein Beispiel zur Illustrierung des Problems: Mehrere Nahrungsmittel können in eine Gruppe zusammengefasst werden, da ein Mensch, wenn er eines dieser Nahrungsmittel haben will, normalerweise auch an den anderen interessiert ist, – und da er, mit einem Nahrungsmittel genügend eingedeckt, normalerweise auch das Interesse an den anderen verliert. Man kann daher sagen, dass die Menschen ein Bedürfnis nach Fleisch haben, und nicht speziell nach „roast beef" oder „steak". Indem wir solche Ergebnisgruppen benutzen, können wir weitgehend verallgemeinern und mit weniger Ergebnisgruppen auskommen. Jetzt ergibt sich allerdings die Frage, wo man Halt machen soll, auf welcher Ebene der Abstraktion oder Verallgemeinerung man aufhören soll, Gruppen zu bilden. Soll man, beispielsweise, beim Fleisch aufhören oder soll man alle Nahrung in einer Gruppe zusammenfassen und von einem Nahrungsbedürfnis sprechen, da Nahrungsmittel einander in bezug auf ihre Wünschbarkeit ähneln, wie Abbildung 4 zeigt. Die erste

Abbildung 4: Eine Gruppe von Ergebnissen.

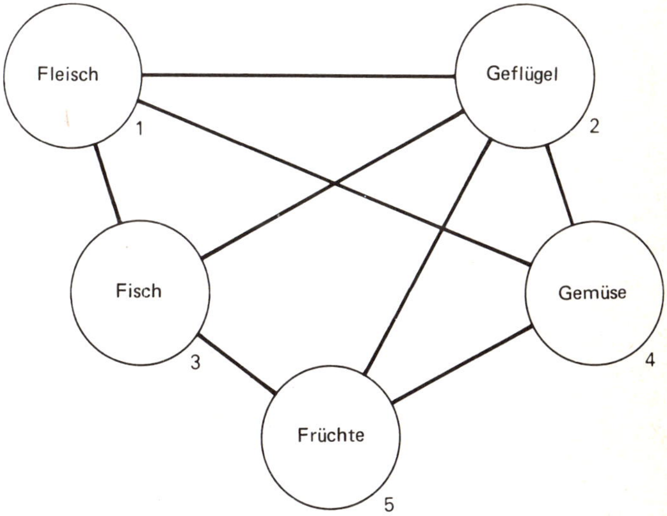

Gruppe ist enger insofern, als die „Wünschbarkeiten" verschiedener Fleischarten wahrscheinlich enger untereinander verbunden sind als mit der Wünschbarkeit von Früchten. Es bestehen jedoch noch engere Gruppen (verschiedene Arten von Braten), und daher gibt es auf die Frage nach der Enge der Gruppen letzten Endes keine Antwort.

Man kann auch einen höheren Grad der Abstraktion benutzen und Nahrungsmittel mit Wasser und Sauerstoff in einer Gruppe zusammenfassen und diese Gruppe dann ein Existenzbedürfnis nennen (siehe Abbildung 5). Diese Gruppe würde alle Ergebnisse einschliessen, die ein Mensch zur Erhaltung des Lebens braucht.

Abbildung 5: Eine Gruppe von Existenzbedürfnissen.

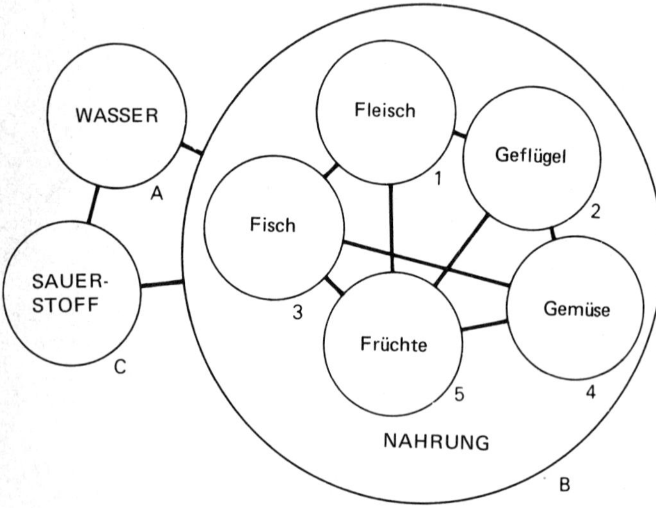

Das Kriterium der Zusammenfassung auf dieser Ebene unterscheidet sich von dem vorher erwähnten Kriterium (wenn ein Ergebnis erstrebt wird, wird auch das andere erstrebt, und wenn ein Bedürfnis befriedigt ist, wird die Wünschbarkeit des anderen Bedürfnisses beeinflusst). Die Gruppierung auf Abbildung 5 basiert auf der Tatsache, dass alle Ergebnisse eine gemeinsame Eigenschaft haben: Sie sind zur Existenz notwendig. Die Wünschbarkeit eines Ergebnisses ist nicht unbedingt mit der eines anderen Ergebnisses verbunden, wie dies auf Abbildung 4 der Fall ist. Bei der Verwendung dieses Systems würden wir sagen, dass Menschen wegen eines grundlegenden Existenzbedürfnisses nach Nahrung streben.

Auf einer niedrigeren Ebene der Verallgemeinerung würden wir jedoch sagen, dass Menschen nach Nahrungsmitteln streben, weil sie ein Bedürfnis nach Nahrung haben. Ein ähnliches Problem der Gruppierung ergibt sich, wenn Erfolg, Selbstverwirklichung und Zuständigkeit zusammengefasst werden. Obwohl man sagen kann, dass jeder dieser Begriffe ein besonderes Bedürfnis darstellt, überschneiden sie sich doch in vielen Beziehungen. Bei allen dreien handelt es sich um den Wunsch, mit herausfordernden Situationen fertig zu werden.

Daher können sie zusammengefasst und als „das Bedürfnis nach Zuständigkeit und Wachstum" bezeichnet werden, oder sie können auch getrennt behandelt werden.

Letzten Endes ist derjenige Ansatz zur Gruppierung von Bedürfnissen der beste, der sich am besten zur Voraussage von Verhaltensweisen in Organisationen eignet. Leider gibt es im Augenblick noch nicht genug Beweise, die uns erlauben würden zu sagen, welche Gruppierung von Bedürfnissen sich am besten für die Voraussage eignen dürfte. Wegen dieses Mangels an Beweisen wäre es vermutlich am praktischsten, nur Ergebnisse zusammenzufassen, die untereinander eine enge empirische Verwandtschaft zeigen. Damit sind Ergebnisse gemeint, die einen gemeinsamen Grad von Wünschbarkeit aufzuweisen scheinen. Unter Verwendung dieses Kriteriums können mit Hinsicht auf Organisationen folgende Bedürfnisse identifiziert werden:

1. Eine Reihe von Existenzbedürfnissen – hauptsächlich Geschlechtstrieb, Hunger, Durst und Sauerstoffbedürfnis
2. Ein Bedürfnis nach Sicherheit
3. Ein Bedürfnis nach Zugehörigkeit und Geselligkeit
4. Ein Bedürfnis nach Anerkennung und Ansehen
5. Ein Bedürfnis nach Selbständigkeit und Freiheit
6. Ein Bedürfnis nach Zuständigkeit und Selbstverwirklichung

233 Besteht eine Hierarchie der Bedürfnisse?

Nachdem wir nun eine spezifische Liste von menschlichen Bedürfnissen identifiziert haben, müssen wir entscheiden, ob diese Bedürfnisse hierarchisch angeordnet werden sollen. Welche Argumente sprechen für die Existenz einer Hierarchie von Bedürfnissen?

Es bestehen viele Beweise dafür, dass keine Bedürfnisse der höheren Ebenen zur Geltung kommen können, solange die grundlegenden Existenzbedürfnisse nicht befriedigt sind. Es gibt auch Beweise dafür, dass Menschen sich nicht mit höheren Bedürfnissen beschäftigen, solange ihre Sicherheitsbedürfnisse nicht befriedigt sind. Ein Bericht zeigt, dass Menschen im Zustand des Hungerns vor allem an Nahrung denken (Keys, Brozek, Henschel, Mickelsen & Taylor, 1950). Ähnliche Daten finden sich in der Literatur über Gehirnwäsche (brainwashing) und Konzentrationslager (Lawler & Suttle, 1972).

Allerdings bestehen nicht viele Beweise für die Existenz einer Hierarchie oberhalb der Ebene des Sicherheitsbedürfnisses. Daher können wir im Augenblick nur als bewiesen annehmen, dass eine Hierarchie von zwei Ebenen besteht: unten die Existenz- und Sicherheitsbedürfnisse und oben alle gehobenen Bedürfnisse. Dieser Gedankengang führt zur Voraussage, dass die höheren Bedürfnisse nicht zur Geltung kommen, solange die niedrigen Bedürfnisse nicht befriedigt sind. Es kann jedoch nicht vorausgesagt werden, welche der gehobenen Bedürfnisse eine Rolle spielen werden und in welcher Reihenfolge. Man kann lediglich sagen, dass die meisten Menschen von mehreren Bedürfnissen auf derselben Ebene motiviert werden. Auf der andern Seite scheint es, dass Menschen nicht von Bedürfnissen der beiden verschiedenen Ebenen gleichzeitig motiviert werden. Ein Mensch könnte beispielsweise von Bedürfnissen der Geselligkeit und Freiheit motiviert sein, während ein anderer von Hunger und Durst motiviert ist.

Sobald ein Bedürfnis auftaucht, scheint es solange wirksam zu sein, bis es befriedigt ist oder bis die Befriedigung der niedrigeren Bedürfnisse bedroht ist. Die einzige Ausnahme von dieser Regel bildet das Bedürfnis nach Selbstverwirklichung und Zuständigkeit, welches unersättlich scheint und nur dann an Bedeutung verliert, wenn die Befriedigung der niedrigeren Bedürfnisse bedroht ist.

234 *Können Ergebnisse mehr als ein Bedürfnis befriedigen?*

Es besteht eine beträchtliche Anzahl wissenschaftlicher Beweise dafür, dass bestimmte Ergebnisse bei der Befriedigung von mehr als einem Bedürfnis eine Rolle spielen. Wenn nämlich diese Ergebnisse erreicht werden, beeinflussen sie die Wünschbarkeit von mehr als einer Gruppe von Ergebnissen. Ein klassisches Beispiel hierfür ist die Bezahlung bzw. der Lohn (Lawler, 1971). Es scheint, dass die Bezahlung nicht nur Existenzbedürfnisse befriedigen kann, sondern auch Sicherheits- und Anerkennungsbedürfnisse. Beispielsweise berichten Lawler und Porter (1963), dass die Sicherheits- und Anerkennungsbedürfnisse von Managern desto mehr befriedigt scheinen, je höher ihr Gehalt ist. Diese Feststellung bedeutet, dass die Bezahlung wichtig ist, wenn ein Mensch seine Bedürfnisse nach Sicherheit oder Anerkennung zu befriedigen sucht. Man kann leicht erkennen, warum es möglich ist, durch Bezahlung eine Reihe von Bedürfnissen zu befriedigen. Geld kann zum Kauf von Dingen wie Nahrungsmittel benutzt werden, die das Existenzbedürfnis befriedigen, – und ein hohes Gehalt bringt auch eine gewisse Anerkennung in unserer Gesellschaft mit sich.

235 *Wie wichtig sind die verschiedenen Bedürfnisse?*

Buchstäblich Hunderte von Studien haben versucht, die Bedeutung der verschiedenen Bedürfnisse und Ergebnisse in den Augen der Arbeitnehmer zu messen. Die von Porter (1964) gesammelten Daten vermitteln einen ungefähren Eindruck der Bedeutung verschiedener Bedürfnisse (siehe Abbildung 6). Diese Daten zeigen, dass bei fast 2000 untersuchten Managern die Bedürfnisse der höheren Ebenen deutlich die grösste Rolle spielen. Andere Daten aus derselben Studie zeigen, dass Manager mit den unteren Bedürfnisebenen weitgehend zufrieden sind. Daraus folgt, dass die niedrigeren Bedürfnisse für sie die geringste Bedeutung haben. Ob dasselbe Interesse an der Befriedigung höherer Bedürfnisse auch auf den unteren Ebenen von Organisationen besteht, ist nicht klar. Die in Abbildung 6 illustrierten Daten zeigen, dass die höheren Bedürfnisse den Top-Managern wichtiger zu sein scheinen als den niedrigeren Managern. Andere Daten deuten an, dass Be-

Abbildung 6: Bedeutung, die den fünf Bedürfnissen von Managern dreier organisatorischer Ebenen beigemessen wird.

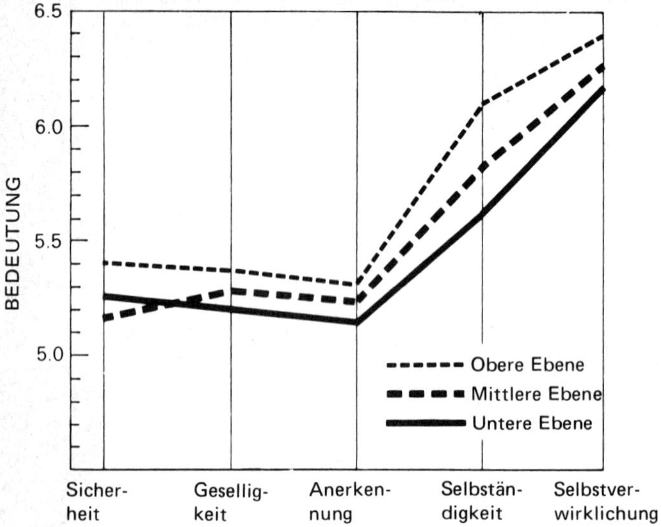

zahlung und bestimmte Bedürfnisse der niedrigeren Ebenen von den Arbeitern mehr geschätzt werden als von den Managern (Porter & Lawler, 1965). Dubin (1956) behauptet beispielsweise, dass der Arbeitsplatz keine zentrale Stellung im Leben der meisten Industriearbeiter einnimmt; man solle nicht erwarten, dass die Arbeiter im Rahmen ihrer Arbeit eine Erfüllung ihrer höheren Bedürfnisse finden.

Abbildung 7 zeigt die durchschnittliche Bedeutung von Arbeitsfaktoren (job factors) in einer Anzahl von Untersuchungen (16 Untersuchungen und 11 000 Arbeitnehmer). Die meisten dieser Studien bezogen sich auf Arbeitnehmer der unteren und mittleren Ebene. Sicherheit und ein intrinsisches Interesse an der Arbeit erwiesen sich als die wichtigsten Faktoren.

Lawler (1971) studierte 41 Untersuchungen, in denen die Bedeutung der Bezahlung ermittelt wurde, und fand, dass sie durchschnittlich an dritter Stelle auftaucht. Dies ist ein interessantes Ergebnis, muss jedoch vorsichtig interpretiert werden, wie alle Ergebnisse, die das Urteil der Arbeitnehmer in bezug auf die Be-

Abbildung 7: Durchschnittliche Bedeutung der Faktoren in der Einstellung zur Arbeit (aus 16 Untersuchungen mit über 11 000 Arbeitnehmern). Aus: Herzberg et al., Job Attitudes: Review of Research and Opinion, Psychological Service of Pittsburgh, 1957.

deutung verschiedener Bedürfnisse und Faktoren zusammenfassen. Solche Urteile sind für die Arbeitnehmer schwierig und weitgehend von der Formulierung der Fragen abhängig. Daher kann man keine eindeutigen Schlussfolgerungen ziehen, betreffend die wichtigsten Arbeitsfaktoren. Vielleicht kann man jedoch aus diesen Untersuchungen folgern, dass Arbeitnehmer eine Reihe von Faktoren als sehr wichtig empfinden. Einige der Faktoren scheinen sich mehr auf die unteren Bedürfnisebenen zu beziehen, andere mehr auf die oberen.

236 Individuelle Unterschiede bei der Bedürfnisstärke

Zweifellos unterscheiden sich die Menschen weitgehend in der Art ihrer Ziele und Bedürfnisse, und diese Unterschiede müssen im Auge behalten werden, wenn man die Motivation des einzelnen in Organisationen betrachtet. Lawler berichtet beispielsweise, dass in jedem vierten von ihm untersuchten Fall die Bezahlung am höchsten geschätzt wurde, während sie in manchen anderen Fällen erst an sechster Stelle oder später auftauchte. Wegen dieser Unterschiede wird ein System der Bezahlung, das den einen Menschen motiviert, oft von einem anderen Menschen als bedeutungslos empfunden. Daten von Porter (1963) zeigen, dass Manager auf verschiedenen organisatorischen Ebenen sich darin unterscheiden, dass sie von verschieden hohen Bedürfnisebenen motiviert werden. Andere Daten zeigen, dass Manager von verschiedenen Bedürfnissen motiviert werden; einige Manager werden von einem Bedürfnis nach Selbstverwirklichung motiviert, andere von einem Bedürfnis nach Selbständigkeit. Es gibt auch Beweise dafür, dass manche Menschen auf niedrigere Bedürfnisebenen fixiert zu bleiben scheinen, z. B. auf die Ebene des Sicherheitsbedürfnisses.

Viele individuelle Unterschiede in der Bedürfnisstärke sind aus den persönlichen Eigenschaften und Situationen heraus zu erklären. Hulin und Blood (1968) deuten beispielsweise darauf hin, dass Städter eine andere Wertskala haben als Landbewohner. Arbeiter aus den Städten scheinen ihrer Arbeit viel fremder gegenüberzustehen, sie scheinen seltener von ihrer Arbeit eine Befriedigung der höheren Bedürfnisse zu erwarten. Aus den Untersuchungen über Bedürfnisstärke ergibt sich ein interessantes Profil des Menschen, der anscheinend Geld für sehr wichtig hält (Lawler, 1971):

> „Der Arbeitnehmer ist männlich, jung (wahrscheinlich zwischen 20 und 30); seine Persönlichkeit zeichnet sich durch niedriges Selbstvertrauen und neurotische Neigungen aus; er kommt aus einer Kleinstadt oder vom Land, er gehört einigen Vereinen an, besitzt sein eigenes Haus, ist politisch konservativ und wahrscheinlich Protestant" (S. 51).

Zusammenfassend kann also gesagt werden, dass zwischen den Arbeitnehmern starke individuelle Unterschiede bestehen in bezug auf die Bedeutung der verschiedenen Bedürfnisse und Ergebnisse. Dies sollte uns nicht überraschen, und viele Unterschiede lassen sich tatsächlich voraussagen, aufgrund des vorher erwähnten Einflusses von Bedürfnisbefriedigung und Erziehung auf die individuelle Wertskala. Es gibt auch Beweise dafür, dass sich diese Unterschiede aus einer Reihe von organisatorischen Faktoren ergeben (wie Managementebene) und aus persönlichen Eigenschaften (wie Alter, Geschlecht und Ausbildungsstand). Aus diesem Punkt ergeben sich einige interessante Konsequenzen für das Management in Organisationen, da man die Menschen identifizieren kann, für die eine bestimmte Art der Vergütung vermutlich erstrebenswert ist.

237 Wie veränderlich ist die Bedeutung der Bedürfnisse?

Es gibt Beweise dafür, dass bestimmte Einflüsse die Bedeutung von Bedürfnissen verändern können. Allerdings deuten die Beweise an, dass Organisationen relativ wenig Einfluss darauf haben, wie wichtig den Arbeitnehmern die verschiedenen Ergebnisse erscheinen. Die Wichtigkeit der Bedürfnisse wird teilweise durch angeborene Faktoren bestimmt und teilweise durch Kindheitserfahrungen, – worauf Organisationen keinen Einfluss haben. Organisationen können nur zwei der Faktoren beeinflussen, welche die Wichtigkeit der Bedürfnisse bestimmen: die Befriedigung und die Anregung von Bedürfnissen. Die Befriedigung übt einen Einfluss auf die Wichtigkeit aus, und organisatorische Praktiken wirken sich weitgehend auf die Befriedigung aus. Das Erfolgsmotiv kann durch bestimmte Aufgaben und Situationen

angeregt werden, und dasselbe gilt für das Zuständigkeitsmotiv. Da Organisationen nun eine teilweise Kontrolle über die Situationen ausüben, in denen die Arbeitnehmer tätig sind, können sie Bedingungen schaffen, die bestimmte Bedürfnisse anregen. Diese Bedürfnisse müssen jedoch bereits im Menschen vorhanden sein, um weiter angeregt zu werden, – und ob die Bedürfnisse vorhanden sind, hängt von vielen Dingen ab, die sich der Kontrolle der Organisation entziehen.
Wahrscheinlich die beste Gelegenheit zur Beeinflussung der Bedürfnisse von Arbeitnehmern bietet sich den Organisationen durch den Vorgang der Auswahl. Da die Wichtigkeit der Bedürfnisse relativ stabil ist und man Menschen identifizieren kann, in denen bestimmte Bedürfnisse stark ausgeprägt sind, können Organisationen Personal auswählen, das die erwünschten Eigenschaften hat. Diese Methode scheint besser zu sein als der Versuch, die Bedürfnisse der Arbeitnehmer nachträglich zu ändern. Hieraus ergeben sich auch interessante Konsequenzen für Manager, deren Aufgabe es ist, Arbeitnehmer zu motivieren. Es ergibt sich, dass Manager sich auf den Einsatz geeigneter Menschen für die betreffenden Aufgaben konzentrieren sollten, anstatt die Bedürfnisse der Menschen ändern zu wollen. Das System der Motivierung muss der Person angemessen sein, – andernfalls ist es unwirksam. Wenn ein Arbeitnehmer die Bezahlung nicht für sehr wichtig hält, kann er nicht durch ein Belohnungssystem motiviert werden.

238 Hat sich die Bewertung von Bedürfnissen allgemein geändert?

Viele Autoren (z. B. Roszak, 1969) haben vermutet, dass sich die Stärke der verschiedenen Bedürfnisse der Menschen in den letzten 60 Jahren verändert hat. Sie stellen fest, dass erst in den letzten Jahren ein bedeutender Teil der Bevölkerung sich mit Bedürfnissen wie Selbstverwirklichung und Selbständigkeit beschäftigt hat. (Gleichzeitig kann man feststellen, dass Psychologen erst in den letzten Jahren Bedürfnisse wie Selbstverwirklichung studiert haben.) Die Vorstellung vom Menschen als einem sich selbst verwirklichenden Organismus ist im wesentlichen in den sechziger Jahren entwickelt worden.

Zwei Gründe werden allgemein für das Auftauchen der Bedürfnisse höherer Ordnung genannt. Ein Faktor ist das steigende Bildungsniveau der Gesellschaft; ungefähr 40 Prozent der amerikanischen Schüler besuchen nun auch das College. Zum zweiten hat sich der Lebensstandard dauernd erhöht, so dass sich immer weniger Menschen mit der Befriedigung von Existenzbedürfnissen beschäftigen und sich somit den Bedürfnissen der höheren Ebenen zuwenden.

Leider gibt es sehr wenige Beweise für eine solche Änderung der Bedürfnisse. Um die Hypothese zu beweisen, müssten wir repräsentative Daten vom Anfang des Jahrhunderts zum Vergleich beiziehen –, und solche Daten gibt es leider nicht. Es sind jedoch einige Daten vorhanden, die auf eine erhöhte Wichtigkeit der höheren Bedürfnisse hinweisen. Wie wir bereits gesehen haben, scheint die Existenz einer zweistufigen Hierarchie von Bedürfnissen bewiesen zu sein. Wenn wir also annehmen, dass sich der Lebensstandard erhöht hat, dann folgt daraus, dass die Bedürfnisse der oberen Stufe wahrscheinlich wichtiger geworden sind. Ausserdem zeigen Daten von Porter (1962), dass jüngere Manager auf Selbstverwirklichung grösseren Wert legen als ältere. Dies könnte man natürlich auch einfach durch den Altersunterschied erklären oder durch den höheren Bildungsgrad der jüngeren Manager und die Tatsache, dass sie keine grosse Wirtschaftskrise erlebt haben.

Es gibt auch einige direkte Beweise dafür, dass sich Menschen mit höherem Bildungsniveau mehr mit Selbstverwirklichung beschäftigen. Schliesslich kann man auch auf die Tatsache hinweisen, dass die Idee der Selbstverwirklichung in unserer Gesellschaft weit verbreitet ist. Heutzutage scheint es „in" zu sein, über Selbstverwirklichung zu sprechen und, wie wir bereits sagten, spielt jetzt der Begriff der Selbstverwirklichung eine grosse Rolle in der Psychologie. Obwohl dies kein direkter Beweis ist, unterstützt er doch die Ansicht, dass die Menschen sich in letzter Zeit mehr mit Selbstverwirklichung beschäftigen. Zusammenfassend kann gesagt werden, dass die Menschen heute wahrscheinlich etwas mehr Wert auf die Befriedigung höherer Bedürfnisse legen als früher, obwohl es wenige direkte Beweise für diese Ansicht gibt.

Die folgenden Aussagen fassen die besprochenen Hauptpunkte über menschliche Bedürfnisse zusammen:

1. Man kann sich Bedürfnisse als Gruppen von Ergebnissen vorstellen, die von Menschen erstrebt werden.
2. Die menschlichen Bedürfnisse bilden eine zweistufige Hierarchie. Die untere Ebene besteht aus Existenz- und Sicherheitsbedürfnissen; auf der oberen Ebene finden sich Bedürfnisse der Geselligkeit, Selbständigkeit und Selbstverwirklichung.
3. Die Bedürfnisse der höheren Ebene treten erst dann in Erscheinung, wenn die grundlegenden Bedürfnisse der unteren Ebene befriedigt sind.
4. Alle Bedürfnisse ausser der Selbstverwirklichung können befriedigt werden, – und je mehr sie befriedigt werden, desto weniger wichtig werden sie.
5. Ein Mensch kann zu jeder gegebenen Zeit von mehr als einem Bedürfnis motiviert sein. Er wird weiterhin von einem Bedürfnis motiviert, bis es befriedigt ist oder bis die Befriedigung eines niedrigeren Bedürfnisses bedroht ist.

Wir haben also zwei von den drei Fragen beantwortet, die wir am Anfang des Kapitels gestellt hatten. Ein System der Bedürfnisse ist entwickelt worden, und es ist beschrieben worden, was die Wichtigkeit der Bedürfnisse beeinflusst. Noch nicht geklärt sind die Fragen, warum die Menschen Bedürfnisse entwickeln und ob die Bedürfnisse angeboren oder erlernt sind; diese Fragen können heute anscheinend nicht beantwortet werden.

3 Motivation und Verhalten

Um das Verhalten eines Menschen vorauszusagen, muss man wissen, wie erstrebenswert ihm die Ergebnisse oder Ziele erscheinen, – dieses Wissen allein genügt jedoch nicht. Wir müssen auch wissen, welche anderen Faktoren die Wahl von erstrebten Ergebnissen beeinflussen, und warum die Menschen sich auf bestimmte Weise verhalten, um die von ihnen erstrebten Ergebnisse zu erreichen. Bei der Untersuchung von Belohnungssystemen hat sich z. B. erwiesen, dass diese Systeme das Verhalten unterschiedlich beeinflussten, obwohl alle Arbeiter in gleichem Masse zum Geldverdienen motiviert waren. Manche Menschen schränkten ihre Produktivität ein, während andere so viel wie möglich produzierten. In diesem Kapitel werden wir uns mit Theorien der Motivation beschäftigen, die folgendes aussagen:

1. Welche Faktoren bestimmen die Ergebnisse, die ein Mensch zu erreichen sucht?
2. Welche Faktoren bestimmen die Verhaltensweisen, zu denen ein Mensch motiviert wird, um gewünschte Ergebnisse zu erreichen?

Eine Reihe von Motivationstheorien deuten wissenschaftliche Erklärungen dafür an, warum die Menschen bestimmte Verhaltensweisen wählen, um ihre Ziele zu erreichen. Sozialpsychologen haben Theorien entwickelt, die das soziale Verhalten erklären, – und Erziehungspsychologen haben versucht, den Lernvorgang zu erklären. Auf ähnliche Weise sind Motivationstheorien entwickelt worden, die sich besonders auf klinische Psychologie, physiologische Psychologie und Kinderpsychologie beziehen. Man kann sagen, dass Hunderte von verschiedenen Motivationstheorien formuliert worden sind.

Wir brauchen jedoch hier nicht alle diese Theorien zu diskutieren, – dies aus zwei Gründen: Erstens sind viele der sogenannten Theorien der Motivation nicht hinreichend entwickelt, da sie nicht alle wesentlichen Phänomene in Betracht ziehen, – und zweitens besteht weitgehende Übereinstimmung zwischen den besser entwickelten Theorien. Die Arbeiten von Lewin, Tolman, Rotter und anderen münden alle in einen Gedankengang, der als

„Erwartungstheorie" bezeichnet werden kann. Ein zweiter klarer Gedankengang in bezug auf Motivation zeichnet sich bei Wissenschaftlern wie Hull und Spence ab, und diese Methode wird als „Antriebstheorie" oder „Triebtheorie" bezeichnet.

31 Die Triebtheorie

Wir haben bereits denjenigen Gesichtspunkt der Trieb-Theorie behandelt, der sich mit der Wünschbarkeit von Ergebnissen beschäftigt. Der wichtigste Teil der Theorie bezieht sich jedoch auf die Voraussage, wie Menschen sich verhalten werden, um die von ihnen erstrebten Ergebnisse zu erreichen.

Die erste bedeutsame begriffliche Weiterentwicklung über den Hedonismus hinaus wurde von Thorndike (1911) in seinem Gesetz der Wirkung gemacht:

> „Nachdem ein Tier auf dieselbe Situation unterschiedlich reagiert hat, werden die Reaktionen, die von Befriedigung begleitet sind, direkter mit der Situation verbunden werden, so dass sich bei Wiedereintreten der Situation normalerweise auch die entsprechenden Reaktionen wieder einstellen. Die von Unbehagen begleiteten Situationen werden (unter gleichen Umständen) weniger stark mit der Situation verbunden sein, so dass sich beim Wiedereintreten der Situation die Reaktion wahrscheinlich nicht wiederholt. Je grösser die Befriedigung oder das Unbehagen, desto mehr wird die Verbindung gestärkt bzw. geschwächt" (S. 244).

Das Gesetz der Wirkung besagt nicht, warum bestimmte Ereignisse befriedigend oder unbefriedigend sind, aber es verbindet den Lernvorgang und vergangene Ereignisse mit dem Begriff der Motivation. Thorndikes Gesetz benutzt das Lernen und die voraufgegangenen Stimulus-Response-Verbindungen, um zu erklären, wie das gegenwärtige Verhalten sich auf befriedigende Ereignisse richtet und unbefriedigende Ereignisse vermeidet. Da es den Einfluss des Lernens betont, ist das Gesetz der Wirkung als ein wichtiger Schritt zur Entwicklung einer beweisbaren Theorie der Motivation anerkannt worden.

Die moderne Auffassung der Triebtheorie begann jedoch erst mit den Arbeiten von Hull. Er erkannte, dass zur Erklärung des Verhaltens sowohl das „Streben" nach den Zielen als auch die

„Stärkung der Verbindungen" in bezug auf die Ziele in Betracht gezogen werden müssen. In seinem Hauptwerk, „Principles of Behavior" (1943), entwickelte Hull die Formel $_SE_R = {_SH_R} \times D$ um zu erklären, was er als „Anregung zum Reagieren" bezeichnet, oder $_SE_R$ (wirksame Stärke der Gewohnheit) *. Die Variable $_SH_R$ bedeutet „Stärke der Gewohnheit" und berücksichtigt das Lernen des Organismus. Die Variable D bedeutet „Trieb". Diese Formel deutet an, dass das Verhalten durch die Multiplikation von Triebstärke und Gewohnheitsstärke beeinflusst wird. Die Multiplikation deutet an, dass keine Anregung zum Reagieren besteht, wenn kein Antrieb vorhanden ist.

In Hulls Theorie beeinflusst der Trieb das Verhalten auf zweierlei Weise: stärkend und zum Teil auch richtunggebend. Der Trieb wird als ein allgemeiner Anreger aller Reaktionen gesehen. Diese Funktion eines energiegebenden Einflusses ist die wichtigste Rolle des Triebes.

Der zweite Aspekt des Triebes basiert auf Hulls Annahme, dass verschiedene biologische Bedürfnisse qualitativ verschiedene Muster der internen Anregung hervorrufen. Hull behauptete, dass diese anregenden Triebe eine wichtige Rolle spielen, bezüglich der Verhaltensweise, welche ein bestimmtes Bedürfnis anregen wird, da die Stimuli andeuten, welches das „richtige" Verhalten ist, – und dass sich hieraus ein teilweise richtunggebender Einfluss des Triebes ergibt. Hunger ruft beispielsweise andere „Stichworte" als Durst hervor. Ein hungriger Organismus wird angeregt, das zu tun, was er das letztemal tat, um den Hunger zu verringern, – und nicht das zu tun, was er tat, um den Durst zu verringern.

Nachdem Hull den Begriff des Triebes entwickelt hatte, beschäftigte er sich mit dem Begriff der Gewohnheitsstärke ($_SH_R$), die er als die Verbindung zwischen einem Stimulus und einer Reaktion (zwischen Anregung und Reagieren) definierte. Die Stärke der Gewohnheit ist für Hull eine assoziierte Verbindung, welche die

* S = Stimulus
R = Reaktion (Response)
D = Trieb, Antrieb
H = Stärke der Gewohnheit
E = wirksame Stärke der Gewohnheit

Verhaltensweise beeinflusst, die der Antrieb anregen wird. Nach Hull hängt die Stärke der Gewohnheit von vier Faktoren ab:

1. das direkte Aufeinanderfolgen von Stimulus und Reaktion während der Ausbildung.
2. die Nähe des S-R-Ereignisses zum positiv verstärkenden Zustand der Dinge.
3. die Anzahl der positiven Verstärkungen.
4. die Grösse der positiven Verstärkungen während der Ausbildung.

Hulls Gedanken können vielleicht am besten durch das Verhalten von Ratten in einem Labyrinth erklärt werden. Eine Ratte wird nur soweit zur Aktivität angeregt, als ein Antrieb vorhanden ist, da eine Gewohnheit nur durch den Antrieb in Aktivität verwandelt werden kann. Von der vorherigen Erfahrung der Ratte im Labyrinth hängt es ab, welche Gewohnheit in Aktivität umgesetzt wird. Wenn sie zur Zeit hungrig ist und vorherige Erfahrung gezeigt hat, dass eine Rechtswendung zu einem Vorrat an Nahrungsmitteln führte, so wird die Ratte wahrscheinlich nun wieder eine Rechtswendung machen. Wenn die Ratte andererseits nur dann im Labyrinth war, wenn sie durstig war, und nach einer Rechtswendung Wasser vorfand, so wird sie nun im Zustand des Hungers wahrscheinlich nicht rechts abbiegen. Der Triebstimulus ist in der zweiten Situation verschieden, so dass eine neue S-R-Verbindung gemacht werden muss.

Etwas Ähnliches geschieht, wenn eine hungrige Ratte in einem Labyrinth war und nach einer Rechtswendung wenig Nahrungsmittel vorfand oder erst später, – sie wird dann kaum dazu neigen, das nächste Mal rechts abzubiegen. Ihre $_SH_R$ zum Rechtswenden wird nicht stark sein, da diese Gewohnheit nicht entsprechend verstärkt wurde. Nach Hull wird also die Wahrscheinlichkeit, dass sich ein Organismus auf bestimmte Weise verhält, von zwei Hauptfaktoren beeinflusst: Erstens kommt es darauf an, wie sehr der Triebumstand des Organismus das Verhalten anzuregen vermag. Zweitens kommt es darauf an, wie sehr das Verhalten mit grossen entsprechenden Belohnungen in ähnlichen Situationen verbunden ist.

Die starke Betonung der Bildung von S-R-Verbindungen durch die Triebtheorie hat dazu geführt, dass solche Theorien manchmal als ein „Hedonismus der Vergangenheit" bezeichnet werden. Aus Hulls Arbeiten geht klar hervor, dass Menschen nicht durch die

Erwartung einer grossen Gehaltserhöhung oder anderer Belohnungen motiviert werden, sondern durch vorherige Erfahrungen in ähnlichen Situationen. Daher führt eine verhältnismässig grosse Gehaltserhöhung nicht sofort zu einer stärkeren Motivation als eine kleine Gehaltserhöhung, – obwohl auf die Dauer eine stärkere Motivierung eintreten kann, der Empfang eines höheren Gehaltes allmählich zur Bildung eines stärkeren $_{S}H_{R}$ führen wird.

Obwohl die anfängliche Aussage von Hulls Theorie einen Meilenstein in der Entwicklung der modernen Triebtheorie darstellt, haben Hull und andere nach 1943 noch bedeutende Änderungen vorgenommen, um bestimmten Kritiken Rechnung zu tragen. Wie bereits erwähnt, berücksichtigte die Theorie nicht die Wirkung der veränderten Grösse von Belohnungen. Nach der Theorie können solche Veränderungen das Verhalten nur allmählich beeinflussen, da die Grösse der Belohnung die Grösse $_{S}H_{R}$ beeinflusst, welche sich nur langsam verändert, – und daraus folgt die oben erwähnte Voraussage, dass die Wirkung einer grossen Gehaltserhöhung für den Augenblick kaum grösser ist als die einer kleinen Gehaltserhöhung.

Studien von Crespi (1942, 1944) und Zeaman (1949) zeigen deutlich, dass Ratten, die darauf trainiert waren, eine hohe Belohnung zu erstreben, sofort weniger schnell liefen, wenn die Belohnung verringert wurde. Ratten, die auf kleinere Belohnungen trainiert waren, liefen ebenso unmittelbar schneller, wenn die Belohnung erhöht wurde. Diese Ergebnisse bestätigten nicht Hulls Aussage über die allmähliche Veränderung der Gewohnheitsstärke, im Gegenteil: Sie zeigten, dass eine Veränderung der Grösse sich unmittelbar auf das Verhalten auswirkt.

Mit Rücksicht auf diese Beweise revidierte Hull (1952) seine Theorie. Er führte die „Grösse der Belohnung" als eine getrennte motivierende Variable (K) in die Gleichung des Reaktions-Potentials ein. Die neue Formel heisst nun $_{S}E_{R} = D \times K \times {_{S}H_{R}}$, anstatt $_{S}E_{R} = D \times {_{S}H_{R}}$. Hull benutzte K, um eine erwartende Zielbezogenheit auszudrücken, die sich unmittelbar mit der Grösse der Belohnung ändern kann. K ist eine motivierende Variable wie D, da K auch Gewohnheiten wirksam machen kann.

Der hervorstechendste Gesichtspunkt dieser Änderung in der Antriebstheorie ist vielleicht, dass sie die Konflikte zwischen der Antriebstheorie und der Erwartungstheorie von Lewin und Tolman drastisch verringert. Während einer langen Zeit konnte man die Methoden leicht daran erkennen, dass die eine sehr vorausschauend und zielorientiert war, die andere nicht. Mit der neuen Version von Hulls Theorie verringerte sich dieser Unterschied beträchtlich. Jedoch bleibt die Antriebstheorie nach wie vor etwas mehr vergangenheitsorientiert, während die Erwartungstheorie mehr auf Hedonismus und Zukunft hin orientiert ist.

32 Die Erwartungstheorie

Wie die Triebtheorie kann auch die Erwartungstheorie auf den Hedonismus und die Werke der englischen Utilitaristen zurückgeführt werden. Zwischen 1930 und 1940 entwickelte sich die Erwartungstheorie jedoch erstmalig in einer anderen Richtung. Tolman fing 1932 an, über Erwartungen zu sprechen und eine Methode zu befürworten, die mehr kognitiv (erkennend) ausgerichtet war. Kurt Lewin (1935) präsentierte eine kongnitiv ausgerichtete Theorie des Verhaltens, die Begriffe wie „Valenz" (Wertigkeit) und „Force" (Kraft) enthielt. Aus diesen frühen Werken von Tolman und Lewin entwickelte sich eine Reihe ähnlicher Theorien der Motivation. Alle diese Theorien enthalten den Begriff der Valenz, d. h. der Wünschbarkeit eines Ergebnisses, und den Begriff der Erwartung, d. h. die Wahrscheinlichkeit, dass eine Handlung zu einem bestimmten Ergebnis oder Ziel führen wird. Die Theorien decken sich auch darin, dass sich Valenz und Erwartung multiplizierend verbinden, um das Verhalten zu bestimmen. Daher können diese Theorien als „Erwartung x Valenz Theorien" der Motivation bezeichnet werden.
Eine Reihe von Wissenschaftlern haben die Hauptpunkte der frühen Werke von Tolman und Lewin als Basis für ihre eigenen Theorien benutzt, im Rahmen der Begriffe Erwartung x Valenz. Die bekanntesten dieser Autoren sind in Abbildung 8 aufgeführt. Sie behaupten alle, die Stärke einer Tendenz zum Handeln hänge in gewissem Mass von der Stärke der Erwartung ab, dass ein entsprechendes Ergebnis auf die Handlung folgt und dass das Ergebnis erstrebenswert scheint.
Von allen diesen Theorien wurde nur die von Vroom ausdrücklich in Hinsicht auf die Motivation bei der Arbeit formuliert.
Mit dieser Theorie kann man daher besonders gut untersuchen, wie die Erwartungstheorie zur Motivation bei der Arbeit ange-

Abbildung 8: Erwartungstheorien der Motivation. (Aus: Pay and Organizational Effectiveness: A Psychological View by E. E. Lawler, 1971).

WISSENSCHAFTLER	(Wodurch wird eine Handlung angeregt?)
Tolman	Erwartung des Ziels, Verlangen nach dem Ziel
Lewin	Potenz x Valenz (Stärke x Wünschbarkeit)
Edwards	Subjektive Wahrscheinlichkeit x Nützlichkeit
Atkinson	Erwartung x (Motiv x Anreiz oder Belohnung)
Rotter	Erwartung, Verstärkungswert
Vroom	Erwartung x Valenz (dabei ist Valenz = unterstützende Wirkung x Valenz)
Peak	Unterstützende Wirkung (Instrumentality) x Einstellung (gefühlsmässige Einstellung)

wandt werden kann. Vroom betrachtet Valenz (V) als die gefühlsmässigen Einstellungen zu bestimmten Ergebnissen. Ein Ergebnis ist positiv, wenn ein Mensch das Erreichen dem Nichterreichen vorzieht, – es ist neutral, wenn ein Mensch dem Erreichen gleichgültig gegenüber steht, – und es ist negativ, wenn ein Mensch vorzieht, das Ergebnis nicht zu erreichen. Valenz kann von +1 bis –1 variieren. Maximal positive Ergebnisse sind +1, maximal negative Ergebnisse sind –1, und neutrale Ergebnisse sind 0. Vroom betont, dass Valenz sich auf den erwarteten Belohnungswert des Ergebnisses bezieht, und nicht auf den tatsächlich später erreichten.

Vroom definiert die Erwartung (E) als die jetzige Vorstellung von der Wahrscheinlichkeit, mit der eine bestimmte Handlung ein bestimmtes Ergebnis hervorrufen wird. Vroom und andere Erwartungstheoretiker sehen daher in einer Erwartung die Assoziation von Reaktion und Ergebnis. Erwartungen können gemäss ihrer Stärke beschrieben werden: Maximale Stärke (1) beschreibt die subjektive Sicherheit, dass das erwartete Ergebnis auf die Handlung folgen wird. Minimale Stärke (0) beschreibt die subjektive Sicherheit, dass das Ergebnis nicht auf die Handlung folgen wird.

Wie andere Erwartungstheoretiker stellt auch Vroom fest, dass sich Erwartung und Valenz multiplizierend verbinden, um die Motivation oder Stärke zu bestimmen. Der multiplizierende Aspekt der Theorie ist wichtig; er bedeutet, dass keine Stärke

bestehen kann, wenn Valenz und Erwartung nicht in einem gewissen Grad vorhanden sind. Wenn eine oder beide Grössen 0 sind, wird das Resultat, und damit auch die Motivation, 0 sein. Wenn beispielsweise jemand gut arbeiten will, aber glaubt, dass er keine gute Leistung hervorbringen kann, so wird ihm die Motivation zur guten Arbeit fehlen.
Jede Handlung kann als Mittel oder Weg zu einer Reihe von Ergebnissen verstanden werden; man muss daher in Betracht ziehen, wie die Kombination der verschiedenen Ergebnisse das Verhalten beeinflusst. Vrooms Theorie besagt, dass die Valenz jedes Ergebnisses mit der Stärke der Erwartung (dass die Handlung zum Erreichen des Ergebnisses führt) multipliziert werden sollte, und dass dann alle Resultate addiert werden sollten:

Stärke = Σ (E x V), wobei Σ bedeutet, dass die Resultate aller Ergebnisse addiert werden, um die Stärke zu bestimmen.

Dies ist der springende Punkt in der Theorie. Damit ist gesagt, dass das Verbinden einer erstrebenswerten Belohnung (wie Geld) mit einem erwünschten Verhalten (wie Leistung) nicht ausreicht, um das erwünschte Verhalten herbeizuführen. Die Bezahlung kann sehr erwünscht sein und kann auch als ein Aspekt der Leistung gesehen werden; – wenn jedoch negative Konsequenzen, wie Müdigkeit oder Ablehnung innerhalb der Gruppe, auch als Aspekte der Leistung gesehen werden, dann reicht die Motivation zur Leistung vielleicht nicht aus. Schliesslich wird nach Vroom ein Mensch in einer Situation nur dann zur Leistung motiviert, wenn die gute Leistung die höchste E x V Stärke in der Situation hat. Die gute Leistung kann eine hohe E x V Stärke haben, – wenn jedoch die schlechte Leistung eine höhere E x V Stärke hat, wird der Mensch nicht zur guten Leistung motiviert sein.
In einer Beziehung ist Vrooms Theorie unklar, und dasselbe gilt für alle Erwartungstheorien: Es handelt sich hierbei um die Unterscheidung zwischen Handlungen und Ergebnissen. Vroom sagt selbst: „Der Unterschied ist jedoch nicht absolut. Handlungen werden oft als Ursachen von bestimmten Ergebnissen verstanden" (S. 19). Vroom benutzt den Ausdruck „Handlung" (action), wenn er über ein Verhalten spricht, das im Repertoire vorhanden ist, – z. B. beim Leisten einer guten Arbeit oder beim Suchen von Arbeit. In dieser Beziehung ist der Glaube, dass eine Handlung (versuchen, gut zu arbeiten) zu einem Ergebnis (gut zu arbeiten) führen wird, eine Erwartung. Die Beziehung zwischen einem Er-

gebnis (gut arbeiten) und einem anderen Ergebnis (einer Belohnung wie Geld) ist ein Mittel, das die Valenz des ursprünglichen Ergebnisses beeinflusst. Viele Erwartungstheoretiker sind in der Unterscheidung zwischen Handlungen und Ergebnissen noch unklarer als Vroom. Einige übersahen meistens, dass der Versuch, gut zu arbeiten, nicht immer zu guter Arbeit führt. In manchen Situationen führt die Bemühung zum erstrebten Ergebnis; in solchen Fällen kann man sagen, dass die Motivation durch die Art der Ergebnisse bestimmt ist, zu denen die Handlung führt, da die Erwartungen wahrscheinlich Stärke 1 haben. In vielen anderen Situationen führt der Versuch einer Handlung nicht immer tatsächlich zur Handlung. Eine gute Leistung ist beispielsweise nicht automatisch das Resultat der Bemühung, gut zu arbeiten. Daher muss die subjektive Annahme oder der Glaube eines Menschen in bezug auf die Wahrscheinlichkeit (ob gute Leistung erreicht wird) bei der Erklärung des Verhaltens in Betracht gezogen werden.

33 Die Erwartungstheorie im Vergleich zur Antriebstheorie

Obwohl sich Erwartungstheorie und Antriebstheorie mehrfach unterscheiden, machen sie doch gleichartige Voraussagen. Beide machen auch von vielen Begriffen gemeinsam Gebrauch; beide enthalten die Vorstellung einer gewünschten Belohnung oder eines wünschenswerten Ergebnisses, und beide sprechen von erlernten Verbindungen innerhalb des Organismus. Bei der Erwartungstheorie ist diese Verbindung eine Erwartung des Verhaltensergebnisses, und bei der Triebtheorie ist die Verbindung eine S-R (Stimulus-Reaktion) Stärke der Gewohnheit.

Einige der Aspekte, in denen sich die Theorien voneinander unterscheiden, sind für das Verständnis der Motivation in Organisationen nicht wesentlich, wie z. B. die Erklärung des vermeidenden Verhaltens, usw. Jedoch unterscheiden sich die Theorien in zwei wichtigen Punkten voneinander: die Erwartungstheorie betont die Bedeutung der vorausblickenden Vorstellungen von zukünftigen Ereignissen, während die Triebtheorie die Bedeutung der erlernten Stimulus-Reaktion-Verbindungen betont.

Es sind viele Untersuchungen gemacht worden über die Beziehung zwischen der Arbeitsleistung eines Menschen und seiner Vorstellung davon, wie erwünschte Belohnungen erlangt werden können. Diese Untersuchungen zeigen, dass verbale Aussagen über (1) die Wichtigkeit der Belohnungen und über (2) die Art, wie Belohnungen erlangt werden, eine direkte Beziehung zur Leistung haben. Auch hat sich gezeigt, dass eine Multiplikation dieser zwei Einstellungsarten die Leistung eines Menschen im voraus andeutet. Diese Ergebnisse könnte man ohne weiteres von der Erwartungstheorie voraussagen, die ja betont, wie wichtig es ist, die Vorstellungen eines Menschen über Reaktionsergebnisse zu kennen und sie multiplizierend mit dem erwarteten Wert der Ergebnisse zu verbinden. Die Triebtheorie betont andererseits die Wichtigkeit von $_SH_R$ und zieht die multiplizierende Verbindung von $_SH_R$ mit dem Antrieb in Betracht; sie betont nicht, dass es wichtig sei, die Reaktions-Belohnungs-Verbindungen zu kennen und führt daher nicht zur Betrachtung dieser Verbindungen bei der Voraussage des Verhaltens. Bei Anwendung der Triebtheorie würde man zur Voraussage des Verhaltens mit grösserer Wahrscheinlichkeit die S-R Stärke der Gewohnheit beachten, als die Reaktions-Ergebnis-Verbindungen. Obwohl also die Untersuchungen über die Reaktions-Ergebnis-Vorstellungen die Triebtheorie nicht als wertlos erscheinen lassen, geben sie uns doch einen Grund, die Erwartungstheorie vorzuziehen.

Die Erwartungstheorie bietet eine sehr lockere Beschreibung davon, wie die Reaktions-Ergebnis-Verbindungen aufgebaut sind, so dass diese Verbindungen auf verschiedene Weise formiert werden können. Die Triebtheorie behauptet andererseits, dass die S-R Stärke der Gewohnheit durch wiederholte Assoziationen von Stimuli und Reaktionen aufgebaut wird, was viel zu eng und zu starr definiert zu sein scheint. Möglicherweise ist dies die einzige Art, wie bei Tieren eine Assoziation zustandekommt, – aber bei Menschen scheint dies kaum nötig zu sein. Bei Menschen stellt dieser Vorgang der Triebtheorie *eine*, aber nicht die einzige Weise dar, wie sich Verbindungen entwickeln können. Es gibt Beweise dafür, dass sich diese Verbindungen bei Menschen auf verschiedene Weise bilden können, u. a. auch indirekt oder auf symbolische Weise. Ayllon und Azrin (1965) haben bewiesen, dass eine einfache verbale Aussage über die Existenz einer Verhaltens-Ergebnis-Verbindung die Vorstellungen und Motivationsebenen von Menschen in bezug auf ein bestimmtes Verhalten radikal ändern kann. Eine Anzahl Studien über die Bezahlung (z. B. von

Atkinson, 1958) haben gezeigt, dass verschiedene Grade von Motivation auftreten, je nachdem, wie die Beziehung zwischen Bezahlung und Leistung beschrieben ist. Menschen leisten mehr, wenn ihnen gesagt wird, dass die Bezahlung von der Leistung abhängt, – und weniger, wenn ihnen gesagt wird, dass die Bezahlung nicht von der Leistung abhängt. Andere Untersuchungen haben gezeigt, dass Menschen Verhaltens-Ergebnis-Assoziationen durch die Beobachtung anderer und durch einmalige Versuche, etwas zu tun, entwickeln. Diese Ergebnisse stimmen weitgehend mit der Erwartungstheorie überein, da diese Theorie die Möglichkeit einschliesst, dass sich Erwartungen auf verschiedene Weise bilden.

Andererseits stimmen einige Einzelheiten nicht mit der Triebtheorie überein, z. B. die plötzlichen Veränderungen der subjektiven Response-Ergebnis-Wahrscheinlichkeiten und die damit verbundenen Veränderungen der Motivation. Die Triebtheorie hat immer die langsame Bildung von Assoziationen und die Bedeutung vorheriger Erfahrungen mit zeitlich nahen Assoziationen betont. Dennoch scheinen viele Argumente der Triebtheorie über die Entstehung von Assoziationen stichhaltig zu sein. Die Erwartungstheorie, wie auch jede andere Theorie der Motivation, könnte von einer Beschreibung der wesentlichen Faktoren profitieren, welche die Response-Ergebnis-Verbindungen beeinflussen. Jedoch scheint die Erwartungstheorie umfassender und daher bei der Untersuchung der Motivation in Organisationen nützlicher zu sein.

34 Ein Modell der Erwartung

Eine Reihe von Entwicklungen haben in der Motivationstheorie stattgefunden, seit Vroom seine Erwartungstheorie (1964) formulierte. Das hier beschriebene Modell zieht diese Entwicklungen in Betracht, zum besseren Verständnis der Motivation in Organisationen. Das Modell basiert auf vier Punkten, die gemäss den oben erwähnten Untersuchungen über menschliche Motivation stichhaltig zu sein scheinen.

1. Wenn den Menschen verschiedene Ergebnisse offenstehen, ziehen sie bestimmte Ergebnisse vor.

2. Menschen haben Erwartungen über die Wahrscheinlichkeit, mit der ihre Handlungen oder Bemühungen zum erwünschten Verhalten oder zur erwünschten Leistung führen.
3. Menschen haben Erwartungen über die Wahrscheinlichkeit, mit der ein bestimmtes Ergebnis auf ihr Verhalten folgen wird.
4. In jeder Situation sind die von einem Menschen gewählten Handlungen von seinen augenblicklichen Erwartungen und Vorzügen bestimmt.

Abbildung 9 illustriert das Erwartungsmodell durch ein Diagramm. Sie zeigt die Hauptfaktoren, welche die Stärke der Motivation beeinflussen, die einen Menschen auf bestimmte Weise handeln lässt. Zunächst ist die Motivation von der Erwartung beeinflusst, dass die Bemühung oder Handlung des Menschen zum erwünschten Verhalten führen wird. Daher ist die Erwartung eines Menschen einfach sein Einschätzen der Wahrscheinlichkeit, mit der er die erstrebte Leistung in der gegebenen Situation ausführen wird. Dies kann als eine Erwartung von B → A (Bemühung → Ausführung) bezeichnet werden. Beispielsweise könnte ein Manager annehmen, dass er eine Chance von 50 Prozent hat, 2000 Autos pro Woche zu produzieren, wenn er sich darum bemüht. Wenn nun diese Art von Erwartung von 0 bis 1 variiert, könnte die B →A Erwartung des Managers durch die Zahl 0,5 dargestellt werden. Diese Art der Erwartung ist für komplizierte und höhere Aufgaben typischer als für einfache Aufgaben, bei denen wenige Fähigkeiten erforderlich sind.

Abbildung 9 zeigt auch, dass Erwartungen bezüglich der Folgen von ausgeführten Aufgaben die Motivation beeinflussen. Das Modell zeigt eine Reihe von Erwartungen, da die erfolgreiche Ausführung von Aufgaben normalerweise zu mehreren Ergebnissen führt (dasselbe gilt für erfolglose Ausführungen). Diese Erwartungen, die als A →E Erwartungen (Ausführung →Ergebnis) bezeichnet werden können, sind subjektive Einschätzungen der Wahrscheinlichkeit und können von 0 bis 1 variieren wie die B →A Erwartungen. *) Um auf das Beispiel des Managers in der Autofabrik zurückzukommen: Er kann als sicher annehmen, dass er eine Gehaltserhöhung bekommt (seine A →E Erwartung = 1),

* B = Bemühung
A = Ausführung
E = Ergebnis

Abbildung 9: Modell der Erwartungsmotivation.

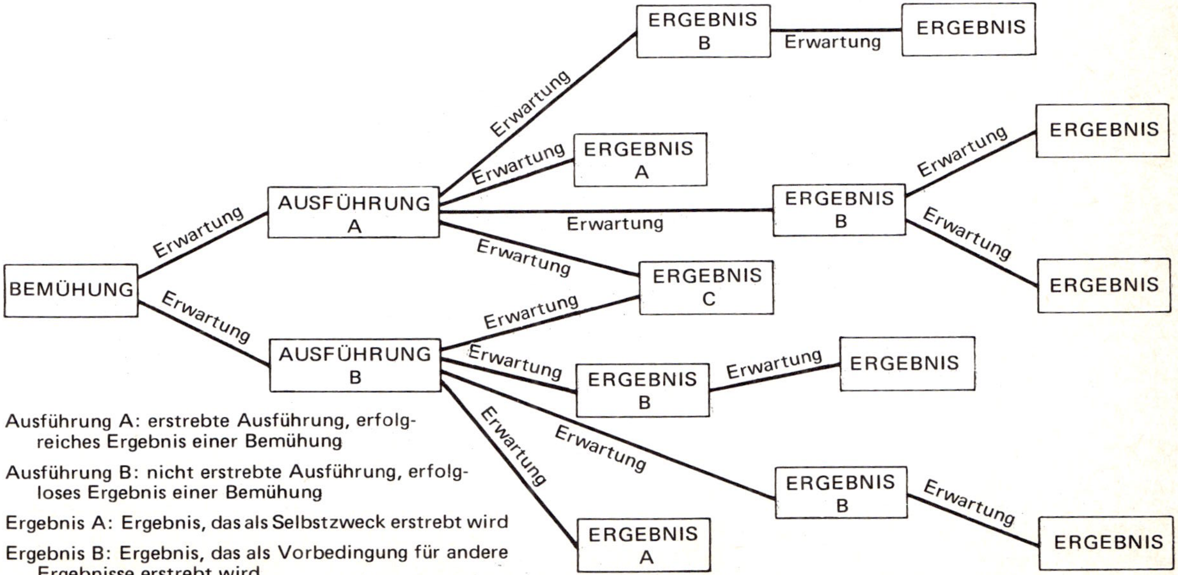

Ausführung A: erstrebte Ausführung, erfolgreiches Ergebnis einer Bemühung

Ausführung B: nicht erstrebte Ausführung, erfolgloses Ergebnis einer Bemühung

Ergebnis A: Ergebnis, das als Selbstzweck erstrebt wird

Ergebnis B: Ergebnis, das als Vorbedingung für andere Ergebnisse erstrebt wird

Ergebnis C: Ergebnis, das auch dann erreicht werden kann, wenn die Bemühung nicht zur erstrebten Ausführung führt.

wenn seine Abteilung 2000 Autos pro Woche produziert. Zur gleichen Zeit könnte er auch annehmen, dass er mit 50 Prozent Wahrscheinlichkeit befördert werden wird, wenn er die Produktion auf diese Weise erhöht. Ausserdem könnte er eine Reihe anderer Ergebnisse mit der Produktionserhöhung verbinden, und er könnte wiederum andere Ergebnisse erwarten, wenn sein Versuch der Produktionserhöhung erfolglos bleibt.

In vielen Fällen, wenn die B → A Erwartung weniger als 1 ist, sollte man die Ergebnisse in Betracht ziehen, die ein Mensch mit dem Versuch verbindet, etwas auszuführen und, zweitens, mit einem Misserfolg. Anders gesagt: Wo der Erfolg nicht sicher ist, sollte man in Betracht ziehen, welche Vorstellung der Mensch von der Wahrscheinlichkeit hat, dass ein unerwünschtes Ergebnis zustandekommen wird. Im Falle des Managers würde dies bedeuten, dass er die Möglichkeit erwägt, sein Versuch der Produktionserhöhung könnte scheitern. In manchen Situationen erreichen Menschen bestimmte Ergebnisse einfach dadurch, dass sie ihre Leistung auf einer bestimmten Ebene zu halten suchen. In solchen Fällen wird ein Mensch beobachten, dass erfolgreiche und erfolglose Ausführungen oft dieselben Ergebnisse bringen, – und er wird erkennen, dass auch beim Scheitern der von ihm erstrebten Ausführung eine Anzahl positiver Ergebnisse zu erwarten ist. In manchen Situationen können viele negative Ergebnisse auf das Scheitern auf einer erstrebten Leistungsebene zurückgeführt werden, – wodurch Versuche ihre Anziehungskraft verlieren, wenn ein Scheitern wahrscheinlich ist.

Abbildung 9 zeigt auch, dass nur einige der Ergebnisse zu weiteren Ergebnissen führen. Diese Tatsache wird erwähnt, um zu betonen, dass einige Ergebnisse als Selbstzwecke erstrebt werden (wie z. B. persönliches Wachstum), während andere als Mittel benutzt werden, die zu den erstrebten Ergebnissen führen (Geld wird nicht als Selbstzweck erstrebt, sondern um andere Wünsche damit zu erfüllen). Man kann sich die Wünschbarkeit eines Ergebnisses als variierend von +1 (sehr erstrebenswert) bis –1 (sehr unerwünscht) vorstellen. Wie bereits wiederholt gesagt, gibt es zwei Gründe, warum Ergebnisse, die mit Ausführung assoziiert sind, Valenz haben können: (1) sie befriedigen direkt die Bedürfnisse eines Menschen, oder (2) sie führen zu einem Ergebnis oder einer Gruppe von Ergebnissen, wodurch bestimmte Bedürfnisse befriedigt werden.

Das Modell in Abbildung 9 deutet also an, dass die Motivation eines Menschen, eine Aufgabe zu erledigen, von seiner Erwartung bestimmt wird, – seiner Erwartung in bezug auf die Ergebnisse, die mit seiner Ausführung auf dieser Ebene (A → E) verbunden sind, und seiner Erwartung der Wünschbarkeit der betreffenden Ergebnisse. Diese vereinten Faktoren ergeben die motivierende Kraft, auf bestimmte Weise zu handeln. Für unseren fingierten Manager bedeutet dies, dass seine B → A Erwartung der Produktion von 2000 Autos, seine A → E Erwartung der Produktion von 2000 Autos, und die von ihm erwartete Wünschbarkeit des Ergebnisses zusammen seine Motivation bestimmen, 2000 Autos zu produzieren.

Abbildung 9 zeigt nicht, wie die verschiedenen Erwartungs-Faktoren sich vereinen, um die Motivation zu bestimmen. Die meisten Erwartungstheorien nehmen an, dass mit erhöhter B → A Erwartung und engerer Verbindung zwischen Ausführung und wünschbaren Ergebnissen auch die Motivation verstärkt wird. Aufgrund von Untersuchungen scheint diese Annahme allgemein stichhaltig zu sein. Die Motivation scheint dann am stärksten zu sein, wenn B → A für die erfolgreiche Ausführung hoch und für die erfolglose Ausführung niedrig ist, und wenn A → E für positive Ergebnisse hoch und für negative Ergebnisse niedrig ist. Einige Forscher haben sich dafür ausgesprochen, dass die verschiedenen Begriffe im Erwartungsmodell multipliziert werden sollten, damit sich eine einzige Motivationssumme ergibt. Im Falle unseres Modells ergäbe sich daraus eine Multiplikation aller A → E Erwartungen mit der Valenz der Ergebnisse, und eine Addition dieser Resultate. Diese Zahl würde dann mit der B → A Erwartung für erfolgreiche Ausführung multipliziert. Nach einer Formel wie der von Vroom ergäbe sich: $(B \rightarrow A) \times \Sigma\,[(A \rightarrow E)\,(V)]$. Diese Formel kann erweitert werden um anzudeuten, dass Menschen oft die Möglichkeit in Betracht ziehen, dass sie die erwünschte Leistungsebene erreichen bzw. dass sie scheitern könnten: $\Sigma\,[(B \rightarrow A) \times \Sigma\,[(A \rightarrow E)\,(V)]]$.

Einige Autoren sind der Ansicht, es sei voreilig, eine multiplizierende Beziehung zwischen diesen Erwartungsfaktoren anzunehmen, weil solche Beziehungen nicht gemessen werden können (Campbell u. a. 1970), und diese Ansicht ist sicher berechtigt. Trotzdem ist es aber wichtig, dass man sich diese Begriffe multipliziert vorstellt, und zwar aus verschiedenen Gründen. Wahrscheinlich der wichtigste Grund hat mit der Frage zu tun: Was geschieht, wenn entweder $B \to A$ oder $A \to E = 0$? Wenn $B \to A = 0$, lässt sich voraussagen, dass keine Motivation vorhanden ist. Nimmt man jedoch eine addierende Beziehung an, dann würde man in diesem Fall ein geringes Mass an Motivation voraussagen. Die Voraussage der Null-Motivation scheint mit der Beobachtung übereinzustimmen, dass die Menschen nicht zum Beginnen einer Aufgabe motiviert sind, wenn die erfolgreiche Ausführung der Aufgabe unmöglich ist. Auf ähnliche Weise sagt das multiplizierende Modell voraus, dass – bei $A \to E$ für ein bestimmtes Ergebnis = 0 (unabhängig von seiner Valenz) – das Ergebnis die Motivation nicht beeinflussen wird. Das multiplizierende Modell sagt auch voraus, dass keine Motivation vorhanden sein wird, wenn alle $A \to E = 0$, auch wenn $B \to A$ hoch ist. Diese Feststellung wird durch die Beobachtung illustriert, dass Menschen viele Aufgaben nicht ausführen, obwohl sie offensichtlich die Fähigkeit dazu hätten. Die multiplizierende Kombination ermöglicht auch die Ansammlung negativer Valenzen, woraus sich eine negative Motivation ergeben kann; negative Motivation wird sichtbar, wenn Menschen bestimmte Handlungen vermeiden. Es scheint daher logisch anzunehmen, dass die Faktoren in unserem Modell der Erwartungs-Motivation in multiplizierender Verbindung stehen, obwohl diese Beziehung nicht eindeutig bewiesen ist.

In Organisationen sind Menschen oft gezwungen, zwischen verschiedenen, relativ erstrebenswerten Verhaltensweisen zu wählen. Allgemein sagt das Erwartungsmodell voraus, das Menschen dasjenige Verhalten wählen werden, das die stärkste motivierende Kraft besitzt. Menschen werden sich also in der Art verhalten, die für sie das höchste $\Sigma [(B \to A) \times \Sigma [(A \to E) (V)]]$ enthält. Im Falle von Produktivität oder Leistung bedeutet dies, dass Menschen stark zur Produktivität motiviert sind, wenn sie glauben, dass sie sehr produktiv sein können und wenn sie eine Reihe erstrebenswerter Ergebnisse mit der hohen Produktion verbunden sehen. Wenn sie jedoch aus irgendeinem Grunde ungefähr dieselben Ergebnisse bei niedriger Produktion erzielen, so werden sie wahrscheinlich wenig produzieren.

Manager fragen oft, warum ihre Untergebenen nicht produktiver seien. Sie glauben vielleicht, dass Menschen aus moralischen Gründen oder aus Instinkt viel leisten sollten. Die Erwartungstheorie deutet an, dass man die Frage anders stellen sollte: Warum sollten die Menschen in einer gegebenen Situation produktiv sein? Menschen sind nicht von Natur aus produktiv (oder unproduktiv).

Manager, die sich wundern, warum ihre Untergebenen nicht produktiver sind, sollten zunächst die Belohnungen für gute Leistungen mit den Belohnungen für schwache Leistung vergleichen. Immer wieder findet sich bei einem solchen Vergleich kein Unterschied. Die Arbeitnehmer glauben daher, dass die guten und die schlechten Arbeiter auf gleiche Weise behandelt werden, was sich auf ihre Motivation entscheidend auswirkt. Das Beispiel eines Arbeiters am Fliessband einer Autofabrik illustriert dies. Sein Gehalt ist normalerweise nicht von seiner Leistung abhängig, und seine Arbeit ist so einfach, dass er bei guter Ausführung keine besondere Befriedigung empfindet. Eine höhere Leistung würde ihn nur ermüden, – warum sollte er also daran interessiert sein?

Zusammenfassend können wir sagen, dass das Erwartungsmodell die ersten beiden der drei am Anfang des Kapitels gestellten Fragen beantwortet. Es besagt, dass die Wünschbarkeit von Ergebnissen und die B → A und A → E Erwartungen einen Einfluss darauf ausüben, welche Ergebnisse ein Mensch zu erreichen suchen wird und auf welche Weise. Um eine dieser Fragen zu beantworten, muss man auch die andere beantworten, da sie beide stark aufeinander bezogen sind. Die Wahl eines Verhaltens bestimmt auch die Art des gewählten Ergebnisses, und die Wahl eines Ergebnisses bestimmt teilweise, wie sich der Mensch zu verhalten sucht.

Kapitel 2 erläutert die Determinanten der Wünschbarkeit von Ergebnissen. Bisher sind jedoch die Determinanten der B → A und A → E Erwartungen noch nicht diskutiert worden. Es ist wichtig zu begreifen, wie diese Erwartungen entstehen, da sie eine Basis für das Verständnis der Motivation bilden. Leider sind auf diesem Gebiet nicht viele Untersuchungen gemacht worden. Dennoch kann man einige wichtige Schlussfolgerungen anstellen darüber, wie B → A und A → E Erwartungen entstehen und wodurch sie beeinflusst werden.

341 Determinanten der B → A Erwartungen

Die wichtigste Determinante der B → A Erwartungen eines Menschen ist die objektive Situation. Manchmal macht sich natürlich ein Mensch falsche Vorstellungen von der Situation, wodurch die objektive Situation nicht völlig seine B → A Erwartungen bestimmt. Man kann jedoch mit einiger Sicherheit annehmen, dass sich im Laufe der Zeit die Vorstellungen ziemlich weitgehend der Wirklichkeit angleichen. Dies wird durch mehrere andere Faktoren erleichtert, welche die B → A Erwartungen beeinflussen. Einer der einflussreichsten Faktoren ist der Gedankenaustausch mit anderen Menschen betreffend deren Vorstellungen von ihrer eigenen Situation. Die Vorstellungen anderer sind nicht unbedingt richtig, aber gewöhnlich wirken sie als korrektive Kraft, wenn die eigene Vorstellung stark von der Wirklichkeit abweicht. Dies ist besonders dann der Fall, wenn der andere Mensch die Situation sehr gut kennt und gefühlsmässig weniger engagiert ist. Beispielsweise kann ein Skilehrer oft falsche Auffassungen eines Anfängers berichtigen: Ob der Anfänger eine bestimmte Kurve meistern wird, beobachtet der Skilehrer mit mehr Objektivität und Erfahrung. In vielen Situationen kann ein älterer Arbeitnehmer einen neuen Angestellten in bezug auf die Schwierigkeiten der Arbeit beraten. Oft stellt sich ein neuer Arbeitnehmer die Arbeit viel schwieriger vor, als sie ist, was leicht zu Kündigung oder niedriger Leistung führen kann.

Das Lernen spielt eine wichtige Rolle bei der Bestimmung der B → A Erwartungen, und es macht auch die Erwartungen realistischer. In dem Masse, wie Menschen in einer Situation Erfahrungen sammeln, können sie normalerweise auch angemessenere Erwartungen entwickeln. Nachdem ein Mensch mehrmals versucht hat, etwas zu tun, wird er aus eigener Erfahrung wissen, wie gross seine Erfolgschancen durchschnittlich sind. Nach mehreren Versuchen kann er aufgrund des Gesetzes der Wahrscheinlichkeit mit einiger Sicherheit abschätzen, ob ein bestimmtes Ereignis eintreten wird oder nicht.

Es gibt einige Beweise dafür, dass die B → A Wahrscheinlichkeiten im Zusammenhang mit Persönlichkeitsfaktoren der entsprechenden Menschen von der Wirklichkeit abweichen. Psychologen haben betont, dass Menschen ein Selbst-Image haben. In früher Kindheit lernt ein Mensch, zwischen sich selbst und seiner Umgebung zu unterscheiden. Er lernt, dass er die Umgebung beeinflussen kann, und er erhält „Feedback" betreffend die Wirksamkeit seiner Handlungen. Er merkt, dass einige dieser Versuche gelingen, während andere misslingen. Aus dieser Wechselwirkung mit der Umgebung entwickelt er eine Vorstellung von sich selbst und von seiner Fähigkeit, mit der Umgebung fertig zu werden. Er lernt, was er tun kann und was er nicht tun kann. Er erhält Feedback von anderen, betreffend das Bild, welches sie sich von ihm machen. Aus diesen Erfahrungen entwickelt er eine Kenntnis seiner Existenz und ein Selbst-Image, nämlich eine Vorstellung von sich selbst. Ein entscheidender Bestandteil des Selbst-Image ist das Vertrauen eines Menschen auf seine Reaktionsfähigkeit und der Glaube an ihren Wert bzw. ihre Wirksamkeit. Dieser Glaube spielt eine zentrale Rolle bei der sogenannten Selbsteinschätzung, und er ist für das Verständnis der verschiedenen B → A Erwartungen von Menschen wichtig.

Die Selbsteinschätzung eines Menschen kann positiv oder negativ beeinflusst sein, – dies hängt davon ab, wie gut er mit seiner Umgebung fertig wird. Wenn jedoch ein Mensch zu einer gewissen Reife gelangt ist, scheinen seine Selbsteinschätzung und seine Bedürfnisse relativ stabil zu bleiben. In ihrer Selbsteinschätzung sind die Menschen sehr unterschiedlich: Menschen mit niedriger Selbsteinschätzung halten sich für weniger fähig, bestimmte Dinge erfolgreich zu unternehmen. Sie unterschätzen allgemein ihre Erfolgschancen, obwohl sie sich auch manchmal in unrealistischer Weise überschätzen. Es ist nicht überraschend, dass eine Verbindung zwischen Selbsteinschätzung und B → A Erwartungen besteht. Daher ist es schwierig, einen Menschen mit niedriger Selbsteinschätzung zu hoher Leistung zu motivieren, – denn er neigt zur Annahme, dass er nicht viel leisten könne. Andererseits neigen Menschen mit hoher Selbsteinschätzung zu realistischen B → A Erwartungen, ihre Reaktionen sind berechenbarer und realistischer in bezug auf die Umgebung. Eine Organisation kann diesem Einfluss der Selbsteinschätzung auf die Motivation entweder dadurch Rechnung tragen, dass sie nur Menschen mit hoher Selbsteinschätzung anstellt oder dadurch, dass sie die Selbsteinschätzung aller bereits angestellten Arbeitnehmer zu heben sucht. Die letztere Lösung ist vermutlich durch eine vernünftige Verteilung der Tätigkeiten und durch gute Führung zu erreichen, doch leicht geht es nicht, – aufgrund der verhältnismässig grossen Stabilität der Selbsteinschätzung.

Abbildung 10 fasst zusammen, was über die Determinanten der B → A Erwartungen gesagt wurde. Die Determinanten werden von vier Faktoren direkt beeinflusst: von der Selbsteinschätzung, den Erfahrungen, der tatsächlichen Situation und der Kommunikation mit anderen. Die Abbildung zeigt auch, dass die tatsächliche Situation nicht nur die B → A Erwartungen eines Menschen direkt beeinflusst, sondern auch die Kommunikation mit anderen, so dass die tatsächliche Situation zur entscheidenden Determinante der B → A Erwartungen wird. Da die B → A Erwartungen auf der Wirklichkeit basieren, können Organisationen die B → A Erwartungen der Arbeitnehmer beeinflussen, indem sie die Situation der Arbeitnehmer und damit die Motivation ändern. Wie wir sehen werden, übt die Arbeitsplatzbeschreibung (job design) einen grossen Einfluss auf die B → A Erwartungen aus und kann daher auf die Motivation einwirken.

Abbildung 10: Determinanten der B → A Erwartungen.

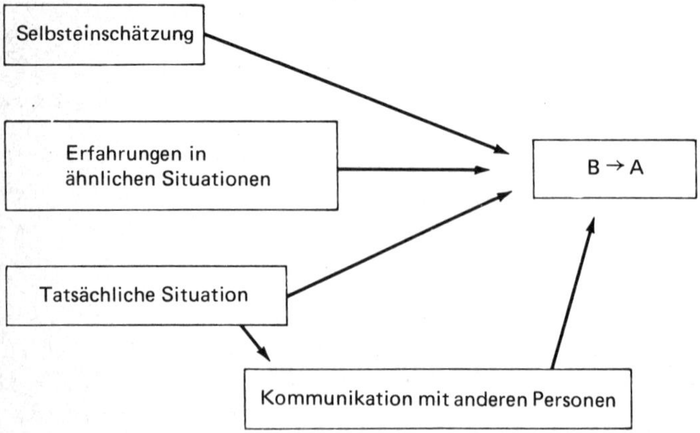

342 Determinanten der A → E Erwartungen

Wie die B → A Erwartungen, so sind auch die A → E Erwartungen stark beeinflusst von der objektiven Situation, von Erfahrungen in ähnlichen Situationen, und von der Meinung anderer über die Situation. Eine Untersuchung hat beispielsweise gezeigt, dass die Vorstellungen der Menschen über die Beziehung zwischen Bezahlung und Leistung der Wirklichkeit entsprechen (Lawler, 1967). In dieser Studie bestand offensichtlich eine enge Beziehung zwischen Bezahlung und Leistung in einer Gruppe von Organisationen, in der die Manager die Beziehung als eng beschrieben. In einer anderen Gruppe von Organisationen berichteten die Manager von einer weniger engen Beziehung, und ihre Vorstellungen erwiesen sich als richtig.

Es bestehen viele Beweise dafür, dass die verbalen Berichte von Mitarbeitern die $A \rightarrow E$ Erwartungen stark beeinflussen können. In seiner Arbeit über Leistungs- oder Belohnungssysteme zeigte Whyte (1955), wie Arbeiter durch die Berichte von Mitarbeitern hinsichtlich der Konsequenzen von hohen Leistungen beeinflusst werden. Beispielsweise können Arbeiter davon überzeugt sein, dass die Lohnraten gesenkt werden, wenn die Leistungen allgemein steigen, – obwohl sie dies noch nie beobachtet haben und obwohl die Organisation es verneint. Die Arbeiter glauben jedoch, dass es geschehen wird, weil ihre Mitarbeiter es voraussagen, und weil sie ihre Mitarbeiter für vertrauenswürdig halten. Whyte zeigt auch, dass Arbeiter andere Ansichten über die Konsequenzen erhöhter Leistung entwickeln können (dass z. B. ihr Ansehen unter den Mitarbeitern leidet), obwohl sie noch nie eine solche Erfahrung gemacht haben.

Wie die $B \rightarrow A$ Erwartungen, so sind auch die $A \rightarrow E$ Erwartungen normalerweise richtig, obwohl erwiesenermassen die $A \rightarrow E$ Erwartungen unter bestimmten Bedingungen verzerrt sein können. Raiffa (1968) hat gezeigt, dass die subjektiven Erwartungen von Menschen allgemein den mathematischen Wahrscheinlichkeiten entsprechen. Es hat sich jedoch gezeigt, dass die subjektiven Wahrscheinlichkeiten bei kleinen Werten unrealistisch hoch sind, während sie bei grossen Werten unrealistisch niedrig liegen. Es scheint also, dass Menschen die Realisierung einer „ganz sicheren Sache" zu unterschätzen und die Realisierung einer „entfernten Chance" zu überschätzen neigen. Einige Autoren haben hierzu bemerkt, dass das letztere Phänomen die Spiel- und Wettlust der meisten Amerikaner erkläre.

Einige Untersuchungen deuten an, dass die $A \rightarrow E$ Wahrscheinlichkeiten von der Art der Ergebnisse beeinflusst sind. Mehrere

Studien zeigen, dass den meisten Menschen das Eintreten positiver Ergebnisse wahrscheinlicher scheint als das Eintreten negativer Ergebnisse. Andere Studien deuten an, dass Menschen sehr positive Ergebnisse für unerreichbarer halten als weniger positive Ergebnisse. Menschen neigen also allgemein dazu, sehr positiven Dingen eine geringere Chance zu geben; gleichzeitig verringern sie auch die Möglichkeit sehr negativer Erfahrungen.

Einige der Studien über Leistungsmotivation haben angedeutet, dass B → A Wahrscheinlichkeiten bestimmte A → E Wahrscheinlichkeiten beeinflussen können. Besonders wenn die B → A Wahrscheinlichkeiten um 0,5 herum liegen, wird das Leistungsmotiv angeregt, und A → E Erwartungen von leistungsmässigen Ergebnissen treten in Erscheinung. Wenn B → A sehr hoch oder sehr niedrig ist, nehmen die Menschen anscheinend nicht an, dass eine erfolgreiche Leistung ein Erfolgs- und Zuständigkeitsgefühl hervorruft, – wie sie dies tun, wenn B → A um 0,5 herum liegt.

Wie bei den B → A Wahrscheinlichkeiten kann man auch bei den A → E Wahrscheinlichkeiten annehmen, dass sie von der Persönlichkeit eines Menschen beeinflusst werden. Rotter (1966) hat eine messbare Skala dafür entwickelt, wie Menschen sich eine Belohnung von innen oder von aussen her kontrolliert vorstellen. Wer an interne Kontrolle glaubt, stellt sich vor, dass Ereignisse und Ergebnisse in seinem Leben von ihm selbst kontrolliert werden. Wer dagegen mehr an externe Kontrollen glaubt, stellt sich vor, dass ein unkontrollierbares Schicksal die Ereignisse und die entsprechenden Ergebnisse beeinflusst. Rotter stellte fest, dass individuelle Unterschiede in den meisten Situationen zu beobachten sind: Manche Menschen glauben fast immer, dass sie die Ereignisse beeinflussen können, während andere immer wieder das Gegenteil annehmen.

Daten von Untersuchungen deuten an, dass intern-kontrollierte Menschen allgemein besser motiviert sind zu hoher Leistung, vermutlich deswegen, weil sie eine engere Verbindung zwischen ihrem Verhalten und den von ihnen erstrebten Zielen sehen. Anders gesagt: Auf interne Kontrolle eingestellte Menschen glauben gewöhnlich, dass ihre Leistungen belohnt werden, was bei den extern-kontrollierten weniger der Fall ist. Aus diesem Grunde können intern-kontrollierte Menschen leichter durch leistungsbezogene Belohnungen motiviert werden.

Rotters Daten zeigen ziemliche Unterschiede zwischen den verschiedenen Schichten der amerikanischen Bevölkerung. Geschäftsleute und Studenten glauben allgemein mehr an interne Kontrolle, während Sträflinge und Jugendliche aus den Ghettos gewöhnlich mehr an die externe Kontrolle von Ereignissen glauben.

Trotz dieser Untersuchungen in bezug auf interne und externe Kontrolle kann man verallgemeinernd sagen, dass die Vorstellung, die ein Mensch von einer bestimmten Situation hat, am stärksten von der wirklichen Situation beeinflusst wird. A → E Vorstellungen sind daher teilweise so wichtig, weil sie weitgehend von den Richtlinien und Praktiken der Organisationen beeinflusst werden können. Da A → E Vorstellungen auf den tatsächlichen Arbeitssituationen basieren, und da Organisationen die Arbeitssituation in vieler Hinsicht kontrollieren, können Organisationen die A → E Erwartungen durch eine Änderung der Situation beeinflussen. Der Führungsstil, die Arbeitsplatzbeschreibung und die Systeme der Bezahlung und Beförderung, – alle diese Faktoren beeinflussen wichtige A → E Vorstellungen und können von Organisationen kontrolliert werden. Organisationen können auch die A → E Vorstellungen beeinflussen, indem sie bei der Neueinstellung von Arbeitskräften intern- bzw. extern-orientierte Menschen bevorzugen. Wenn die Organisation beispielsweise Menschen mit hohen A → E Vorstellungen vorzieht (was oft der Fall ist), dann könnte sie bei der Neueinstellung Menschen mit hoher interner Kontrolle auswählen.

Der Rest des Buches beschäftigt sich damit, wie bestimmte organisatorische Praktiken und Richtlinien die A → E Erwartungen beeinflussen. Dies ist ein wichtiges Thema in den Kapiteln über Belohnungssysteme, Arbeitsplatzbeschreibung und zwischenmenschliche Einflüsse. Der Grund für die Betonung der A → E Vorstellungen liegt auf der Hand: Von den drei Faktoren, welche die Motivation bestimmen (die anderen beiden sind B → A und Wünschbarkeit der Ergebnisse), können die A → E Vorstellungen am leichtesten und direktesten von Organisationen beeinflusst werden. Dies ist also das Gebiet, auf dem die Organisationen die grösste Hebelwirkung auf die Motivation der Arbeitnehmer ausüben.

Abbildung 11 fasst zusammen, was bisher über die Determinanten der A → E Vorstellungen gesagt wurde. Sie zeigt, dass A → E Erwartungen durch Erfahrungen beeinflusst werden, durch von anderen mitgeteilte Wahrscheinlichkeiten, B → A Erwartungen, durch die Wünschbarkeit von Ergebnissen und die Vorstellung von interner bzw. externer Kontrolle. Ausserdem zeigt die Abbildung, dass die wirkliche Situation sowohl die Mitteilungen vonseiten anderer als auch direkt die A → E Erwartungen eines Menschen beeinflusst.

Abbildung 11: Determinanten der A → E Erwartungen.

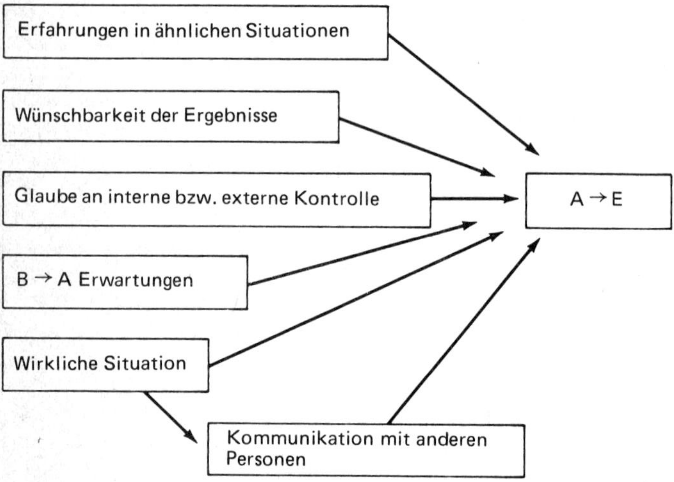

35 Der Mensch als genügsames und unrealistisches Wesen

Wir haben bisher in diesem Kapitel den Menschen als ein rationales, vernünftiges Wesen betrachtet. Es ist jedoch wichtig, dass man auch den sogenannten „ökonomischen Menschen" in Betracht zieht. Dieser Menschentyp kann eine Vielfalt möglicher Verhaltensweisen erwägen, bis er sich für eine entscheidet. Er ist sich immer der vielen Alternativen bewusst und überblickt auch stets die Vielzahl möglicher Ergebnisse seines Verhaltens. Auch zieht er eindeutig gewisse Ergebnisse vor. Daher basiert jede seiner Entscheidungen auf vollständiger Information und ist meistens auch die beste aller möglichen Entscheidungen. Darüber hinaus erscheinen seine Entscheidungen allgemein sehr vernünftig in den Augen eines Beobachters, der die Vorzüge des ökonomischen Menschen kennt.

Mit anderen Psychologen hat Simon (1957) darauf hingewiesen, dass die Vorstellungen des ökonomischen Menschen nicht sehr realistisch sind. Die Menschen haben keine vollständige Kenntnis aller möglichen Verhaltensweisen und Ergebnisse. Sie haben nicht die Fähigkeit, äusserst komplexe Überlegungen anzustellen, und ihr Verhalten erscheint nicht immer vernünftig vom Standpunkt eines Beobachters aus. Simon behauptet, dass sich das menschliche Verhalten mehr auf Genügsamkeit als auf Optimierung richte. Mit dieser Feststellung will er sagen, dass die Menschen in ihrem Verhalten allgemein den Weg des „gut genug" suchen und dass sie dann handeln, wenn sie ihn gefunden zu haben glauben. Sie fahren nicht fort in ihrer Suche, bis sie glauben die beste aller vorhandenen Alternativen gefunden zu haben. Da eine solche Optimalstrategie schwierig zu verwirklichen wäre, geben sich die Menschen mit einem genügsamen Verhalten zufrieden. Manchmal müssen sie die Welt vereinfachen, um besser mit ihr fertig zu werden. Es überstiege ihre kognitive Reaktionsfähigkeit, bei ihren Entschlüssen die Vielfalt der wirklichen Welt hinreichend in Betracht zu ziehen.

Obwohl Simon dies nicht hervorhebt, zeigen doch viele Untersuchungen, dass die Menschen sich manchmal falsche Vorstellungen von Situationen machen. Zum Beispiel können Gefühle ihre Vorstellungen soweit verzerren, dass die darauf basierenden Entscheidungen einem Beobachter irrational erscheinen. In einer Untersuchung liess Murphy (1933) fünf Mädchen eine Reihe von Photographien danach ordnen, wie bösartig die darauf abgebildeten Menschen aussahen. Dann liess er die Mädchen ein furchterregendes Spiel spielen und die Photographien wiederum sortieren. Diesmal wurde den abgebildeten Menschen beträchtlich mehr Bösartigkeit zugeschrieben, – dies vermutlich, weil sich die Mädchen mehr fürchteten. Andere Beweise zeigen, dass die Stärke der primären Bedürfnisse die Vorstellung der Menschen beeinflussen kann. Als man Menschen Objekte auf Bildern identifizieren liess, erwies sich beispielsweise, dass die Anzahl der gesehenen Nahrungsmittel mit dem Grad des Hungers steigt. Andere Studien haben gezeigt, dass Versuchspersonen es vermieden, gefühlsmässig beunruhigende Stimuli zu sehen. Weitere Studien lieferten den

Beweis, dass Einstellungen und Werte das Identifizieren der Objekte stark beeinflussen. Wegen ihrer Bedürfnisse, Gefühle, Werte und Einstellungen machen sich die Menschen also falsche Vorstellungen von den Situationen, in denen sie sich befinden. Diese Vorstellungen können dazu führen, dass die Menschen nur unangemessene Verhaltensweisen in Betracht ziehen und bestimmte A → E Erwartungen ausser acht lassen. Daher führt die Tendenz zu falschen Vorstellungen, Genügsamkeit und Simplifizierung, oft zu einem Verhalten, das beim besten Willen nicht als optimal bezeichnet werden kann. Ein gutes Beispiel hierfür ist die Art, in der Arbeiter auf Belohnungssysteme reagieren, wenn sie dem Management nicht trauen. Anstatt mit guter Leistung auf die Pläne zu reagieren, – was zu den erstrebten Ergebnissen führen würde –, halten sie die Leistung niedrig, weil sie glauben, dass das Management bei steigender Produktivität die Lohnraten verringern würde.

Simon (1957) betont, dass das menschliche Verhalten in Organisationen nicht völlig, aber doch grösstenteils rational ist, oder jedenfalls auf vernünftigen Absichten basiert. Eben weil das Verhalten hauptsächlich auf Vernunft basiert, kann unser Modell voraussagen, wie die Menschen sich in vielen Situationen verhalten werden. Obwohl das Verhalten dem Ausübenden als rational erscheint, wird es doch einem Beobachter aus verschiedenen Gründen nicht immer optimal oder rational erscheinen. Der Beobachter mag Ergebnisse anders bewerten als der Ausübende. Der Beobachter kann auch völlig verschiedene Verhaltensweisen in Betracht ziehen. Der Beobachter kann verschiedene A → E und B → A Erwartungen haben. Schliesslich kann der Beobachter auf einer anderen Ebene zu überlegen aufhören und zu handeln beginnen, – der Beobachter kann also leichter oder auch schwerer zu befriedigen sein. Jedoch bleibt die Tatsache bestehen, dass das Verhalten des Ausübenden von seiner augenblicklichen Warte aus rational erscheint. Das Verhalten stellt den besten Versuch eines Menschen dar, mit der Welt (wie er sie sieht) fertig zu werden. Daher können wir sein Verhalten voraussagen, wenn wir wissen, wie er sich die Situation vorstellt und wie er die verschiedenen Ergebnisse bewertet.

Bei Verwendung des Motivationsmodells in der bisher entwickelten Form ist es wichtig nicht zu vergessen, dass die Menschen nicht alle Alternativen in Betracht ziehen und dass sie genügsam sind und nicht auf Optimierung bestehen. Wenn sie sich überlegen, ob sie ein Verhalten (wie hohe Leistung) erreichen wollen, dann ziehen sie nicht alle möglichen Ergebnisse in Betracht. Wenn wir das Verhalten eines Menschen mit Hilfe unseres Modells voraussagen wollen, und wenn wir vollständige Daten über seine Vorstellungen von den bestehenden Verhältnissen sammeln, so kann die Voraussage immer noch unrichtig ausfallen, da unser Modell für stichhaltige Voraussagen zu komplex wäre. Wenn wir jedoch das Modell zur Berücksichtigung aller Eventualitäten erweitern, würde es zweifellos viel komplizierter herauskommen als die Denkvorgänge der Menschen. Das Modell braucht natürlich nicht so weit entwickelt zu werden. Um das Verhalten eines Menschen mit dem bestehenden Modell vorauszusagen, müssen wir uns lediglich auf die Wahrnehmungen beschränken, auf denen seine Entschlüsse tatsächlich basieren. Wir müssen uns bewusst sein, dass das Verhalten eines Menschen auf vereinfachten Wahrnehmungen beruht, die nicht alle Faktoren in Betracht ziehen. Man kann sagen, dass unser Modell in gleicher Weise eine beschränkte Anzahl Alternativen in Betracht zieht.

4 Befriedigung und Verhalten

Im Vergleich zu dem, was über Motivation bekannt ist, weiss man relativ wenig über die Determinanten und Konsequenzen der Befriedigung. Bei den meisten psychologischen Untersuchungen der Motivation hat man sich einfach nicht damit beschäftigt, welche Arten von gefühlsmässigen Reaktionen die Menschen in Verbindung mit motiviertem Verhalten (oder als Folge davon) empfinden. Es bestehen keine voll entwickelten Theorien der Befriedigung, und es sind wenige theoretisch fundierte Untersuchungen auf diesem Gebiet gemacht worden. Der Einfluss des Behaviorismus (eine Richtung der Verhaltenswissenschaft) auf die Psychologie hat viel mit dieser Verzögerung der Forschung zu tun. Während dieser Einfluss vorhielt, vermieden Psychologen Untersuchungen, die von introvertierten Selbstberichten abhingen. Die Behavioristen behaupteten, dass die Psychologie das sichtbare Verhalten untersuchen müsse, wenn sie sich als Wissenschaft entwickeln wolle. Da nun Befriedigung ein interner, subjektiver Zustand ist, der am besten von den betreffenden Menschen beschrieben wird, eignet sie sich nicht als Untersuchungsobjekt. Die Psychologen glaubten, sie müssten sich auf die sichtbaren Aspekte der Motivation konzentrieren, wie z. B. Leistung, Stunden der Entbehrung, Stärke der Reaktion, usw.
In der Triebtheorie und in einigen Bedürfnistheorien wird der Befriedigung eine Rolle zugesprochen (wie z. B. in den Theorien von Maslow und Alderfer). Nach der Triebtheorie werden Befriedigung und Beendigung des Verhaltens durch das Stillen der primären Triebe verursacht. Maslow verwendet den Begriff „Befriedigung" auf andere Weise. Er meint damit nicht physiologische Sättigung, sondern ein psychologisches Gefühl der Zufriedenheit, des Genughabens. Hull wie Maslow nehmen an, dass die Bedürfnisbefriedigung wichtig ist, da sie die Bedürfnisstärke beeinflusst. Jedoch erklären sie nicht, wodurch Befriedigung entsteht, – und ihren Theorien mangelt ein klar definierter Begriff der Befriedigung. Im wesentlichen besagen alle Triebtheorien und einige Bedürfnistheorien, dass Menschen desto befriedigter sind, je mehr von ihnen Erstrebtes sie erhalten. In der Triebtheorie wird

die Befriedigung als ein Begriff behandelt, der erklären hilft, warum ein Vorgang wie das Essen zu einer Änderung des Verhaltens führt, z. B. zur Verminderung der Nahrungsmittelsuche. Befriedigung wird nicht als eine Variable betrachtet, die verdiente, gemessen und studiert zu werden. Studien, die sich auf diese Theorien bezogen, haben sich daher nicht auf die Ursachen oder Folgen der Befriedigung konzentriert; vielmehr haben sie die Befriedigung als einen erklärenden Hilfsbegriff oder eine zusätzliche Variable behandelt.

Die meisten Untersuchungen zum Thema „Befriedigung" wurden von Psychologen durchgeführt, die sich mit Organisationen beschäftigten. Diese Untersuchungen gehen bis in die dreissiger Jahre zurück. Seitdem wird der Begriff „Befriedigung bei der Arbeit" verwendet, um die gefühlsmässigen Einstellungen und Orientierungen von Menschen in bezug auf ihre Arbeit zu beschreiben. Hoppock veröffentlichte 1935 eine berühmte Schrift zu diesem Thema, und 1939 wurden die Ergebnisse der bekannten Western Electric Studien veröffentlicht. Die Western Electric Studien (Roethlisberger und Dickson, 1939) betonten die Wichtigkeit der Untersuchung von Einstellungen, Gefühlen und Vorstellungen der Arbeitnehmer in bezug auf ihre Arbeit. Durch Interviews mit über 20 000 Arbeitnehmern unterstrichen die Studien graphisch, dass die Arbeitnehmer gefühlsmässig stark darauf reagierten, was mit ihnen bei der Arbeit geschah. Die Untersuchungen deuteten auch an, dass gefühlsmässige Reaktionen bestimmte Verhaltensweisen hervorrufen, wie Streiks, Abwesenheit und Personalwechsel. Obwohl die Untersuchungen keine eindeutigen Beziehungen zwischen Befriedigung und Leistung feststellten, regten sie doch viele andere Forschungsprojekte über die Befriedigung bei der Arbeit an. Während der letzten 30 Jahre wurden Tausende von Studien zu diesem Thema gemacht. Gewöhnlich waren die Studien nicht theoretisch orientiert; es wurde einfach die Beziehung zwischen Befriedigung bei der Arbeit und anderen Faktoren wie Alter, Bildung, Arbeitsniveau, Abwesenheitsrate, Produktivität usw. untersucht. Anfänglich schienen viele Studien vom Wunsche angeregt zu zeigen, dass Befriedigung bei der Arbeit wichtig ist, weil sie die Produktivität beeinflusst. Frühen Artikeln zum Thema lag die Überzeugung zugrunde, dass „glückliche Arbeiter leistungsfähige Arbeiter sind". In letzter Zeit ist jedoch dieser Gedanke in den

Hintergrund getreten, und manche an Organisationen interessierte Psychologen scheinen die Befriedigung bei der Arbeit einfach deswegen zu studieren, weil sie die Gründe erforschen wollen. Dieser Ansatz stimmt mit der wachsenden Bedeutung der humanistischen Psychologie überein, die die gefühlsmässige Erfahrung eines Menschen betont.

Das in letzter Zeit sichtbare Interesse an der Befriedigung bei der Arbeit hängt auch direkt mit dem wachsenden Interesse an der Lebensqualität in vielen Ländern zusammen. Mehr und mehr ist man der Ansicht, dass materielle Güter und wirtschaftliches Wachstum nicht unbedingt hohe Lebensqualität bewirken. Die Bedeutung der verschiedenen Arten von gefühlsmässigen Reaktionen wird nun anerkannt, und diese sind nicht immer an ökonomische oder wirtschaftliche Errungenschaften gebunden. Durch die Ministerien für Arbeit, Gesundheit, Bildung und Wohlfahrt hat sich die amerikanische Regierung in letzter Zeit betätigt, um das Leben der arbeitenden Bevölkerung zu verbessern. Die Lebensqualität in Organisationen kann u. a. an der Befriedigung bei der Arbeit gemessen werden, – und diese zu verstehen und zu verbessern, lohnt sich oft auch auf Kosten der Leistung. Dieser Grund für das Studium der Befriedigung wird wahrscheinlich an Bedeutung in dem Masse zunehmen, in dem wir uns über die Wirkungen der Arbeit auf Menschen in Organisationen Sorge machen, und in dem unser Interesse an den psychologischen Erfahrungen der Menschen während ihres Lebens zunimmt. Was mit Menschen während eines Tages am Arbeitsplatz geschieht, wirkt sich tiefgreifend auf das Leben des einzelnen und der Gesellschaft aus. Daher können diese Vorgänge nicht ausser acht gelassen werden, wenn das Leben der Gesellschaft von hoher Qualität sein soll. John Gardner sagte hierzu:

> „Von den Diensten der Gesellschaft am einzelnen sind wenige so bedeutsam wie die Vermittlung oder Beschaffung einer menschenwürdigen Arbeit ... Unsere Gesellschaft ist für niemanden wirklich anständig, solange sie nicht für alle anständig ist. Wenn unser Verantwortungsbewusstsein hier versagt, so sollten wir aus blossem Eigeninteresse dementsprechend handeln" (1968, S. 25).

Es besteht eine erwiesene Beziehung zwischen der Befriedigung bei der Arbeit einerseits, und der Abwesenheit von der Arbeit und dem Personalwechsel andererseits, welche beide für Organisationen sehr kostspielig sind. Die Organisationen sollten sich daher aus „praktischen" und ökonomischen Gründen um die Befriedigung bei der Arbeit kümmern, da diese die organisatorische Wirksamkeit beeinflusst. Bevor wir jedoch praktisch von der Kenntnis Gebrauch machen können, dass Unzufriedenheit bei der Arbeit gewöhnlich Abwesenheit und Personalwechsel bewirkt, müssen wir verstehen, welche Faktoren die Befriedigung bei der Arbeit hervorrufen und beeinflussen. Organisationen können die Befriedigung bei der Arbeit nur dann beeinflussen, und sie können Abwesenheit und Personalwechsel nur dann vermeiden, wenn sie die Faktoren erkennen, die an diesen gefühlsmässigen Reaktionen beteiligt sind.

Kritiker haben mit Recht eingewendet, dass sich, trotz vieler Studien, das Verständnis für die Gründe zur Befriedigung bei der Arbeit in den letzten dreissig Jahren nicht wesentlich geändert habe (siehe z. B. Locke 1968, 1969), und zwar in zweierlei Hinsicht: Die Forschung auf diesem Gebiet war normalerweise nicht theoretisch fundiert und hat nicht nach kausalen Zusammenhängen gesucht. Da den Untersuchungen theoretische Richtlinien fehlten, ist eine verwirrende Menge von unorganisierten und undeutbaren Daten zutage befördert worden. Beispielsweise haben eine Reihe von Studien eine positive Beziehung zwischen Produktivität und Befriedigung bei der Arbeit aufgezeigt, während andere Studien keine solche Beziehung fanden. Zweifellos kann dieser Unterschied erklärt werden: Die Erklärung müsste auf einer Theorie der Befriedigung basieren, und die gibt es bis heute nicht. Jedenfalls haben die Untersuchungen über die Befriedigung bei der Arbeit die Wahrheit des Spruches dokumentiert, dass Theorie ohne Daten Phantasie ist, und dass Daten ohne Theorie Chaos sind:

Wegen der mangelnden Theorie über kausale Beziehungen haben die Untersuchungen der Befriedigung bei der Arbeit gewöhnlich einfach nach Beziehungen zwischen Variablen gesucht. Dies wird jedoch zu einem ernsten Problem, wenn man versucht, solche Studien als Basis für organisatorische Eingriffe zu nehmen. Dadurch wird auch die Entwicklung und das Testen von Theorien der Befriedigung erschwert. Vielleicht das beste Beispiel des sich daraus ergebenden Dilemmas betrifft die Beziehung zwischen Befriedigung und Leistung. Wenn Befriedigung die Leistung erhöht, sollten die Organisationen darauf achten, dass ihre Arbeitnehmer zufrieden sind; wenn jedoch Leistung die Befriedigung erhöht, ist ein hoher Grad an Befriedigung nicht unbedingt Ziel, sondern eher Nebenprodukt einer wirksamen Organisation.

Warum hat sich die Forschung über die Befriedigung bei der Arbeit so langsam und ohne theoretische Richtlinien entwickelt? Ein wichtiger Grund scheint in der mangelnden Aufmerksamkeit der Psychologen zu liegen, die sich mit dem Lernvorgang, der persönlichen Entwicklung usw. beschäftigten. Wie wir sahen, war dies auf dem Gebiet der Motivation nicht der Fall; da ist eine Reihe von Theorien formuliert worden. Motivationstheorien aus anderen Zweigen der Psychologie haben sich zum Verständnis der Motivation in Organisationen als sehr nützlich erwiesen, und sie bilden die Grundlage für unsere Gedankengänge über die Motivation in Organisationen.

Leider gibt es keine ähnliche Reihe von Theorien auf dem Gebiet der Befriedigung. Die wenigen Ansätze dazu stammen fast ausschliesslich aus den Untersuchungen der Industriepsychologen. In einigen Fällen ist die Theorie nicht direkt festgehalten, sondern nur angedeutet in der Art, wie die Befriedigung gemessen wird. Obwohl beispielsweise Peter (1961) nie direkt eine Theorie der Befriedigung formulierte, ergibt sich doch aus seiner Messung der Bedürfnisbefriedigung eine gewisse Definition der Befriedigung. Sein Gedankengang deutet an, dass er die Befriedigung als den Unterschied definiert zwischen dem, was ein Mensch als seinen angemessen Anteil betrachtet und dem, was er tatsächlich zu erhalten glaubt. Bevor wir die Theorien der Befriedigung bei der Arbeit im einzelnen untersuchen, sollten wir zwischen den Begriffen „spezielle" und „allgemeine" Befriedigung bei der Arbeit unterscheiden. Spezielle Befriedigung bezieht sich auf besondere Aspekte der Arbeit und die damit verbundenen gefühlsmässigen Reaktionen. Oft untersuchte, besondere Aspekte sind Bezahlung, Beaufsichtigung und Beförderungsmöglichkeiten. Wenn wir jedoch hier von „Befriedigung bei der Arbeit" sprechen, meinen wir die gefühlsmässigen Reaktionen eines Menschen auf alle Aspekte seiner Arbeit und seine Gesamtrolle als Arbeitnehmer.

Verschiedene Wissenschaftler haben die besonderen Aspekte der Arbeit auf sehr verschiedene Arten studiert. Manche von ihnen haben sehr konkrete, spezifische Faktoren untersucht (wie Waschräume, Kantinen, Nebenvergütungen) und lange Listen von Faktoren entwickelt. Andere Wissenschaftler entschieden sich für die

Untersuchung von Ergebnisgruppen oder -Kategorien (wie Sicherheit, Status oder Selbständigkeit), welche den im zweiten Kapitel behandelten Ergebnisgruppen ähneln.

Wieviele besondere Arbeitsfaktoren gibt es? Auf diese Frage, wie auf die Frage nach der Anzahl der Bedürfnisse, gibt es keine richtige Antwort. Die Antwort hinge davon ab, wieviele Ergebnisse man in jeder Gruppe zusammenfasst. Man kann viele Gruppen mit wenigen Ergebnissen formieren, woraus sich eine lange Liste von Faktoren ergäbe. Anstatt einer Gruppe für physische Arbeitsbedingungen könnte man beispielsweise getrennte Gruppen für Heizung, Licht usw. aufführen. Oder man könnte einen hohen Abstraktionsgrad vorziehen und sich auf wenige Gruppen beschränken, die jeweils viele Ergebnisse enthalten würden, wodurch sich eine sehr kurze Liste von Faktoren ergäbe.

Viele Studien haben versucht, die Anzahl der Faktoren dadurch zu bestimmen, dass sie die Beziehungen zwischen den verschiedenen Ergebnissen untersuchten. Wenn sich herausstellt, dass eine Korrelation zwischen den Befriedigungs-Quotienten einer Reihe von Ergebnissen besteht, wird angenommen, dass diese Ergebnisse einen gemeinsamen Faktor darstellen. So werden Faktoren als durch Korrelation verbundene Gruppen von Ergebnissen definiert. Die auf diesem Ansatz beruhenden Studien haben gewöhnlich fünf bis acht Faktoren identifiziert. Die meist genannten Faktoren sind Inhalt der Arbeit (job content), Beaufsichtigung, finanzielle Entschädigung, Beförderung, Arbeitsbedingungen und Mitarbeiter. Man beachte, dass diese Liste mit der Anordnung dieses Buches übereinstimmt, in dem jeweils ein Kapitel sich mit dem Einfluss des Arbeitsinhaltes, der zwischenmenschlichen Faktoren (Beaufsichtigung und Mitarbeiter), und der extrinsischen Belohnungen (Beförderung und Bezahlung) auf Motivation und Befriedigung beschäftigt.

Ein wichtiger Grund für die Unterscheidung zwischen spezieller und allgemeiner Befriedigung bei der Arbeit ist die Behauptung vieler Theorien, dass die Befriedigung bei der Arbeit durch eine Kombination der gefühlsmässigen Reaktionen eines Menschen auf die verschiedenen Aspekte seiner Arbeit bestimmt werde. Die Theorien sind sich jedoch nicht einig, auf welche Weise sich diese Reaktionen verbinden, um Befriedigung zu bewirken.

Diese Ansicht ist vergleichbar mit derjenigen in der Motivationstheorie, dass der Druck auf das Verhalten eines Menschen der Kombination aller Werte entspreche, die in den zu erwartenden Ergebnissen des Verhaltens gesehen werden.

41 Theorien der Befriedigung bei der Arbeit

In den theoretischen Untersuchungen über die Befriedigung kann man vier Ansätze erkennen. Zuerst entwickelte sich die Erfüllungstheorie. Danach wurden die Ausgleichstheorie und die Diskrepanztheorie formuliert, teilweise als Reaktion auf die Mängel der Erfüllungstheorie. Die Zweifaktorentheorie ist der vierte Ansatz; sie versucht, einen ganz neuen Gedankengang über die Befriedigung zu entwickeln.

411 Die Erfüllungstheorie

Schaffer (1953) stellte fest, dass „die Befriedigung bei der Arbeit direkt dem Masse entsprechend variiert, in dem die erfüllbaren Bedürfnisse eines Menschen wirklich befriedigt werden" (S. 3). Vroom (1964) beurteilt die Befriedigung bei der Arbeit auch nach dem Mass, in dem eine Arbeit dem Menschen die von ihm geschätzten Ergebnisse bietet. Er stellt die Befriedigung der Valenz gleich und fügt hinzu: „Wenn wir einen Menschen als befriedigt mit einer Sache beschreiben, so versteht es sich, dass die Sache für ihn positive Valenz (positiven Wert) hat. Das Wort „Befriedigung" wird jedoch in einem viel engeren Sinne gebraucht. Im täglichen Sprachgebrauch sprechen wir von der Befriedigung eines Menschen nur im Hinblick auf Dinge, die er besitzt" (S. 100). Bei der Erfüllungstheorie wird die Befriedigung eines Menschen einfach dadurch gemessen, dass man ihn fragt, in welchem Masse er das gewünschte Ergebnis erhalte. Die Befriedigung wird demnach als abhängig davon betrachtet, wieviel ein Mensch von einem vorliegenden Ergebnis (oder einer Ergebnisgruppe) erhält.
Erfüllungstheoretiker haben sich überlegt, wie die Allgemeinbefriedigung durch eine Kombination von Sonderbefriedigungen bestimmt wird. Der springende Punkt ist hierbei, ob das Mass jeder Sonderbefriedigung nach ihrer vom Menschen empfundenen

Bedeutung gewichtet werden soll, wenn die Kombination vorgenommen wird. Wir wissen, dass die Arbeitsfaktoren individuell verschieden bewertet werden; daher sollten die wichtigeren Faktoren bei der Bestimmung der Gesamtbefriedigung höher bewertet werden. Es bestehen jedoch Beweise dafür, dass dies schon im Grad der Sonderbefriedigung zum Ausdruck kommt und nicht weiter gewichtet zu werden braucht (Mobley & Locke, 1970).

Viele Untersuchungen zeigen, dass die Befriedigung der Menschen eine Funktion von zwei Dingen ist: wieviel sie erhalten, und wieviel sie ihrer Ansicht nach erhalten sollten oder möchten (Locke, 1969). Ein Fabrikaufseher kann beispielsweise mit einem Jahresgehalt von 12 000 Dollar zufrieden sein, während der Präsident der Firma mit einem Gehalt von 100 000 Dollar unzufrieden sein kann, – obwohl der Präsident sich darüber im klaren ist, dass er mehr erhält als der Aufseher. Es geht hier darum, dass die Reaktion auf eine erhaltene Belohnung nicht einfach eine Funktion der Grösse der Belohnung ist. Die Reaktionen werden stark von individuellen Faktoren beeinflusst, wie davon, was ein Mensch will und was er als angemessene Belohnung empfindet. Individuelle Faktoren deuten an, dass der Ansatz der Erfüllungstheorie zur Untersuchung der Befriedigung bei der Arbeit nicht stichhaltig ist, da dieser Ansatz die unterschiedlichen Gefühle der Menschen in bezug auf angemessen empfundene Ergebnisse nicht in Betracht zieht.

Morse (1953) vertrat diese Ansicht wie folgt:

> „Zuerst dachten wir, dass die Befriedigung einfach eine Funktion dessen ist, was ein Mensch aus einer Situation heraus erhält oder wieviel die Umgebung ihm gibt. Es schien logisch anzunehmen, dass Menschen in einer stark bedürfnis-erfüllenden Umgebung auch sehr befriedigt sein müssten. Aber das Mass des von der Umgebung Empfangenen schien nicht der einzige wirksame Faktor zu sein. Ein anderer Faktor musste offensichtlich beachtet werden, um die Befriedigung genau vorauszusagen. Diese Variable war die Stärke des Verlangens eines Menschen, oder das Niveau seines Strebens auf einem bestimmten Gebiet. Wenn die Umgebung nicht viel Bedürfnisbefriedigung ermöglichte, waren Menschen mit dem stärksten Verlangen und den höchsten Erwartungen am unglücklichsten" (S. 27–28).

Die Diskrepanz- oder Kontrasttheorie, die als nächste besprochen wird, versucht, die individuellen Verschiedenheiten im Verlangen der Menschen in Betracht zu ziehen.

412 Die Diskrepanztheorie

In letzter Zeit haben sich manche Psychologen für die Diskrepanzmethode bei Untersuchungen der Befriedigung ausgesprochen. Sie behaupten, dass die Befriedigung durch die Unterschiede zwischen den tatsächlich erhaltenen Ergebnissen und einer anderen Ergebnisebene bestimmt wird. Die Theorien unterscheiden sich weitgehend in der Definition dieser anderen Ergebnisebene. Einige Theoretiker sprechen von der Ergebnisebene, die ein Mensch erreichen zu müssen glaubt, während andere Theoretiker von der Ergebnisebene sprechen, die ein Mensch zu erreichen erwartet. Alle diese theoretischen Ansätze behaupten, das Erhaltene müsse mit einer anderen Ergebnisebene verglichen werden, – und wenn ein Unterschied zwischen den Ebenen insofern bestehe, als das erhaltene Ergebnis niedriger sei als die andere Ergebnisebene, so stelle sich Unzufriedenheit ein. Wenn also ein Mensch ein Jahresgehalt von 10 000 Dollar erwartet, oder wenn er glaubt, diese Summe erhalten zu müssen, und er erhält nur 8000 Dollar, dann lässt sich voraussagen, dass er mit dem Gehalt nicht zufrieden sein wird. Weiter kann man voraussagen, dass er unzufriedener sein wird als jemand, der ein Gehalt von 9000 Dollar erhält und 10 000 Dollar erwartet oder für angemessen hält.
Katzell (1964) und Locke (1968, 1969) haben wahrscheinlich die zwei bestentwickelten Diskrepanztheorien in bezug auf Befriedigung erarbeitet. Nach Katzell ist Befriedigung = 1 – [(X – V) / V], wobei X der wirkliche Betrag des Ergebnisses ist und V der erstrebte Betrag. Katzell, wie auch viele andere Diskrepanztheoretiker, sieht Befriedigung als den Unterschied zwischen einem wirklichen Betrag und einem erstrebten Betrag, – jedoch weicht er von den meisten Diskrepanztheoretikern durch seine Behauptung ab, dass dieser Unterschied durch den erstrebten Betrag des Ergebnisses dividiert werden sollte. Wenn wir Katzells Formel gebrauchen, müssen wir annehmen, dass ein Mensch desto weniger unzufrieden mit einer gegebenen Diskrepanz sein wird, je mehr er vom Ergebnis verlangt. Katzell bietet für seine Annahme

keine Beweise, und sie ist kaum logisch vertretbar. Die Diskrepanz zum Erstrebten erschiene in jedem Fall unbefriedigend, gleichgültig, wieviel erstrebt wird. Katzell spricht auch von „tatsächlichen" Diskrepanzen, während die meisten Diskrepanztheoretiker von „empfundenen" oder „wahrgenommenen" Diskrepanzen sprechen. Ausserdem ergibt sich nach Katzells Formel, dass die Befriedigung abnimmt, wenn ein Mensch mehr erhält als er verlangt. Locke (1969) formulierte eine Diskrepanztheorie, die von der Katzell'schen in mehreren Hinsichten abweicht. Er betont, dass die wahrgenommene Diskrepanz wichtig ist, und nicht die tatsächliche. Auch sagt er, dass die Befriedigung durch den einfachen Unterschied zwischen dem, was der Mensch verlangt und dem, was er zu erhalten glaubt, bestimmt wird. Je deutlicher seine Wünsche über das Erhaltene hinausgehen, desto grösser ist seine Unzufriedenheit. Nach Locke sind Zufriedenheit und Unzufriedenheit bei der Arbeit eine Funktion der wahrgenommenen Beziehung zwischen dem, was man von der Arbeit verlangt und dem, was die Arbeit einem zu bieten scheint (S. 316).

Porter (1961) misst die Befriedigung dadurch, dass er Menschen fragt, welchen Grad eines vorliegenden Ergebnisses die Arbeit bieten sollte und wieviel sie wirklich biete; er betrachtet die Diskrepanz zwischen den beiden Antworten als ein Mass der Befriedigung. Dieser Ansatz hat am meisten Verwendung gefunden. Er unterscheidet sich vom Ansatz Lockes dadurch, dass er die Befriedigung nicht als vom Verlangen beeinflusst sieht, sondern vom als angemessen empfundenen Ergebnis.

Einige Wissenschaftler haben auch behauptet, dass die Befriedigung von dem abhängt, was jemand zu erhalten erwartet und nicht von dem, was er verlangt oder glaubt erhalten zu müssen. Die Literatur über die Befriedigung bei der Arbeit enthält also drei verschiedene Diskrepanztheorien: die erste beschäftigt sich mit dem, was die Menschen verlangen, – die zweite mit dem, was sie glauben erhalten zu müssen, – und die dritte mit dem, was sie zu erhalten erwarten. Die letztere Methode ist selten verwendet worden und braucht nicht beachtet zu werden. Wie Locke (1969) erklärt, kann die Erwartungsmethode kaum logisch vertreten werden. Natürlich kann ein unerwartetes Ergebnis überraschen, es muss aber nicht unbedingt Unzufriedenheit auslösen.

Was geschieht beispielsweise, wenn es die Erwartungen übersteigt? Oder was geschieht, wenn es die Erwartungen übersteigt und gleichzeitig unter dem liegt, was die andern erhalten?
Die Logik spricht nicht unbedingt dafür, dass einer der beiden ersten Ansätze als sinnlos zurückgewiesen werden sollte. Beide Ansätze scheinen sich mit wichtigen aber vielleicht verschiedenen gefühlsmässigen Reaktionen auf die Arbeit zu beschäftigen. Offensichtlich besteht ein Unterschied zwischen den Fragen: „Wieviel verlangen Sie? " und „Wieviel glauben Sie erhalten zu müssen? ". Menschen reagieren auf diese Fragen unterschiedlich (Wanous und Lawler, 1972). In gewisser Beziehung helfen uns die beiden Fragen beim Verständnis verschiedener Aspekte menschlicher Gefühle gegenüber der momentanen Situation. Die Zufriedenheit eines Menschen mit der Angemessenheit dessen, was er für seine gegenwärtige Arbeit erhält, wird anscheinend mehr von dem beeinflusst, was er selbst für angemessen hält und weniger von dem, was er letzten Endes erreichen will. Der Unterschied zwischen dem, was ein Mensch verlangt oder erreichen will und dem, was er erhält, vermittelt uns eine Einsicht in seine Zufriedenheit mit seiner gegenwärtigen Situation im Vergleich zu seinen langfristigen Wünschen. Diese zwei Diskrepanzmasse ergeben gewöhnlich verschiedene Resultate. Ein Mensch kann beispielsweise das Gefühl haben, sein Lohn sei seiner gegenwärtigen Arbeit angemessen, so dass er in dieser Beziehung zufrieden ist; er kann jedoch auch finden, dieser Lohn entspreche seinen Erwartungen nicht, so dass er in dieser Beziehung unzufrieden ist. In den meisten Fällen sind diese beiden Diskrepanzen jedoch eng miteinander verwandt, und sie beeinflussen einander. Daher ist vielleicht der Unterschied zwischen den beiden Diskrepanzen nicht so gross oder wichtig wie einige Theoretiker angenommen haben.
Wie die Erfüllungstheoretiker, so behaupten auch viele Diskrepanztheoretiker, dass die Gesamtbefriedigung bei der Arbeit von der Summe der Diskrepanzen innerhalb jeder Sonderbefriedigung beeinflusst wird. Auf diese Weise würde die Gesamtbefriedigung eines Menschen seiner Lohn-Befriedigungs-Diskrepanz plus seiner Aufsicht-Befriedigungs-Diskrepanz usw. entsprechen. Es ist behauptet worden, dass es beim Berechnen einer solchen Summe wichtig ist, die Bedeutung jedes Diskrepanzfaktors für den betreffenden Menschen zu berücksichtigen und durch einen Quotienten auszudrücken, da jeder Faktor in verschiedenem

Masse auf die Befriedigung bei der Arbeit einwirkt. Locke (1969) ist jedoch der Ansicht, dass eine solche „Gewichtung" überflüssig sei, da die Diskrepanz-Skala dies bereits berücksichtigt, indem die grossen Diskrepanzen gewöhnlich nur bei wichtigen Angelegenheiten auftreten.

Die meisten Diskrepanztheorien ziehen die Möglichkeiten in Betracht, dass ein Mensch sich für überbezahlt betrachtet oder dass er mehr erhält als er wünscht. Die Theorien messen jedoch dem Punkt wenig Bedeutung bei, – was einige Probleme mit sich bringt. Es ist nicht klar, wie man diese Art von „Unzufriedenheit" mit der Unzufriedenheit bei Unterbezahlung vergleichen soll. Haben diese beiden Unzufriedenheiten denselben Ursprung und führen sie zu denselben Ergebnissen? Tragen sie beide zur Gesamt-Unzufriedenheit bei der Arbeit bei? Solche Fragen müssten die Diskrepanztheorien erst beantworten. Die Ausgleichstheorie – unser nächstes Thema – hat sich mit einigen dieser Fragen beschäftigt.

413 Die Ausgleichstheorie

Die Ausgleichstheorie (equity theory) ist hauptsächlich eine Motivationstheorie, aber sie hat einiges von Bedeutung über die Ursachen der Zufriedenheit/Unzufriedenheit zu sagen. Adams (1963, 1965) stellt in seiner Version der Ausgleichstheorie fest, dass die Befriedigung davon abhängt, wie ein Mensch das Gleichgewicht zwischen Leistung und Ergebnis (input-outcome) sieht: Die vom einzelnen wahrgenommene Belohnung wird vom Gleichgewicht zwischen Leistung und Ergebnis bestimmt, und dieses subjektiv gesehene Gleichgewicht bestimmt wiederum die Zufriedenheit. Zufriedenheit stellt sich ein, wenn subjektiv ein Gleichgewicht gesehen wird, und Unzufriedenheit stellt sich ein, wenn ein Ungleichgewicht gesehen wird. Befriedigung wird also durch das subjektiv empfundene Verhältnis zwischen dem Ergebnis der Arbeit und der Leistung bestimmt. Nach der Ausgleichstheorie kann sowohl Unterbezahlung wie Überbezahlung zur Unzufriedenheit führen, obwohl sich die Gefühle voneinander unterscheiden. Die Theorie betont, dass Überbezahlung ein Schuldgefühl hervorruft, während sich bei Unterbezahlung ein Gefühl der ungerechten Behandlung einstellt.

Die Ausgleichstheorie betont die Bedeutung der Leistungsergebnis-Balance anderer Menschen, wenn festgestellt werden soll, wie jemand die Angemessenheit seiner eigenen Leistungsergebnis-Balance beurteilen wird. Die Ausgleichstheorie behauptet, dass Menschen die Angemessenheit ihrer eigenen Balance durch einen Vergleich mit der anscheinenden Balance anderer beurteilen. Diese Betonung tritt gewöhnlich bei der Diskrepanztheorie und der Erfüllungstheorie nicht auf. Obwohl „die anderen" kurz erwähnt werden bei der Diskussion über die Gefühle, welche Menschen in bezug auf erwartete Ergebnisse entwickeln, so sagt doch die Diskrepanztheorie nicht ausdrücklich, dass diese Wahrnehmung auf der beobachteten Leistung und Belohnung anderer basiert. Hieraus ergibt sich ein Vorteil für die Ausgleichstheorie gegenüber der Diskrepanztheorie. Die Ausgleichstheorie besagt eindeutig, wie ein Mensch seine Leistungen und Ergebnisse beurteilt, um sich eine Vorstellung von der Angemessenheit seines Leistungsergebnis-Gleichgewichts zu machen. Die Diskrepanztheorie dagegen sagt nichts Genaues darüber aus, wie die Menschen entscheiden in bezug auf die Ergebnisse, die sie erwarten.

414 Die Zweifaktorentheorie

Die heutige Zweifaktorentheorie wurde ursprünglich in einem Buch von Herzberg, Mausner, Peterson und Capwell (1957) entwickelt. Die Autoren sagten, dass Arbeitsfaktoren danach eingeteilt werden können, ob sie hauptsächlich zur Befriedigung oder zur Unzufriedenheit beitragen. Zwei Jahre später veröffentlichten Herzberg, Mausner und Snyderman (1959) die Ergebnisse einer Untersuchung, welche ihrer Ansicht nach die Theorie bestätigte. Seit 1959 ist die Zweifaktorentheorie in vielen Untersuchungen getestet worden. Zwei Aspekte der Theorie sind einmalig, und hieraus erklärt sich, warum die Theorie soviel Aufmerksamkeit erregte. Erstens besagt die Zweifaktorentheorie, dass sich Befriedigung und Unzufriedenheit nicht auf *einer* laufenden Skala bewegen. Stattdessen bestehen zwei laufende Skalen: eine von befriedigt bis neutral, eine weitere von neutral bis unbefriedigt (siehe Abbildung 12). Zweitens hebt die Theorie hervor, dass verschiedene Aspekte der Arbeit das Gefühl der Befriedigung bzw. Unzufriedenheit beeinflussen. Abbildung 13 stellt die Ergebnisse

Abbildung 12: Zweifaktorentheorie: Laufende Skalen der Befriedigung.

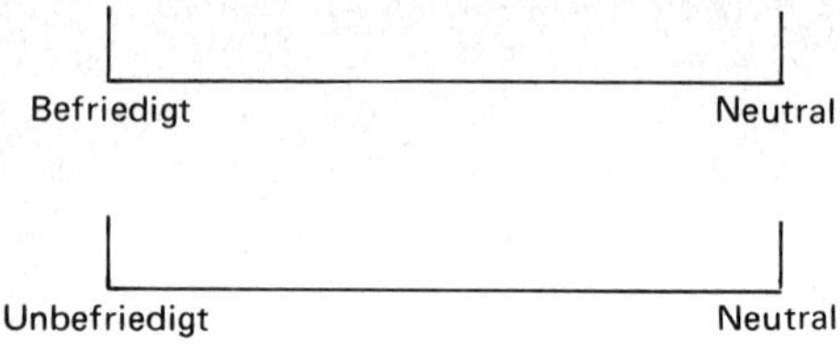

Abbildung 13: Vergleich zwischen befriedigenden und unbefriedigenden Faktoren. (Aus: Herzberg. The Motivation to Work, 1959)

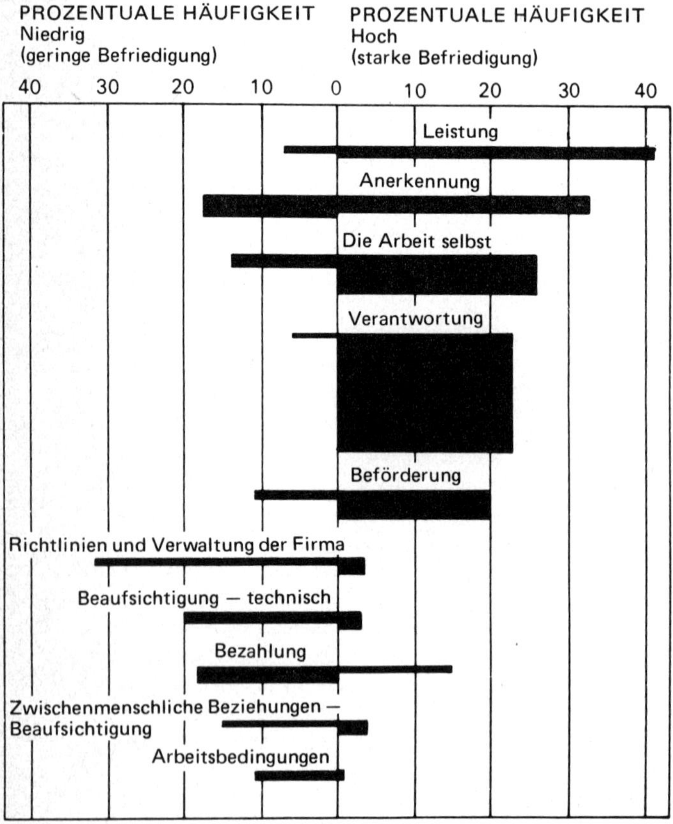

einer Studie von Herzberg und seinen Mitarbeitern dar die zeigen, dass Faktoren wie Anerkennung, Leistung, die Arbeit selbst und Verantwortung in Verbindung mit befriedigenden Erfahrungen erwähnt werden, während Arbeitsbedingungen, zwischenmenschliche Beziehungen, Beaufsichtigung und Richtlinien der Firma gewöhnlich in Verbindung mit unbefriedigenden Erfahrungen erwähnt werden. Die Abbildung zeigt die Häufigkeit, mit der jeder Faktor in Verbindung mit hohen (befriedigenden) und niedrigen (unbefriedigenden) Arbeitserfahrungen erwähnt wird. Wie man sieht, war Anerkennung von Leistung bei über 40 Prozent der befriedigenden Erfahrungen und bei weniger als 10 Prozent der unbefriedigenden Erfahrungen erwähnt.

Vielleicht der interessanteste Aspekt der Theorie von Herzberg ist, dass jemand zugleich sehr befriedigt und sehr unbefriedigt sein kann. Ausserdem deutet die Theorie an, dass Faktoren wie verbesserte Arbeitsbedingungen nicht die Befriedigung erhöhen oder verursachen können, – sie können lediglich den Grad der empfundenen Unzufriedenheit beeinflussen. Die Befriedigung kann nur dadurch erhöht werden, dass diejenigen Faktoren geändert werden, die in Abbildung 13 hauptsächlich zur Befriedigung beitragen.

Besondere Untersuchungen der Zweifaktorentheorie konnten deren Gültigkeit nicht eindeutig beweisen, jedoch erwies sich die Theorie auch nicht als völlig nutzlos. In vielen Fällen haben die Untersuchungen nur die Kontroverse über die Theorie weiter angefeuert. Im Rahmen dieses Buches können wir uns nicht mit allen diesen Untersuchungen beschäftigen. Jedoch können wir einige der Schlussfolgerungen betrachten, zu denen die Zweifaktorentheorie geführt hat. Vielleicht die negativste Zusammenfassung des Vorhandenen findet sich bei Dunnette, Campbell und Hakel (1967):

> „Es scheint, dass die Beweise nun ausreichen, um die Zweifaktorentheorie zu begraben, und wir hoffen, dass sie in Frieden ruhen wird. Wir halten dies für wichtig, damit sich die Forscher in Zukunft mit dem Studium aller Aspekte der menschlichen Motivation beschäftigen, anstatt die Motivforschung und organisatorische Entscheidungen auf der verführenden Einfachheit der Zweifaktorentheorie beruhen zu lassen" (S. 173).

Diese Ansicht ist von vielen Forschern als zu hart und zu negativ zurückgewiesen worden, und tatsächlich fährt man mit den Untersuchungen dieser Theorie seit der Veröffentlichung Dunnettes und seiner Mitarbeiter fort. Es haben sich jedoch ernste Zweifel im Hinblick auf die Stichhaltigkeit der Theorie eingestellt. Auch die Befürworter der Theorie geben zu, dass dieselben Faktoren Zufriedenheit und Unzufriedenheit verursachen können, und dass ein gegebener Faktor in einer Gruppe Zufriedenheit und in einer anderen Gruppe Unzufriedenheit bewirken kann. Andere Forscher haben darauf hingewiesen, dass sich die Beweise zugunsten der Theorie nur dann wiederholen lassen, wenn bestimmte enge Forschungsmethoden angewandt werden.

Die wichtigste unbeantwortete Frage in bezug auf die Zweifaktorentheorie ist, ob Befriedigung und die Unzufriedenheit wirklich zwei verschiedene Grössen sind. Der Beweis fehlt, was die Schwäche der Theorie ausmacht. Andrerseits gibt es auch nicht genügend Beweise zur Ablehnung der Theorie, obwohl einige Faktoren tatsächlich zu Befriedigung und Unzufriedenheit gleichzeitig beitragen, und obwohl ein gegebener Faktor in manchen Menschengruppen Befriedigung, in anderen Unzufriedenheit bewirkt. Diese Feststellungen lassen zwar einige Zweifel an der Theorie aufkommen, aber sie zerstören nicht das Wesentliche, dass nämlich Befriedigung und Unzufriedenheit tatsächlich getrennte Skalen haben.

Bezeichnenderweise hat man sich wenig mit dem Testen der Theorie in bezug auf Motivation und Leistung beschäftigt, obwohl man ausgiebig untersucht hat, welche Faktoren zur Befriedigung bzw. Unzufriedenheit beitragen. In der Studie von Herzberg und anderen (1959) berichtete eine Anzahl Ingenieure und Buchhalter, wie die verschiedenen Arbeitsfaktoren ihre Leistung beeinflussten. In Übereinstimmung mit der Theorie berichteten sie, dass das Vorhandensein befriedigender Faktoren die Leistung erhöhte, während unbefriedigende Faktoren die Leistung verringerten. Diese Ergebnisse liefern höchstens einen schwachen Beweis dafür, dass diese Arbeitsfaktoren die Leistung beeinflussen, wie die Theorie voraussagt. Es wurden nur Berichte über eigene Leistungen verwendet, und in vielen Fällen wurden vergangene Ereignisse zum Vergleich herangezogen. Obwohl die Beweise nicht schlüssig sind, deuten sie wenigstens die Art der Erfahrungen an, die zu einer starken Leistungsmotivation führen können. Leider haben Herzberg und seine Mitarbeiter keine theoretischen Begriffe entwickelt, um zu erklären, warum die

Arbeitsfaktoren die Leistung beeinflussen sollten. Ihre Theorie erklärt kaum, warum die Ergebnisse anziehend sind, und sie beschäftigt sich nicht mit der Bedeutung der Kombinationen, wenn sie die Anzahl der Verhaltensweisen ermittelt, die ein Mensch zum Erreichen eines erstrebten Ergebnisses wählen wird. Daher ist sie keine Theorie der Motivation, sondern eine Theorie, die sich hauptsächlich mit der Erklärung der Determinanten von Befriedigung und Unzufriedenheit bei der Arbeit beschäftigt.

415 Ausgleichstheorie und/oder Diskrepanztheorie

Die Ausgleichstheorie und die Diskrepanztheorie bieten die beiden stärksten theoretischen Erklärungen für die Befriedigung. Beide Theorien könnten als Grundlage bei der Untersuchung von Determinanten der Befriedigung benutzt werden. Glücklicherweise brauchen wir nicht zwischen den beiden Theorien zu wählen, da man ein Befriedigungsmodell konstruieren kann, das sich die Stärken beider Theorien zunutze macht. In diesem Kapitel werden wir versuchen, ein solches Modell zu bauen.

Die beiden Theorien haben vieles gemeinsam. Beide betonen die Bedeutung der von einem Menschen wahrgenommenen Ergebnisse und der Beziehung dieser Ergebnisse zu einer zweiten Wahrnehmung. Bei der Diskrepanztheorie besteht die zweite Wahrnehmung aus den erwarteten oder erstrebten Ergebnissen, und bei der Ausgleichstheorie beinhaltet die zweite Wahrnehmung, wie ein Mensch seine Leistung im Vergleich zu den Leistungen und Ergebnissen anderer empfindet.

Beide Theorien gebrauchen eindeutig sehr ähnliche Begriffe, wenn sie über die wahrgenommenen Leistungen einerseits und erwartete Ergebnisse andererseits sprechen. Die Vorstellung eines Menschen von den subjektiv erwarteten Ergebnissen wird teilweise durch die Vorstellung von seiner Leistung bestimmt.

Die Ausgleichstheorie weicht insofern von der Diskrepanztheorie ab, als sie die Bedeutung des Vergleichs mit anderen Menschen betont. Darin ist sie der Diskrepanztheorie überlegen, denn sie erklärt, was die Erwartungen eines Menschen bestimmt. Schliesslich ist noch zu sagen, dass die Diskrepanztheorie den Begriff des Unterschiedes gebraucht, während die Ausgleichstheorie von Ratio (Verhältnis) spricht. Beispielsweise würde die Ausgleichstheorie voraussagen, dass ein Mensch mit 16 Leistungseinheiten und 4 Ergebniseinheiten ebenso empfinde wie ein Mensch mit 8 Leistungseinheiten und 2 Ergebniseinheiten (Verhältnis 1 : 4). Obwohl die Diskrepanztheorie den Begriff der Leistung (input) nicht besonders hervorhebt, stimmt sie hier doch nicht mit der Ausgleichstheorie überein, wenn wir die Leistung als eine Determinante des (subjektiv) erwarteten Ergebnisses betrachten. Die Diskrepanztheorie würde sagen, dass jemand mit 16 Leistungseinheiten unzufriedener sei als jemand mit 8 Leistungseinheiten, da der Unterschied zwischen seiner Leistung und seinem Ergebnis grösser ist. In den beiden Theorien finden sich auch verschiedene Arten von Beziehungen zwischen Unzufriedenheit und der Vorstellung von der erwarteten Belohnung. Die Diskrepanztheorie würde ein lineares Verhältnis voraussagen, so dass, bei gleichbleibender Belohnung, eine höhere Vorstellung vom erwarteten Ergebnis einer proportionalen Erhöhung der Unzufriedenheit direkt entspräche. Die Ausgleichstheorie würde andererseits eine nicht lineare Beziehung voraussagen (Befriedigung = Erhaltenes : Erwartetes), so dass bei einem niedrigen Verhältnis eine weitere Erhöhung des Erwarteten wenig Einfluss auf die Befriedigung hätte.

Beim Bau unseres „Modells der Befriedigung" werden wir die Unterschiedstheorie und nicht die Verhältnistheorie benutzen. Dies ist einer der Entscheide, die wir bei der Vereinigung beider Theorien treffen müssen. Der Entschluss ist vom Standpunkt der Messung aus nicht besonders entscheidend, da die Methoden der Messung auf dem Gebiet der Psychologie ohnehin nicht präzis genug sind, um grosse Unterschiede zwischen den beiden Theorien hervortreten zu lassen. Hierfür bräuchte man Skalen mit geeichten Nullpunkten und gleichmässigen Abständen zwischen den Graden (wie beim Messen von Gewicht oder Grösse), und solche Skalen werden beim Messen von geistigem Verhalten nicht benutzt.

Sobald man entschieden hat, die Befriedigung als eine Sache des Unterschiedes oder Vergleichs zu betrachten, ergibt sich die Frage, welche Unterschiede in Betracht gezogen werden sollten. Allgemein wird angenommen, dass eines dieser Elemente die Vorstellung sein sollte, die ein Mensch von seinem tatsächlichen Ergebnis hat. Das zweite Element könnte aus ein oder zwei weiteren Vorstellungen bestehen: (1) was ein Mensch glaubt erhalten zu sollen, oder (2) was ein Mensch erhalten will. Wie wir bereits sahen, sind diese beiden Vorstellungen nahe miteinander verwandt. Es besteht jedoch ein Unterschied. Im allgemeinen scheint es besser, sich darauf zu konzentrieren, was ein Mensch erhalten zu müssen glaubt (und nicht darauf, was er erhalten will).

Wenn man sich die Befriedigung als den Unterschied zwischen dem Erhaltenen und dem Erwünschten vorstellt, kann ein Mensch kaum sinnvolle Feststellungen betreffend die Zufriedenheit mit seiner gegenwärtigen Arbeit machen. Durch solch einen Ansatz wird die Befriedigung teilweise aus dem Zusammenhang zwischen Arbeit und Situation entfernt. Die Frage: „Wieviel wollen Sie haben?" ist eine Variable des Ehrgeizniveaus, welches nicht so eng mit der Arbeitssituation zusammenhängt wie die Frage: „Wieviel sollte es sein?" Eine Antwort auf die erste Frage wäre mehr eine Feststellung persönlicher Ziele und weniger eine Feststellung einer der Situation angemessenen Vergütung. Forschungsdaten zeigen, dass Arbeitnehmer regelmässig höhere Antworten auf die Frage: „Wieviel wollen Sie haben?" geben als auf die Frage: „Wieviel sollte es sein?" (Wanous & Lawler, 1972). Antworten auf die zweite Frage scheinen eher entsprechend organisatorischen Faktoren wie z. B. dem Stellungsniveau zu variieren. Beim Studium der Gefühle von Menschen betreffend ihre Arbeit scheint es daher logisch, sich vor allem zu fragen, was die Arbeitnehmer für ihre Arbeit erhalten zu sollen glauben. Diese Vorstellung würde vermutlich stark von den organisatorischen Praktiken abhängen, weswegen man sie zum besseren Verständnis des Verhaltens und der Einstellung der Arbeitnehmer studieren sollte.

42 Ein Modell der Aspekt-Befriedigung

Abbildung 14 stellt ein Modell der Determinanten der Aspektbefriedigung dar. Das Modell soll das Verständnis der Faktoren erleichtern, welche die Zufriedenheit eines Menschen mit allen Aspekten seiner Arbeit bestimmen. Dabei wird angenommen, dass die Befriedigung bei allen Aspekten der Arbeit durch dieselben psychologischen Vorgänge bewirkt wird, – von der Bezahlung über die Beaufsichtigung zur Zufriedenheit mit der Arbeit selbst.

Das Modell auf Abbildung 14 ist insofern ein Diskrepanzmodell, als es die Befriedigung als den Unterschied zwischen „a" (was ein

Abbildung 14: Modell der Determinanten der Befriedigung

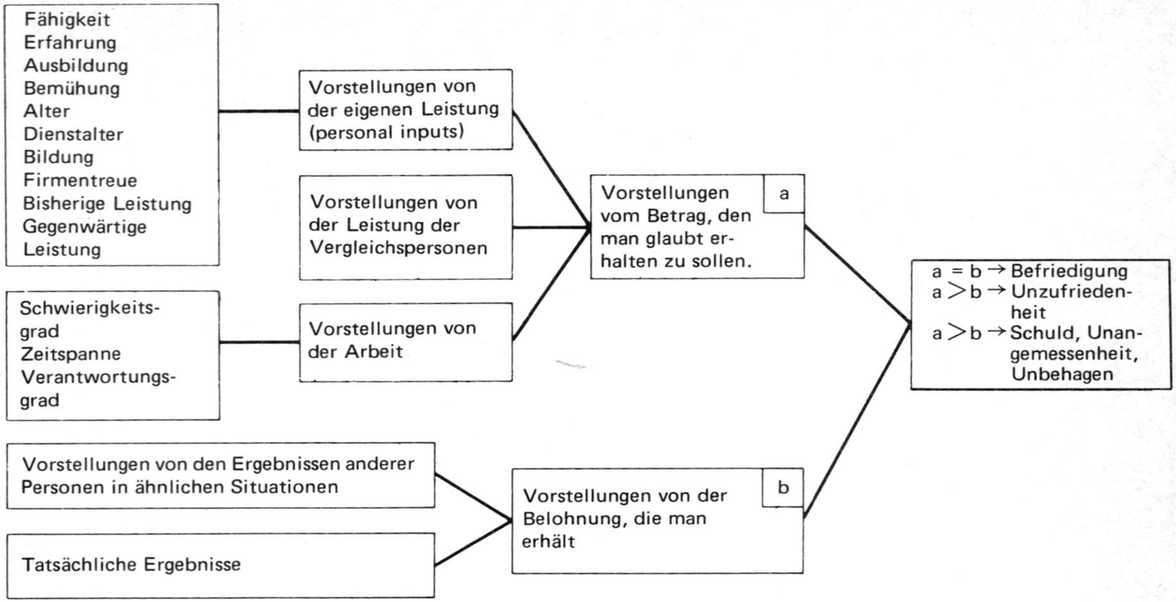

Mensch erhalten zu sollen glaubt) und „b" (was er tatsächlich zu erhalten glaubt) darstellt. Das Modell deutet an, dass der Mensch zufrieden sein wird, wenn seine Vorstellung vom erhaltenen Ergebnis mit seiner Vorstellung von einem angemessenen Ergebnis übereinstimmt. Wenn er sieht, dass seine Ergebnisse unter die Ebene des von ihm als angemessen Empfundenen sinken, wird er unbefriedigt sein. Wenn jedoch sein Ergebnis die Ebene des Angemessenen übersteigt, so stellen sich Gefühle der Schuld und des Unbehagens ein (Adams, 1965). Bei jedem Arbeitsfaktor kann also angenommen werden, dass die Zufriedenheit mit dem Faktor durch den Unterschied zwischen der tatsächlichen und der erwarteten Grösse des Faktors bestimmt wird.

Die gegenwärtige Ergebnisebene hat sich als der Haupteinfluss auf die Vorstellung eines Menschen davon erwiesen, was er als Belohnung erhält, aber seine Vorstellung wird auch vom Vergleich mit „vergleichbaren anderen" beeinflusst. Je höher die Ergebnisebene der anderen, desto niedriger wird die eigene Ergebnisebene empfunden werden. Die subjektive Vorstellung eines Menschen vom „Quantum", welches er von einem Faktor erhält, wird daher nicht nur vom objektiven Betrag der Belohnung bestimmt. Wegen dieses psychologischen Einflusses kann derselbe Betrag von zwei Menschen ganz verschieden gesehen werden; dem einen mag der Betrag gross erscheinen, dem andern klein.

Das Modell in Abbildung 14 zeigt auch, dass die Vorstellung eines Menschen von einer angemessenen Belohnungsebene von vielen Faktoren beeinflusst wird. Der wichtigste Einfluss ist vielleicht die wahrgenommene Leistung (job inputs). Diese „Inputs" bestehen aus den Fähigkeiten und der Ausbildung, die ein Mensch zur Arbeit mitbringt, und aus seinem Verhalten in bezug auf die Arbeit. Je grösser er sich seine Inputs vorstellt, desto höher wird seine Vorstellung von den Ergebnissen sein, die er erhalten sollte. Aufgrund dieser Beziehung müssen Menschen mit hohen Inputs auch höhere Belohnungen erhalten, da sie sonst unzufrieden werden. Das Modell zeigt ferner, dass die Vorstellung, die jemand von einem angemessenen Ergebnis hat, von seiner Vorstellung von den Arbeitsansprüchen beeinflusst wird. Je grössere Ansprüche die Arbeit stellt, desto höhere Ergebnisse werden erwartet. Zu den Arbeitsansprüchen gehören Schwierigkeitsgrad, Verantwortung, organisatorische Ebene usw. Wenn die Ergebnisse sich nicht mit diesen Faktoren erhöhen, so werden, wie das Modell eindeutig voraussagt, diejenigen Arbeitnehmer am unzufriedensten sein, die ihrer Ansicht nach die schwierigere und höhergestellte Arbeit haben.

Das Modell zeigt, dass die Vorstellung eines Menschen von den für ihn angemessenen Ergebnissen davon beeinflusst wird, wie er sich seine Leistungen und Ergebnisse im Vergleich zu denen anderer vorstellt. Dieser Gesichtspunkt des Modells ist direkt der Ausgleichstheorie entnommen und wird hier mit eingeschlossenen, um zu betonen, dass Arbeitnehmer die Leistungen und Ergebnisse anderer betrachten um festzustellen, wie hoch die eigene Ergebnisebene sein sollte. Wenn jemand feststellt, dass er soviel leistet wie ein anderer, dass aber der andere ein viel höheres Ergebnis erhält, so wird er glauben, mehr verdient zu haben, und er wird daher unzufrieden sein.

Das Modell berücksichtigt die Möglichkeit, dass Menschen ihre Ergebnisse für höher als angemessen halten. Die in solchen Situationen erzeugten Gefühle unterscheiden sich wesentlich von denen, die bei Unterbezahlung eintreten. Wegen dieses Unterschieds sollte man einen Menschen, der sich überbezahlt fühlt, nicht als unbefriedigt bezeichnen. Es gibt viele Beweise dafür, dass sehr wenige Menschen sich für überbelohnt halten, was durch das Modell erklärt werden kann. Auch wenn Menschen eine hohe Belohnung erhalten, können sie sich gewöhnlich mit einem anderen Menschen vergleichen, der ebenso hoch belohnt wird. Ausserdem neigen Menschen dazu, ihre eigenen Leistungen viel höher zu bewerten als sie von anderen bewertet werden (Lawler 1967). Aufgrund dieser Diskrepanz wird die Vorstellung eines Menschen von der Angemessenheit der Ergebnisse oft nicht von denen geteilt, die die Ergebnisse bestimmen, da die Vorstellung des ersteren gewöhnlich zu hoch liegt. Schliesslich kann ein Mensch auch leicht die Vorstellung von seiner Leistung erhöhen, um dadurch eine hohe Belohnungsebene zu rechtfertigen.

Zusammenfassend können wir kurz feststellen, welche Arbeitnehmer – entsprechend dem Modell – unzufrieden sein sollten (bei gleichbleibenden anderen Faktoren):

1. Menschen, die ihre Leistungen hoch einschätzen, sind mit einem Umstand eher unzufrieden als solche, die ihre Leistungen niedrig einschätzen.

2. Menschen, die ihre Arbeit für anspruchsvoll halten, sind mit einem Umstand eher unzufrieden als solche, die ihre Arbeit nicht für anspruchsvoll halten.
3. Menschen die glauben, dass andere ein günstigeres Gleichgewicht zwischen Leistung und Ergebnis haben, sind mit einem Umstand eher unzufrieden als solche, die sich ihr eigenes Gleichgewicht ähnlich oder besser vorstellen.
4. Menschen, die eine niedrige Ergebnisebene erreichen, werden unzufriedener sein als solche, die eine hohe Ergebnisebene erreichen.
5. Je mehr ein Mensch glaubt, dass vergleichbare andere Menschen höhere Ergebnisse erhalten, desto unzufriedener wird er mit seinem eigenen Ergebnis sein. Dies sollte besonders dann der Fall sein, wenn die anderen scheinbar eine ähnliche oder weniger anspruchsvolle Arbeit haben.

43 Gesamtbefriedigung bei der Arbeit

Die meisten Theorien der Arbeitsbefriedigung besagen, dass die Befriedigung bei der Arbeit als Ganzes durch eine Kombination aller Einzelbefriedigungen bestimmt wird. Dies könnte man im Modell der Einzelbefriedigungen auf Abbildung 14 als eine einfache Summe ausdrücken oder als einen Durchschnitt aller a-b Diskrepanzen. Daher wird die Gesamtbefriedigung durch den Unterschied zwischen den Dingen, die jemand erhalten zu sollen glaubt und den Dingen, die er wirklich erhält, bestimmt.
Es besteht ein starkes theoretisches Argument dafür, dass man die Befriedigungsfaktoren gemäss ihrer Bedeutung gewichtet. Einige Faktoren tragen mehr zur Gesamtbefriedigung bei als andere. Die Zufriedenheit mit der Bezahlung, mit der Arbeit selbst und mit der Beaufsichtigung scheint die Gesamtbefriedigung bei den meisten Menschen besonders stark zu beeinflussen. Auch betrachten die Arbeitnehmer selbst diese Faktoren als wichtig. Es besteht also eine Verbindung zwischen der Vorstellung, die ein Arbeitnehmer von den Arbeitsfaktoren hat und dem Grad, in dem die einzelnen Faktoren die Gesamtbefriedigung beeinflussen (Vroom, 1964). Man kann daher annehmen, dass der Befriedigungsgrad jedes einzelnen Faktors die Gesamtbefriedigung bei der Arbeit beeinflusst. Man kann diese Beziehung beispielsweise dadurch aus-

drücken, dass man die Gesamtbefriedigung definiert als = Σ (Einzelbefriedigung X Gewicht der Einzelbefriedigung). Wie jedoch bereits hervorgehoben, ist eine tatsächliche Messung der Bedeutung und die Multiplikation mit einem Quotienten selten nötig, da die Kategorien der Befriedigung die Wichtigkeit schon in Betracht ziehen. (Die wichtigsten Faktoren werden gewöhnlich als sehr befriedigend oder sehr unbefriedigend bewertet, so dass sie den grössten Einfluss auf die Gesamtsumme haben.) Auf der begrifflichen Ebene sollte man jedoch im Auge behalten, dass die Einzelbefriedigungen verschieden stark zum Gefühl der Gesamtbefriedigung bei der Arbeit beitragen.

Eine Reihe von Studien haben versucht zu bestimmen, wieviele Arbeiter tatsächlich mit ihrer Arbeit zufrieden sind. Unser Modell macht hierüber keine Aussagen. Das Modell zeigt einfach die Umstände auf, die in Menschen die Gefühle der Befriedigung oder Unzufriedenheit hervorrufen. Es überrascht nicht, dass die Studien in ihren Ergebnissen nicht miteinander übereinstimmen. Einige geben den Prozentsatz der unbefriedigten Arbeiter mit 13 Prozent an, während andere bis zu 80 Prozent feststellen. Die meisten Ergebnisse liegen zwischen 13 und 25 Prozent. Herzberg und seine Mitarbeiter (1957) fassten die Ergebnisse der zwischen 1946 und 1953 unternommenen Studien zusammen. Die Zahlen in ihrem Bericht zeigen einen jährlichen prozentualen Zuwachs der mit ihrer Arbeit zufriedenen Menschen (siehe Abbildung 15).

Abbildung 15: Durchschnittlicher Prozentsatz von Personen, die mit ihrer Arbeit nicht zufrieden waren, nach Berichten der Jahre 1946 bis 1953. (Aus: Herzberg et al., Job Attitudes: Review of Research and Opinion, 1957).

Jahr	Durchschnitt unbefriedigter Arbeiter in %
1953	13
1952	15
1951	18
1950	19
1949	19
1948	19
1946–1947	21

Abbildung 16 stellt den Trend der Befriedigungsdaten für die Jahre 1948 bis 1971 dar. Auch diese Daten zeigen einen Gesamtzuwachs in der Anzahl der befriedigten Arbeiter. Diese Tatsache ist von Interesse, da in letzter Zeit oft angenommen worden ist, die Befriedigung nehme ab. Jedoch kann man wegen den Mess-Schwierigkeiten nicht eindeutig folgern, dass die Zahl der unbefriedigten Arbeiter wirklich abgenommen hat.

Abbildung 16: Prozentsatz der „befriedigten" Arbeiter, 1948–1971. (Aus: Quinn, Staines & McCullough, 1973.) Die Kategorien „Ich weiss nicht" und „Ich bin nicht sicher" wurden bei der Prozentrechnung weggelassen.

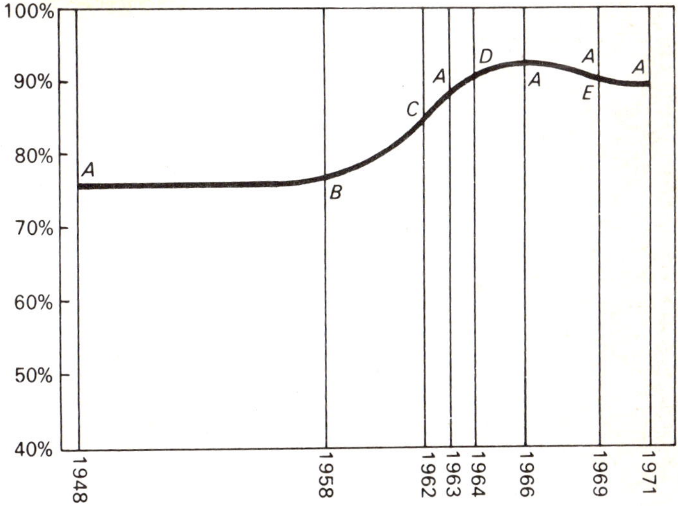

Quellen: A = Gallup, oder Gallup von Roper zitiert;
B = Survey Research Center (Michigan);
C = NORC
D = Survey Research Center (Berkeley);
E = 1969–1970 Survey of Working Conditions.

Es ist schwierig, aus diesen Daten sinnvolle Schlüsse zu ziehen, da unterschiedliche Fragen sehr unterschiedliche Ergebnisse bewirken. In einigen Studien wurden beispielsweise die Arbeiter nicht direkt gefragt: „Wie befriedigt sind Sie? ", sondern: „Wenn

Sie nochmals am Anfang stünden, würden Sie dann dieselbe Arbeit wählen? " Die letztere Frage bringt einen viel höheren Prozentsatz von unbefriedigten Arbeitern als die einfache Frage „Wie befriedigt sind Sie? ". Ein Bericht besagt, dass sich 54 Prozent der Arbeiter als so unbefriedigt bezeichneten, dass sie dieselbe Arbeit nicht wiedergewählt hätten. Auf der anderen Seite ergibt die einfache Frage: „Wie befriedigt sind Sie? " zwischen 13 und 25 Prozent unbefriedigte Arbeiter. Man findet jedoch auch hier je nach der Fragestellung im einzelnen einige grosse Unterschiede.

Wenn einfach gefragt wird: „Sind Sie zufrieden, Ja oder Nein? ", dann ist die Zahl der Zufriedenen gross. Wenn die Frage dahingehend abgeändert wird, dass die Befragten Ja, Nein oder Unentschieden (oder Zufrieden, Unzufrieden oder Neutral), antworten können, dann vermindert sich die Zahl der Zufriedenen.

Wegen der methodischen Komplikationen ist es schwer, Schlüsse auf die Zahl der Arbeiter zu ziehen, die mit ihrer Arbeit oder einem Aspekt derselben zufrieden oder unzufrieden sind. Dieses Hindernis bedeutet jedoch nicht, dass sinnvolle Forschung auf diesem Gebiet unmöglich ist. Im Gegenteil sind interessante und wichtige Untersuchungen gemacht worden, und auch in der Zukunft können die Determinanten der Arbeitsbefriedigung untersucht werden. Beispielsweise kann das Verhältnis zwischen persönlichen Leistungsfaktoren (wie Bildungsgrad, Geschlecht, Alter und Dienstalter) und Zufriedenheit mit der Arbeit (oder mit Aspekten der Arbeit) dadurch ermittelt werden, dass man einfach die Menschen, die sich als befriedigt bezeichnen, mit denen vergleicht, die sich als unbefriedigt bezeichnen. Es wird sich dann herausstellen, ob sich die beiden Gruppen im Prinzip unterscheiden. Die Anzahl der Menschen, die sich als zufrieden bezeichnen, ist hierbei nicht entscheidend. Wichtig ist jedoch, dass wir zwischen denjenigen unterscheiden, die mehr zur Zufriedenheit neigen und denjenigen, die mehr zur Unzufriedenheit neigen. Die Unterscheidung kann mit vielen der bekannten Instrumente zur Messung der Zufriedenheit vorgenommen werden, wie mit dem „Job Description Index" (Smith, Kendall & Hulin, 1969) und dem Instrument der Bedürfnisbefriedigung von Porter (1961).

Eine Reihe von Studien haben versucht, den Grad der Unzufriedenheit (bei Arbeitnehmern) zu ermitteln, der bei verschiedenen Aspekten der Arbeit auftritt. Obwohl sich dabei interessante

Resultate ergaben, treten doch bei diesen Arbeiten ernste methodische Probleme auf. Wie bei der Untersuchung der Gesamtbefriedigung, werden auch hier die Antworten der Befragten durch die Formulierung der Fragen und die angewandten Skalen beeinflusst. Eine Frage über die Zufriedenheit mit der Bezahlung kann beispielsweise so gestellt werden, dass wenige der Befragten Unzufriedenheit ausdrücken, während eine Frage über Sicherheit so gestellt werden kann, dass viele Befragte sich als unzufrieden bezeichnen. In dieser Situation kann ein Vergleich zwischen dem Prozentsatz der mit der Bezahlung Unzufriedenen und dem Prozentsatz der mit der Sicherheit Unzufriedenen zu sehr irreführenden Schlüssen führen. Dieses Problem besteht immer, auch wenn die verschiedenen Elemente noch so sorgfältig formuliert werden, da man sie nicht in bezug auf alle Faktoren gleichausgewogen formulieren kann.

Trotz der methodischen Probleme sind die Daten über die relativen Befriedigungsebenen bei verschiedenen Arbeitsfaktoren von Interesse. Diese Daten zeigen, dass die vorher als primär erwähnten Faktoren – nämlich Bezahlung, Beförderung, Sicherheit (des Arbeitsplatzes), Führung und die Arbeit selbst – in diesen Untersuchungen als die Hauptquellen der Unzufriedenheit hervortreten. Porter (1961) formulierte eine Liste aufgrund von Maslows Bedürfnispyramide, um die Befriedigung zu messen. Mit der Liste sammelte er dann Daten von verschiedenen Managern. Die Ergebnisse seiner Studie zeigen (siehe Abbildung 17), dass eine grössere Anzahl Manager wegen den auf der Liste „höher gestellten" Bedürfnissen unbefriedigt sind.

Die Ergebnisse zeigen auch, dass viele Manager mit der Bezahlung und der Kommunikation im Betrieb unzufrieden sind und dass Manager der mittleren Ebene im Durchschnitt auf allen Gebieten zufriedener sind als die der unteren Ebenen.

Porters Daten zeigen auch, dass die Manager die Gebiete der Unzufriedenheit als die wichtigsten Gebiete empfinden. Es ist nicht ganz klar, ob die Unzufriedenheit die Wichtigkeit verursacht oder umgekehrt. Die oben erwähnten Untersuchungen deuten an, dass die primäre kausale Richtung von der Unzufriedenheit ausgeht und auf die Wichtigkeit einwirkt, obwohl zweifellos auch ein wechselseitiger Einfluss besteht. Man sollte keineswegs vergessen, dass die Arbeitnehmer variierende Ebenen der Befriedigung bei verschiedenen Aspekten der Arbeit angeben – und dass die Faktoren, die oft Quellen der Unzufriedenheit sind, auch von hoher Wichtigkeit sind und die Gesamtzufriedenheit mit der Arbeit am stärksten beeinflussen.

Abbildung 17: Unterschiede zwischen Managementebenen. Prozentsatz der Befragten, die eine ungenügende Bedürfnisbefriedigung empfanden (Nach Porter, 1961).

Punkte auf dem Fragebogen	% Unteres Management (N = 64)	% Mittleres Management (N = 75)	% Unterschied
Bedürfnis nach Sicherheit	42,2	26,7	15,5
Soziale Bedürfnisse	35,2	32,0	3,2
Bedürfnis nach Ansehen	55,2	35,6	19,6
Bedürfnis nach Selbständigkeit	60,2	47,7	12,5
Bedürfnis nach Selbstverwirklichung	59,9	53,3	6,6
Bezahlung	79,7	80,0	-0,3
Kommunikation	78,1	61,3	16,8

Eine Studie von Gove und Kerr (1951) illustriert auch, wie stark sich die organisatorischen Bedingungen auf die Einzelbefriedigungen auswirken können. Grove und Kerr ermittelten die Befriedigung der Arbeitnehmer in zwei Fabriken, in denen normale Bedingungen vorherrschten, und fanden, dass 88 Prozent der Arbeiter mit der Sicherheit ihres Arbeitsplatzes zufrieden waren. Dies deutete an, dass der Faktor Sicherheit sehr wenig zur Unzufriedenheit in diesen Fabriken beitrug. In einer anderen Fabrik, in der kürzlich Arbeiter entlassen worden waren, bezeichneten sich nur 17 Prozent der Arbeiter als zufrieden mit der Sicherheit, – der Faktor Sicherheit trug also hier stark zur Unzufriedenheit bei.

44 Determinanten der Befriedigung

Untersuchungen über die Determinanten der Befriedigung haben sich hauptsächlich mit zwei Beziehungen beschäftigt: (1) mit der Beziehung zwischen Befriedigung und den Eigenschaften der Arbeit, und (2) mit der Beziehung zwischen der Befriedigung und den Eigenschaften der Person. Es überrascht nicht, dass sich hierbei die Befriedigung als eine Funktion von Person und Bedingungen erwies. Diese Ergebnisse stimmen mit unserer Denkweise in bezug auf Befriedigung überein, da unser Modell (in Abbildung 14) andeutet, dass die persönlichen Faktoren die Vorstellung des einzelnen von einer angemessenen Belohnung beeinflussen, und dass auch die Arbeitsbedingungen diese Vorstellung und die Vorstellung von der tatsächlich erhaltenen Belohnung beeinflussen. In den Kapiteln 6, 7 und 8 werden wir die Beweise behandeln, die zeigen, wie sich bestimmte Arbeitsfaktoren auf die Einzelbefriedigung und auf die Gesamtbefriedigung auswirken. Diese Kapitel beschreiben in allen Einzelheiten, welche Einflüsse die Befriedigung mit vier Arbeitsfaktoren bestimmen – mit der Beförderung, der Bezahlung, mit zwischenmenschlichen Beziehungen und mit der Arbeit selbst. Ausserdem zeigen die Kapitel, dass Organisationen die Befriedigung der Arbeitnehmer auf diesen vier Gebieten beträchtlich beeinflussen können.

Es bestehen viele Daten über die Auswirkung der persönlichen Leistungsfaktoren auf die Befriedigung; wir werden kurz darauf eingehen. Die Untersuchungen zeigen eindeutig, dass die persönlichen Faktoren eine Wirkung auf die Arbeitsbefriedigung ausüben, hauptsächlich deswegen, weil sie die Vorstellungen hinsichtlich angemessener Ergebnisse beeinflussen. Wie bereits im Befriedigungsmodell der Abbildung 14 vorausgesagt, ist die Vorstellung eines Menschen in bezug auf angemessene Belohnung hoch, wenn er eine hohe Vorstellung von seiner Leistung (Bildung, Fähigkeit, Arbeitsergebnis, usw.) hat. Ein Mensch, der viel zu leisten glaubt, wird mit seiner Arbeit und Belohnung unzufrieden sein, wenn die Belohnung nicht erhöht wird. Solche direkten Beziehungen zwischen Leistung und Befriedigung scheinen bei allen Faktoren der persönlichen Leistung zu bestehen, ausser bei Alter und Dienstalter. Ergebnisse von Untersuchungen über das Alter und das Dienstalter deuten unterschiedliche Beziehungen insofern an, als die Zufriedenheit bei jungen und alten Arbeitern hoch sein kann, während sie bei der dazwischenliegenden Altersgruppe niedrig ist, – oder insofern, als die Zufriedenheit mit zunehmendem Alter und Dienstalter zunehmen kann. Die letztgenannte Tendenz ergibt sich anscheinend aus der selektiven Auswahl nach mehrfachem Personalwechsel im Laufe der Jahre und aus der Entwicklung realistischer Erwartungen.

45 Folgen der Unzufriedenheit

Ursprünglich interessierte man sich für die Zufriedenheit mit der Arbeit hauptsächlich deswegen, weil man annahm, dass die Arbeitsbefriedigung die Arbeitsleistung beeinflusse. Insbesondere glaubten Psychologen, dass hohe Arbeitsbefriedigung zu hoher Leistung führe. Diese Ansicht wird heute nicht mehr anerkannt, und die meisten Psychologen glauben, dass sich die Zufriedenheit auf Personalwechsel und Abwesenheit auswirkt, jedoch nicht auf die Leistung. Bevor wir auf die Beziehung zwischen Zufriedenheit, Personalwechsel und Abwesenheit näher eingehen, möchten wir die Literatur über Befriedigung und Leistung besprechen.

451 Leistung (job performance)

Zwischen 1950 und 1960 zeigten zwei Überblicke über die Literatur, dass in den meisten Studien nur ein geringer Zusammenhang zwischen Befriedigung und Leistung gefunden wurde. Eine spätere Übersicht von Vroom (1964) zeigte auch, dass sich in den Untersuchungen keine engen Beziehungen zwischen Befriedigung und Leistung fanden. Im Gegenteil wurde die Beziehung meist als sehr locker bezeichnet.

Die besseren Arbeiter schienen also nicht viel zufriedener zu sein als die Arbeiter, die weniger leisteten. Viele Untersuchungen der letzten Zeit deuten an, dass die lockere Beziehung wahrscheinlich darauf zurückzuführen ist, dass die bessere Leistung indirekt befriedigt, und nicht umgekehrt. Lawler und Porter (1967) erklärten diese Ansicht wie folgt:

> „Wenn wir annehmen, dass die Belohnungen Befriedigung erzeugen, und dass in einigen Fällen die Leistung Ergebnisse hervorbringt, dann kann die Beziehung zwischen Befriedigung und Leistung durch Einwirken einer dritten Variable zustandekommen: durch Belohnungen. Kurz gesagt kann gute Leistung zu Belohnungen führen, welche wiederum zu Befriedigung führen. Diese Formulierung würde dann besagen, dass die Befriedigung durch Leistung entsteht, und nicht umgekehrt, wie früher angenommen wurde."

Abbildung 18 zeigt, dass die Leistung zu Belohnungen führt, und sie unterscheidet zwischen zwei Arten von Belohnungen und

Abbildung 18: Modell der Beziehung zwischen Leistung und Befriedigung. (Aus: E. E. Lawler and L. W. Porter, The effect of performance on job satisfaction. Industrial Relations, 1967, 7, 20–28.)

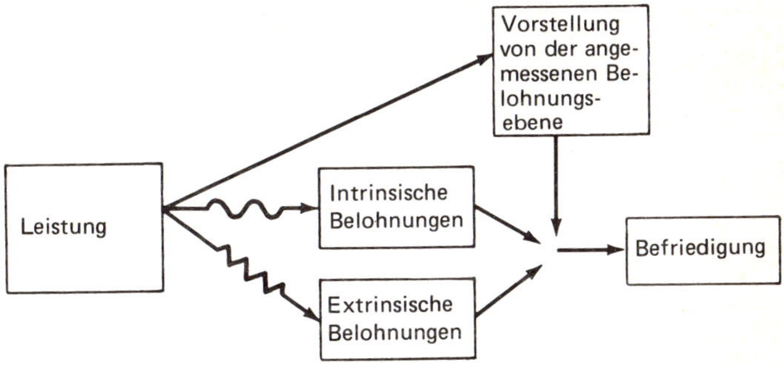

deren Verbindung mit der Leistung. Eine wellenförmige Linie zwischen Leistung und extrinsischen Belohnungen deutet an, dass solche Belohnungen gewöhnlich nur locker mit der Leistung verbunden sind. Unter extrinsischen Belohnungen werden organisatorisch kontrollierte Belohnungen wie Bezahlung, Beförderung, Status und Sicherheit verstanden – Belohnungen, von denen oft gesagt wird, dass sie hauptsächlich die Bedürfnisse der unteren Ebenen befriedigen. Die Verbindung ist relativ schwach, weil die extrinsischen Belohnungen nicht leicht mit der Leistung direkt verbunden werden können. Die Organisation mag prinzipiell ein Verdienst belohnen –, die Leistung kann doch schwer gemessen werden, und beim Festsetzen von Belohnungen (wie Bezahlung) werden oft viele andere Faktoren in Betracht gezogen.
Für die intrinsischen Belohnungen trifft jedoch gewöhnlich das Gegenteil zu, da sie der Arbeitnehmer von sich selbst für gute Leistung erhält. Intrinsisch oder intern erzeugte Belohnungen sind weniger störenden Einflüssen ausgesetzt und sind daher gewöhnlich unmittelbarer mit guter Leistung verbunden. Diese Verbindung ist im Modell mit einer halb wellenförmigen Linie angedeutet. Wahrscheinlich das beste Beispiel einer intrinsischen Belohnung ist das Gefühl, etwas Sinnvolles erreicht zu haben. Aber auch alle Belohnungen, die die Bedürfnisse der Selbstverwirkli-

chung und andere höhere Bedürfnisse befriedigen, sind gute Beispiele für intrinsische Belohnungen (S. 23–24). *

Abbildung 18 zeigt, dass intrinsische und extrinsische Belohnungen nicht direkt mit der Arbeitsbefriedigung verbunden sind, da die Beziehung durch Vorstellungen von angemessenen Belohnungen (was Menschen erhalten zu sollen glauben) beeinflusst wird. Das Modell in Abbildung 18 ähnelt dem in Abbildung 14, da beide Modelle zeigen, dass die Befriedigung von tatsächlich erhaltenen und von als angemessen betrachteten Belohnungen abhängt.

Aufgrund der unvollkommenen Beziehung zwischen Leistung und Belohnungen und aufgrund der Wichtigkeit der als angemessen betrachteten Belohnungen sollte in den meisten Situationen eine geringe aber eindeutige Beziehung zwischen Arbeitsbefriedigung und Leistung bestehen. Es kann jedoch auch in einigen Situationen eine enge Beziehung, in anderen eine negative Beziehung bestehen. Eine negative Beziehung würde man dort erwarten, wo die Belohnungen entweder gar nicht oder negativ mit der Leistung verbunden sind.

Um die produktiven und die weniger produktiven Arbeiter gleichermassen zu befriedigen, müssen die produktiven Arbeiter besser belohnt werden. Wie wir schon sagten, erklärt sich dies daraus, dass die Vorstellung, die ein Mensch von einer angemessenen Belohnung hat, von seiner Leistungsebene beeinflusst ist. Wenn Belohnungen also nicht auf Leistung basieren, wenn die wenig produktiven Arbeiter gleichviel oder mehr als die produktiven Arbeiter erhalten, dann werden die produktivsten Arbeiter am wenigsten zufrieden sein, und es wird sich eine negative Beziehung zwischen Befriedigung und Leistung ergeben. Wenn andererseits die produktivsten Arbeiter beträchtlich höhere Belohnungen erhalten, ergibt sich eine positive Beziehung zwischen Befriedigung und Leistung. Wenn man annimmt, dass die meisten Organisationen beim Verbinden von Belohnung und Leistung teilweise erfolgreich sind, so folgt daraus, dass die meisten Untersuchungen eine niedrige aber positive Beziehung zwischen Leistung und Befriedigung feststellen sollten. Unter anderem fand auch die Studie von Lawler und Porter (1967) diese Beziehung

* E. E. Lawler and L. W. Porter, The effect of performance on job satisfaction. Industrial Relations, 1967, 7, 20–28.

vor. Die Studie ergab ferner, dass die intrinsische Bedürfnisbefriedigung enger mit der Leistung verbunden war als die extrinsische Bedürfnisbefriedigung, was bereits vorausgesagt worden war.
Rückblickend kann man schwerlich verstehen, warum die Vorstellung „hohe Befriedigung bewirkt hohe Leistung" so allgemein akzeptiert wurde. In der Literatur über Motivation findet sich nichts, was diese Kausalbeziehung andeutet. Im Gegenteil widerspricht eine solche Beziehung den Begriffen, die in der Antriebstheorie und der Erwartungstheorie entwickelt wurden. Diese Theorien würden vielleicht sogar voraussagen, dass eine hohe Befriedigung die Motivation verringern könnte, da hierdurch andere antreibende Belohnungen weniger wichtig erscheinen können. Es ist sicher logischer anzunehmen, dass die Leistung von den Bemühungen bestimmt wird, erstrebte Ziele und Ergebnisse zu erreichen, und dass die Befriedigung durch die tatsächlich erreichten Ergebnisse bestimmt wird. Aber aus irgendwelchen Gründen glaubten viele Leute, und manche tun es heute noch, dass Befriedigung die Leistung erhöht.

452 Personalwechsel

Die Beziehung zwischen Befriedigung und Personalwechsel ist oft untersucht worden. In den meisten Studien wurde die Arbeitsbefriedigung einer Anzahl von Arbeitnehmern gemessen und dann festgestellt, welche Arbeitnehmer während einer bestimmten Periode (gewöhnlich ein Jahr) die Organisation verliessen. Danach verglich man den Grad der Befriedigung derer, die gingen, mit der Befriedigung derer, die blieben. Obwohl das ermittelte Verhältnis nicht immer sehr deutlich war, hat sich doch stets herausgestellt, dass unbefriedigte Arbeiter mehr zur Kündigung neigen als befriedigte. Man kann also aufgrund des Befriedigungsgrades die Häufigkeit des Personalwechsels voraussagen.
Eine Studie von Ross und Zander (1957) kann aufzeigen, wie dieses Verhältnis untersucht wurde. Ross und Zander ermittelten die Arbeitsbefriedigung von 2680 weiblichen Arbeitnehmern einer grossen Firma. Vier Monate später ergab sich, dass 169 die Firma verlassen hatten. Bei ihnen fand sich eine beträchtliche Unzufriedenheit mit der Anerkennung ihrer Leistung, mit dem

eigenen Gefühl des Erfolgs, und mit dem Grad der Selbständigkeit bei der Arbeit.
Der Hauptgrund, warum keine engere Beziehung zwischen Personalwechsel und Befriedigung besteht, liegt wahrscheinlich darin, dass der Personalwechsel sehr stark vom Arbeitsangebot in anderen Organisationen abhängt. Auch wenn jemand sehr unzufrieden mit seiner Arbeit ist, wird er gewöhnlich seine Stelle behalten wollen, wenn keine besseren Stellungen in Aussicht sind. Hieraus würde sich ergeben, dass in Zeiten wirtschaftlicher Hochkonjunktur der Personalwechsel ansteigen sollte (enges Verhältnis zwischen Personalwechsel und Befriedigung), während in wirtschaftlich schwierigen Zeiten der Personalwechsel sinken sollte (schwaches Verhältnis zwischen Personalwechsel und Befriedigung). Untersuchungen haben bewiesen, dass der freiwillige Personalwechsel während wirtschaftlich schwierigen Zeiten abnimmt. Jedoch hat man das Verhältnis zwischen Befriedigung und Personalwechsel noch nicht unter verschiedenen wirtschaftlichen Bedingungen studiert um zu sehen, ob es bei Vollbeschäftigung enger wird.

453 Abwesenheit

Ebenso wie beim Personalwechsel hat man auch bei der Abwesenheit des Arbeitnehmers vom Arbeitsplatz eine Beziehung zur Arbeitsbefriedigung gefunden. Die Beziehung zwischen Befriedigung und Abwesenheit scheint möglicherweise etwas enger zu sein als die Beziehung zwischen Befriedigung und Personalwechsel, jedoch ist sie auch in diesem Fall keineswegs ausgeglichen. Die Abwesenheit wird von einer Reihe von Faktoren beeinflusst, die nichts mit der freiwilligen Entscheidung eines Menschen, der Arbeit fernzubleiben, zu tun haben. Krankheit, Unfälle usw. können einen Menschen von der Arbeit fernhalten, auch wenn er die beste Absicht hat. Wir würden erwarten, dass die Befriedigung nur die freiwillige Abwesenheit beeinflusst, dass also die Befriedigung nicht eng mit der Gesamtabwesenheit zusammenhängen kann. Studien, die zwischen der freiwilligen Abwesenheit und der Gesamtabwesenheit unterscheiden, haben tatsächlich gezeigt, dass dies der Fall ist (Vroom, 1964). Natürlich erwartet man dieses Ergebnis auch, sofern die Befriedigung den „Willen zur Anwesenheit" beeinflusst.

454 Organisatorische Leistung

Untersuchungen haben eindeutig bewiesen, dass Gefühle der Zufriedenheit mit der Arbeit einen starken Einfluss darauf ausüben, ob Arbeitnehmer an einem gegebenen Tag zur Arbeit kommen und ob sie kündigen. In allen Übersichten der Literatur zu diesem Thema findet sich diese Schlussfolgerung. Die Tatsache, dass die gegenwärtige Befriedigung die Abwesenheit und den Personalwechsel der Zukunft beeinflusst, zeigt klar, dass die kausale Richtung von der Befriedigung zum Verhalten verläuft. Dieser Schluss ist sehr verschieden von unserem Schluss mit Hinsicht auf die Leistung, dass nämlich das Verhalten Befriedigung verursacht. In Kapitel 5 werden wir anhand unseres Erwartungsmodells (Abbildung 9) untersuchen, warum Gefühle der Befriedigung den Personalwechsel und die Abwesenheit beeinflussen.

Untersuchungen über die Determinanten der Befriedigung deuten an, dass die Befriedigung beträchtlich von den tatsächlichen Belohnungen beeinflusst wird, die ein Mensch erhält. Natürlich hat die Organisation eine weitgehende Kontrolle über diese Belohnungen. Die Untersuchungen zeigen auch, dass man die Reaktionen voraussagen kann, wenn man weiss, wie die Menschen ihre eigenen Leistungen bewerten, obwohl nicht alle Menschen in gleicher Weise auf dieselbe Belohnungsebene reagieren. Daraus ergibt sich, dass die Organisationen die Befriedigungsebenen der Arbeitnehmer beeinflussen können. Da man ermitteln kann, wie die Arbeitnehmer auf verschiedene Ergebnisebenen reagieren, können die Organisationen die Ergebnisse so verteilen, dass entweder Befriedigung oder Unzufriedenheit mit der Arbeit entsteht. Abwesenheit und Personalwechsel üben einen sehr unmittelbaren Einfluss auf die organisatorische Wirksamkeit und Leistung aus. Abwesenheit ist äusserst kostspielig, da sie den Arbeitsablauf stört, eine Überbesetzung des Personals erfordert, die Kosten der Randvergütungen erhöht usw. Personalwechsel ist kostspielig wegen der vielen Kosten der Auswahl und Ausbildung neuen Personals. Bei einfacheren Arbeitsstellen beläuft sich der Verlust durch Neueinstellung eines Arbeitnehmers auf 2000 Dollar; auf der Ebene des Management schätzt man die Kosten auf fünf bis zehn Monatslöhne der betreffenden Person ein. Da sich die Befriedigung beeinflussen lässt und wiederum auf Abwesenheit und Personalwechsel einwirkt, können Organisationen die Abwesenheit und den Personalwechsel weitgehend kontrollieren. Die Organisationen können ihre wichtigsten Arbeitnehmer zum Bleiben veranlassen, indem sie allgemein für hohe Zufriedenheit sorgen und die wichtigsten Arbeitnehmer besonders zufriedenstellen. Die Organisationen können den Personalwechsel so regulieren, dass ein unvermeidlicher Wechsel hauptsächlich unter den weniger wichtigen Arbeitnehmern stattfindet. Jedoch ist es nicht leicht, die besseren Arbeiter immer zufriedenzustellen, da sie sehr gut belohnt werden müssen. Kapitel 6 erklärt, dass sich dies jedoch äusserst gut bezahlt machen und die organisatorische Leistung erhöhen kann, wenn auch das Identifizieren und Belohnen der besseren Arbeiter nicht immer leicht ist.

5 Die Entscheidung, in einer Organisation zu arbeiten

Menschen treten nicht zufällig in Organisationen ein, und sie kommen auch nicht automatisch jeden Tag zur Arbeit. Sie machen motivierte und bewusste Entscheidungen in der Wahl der Arbeit und der Organisation, und ebenso entscheiden sie, ob sie an einem bestimmten Tag zur Arbeit kommen wollen. Man kann hier von Arbeitsteilnahme-Entscheidungen sprechen, da es darum geht, ob ein Mensch an den Tätigkeiten der Organisation teilnimmt. Alle Arbeitsteilnahme-Entscheidungen stimmen mit unserer Definition des motivierten Verhaltens überein, da sie freiwillig und zielbewusst sind. Das Motivationsmodell auf Abbildung 9 deutet an, dass die Arbeitsteilnahme-Entscheidungen (wie alle Entscheidungen bei der Wahl von Verhaltensweisen) auf einer Kombination von B → A Erwartungen und A → E Erwartungen und Ergebnisvalenzen basieren.

Es ist wichtig, den Unterschied zwischen Entscheidungen über Arbeitsteilnahme und Entscheidungen hinsichtlich Arbeitsleistung zu sehen. Die Tatsache, dass jemand zur Arbeit kommt, sagt wenig darüber aus, was er nach seiner Ankunft machen wird. Oft werden die Arbeitsteilnahme-Entscheidungen von anderen Ergebnissen beeinflusst, und von anderen B → A Erwartungen und A → E Erwartungen, als die Arbeitsleistungs-Entscheidungen. Um diesen Unterschied zu betonen, beschäftigt sich dieses Kapitel nur mit Arbeitsteilnahme-Entscheidungen, während die nächsten drei Kapitel das Thema der Arbeitsleistungs-Entscheidungen behandeln werden.

Theoretisch können die Entscheidungen zu Teilnahme und Leistung in gleicher Weise behandelt werden; der einzige Unterschied würde in dem jeweils erstrebten Verhalten liegen. Im einen Fall wäre das Verhalten das Zur-Arbeit-kommen, und im anderen Fall bestünde das Verhalten aus der Arbeitsleistung. Eine Theorie oder ein Modell der Motivation kann diese beiden und auch viele andere Arten des Verhaltens erklären, da sich dieselben allgemeinen Prinzipien der Motivation auf alle freiwilligen und zielbewussten Verhaltensweisen anwenden lassen.

Ob ein Mensch an einem gegebenen Tag tatsächlich zur Arbeit kommt oder nicht, hängt oft von einer Reihe von miteinander verbundenen Entscheidungen ab. Erstens ist da die Entscheidung, ob er arbeiten will oder nicht, die von Faktoren beeinflusst wird wie: Furcht vor dem sozialen Status der Arbeitslosigkeit, Einstellung gegenüber Wohlfahrtsprogrammen, Kenntnis der vorhandenen Arbeitsgelegenheiten. Wenn sich der Mensch zur Arbeit entscheidet, muss er die Art der Beschäftigung und eine Stellung auf seinem Gebiet wählen, und er muss entscheiden, ob er an einem gegebenen Tag arbeiten will. Diese Entscheidungen sind in den Untersuchungen über Teilnahme-Entscheidungen getrennt behandelt worden. Leider gibt es im Augenblick nur wenige Studien zur Frage, warum Menschen entscheiden nicht zu arbeiten. Dies wird sich zweifellos ändern, da die Frage an Bedeutung gewinnt. Bis jedoch solche Untersuchungen gemacht werden, konzentrieren wir unsere Diskussion am besten auf den Beruf, die Stellungswahl und die Entscheidung, zur Arbeit zu kommen.

51 Gewünschte Stellung und gewählte Stellung

Die Zahl der vorhandenen Berufsmöglichkeiten ist sehr gross. Das „Dictionary of Occupational Titles" führt fast 30 000 verschiedene „jobs" auf. Natürlich zieht niemand alle 30 000 Möglichkeiten in Betracht und entscheidet sich für eine von ihnen. Dennoch erwägen die Menschen im Laufe ihres Lebens die Möglichkeit vieler verschiedener Arbeitsplätze. Sie machen sich Vorstellungen von verschiedenen Stellungen und treffen daraufhin ihre Entscheidungen. Da viele falsche Informationen über die Art der Arbeitsstellen kursieren, machen sich viele Menschen falsche Vorstellungen. Aber letzten Endes finden Millionen von Menschen irgendwie verschiedene Arten von Arbeit; gleichzeitig werden Menschen durch Beschränkungen (wie Numerus Clausus) von bestimmten Stellen ferngehalten.
Vroom (1964) unterscheidet zwischen der Berufswahl und dem Berufsvorzug. Die Wahl entscheidet, welchem Beruf man sich tatsächlich widmet, während der Vorzug sich auf einen erstrebenswerten Beruf bezieht. Die Unterscheidung ist wichtig und bezieht sich direkt auf unser Modell der Motivation, welches zeigt, dass die Wünschbarkeit der Ergebnisse beeinflusst wird, die damit ver-

bunden zu sein scheinen. Daher deutet unser Modell an, dass wir alle die Ergebnisse kennen müssen, die jemand in diesem Beruf für erreichbar hält, und wir müssen auch die mit dem Beruf verbundene Valenz kennen, um die Wünschbarkeit eines Berufs in den Augen des Arbeitnehmers zu ermitteln. Wir können dann die früher diskutierte Formel Σ [(A → E) (V)] anwenden, welche zeigt, dass ein Beruf als um so wünschenswerter beurteilt wird, je höher die durch ihn erreichbaren Belohnungen gesehen werden.
Wie in Kapitel 3 bereits betont wurde, suchen Menschen nicht immer die Wege, die zu den wünschenswertesten Ergebnissen führen, da die Wünschbarkeit nicht immer der einzige Faktor ist, der die Wahl des Verhaltens beeinflusst. Wenn die Wünschbarkeit der einzige Faktor wäre, dann würden einige wenige attraktive Berufe von Bewerbern „überflutet", was nicht der Fall ist, – obwohl es sicher in einigen Berufen mehr Bewerber als freie Stellen gibt. Der Hauptgrund, warum nicht mehr Menschen versuchen, die wünschenswertesten Berufe zu ergreifen, ist durch die erste Beziehung im Motivationsmodell angedeutet, B → A. Wenn B → A = 0, besteht keine Motivation, da B → A die Summe Σ [(A → E) (V)] multipliziert, um die Motivation zu bestimmen. E → A ist ein Wirklichkeitsfaktor; er deutet an, dass Menschen nicht zum Ergreifen eines Berufs motiviert werden können – so wünschenswert er auch sein mag –, wenn sie keine Anstellungsmöglichkeit sehen. Daraus erklärt sich die Tatsache, dass viele Menschen Berufe wählen, die in ihren Augen nicht ideal sind.
Zum Beispiel berichtete Williamson (1939), dass 37 Prozent der Studenten und 46 Prozent der Studentinnen nicht denselben Beruf als „erwünscht" und gleichzeitig als „erwählt" erwähnen. Die von Rosenberg (1957) später im Rahmen einer umfassenden Untersuchung von Studenten gesammelten Daten zeigen einen niedrigeren Prozentsatz von 22 Prozent. Der Unterschied lässt sich wahrscheinlich dadurch erklären, dass Rosenberg seine Daten in einer Zeit des Wohlstandes sammelte, in der viele verschiedene Stellen frei waren, während Williamson seine Daten während der Depression zusammentrug. Die Untersuchung von Rosenberg zeigt auch, dass die kommerziellen Berufe an der Spitze derer stehen, die gewählt aber nicht gewünscht werden. Von den Studenten, die kommerzielle Berufe wählten, sagten 40 bis 53 Prozent, sie hätten einen anderen Beruf vorgezogen, während nur 7 Prozent derer, die medizinische Berufe wählten, einen

anderen Beruf vorzögen. Weiterhin zeigen die Daten von Rosenberg, dass Studenten, die sich notgedrungen für einen wenig idealen Beruf entscheiden, die Vorlesungen weniger regelmässig besuchen, am Studium relativ wenig interessiert sind und niedrige Noten erhalten.

511 Die Berufswahl in bezug auf wünschbare Ergebnisse

Untersuchungen haben mehrfach bewiesen, dass die Wünschbarkeit, die jemand einem Ergebnis beimisst, eng mit seinen berufsmässigen Wünschen zusammenhängt. Es gibt auch Beweise dafür, dass die Wünschbarkeit von Ergebnissen die Berufswahl voraussagt; aber diese Beziehung ist schwächer als diejenige zwischen der Wünschbarkeit der Ergebnisse und dem gewünschten Beruf, – was vom Modell vorausgesagt wird, da es von einem weiteren Faktor beeinflusst wird: B → A. Viele Studien haben beispielsweise gezeigt, dass Menschen, die grossen Wert auf wirtschaftliche Ergebnisse legen, kommerzielle Berufe vorziehen (Lawler, 1971). Wenn man annimmt, dass die Menschen in den kommerziellen Berufen gute wirtschaftliche Möglichkeiten sehen, dann erscheinen diese Daten sinnvoll. Menschen, die viel Wert auf Geld legen, sollten Karrieren wählen, die sich anscheinend am besten bezahlt machen, – ebenso wie Menschen, die grossen Wert auf Status legen, Berufe wählen sollten, die einen hohen Status versprechen. Die Resultate einer Studie von Stone (1933) illustrieren die verschiedenen Werte, welche Studenten mit verschiedenen Berufswünschen nennen (siehe Abbildung 19).

Abbildung 19: Charakteristische Werte von Studenten und die von ihnen vorgezogenen Berufsklassen (Nach Stone, 1933, S. 275).

Handel	Mehr ökonomisch, wenig theoretisch und ästhetisch
Finanzwesen	Mehr ökonomisch, wenig religiös
Medizin	Mehr theoretisch, wenig ökonomisch und politisch
Erziehung	Mehr ästhetisch, wenig ökonomisch
Jura	Mehr politisch, wenig theoretisch
Literatur	Mehr ästhetisch und religiös, wenig ökonomisch

Rosenbergs Studie (1957) ist nicht die einzige, die eine Beziehung zwischen der Bewertung ökonomischer Ergebnisse und der Berufswahl feststellt. In dieser Studie bewerteten diejenigen Studenten, die Handelsberufe gewählt hatten, extrinsische Belohnungen höher als die Möglichkeit der Selbstverwirklichung, während Studenten, die soziale und erzieherische Berufe vorzogen, die Beschäftigung mit Menschen höher bewerteten als Selbstverwirklichung oder ökonomische Belohnungen. Diese Ergebnisse sind sinnvoll, wenn man annimmt, dass die geschäftlichen Berufe ökonomische Belohnungen bieten, während soziale und erzieherische Berufe die Gelegenheit bieten, mit Menschen zu arbeiten.

Daher deuten diese Beweise an, dass man die berufsmässigen Vorzüge voraussagen kann, wenn man weiss, welche Ergebnisse den betreffenden Menschen als wünschbar erscheinen. Bis zu einem gewissen Grade können wir auch die tatsächliche Berufswahl voraussagen, da die Menschen Berufe wählen, welche die von ihnen geschätzten Belohnungen bieten. Ein entscheidender Faktor bei diesen Voraussagen ist eine gut entwickelte und umfassende Kenntnis der von den verschiedenen Berufen gebotenen Belohnungen. Wenn keine allgemeine Übereinstimmung darin besteht, welche Belohnungen die verschiedenen Berufe bieten, dann könnten die berufsmässigen Vorzüge und Entscheidungen nicht allein durch die Kenntnis der Wünschbarkeit der Ergebnisse vorausgesagt werden. Sowohl die A → E Erwartungen als auch die vorgezogenen Ergebnisse müssten bekannt sein. Wie auf Abbildung 11 bereits betont wurde, basieren die A → E Erwartungen auf der Wirklichkeit, und die Berufe unterscheiden sich eindeutig in der Art der Belohnungen, die sie bieten. Wenn wir also wissen, dass ein Mensch grossen Wert auf Geld legt, dann können wir voraussagen, dass er eine geschäftliche Karriere vorziehen wird, da diese normalerweise gut bezahlt wird und wahrscheinlich auch von ihm so gesehen wird. Jedoch können wir mit weniger Sicherheit voraussagen, dass der Betreffende diese Karriere auch tatsächlich wählen wird, da seine Wahl auf einer Kombination von B → A Erwartungen, den von ihm vorgezogenen Ergebnissen und seinen A → E Erwartungen abhängt.

512 *Wünschbarkeit von Ergebnissen, A → E Erwartungen und berufsmässige Vorzüge*

Nach unserem Modell der Motivation sollten die besten berufsmässigen Voraussagen durch eine Kombination von vorgezogenen Ergebnissen und A → E Erwartungen zustandekommen. Mehrere Untersuchungen haben gezeigt, dass man die berufsmässigen Vorzüge voraussagen kann, indem man die Wünschbarkeit der Ergebnisse mit A → E Erwartungen in bezug auf verschiedene Berufe kombiniert. Vroom (1964) gab Studenten eine Liste von fünf Berufen und liess sie diese auf eine Liste von 15 Ergebnissen beziehen. Ausserdem sollten die Studenten die Wünschbarkeit der Ergebnisse und ihre eigenen berufsmässigen Vorzüge angeben. Vrooms Daten zeigen, dass die Studenten in den von ihnen vorgezogenen Berufen Ergebnisse erwarteten, die sie als erstrebenswert ansahen. Wanous (1972 b) bestätigte diese Ergebnisse teilweise und zeigte, dass berufsmässige Vorzüge durch eine Kombination der A → E Erwartungen und der gemessenen Wünschbarkeit der Ergebnisse vorausgesagt werden können. Jeder Mensch hält den Beruf für ideal, der die von ihm erstrebten Werte verspricht. Solche Ergebnisse unterstützen daher die Ansicht, dass die berufsmässigen Vorzüge durch eine Kombination der A → E Erwartungen eines Menschen und der von ihm gesehenen Wünschbarkeit verschiedener Ergebnisse vorausgesagt werden können. Jedoch beweisen diese Daten nicht, dass diese Kombination bessere Voraussagen ermöglicht als der Grad der Wünschbarkeit oder die A → E Erwartungen allein.

513 *Wünschbarkeit von Ergebnissen, A → E Erwartungen, B → A Erwartungen und Berufswahl*

Nach unserem Modell der Motivation entsteht die beste Voraussage der Berufswahl nicht durch die einfache Kenntnis der Ergebnisse, die ein Mensch vorzieht und seiner A → E Erwartungen (wie dies beim vorgezogenen Beruf möglich ist). Die B → A Erwartungen eines Menschen müssen bei der Voraussage seiner Berufswahl auch in Betracht gezogen werden. Leider hat keine Studie direkt untersucht, ob die Berufswahl eines Menschen am besten durch eine Kombination seiner B → A und A → E Erwartungen und seiner Vorstellung von der Wünschbarkeit verschiedener Ergebnisse vorausgesagt werden kann. Daher kann man nicht direkt ermitteln, ob die Betrachtung der B → A Erwartungen eine bessere Voraussage der Berufswahl ermöglicht als die alleinige Betrachtung der A → E Erwartungen und der Wünschbarkeit von Ergebnissen. Jedoch gibt es zu diesem Thema einige stichhaltige Untersuchungen.

Eine Studie von Korman (1966 b) unterstützt die Ansicht, dass der B → A Faktor wichtig ist und dass Menschen nicht immer den Beruf wählen, den sie am stärksten wünschen, wenn er ihrer Ansicht nach ihre Fähigkeiten übersteigt. Selbstachtung ist eine der Variablen, welche die Erwartung eines Menschen hinsichtlich seiner Bemühung und erfolgreichen Leistung beeinflussen. Bei der Entscheidung für einen Beruf wird ein Mensch von höherer Selbstachtung gewöhnlich dazu neigen, den seiner Ansicht nach wünschenswertesten Beruf zu wählen, obwohl der Zugang zu diesem Beruf durch starken Wettbewerb erschwert sein mag. Ein Mensch von hoher Selbstachtung sieht also gute Erfolgsmöglichkeiten in allem, was er tut; aus diesem Grunde wird seine B → A Erwartung nicht der entscheidende Faktor bei seiner Berufswahl sein. Menschen von hoher Selbstachtung werden ihre berufsmässigen Entscheidungen einfach aufgrund des Masses machen, in dem ein bestimmter Beruf ihre Bedürfnisse zu erfüllen scheint. Bei einem Menschen von niedriger Selbstachtung sollte das Gegenteil der Fall sein; seine B → A Erwartung könnte ihn auf entscheidende Weise entmutigen, Berufe zu wählen, die er für wünschenswert hält. Bei Menschen von hoher Selbstachtung sollte also eine Korrelation zwischen gewünschtem und gewähltem Beruf bestehen, während bei Menschen von niedriger Selbstachtung keine solche Korrelation bestehen sollte.

Die Daten von Korman (1966 b) unterstützen die Ansicht, dass die Selbstachtung entscheidend ist dafür, ob ein Mensch einen Beruf wählen wird, den er wirklich für wünschenswert hält. Die Daten zeigen, dass Menschen von hoher Selbstachtung mehr dazu neigen, Berufe zu wählen, die ihrer Ansicht nach ihre wichtigen Bedürfnisse befriedigen. Daher deuten die beruflichen Wünsche solcher Menschen auf ihre spätere Berufswahl hin, während dies bei Menschen von niedriger Selbstachtung nicht der Fall ist.

Es bestehen viele Beweise dafür, dass persönliche Faktoren wie Geschlecht, Religion und Familienmilieu sich auf die Berufswahl auswirken. Mehrere Untersuchungen haben beispielsweise gezeigt, dass Kinder aus reichen Familien öfter hochbezahlte Berufe wählen als Kinder aus armen Familien. Bedeutende Unterschiede bestehen zwischen den Berufsarten, die von den verschiedenen ethnischen und religiösen Gruppen gewählt werden. Protestanten erreichen öfter Berufe von hohem Status als Katholiken; Juden erreichen öfter Berufe von hohem Status als Schwarze (Vroom, 1964). Schliesslich gibt es auch viele Beweise dafür, dass Frauen andere Berufe wählen als Männer. Rosenberg (1957) stellte fest, dass die Hälfte der von ihm untersuchten Studenten sich auf Jura, Technik, Agrikultur oder Betriebswirtschaft vorbereitete, während nur 5 Prozent der Studentinnen vorhatten, diese Berufe zu ergreifen.

Von den Untersuchungen, die eine Beziehung zwischen persönlichen Faktoren und Berufswahl feststellten, haben leider nur wenige die zur Erklärung nötigen Daten gesammelt. Jedoch kann unser Modell der Motivation viele dieser Unterschiede erklären, wenn wir annehmen, dass Menschen von verschiedener Herkunft verschiedene B → A und A → E Einstellungen haben, und dass sie die Wünschbarkeit von Ergebnissen verschieden beurteilen. Beispielsweise kann der Einfluss des Geschlechts auf die Berufswahl teilweise durch die Untersuchungen erklärt werden die zeigen, dass Frauen weniger Wert auf Geld legen als Männer, während sie soziale Kontakte höher bewerten. Zusammen mit den möglichen Wirkungen der Vorurteile gegen Frauen auf ihre B → A Erwartungen bei bestimmten Berufen könnte dies die Tendenz von Frauen erklären, bestimmte geschäftliche Berufe nicht zu wählen. In gleicher Weise kann man die Neigung von Kindern, die Berufe ihrer Eltern zu wählen, durch Untersuchungsergebnisse erklären, nach denen die Werte und Interessen der Kinder weitgehend mit denen ihrer Eltern übereinstimmen.

515 Schlussfolgerungen

Allgemein unterstützen die Beweise die Ansicht, dass Individuen gewöhnlich die Berufe vorziehen, die ihrer Ansicht nach wünschbare Ergebnisse bieten. Weniger bewiesen ist die Ansicht, dass die Berufswahl gleichzeitig von Wünschen und von Vorstellungen betreffend die Erreichbarkeit eines Berufes beeinflusst wird. Die Rolle der B → A Vorstellungen bei Entscheidungen der Berufswahl müsste noch weiter untersucht werden. Trotz einiger Lücken in der Forschung über Berufswünsche und Berufswahl kann man jedoch ziemlich sicher annehmen, dass unser Modell der Motivation einen stichhaltigen Ansatz zur Untersuchung dieser Themen bietet.

52 Die Wahl der Arbeitsstelle und Organisation

Nachdem ein Mensch seine Berufswahl getroffen hat, sucht er sich eine entsprechende Organisation. Jeder macht diese Entscheidung am Anfang seiner Karriere, und danach jedesmal wenn er die Stelle wechselt. Menschen machen fortwährend Entscheidungen hinsichtlich ihrer Stellung; in einigen Fällen machen sie theoretische Vergleiche zwischen Stellen, in anderen Fällen wählen sie zwischen ihrer augenblicklichen Stellung und einer angebotenen Stellung.
Die Wahl der Stellung ist, wie die des Berufes, freiwillig und zielorientiert und sollte durch unser Modell der Motivation erklärt werden können. Es bestehen tatsächlich viele Gründe zur Annahme, dass die Wahl der Stellung und die Wahl des Berufes derselben Art von Entscheidungsvorgang unterworfen sind. Die Entscheidungen sind ähnlich, da sie sich auf alternative Möglichkeiten beziehen. Bei beiden Entscheidungen besteht die Möglichkeit, dass das am meisten gewünschte Verhalten nicht realisiert werden kann. Wünschenswerte Stellungen sind, wie auch wünschenswerte Berufe, oft schwer erreichbar.
Der Hauptunterschied zwischen den beiden Entscheidungen ist, dass Entscheidungen der Berufswahl oft zuerst gemacht werden und dauerhafter zu sein scheinen. Die Berufswahl ist von höherer, primärer Art, und sie begrenzt die Anzahl der von einem Menschen in Betracht gezogenen Stellungen. Bei der Berufswahl

handelt es sich um die Wahl einer Karriere, während es sich bei der Wahl einer Stellung darum handelt, sich für eine Organisation und eine Stellung innerhalb der Organisation zu entscheiden.
Die beiden Entscheidungen können sich auch in bezug auf die Anzahl und die Arten der Informationen unterscheiden, die dem einzelnen bei der Wahl zur Verfügung stehen. Bei der Stellungswahl verfügt ein Mensch oft über mehr Information als bei der Berufswahl. Der folgende Bericht zeigt, wie ein Student der Betriebswirtschaft sich für eine Stellung entscheidet:

> „Er beginnt nach Möglichkeiten zu suchen und entdeckt schliesslich eine Reihe von Alternativen. Dann ermittelt er, wie weit jede der Möglichkeiten ihn seinen Zielen näherbringen würde. Durch das Besuchen der Organisation und durch Besprechungen mit Freunden, Lehrern oder Eltern bildet er sich ein Urteil darüber, wie weit er seine persönlichen Ziele durch eine Anstellung in dieser Organisation erreichen kann" (Vroom, 1966, S. 214).

Vermutlich nimmt der Student dann eine Stellung bei derjenigen Organisation an, die ihm die besten Möglichkeiten zum Erreichen seiner Ziele bietet. Diese Beschreibung stimmt weitgehend mit den Ereignissen überein, die wir aufgrund unseres Modells der Motivation voraussagen würden, – allerdings erwähnt Vroom nicht die Wichtigkeit der B → A Erwartungen. Ebenso wie bei der Berufswahl spielt auch bei der Stellungswahl der Wirklichkeitsfaktor eine Rolle, da niemand versuchen wird, eine sehr wünschenswerte Stellung zu erhalten, auf die er keine Aussicht hat. Vrooms Beschreibung der Stellungswahl-Entscheidung kann insofern irreführend sein, als sie eine organisierte und rationale Suche nach Alternativen andeutet. Obwohl ein solches Verhalten für manche Menschen typisch sein mag (wie in Kapitel 3 erwähnt), werden andererseits auch viele Entscheidungen aufgrund von ungenauer und unvollständiger Information und ohne Abwägen der Alternativen gemacht (Simon, 1957).
Die Daten von Vroom (1966) bestätigen teilweise unsere Ansicht über die Faktoren, die die Stellungswahl-Entscheidungen beeinflussen. Vroom liess abgehende Studenten der Betriebswirtschaft die von ihnen gewählten Stellungen danach beurteilen, wie sie ihnen zum Erreichen von fünfzehn Zielen behilflich sein könnten. Ausserdem ordneten die Studenten diese fünfzehn Ziele nach ihrer Wichtigkeit. Die Ergebnisse zeigten, dass die Studenten

Stellungen vorzogen, die ihnen bei der Befriedigung ihrer wichtigsten Bedürfnisse am meisten zu helfen schienen, und sie nahmen Stellungen in den entsprechenden Organisationen an.

Leider gibt es nur sehr wenige Studien, welche diese Theorien in bezug auf die Stellungswahl bestätigen. Viele Untersuchungen haben die Wirkung der wirtschaftlichen Variablen (z. B. Personalwechsel und Verfügbarkeit von Arbeitskräften) in Betracht gezogen; sie haben sich jedoch nicht direkt mit den psychologischen Vorgängen der Stellungswahl beschäftigt. Dennoch sind diese Ergebnisse von Interesse, und einige stimmen anscheinend mit unserem Ansatz der Erklärung der Stellungswahl überein (siehe Organization for Economic Cooperation and Development, 1965; Yoder, 1956; and March & Simon, 1958). Diese Daten zeigen folgendes:

1. Organisationen, die überdurchschnittlich bezahlen, können anscheinend am besten hochqualifizierte Arbeitskräfte anziehen und halten.
2. Der Personalwechsel ist hoch in Organisationen, die im Vergleich zu anderen Organisationen der Region schlecht zahlen.
3. Der Anreiz zum Verlassen der Organisation ist am grössten, wenn Menschen in anderen Organisationen besser bezahlt zu werden scheinen.
4. Der Personalwechsel nimmt in Zeiten der Rezession oder Depression ab.

Die ersten drei Punkte deuten an, dass Menschen gewöhnlich zu den höher bezahlten Stellen streben, besonders wenn diese in der Nähe gelegen und gut erkennbar sind. Es scheint nach diesen Ergebnissen, dass Menschen oft Stellen wählen, die sie als am geeignetsten zum Erreichen höherer Bezahlung sehen. Wenn wir annehmen, dass die festgestellten Unterschiede zwischen Stelle A in Firma X und Stelle A in Firma Y sehr gering sind, dann dürfte eine unterschiedliche Bezahlung bei der Wahl der Stelle von grosser Wichtigkeit sein. Dies könnte sogar für Menschen zutreffen, die auf Geld keinen besonderen Wert legen, wenn der Hauptunterschied zwischen den beiden Stellen in der Bezahlung liegt. Ein Mensch, der zum erstenmal auf dem Arbeitsmarkt erscheint, neigt besonders zur Entscheidung für die höher bezahlte Stelle. Er kann gewöhnlich die nicht-ökonomischen Belohnungen nicht so leicht beurteilen und hält daher das Anfangsgehalt für den einzigen sichtbaren Unterschied zwischen verschiedenen

Stellen. Diese Betrachtung führt zur Voraussage, dass die meisten abgehenden Studenten die höchstbezahlte erreichbare Stelle innerhalb ihres Berufes annehmen werden.
Die Neigung der Menschen, Stellen anzunehmen, welche die besten Gelegenheiten zum Erreichen ihrer Ziele bieten, führt zur Erwartung, dass geld-orientierte Menschen fast immer zu den höher bezahlenden Firmen tendieren. Dies sollte der Fall sein, wenn Menschen die erste Stellung ihres Lebens wählen, aber auch dann, wenn sie zwischen ihrer augenblicklichen Stelle und einer Stelle in einer anderen Firma wählen. Dieser Sachverhalt wäre jedoch nicht zu erwarten, wenn die weniger bezahlende Firma offensichtlich andere erstrebenswerte Belohnungen böte.
Der vierte oben erwähnte Punkt ist wahrscheinlich damit zu erklären, dass während einer Rezessionsphase weniger Stellen angeboten werden, weshalb man sich weniger leicht durch Stellenwechsel verbessern kann.
Obwohl ein stellensuchender Arbeitsloser in mancher Beziehung ähnlich dasteht wie jemand, der einen Stellenwechsel erwägt, so unterscheiden sich die beiden doch in einer sehr wichtigen Beziehung. Wer keine Arbeit hat, neigt dazu, die höher belohnte Stelle anzunehmen, auch wenn der Unterschied sehr gering ist. Der erfahrene Arbeiter dagegen neigt relativ selten dazu, seine Stellung wegen eines kleinen Unterschieds in den extrinsischen Belohnungen zu wechseln – dies schon deswegen, weil er manche Kosten in Verbindung mit dem Stellenwechsel sieht, – ferner das Aufgeben langjähriger Freundschaften und alter Gewohnheiten. Er mag daher glauben, dass eine geringe Erhöhung der extrinsischen Ergebnisse die anfänglichen Kosten nicht rechtfertige. Wer jedoch das erstemal oder nach längerer Arbeitslosigkeit eine Stelle sucht, kann den unterschiedlichen Ergebnissen mehr Wert beimessen.
Stellensuchende ziehen ausser der Bezahlung viele andere Faktoren in Betracht. Eine Untersuchung von Studenten, die sich als Wirtschaftsprüfer bewarben, ergab, dass die Studenten gut entwickelte Vorstellungen von den grossen nationalen Firmen auf diesem Gebiet hatten. Die Studenten sahen deutliche Unterschiede im sozialen Klima der Firmen, neben den Unterschieden betreffend Prestige, berufliches Ansehen und Aufstiegs- und Entwicklungsmöglichkeiten. Durch diese Unterschiede wurden die Studenten motiviert, sich bei bestimmten Firmen zu bewerben.

Organisationen sind sich hierüber im klaren, und im nächsten Kapitel werden wir untersuchen, wie sie die Vorstellungen der Bewerber hinsichtlich der Faktoren Prestige und soziales Klima zu beeinflussen suchen.

53 Gegenseitige Anziehung und Auswahl zwischen Menschen und Organisationen

Meistens müssen die Menschen Stellen wählen, mit denen sie vorher keine persönlichen Erfahrungen gemacht haben. Wenn sie einen Stellenwechsel erwägen, haben sie vielleicht beträchtliche Erfahrung in ihrer gegenwärtigen Arbeit, aber sehr wenig Erfahrung in der in Betracht gezogenen Arbeit. Im Falle von abgehenden Studenten haben sie sogar keinerlei Arbeitserfahrung. Daraus ergibt sich die Frage, wie Menschen ihre A → E Erwartungen entwickeln, wenn sie keine persönliche Erfahrung in der betreffenden Arbeit haben.

Es gibt wenige Untersuchungen darüber, wie die einzelnen Menschen sich über Stellen und Firmen informieren. Aufgrund der Studien auf anderen Sektoren und aufgrund unseres Modells der Motivation kann man sich jedoch ein Bild machen. Zunächst kann man vermuten, dass die Menschen nicht alle zur Verfügung stehenden Informationen sammeln. In den meisten Fällen gibt es viele Quellen der Information über eine Stelle oder Firma, einschliesslich Firmenwerbung, Personalanwerber der Firma, Personalchefs und ehemalige und gegenwärtige Arbeitnehmer der Firma. Wenn ein Bewerber alle verfügbaren Informationen sammeln würde, verlöre er nicht nur sehr viel Zeit, sondern würde auch zweifellos von der Masse der Information überwältigt.

Ausserdem ist es in strategischer Hinsicht nicht immer anzuraten, alle nötigen Informationen zu sammeln. Durch den Vorgang der Auswahl will ein Mensch oft zwei Dinge erreichen: Erstens versucht er, einen günstigen Eindruck auf die Organisation zu machen, damit er die Stelle erhält, und zweitens versucht er, Informationen über die Firma zu sammeln. Diese zwei Wünsche können manchmal in Konflikt geraten. Ein Student möchte beispielsweise wissen, ob die Organisation sein langes Haar als mehr oder weniger unerwünscht betrachten würde; gleichzeitig kann er aber so interessiert sein an der Stelle, dass er sein Haar kurz schneiden lässt. Kurz gesagt, scheint es sinnvoll anzunehmen, dass die Menschen bei diesem Vorgang des Suchens, wie auch bei vielen anderen Vorgängen, einen Kompromiss schliessen und keine Optimallösung finden. Sie ziehen nicht alle Alternativen in Betracht, und sie haben nicht die vollständige Information hinsichtlich der Folgen ihrer Wahl.

Einzelne Menschen haben von der Glaubwürdigkeit der Information aus verschiedenen Quellen unterschiedliche Vorstellungen. Sozialpsychologen haben oft darauf hingewiesen, dass die Information aus bestimmten Quellen für viel glaubwürdiger gehalten wird als die Information aus bestimmten anderen Quellen. Welche Quellen haben im allgemeinen die höchste Glaubwürdigkeit? Obwohl es auf diesem Gebiet nicht so viele Untersuchungen gibt, kann man annehmen, dass Inserate ebenso wie Aussagen von Personalchefs und Arbeitsvermittlern keine hohe Glaubwürdigkeit geniessen. Es bleiben also die Aussagen von gegenwärtigen und ehemaligen Arbeitnehmern der Firma. Solchen Aussagen glauben Bewerber am ehesten, besonders, wenn der aussagende Arbeitnehmer ein Freund ist.

Mündliche Werbung durch Arbeitnehmer ist manchmal ein zweischneidiges Schwert, da hierdurch zukünftige Arbeitnehmer angezogen, aber auch abgestossen werden können. Eine Organisation mit zufriedenem Personal zieht also Arbeitnehmer an und erhöht so die Anzahl und vielleicht auch die Qualität der Bewerber. Auf der anderen Seite würde ein grosser Prozentsatz unzufriedener oder verbitterter Arbeitnehmer die Anstellung neuer Arbeitskräfte erschweren. Unzufriedene Arbeitnehmer haben die Neigung, unfreundliche Dinge über die Organisation zu sagen, die auch meist geglaubt werden. Hierdurch könnte die zukünftige Qualität des Personals erheblich verschlechtert werden.

Für die Organisation besteht gutes Auswählen vor allem darin, eine grosse Zahl von Bewerbern anzuziehen. Ohne eine rechte Anzahl Bewerber für die offenen Stellen ist ein Auswahlprogramm nutzlos. Ein gutes Auswahlprogramm muss jedoch nicht nur viele, sondern auch geeignete Bewerber anziehen. Im Idealfall sollte eine Organisation zu intelligenter Selbstauswahl unter den Bewerbern ermutigen, so dass sich nur Menschen bewerben, die geeignet sind und sich für längere Zeit verpflichten wollen. Das Anziehen geeigneter Leute, die bald wieder kündigen, ist kostspielig und zeitraubend für die Organisation, weil dann wieder neue Kräfte angestellt und eingearbeitet werden müssen. Das Anziehen ungeeigneter Leute ist auch kostspielig, da die Bewerber überprüft und schliesslich abgewiesen werden müssen, was oft zu einem ungünstigen Eindruck von der Organisation führt.

Es sind nicht viele Untersuchungen darüber gemacht worden, wie die Organisationen Bewerber anziehen und welche Methoden am geeignetsten sind. Vor allem hat man noch nicht untersucht, welche Art von Erwartungen bei den Bewerbern durch die verschiedenen Methoden erzeugt werden. Organisationen versuchen auf verschiedene Weise, Bewerber anzuziehen, beispielsweise durch Radio, Zeitungen und Zeitschriften, oder durch Filme für abgehende Schüler. Ein Film der Telefongesellschaft zeigt nette Telefonistinnen, die sich weltweit mit interessanten Männern unterhalten und von ihnen Komplimente betreffend ihre „sexy" Stimmen erhalten, während im Hintergrund Rock and Roll gespielt wird. Manche Organisationen bieten ihren Arbeitnehmern Belohnungen, wenn sie einen geeigneten Bewerber stellen können.

Die Werbung soll meistens den Eindruck erwecken, dass die angebotene Stelle bestimmte Vorteile bietet. Die Werbung soll also die $A \rightarrow E$ Erwartungen beeinflussen. Organisationen suchen durch Werbung auch ihr Image aufzubauen, indem sie sich selbst als aufregend, dynamisch, hoch angesehen und progressiv darstellen. Vermutlich werden dadurch Bewerber angezogen, da sie den Eindruck erhalten, mit dem Eintritt in die Organisation seien bestimmte Belohnungen verbunden.

Bei dieser Werbung werden bezeichnenderweise selten die negativen Aspekte der Arbeit oder der Organisation erwähnt. Jahrelang betonten Inserate in den Universitätszeitungen, Sicherheit, hohe Bezahlung und Aufstiegsmöglichkeiten würden in den inserierenden Firmen geboten. Im Augenblick setzen die Inserate den Akzent auf „Herausforderung" und „Gelegenheit" . Sie haben also jetzt einen anderen Schwerpunkt, erwähnen aber nach wie vor lediglich die positiven Aspekte der Arbeit. Diese Organisationen scheinen also beschlossen zu haben, alle möglichen Bewerber anzuziehen, anstatt eine intelligente Selbstauswahl anzuregen. Die meisten Organisationen beschreiben ihre offenen Stellen so positiv wie möglich, ohne ganz unehrlich zu sein. Diese Strategie opfert also die möglichen Vorteile einer intelligenten Selbstauswahl dem Vorteil, eine grosse Anzahl Bewerber zur Auswahl anzuziehen. Eine Untersuchung von Weitz

(1956) illustriert das Problem dieser Methode: Er erhielt den Auftrag, den hohen Personalwechsel bei Versicherungs-Vertretern zu untersuchen. Bei seiner Diagnose fand er, dass bei der Werbung und Auswahl des Personals zu hohe Erwartungen in den Bewerbern erweckt worden waren. Er löste dieses Problem, indem er den Bewerbern eine realistische Vorstellung von der Arbeit vermittelte, wodurch eine Selbstauswahl stattfinden konnte. Danach schienen die Vertreter realistischere A → E Erwartungen zu entwickeln; die Arbeit schien einigen von ihnen weniger anziehend zu sein, und einige verloren das Interesse, da die Arbeit ihre Bedürfnisse nicht befriedigen konnte. Wer jedoch die Arbeit trotzdem annahm, war im allgemeinen zufriedener und blieb länger. Die Methode, Bewerber realistisch zu informieren, scheint viele Anwendungsmöglichkeiten zu bieten. Man hat die Methode bereits beim Anstellen von Telefonistinnen und Fliessbandarbeitern angewandt. Im letzteren Fall wurde den Bewerbern ein Film gezeigt, der die ungünstigen Aspekte der Arbeit nicht verschwieg und Arbeiter zeigte, die kündigten und sich über die langweilige Arbeit beschwerten (Wanous, 1972 a).

Die Arten der von Organisationen angewandten Auswahlprogramme können auch davon beeinflusst sein, wie erstrebenswert sich die Bewerber die Arbeit vorstellen. Eine Studie von Alderfer und McCord (1970) stellt fest, dass das Auswahl-Interview direkt die Wahrscheinlichkeit beeinflusst, mit der eine Stelle angenommen wird.

Es ergab sich, dass Studenten stärker von Firmen angezogen wurden, in deren Interviews offenbar mehr persönliches Interesse am Bewerber und seinen Aufstiegsmöglichkeiten gezeigt wurde.

Da der Vorgang der Auswahl die Wünschbarkeit von Stellen beeinflusst, sehen sich die Organisationen einem schwierigen Dilemma gegenüber. Das ideale System der Auswahl würde gleichzeitig die besten Bewerber anziehen und sie auch vollständig informieren, um eine intelligente Selbstwahl zu ermöglichen. Das Problem besteht darin, dass viele Auswahltechniken, die besonders brauchbare Ergebnisse bringen, auf die Bewerber eine negative Wirkung auszuüben scheinen. Bestimmte Tests, wie Persönlichkeitstests, stellen beispielsweise Fragen über Religion und Sex. Obwohl die Tests stichhaltig sind, lassen sie die Organisation in einem ungünstigen Licht erscheinen. Andere Beispiele konzentrieren sich auf Interviews und simulierte Situationen, bei denen die schwierigsten Aspekte der Arbeit diskutiert werden (siehe OSS Staff, 1948). Auch scheint die Anzahl der Informationen begrenzt zu sein, die eine Organisation ermitteln kann, ohne den Bewerber abzuschrecken. Viele Menschen wollen einfach nicht lange genug stillsitzen, um alle Tests, Interviews usw. über sich ergehen zu lassen.

Leider hat man die Wirkung der verschiedenen Auswahlprozeduren auf die Bewerber noch nicht hinreichend untersucht. Daher kann man schwer voraussagen, wieviel von jedem Teilvorgang ein Bewerber akzeptieren wird. Wahrscheinlich bestehen in dieser Hinsicht grosse individuelle Unterschiede. Die Organisation muss stets ein Gleichgewicht finden zwischen ihrem Wunsch, die geeignetsten Leute anzuziehen und dem Wunsch, stichhaltige Auswahldaten zu sammeln.

Das typische Interview ist ein Mikrokosmos dieser sich gegenüberstehenden Wünsche. Zeitweise will der Interviewer anwerben, zeitweise will er beurteilen. Dieser Konflikt kann beim Interviewer offensichtlich Stress hervorrufen. Seine Situation ist ähnlich der des Bewerbers, der gleichzeitig einen guten Eindruck machen und die Organisation beurteilen will. In gewisser Beziehung müssen sich Bewerber *und* Organisation entscheiden, welche Rolle sie in der Auswahlsituation spielen wollen, und sie werden beide einmal diese und einmal jene Rolle spielen, je nachdem, wie sie gerade zu stehen glauben. Davon wird es auch zu einem grossen Teil abhängen, ob der Auswahlvorgang zu einer Entscheidung führt, die für beide Teile gut ist.

54 Befriedigung und Personalwechsel

Kapitel 4 zeigte, dass Unzufriedenheit mit der Arbeit die Menschen zur Kündigung ihrer Stellen bewegen kann, und ist auch im Einklang mit der in diesem Kapitel vertretenen Ansicht über die Methoden der Stellenwahl.

Bei der Beschreibung unseres Modells der Motivation in Kapitel 3 betonten wir, dass die Menschen ihre A → E Erwartungen aufgrund von Erfahrungen entwickeln. Die Gefühle, die ein Mensch in bezug auf Befriedigung bei der Arbeit hat, stellen die Summe seiner Erfahrungen in einer bestimmten Situation dar. Ein unzufriedener Mensch sagt, seine Arbeit bringe nicht die ihm angemessenen Ergebnisse, während der zufriedene Mensch der Meinung ist, dass seine Arbeit die ihm angemessenen Ergebnisse bringe. In bezug auf die Zukunft neigt ein zufriedener Mensch zur Ansicht, dass er die von ihm erwünschten Ergebnisse erhalten werde, während ein unzufriedener Mensch gewöhnlich annimmt, dass die Arbeit wahrscheinlich nicht die gewünschten Belohnungen bringen werde (Wanous, 1972 a).

Gefühle der Zufriedenheit wirken sich auf den Personalwechsel aus, da sie die A → E Erwartungen der Menschen beeinflussen. Der unzufriedene Arbeitnehmer hat also gewöhnlich niedrige A → E Erwartungen in bezug auf seine gegenwärtige Arbeit, und es ist wahrscheinlicher, dass er eine andere Arbeit finden wird, welche die gewünschten Ergebnisse bietet. Er wird daher viel mehr an Kündigung denken und zur Kündigung neigen (Wanous, 1972 a), wenn er eine andere Arbeit in Aussicht hat, die einigermassen erstrebenswert ist.

Der unbefriedigte Arbeitnehmer neigt auch viel mehr zur Suche nach anderen Arbeitsmöglichkeiten. Da seine Wünsche nur teilweise durch die gegenwärtige Arbeit befriedigt werden, neigt er zur aktiven Suche nach einer Situation, in der er das Gewünschte findet. Alle Untersuchungen über die Motivation zeigen, dass Organismen mit unbefriedigten Bedürfnissen in gesteigertem Masse dazu neigen, aktiv in ihrer Umgebung zu suchen. Daher scheint die Unzufriedenheit aus zwei Gründen Personalwechsel zu verursachen: (1) sie bewirkt, dass Menschen in ihrer Umgebung nach besseren Alternativen suchen, und (2) sie beeinflusst das Mass, in dem Arbeitnehmer zukünftige wünschenswerte Ergebnisse von ihrer Arbeit erwarten.

55 Karriere-Strategien

Obwohl man noch nicht genau untersucht hat, auf welche Weise die Menschen ihre Karriere entwickeln, so kann man doch bestimmtes Material in Betracht ziehen. Beweise zeigen, wie die Menschen versuchen, ihre Schritte von einer Arbeit zur anderen und von einem Beruf zum anderen zu planen, so dass sie Karrieren entwickeln, die zu den gewünschten Ergebnissen führen. Es zeigt sich auch, dass sich die Menschen in bezug auf diese gewünschten Ergebnisse sehr voneinander unterscheiden.

Verschiedene Studien haben die Arten von Karriere-Strategien untersucht, die von aufsteigenden Managern benutzt werden. Abbildung 20 zeigt Strategien, die bestimmte britische Manager nach ihren eigenen Angaben benutzen. Verbesserung der Qualifikationen war die am meisten genannte Strategie. Gleich danach folgte die Auswahl geeigneter Stellungen als Sprungbretter. Eine Studie unter amerikanischen Managern deutet auch auf die Wichtigkeit der Sprungbrett-Strategie hin (Glickman, Hahn, Fleishman & Baxter, 1968). Diese Studie erwähnt auch andere Strategien der Manager zur Entwicklung ihrer Karriere. Das Prinzip des Bündnisses mit einem sehr erfolgreichen Menschen wurde oft erwähnt, und die Autoren deuten an, dass eine Analyse erfolgter Beförderungen den Erfolg dieses Prinzips bestätigt. Nicht selten findet man, dass das Top-Management einer Organisation von Leuten beherrscht wird, die alle während ihrer früheren Karriere in derselben Abteilung zusammengearbeitet haben (in einer Firma ist diese Gruppe als die „Marketing Mafia" be-

Abbildung 20: Verteilung erwähnter Karriere-Strategien. (Jeder Manager erwähnte mehrere Strategien) (Aus: C. Sofer, Men in Mid-Career: A Study of British Managers and Technical Specialists. Copyright 1970 by Cambridge University Press).

Firma Anzahl der Befragten	Autoline Co. 40	Novoplast Co. 41	Beide 81
Warten	6	9	15
Gute Arbeit leisten	14	8	22
Eine Kündigung erleichtern	4	1	5
Eigene Kenntnisse über die Firma verbessern	4	1	5
Zwischenmenschliche Beziehungen verbessern	13	12	25
Art der Betätigung ändern	3	2	5
Sich aus einer Sackgassen-Stellung herausarbeiten	7	10	17
Stellungen wählen, die als Sprungbretter dienen	10	17	27
Eine Versetzung, Beförderung oder Erklärung verlangen	9	9	18
Stellung in einer anderen Firma annehmen	5	9	14
Andere Strategien	2	4	6

kannt). Andere oft erwähnte Methoden waren: Annahme riskanter Aufgaben, Lösung grösserer Krisen (Krisen schaffen Helden) und die Entwicklung spezieller Fähigkeiten, die bei passender Gelegenheit aufgedeckt werden.
Martin und Strauss (1956) haben die Wichtigkeit des Verhältnisses zwischen Förderer (Gönner) und Schützling (Protégé) beschrieben. Nach ihnen kann der Schützling bestimmte Schwächen seines Förderers ausgleichen, er kann beispielsweise als Spezialist, Berater, Verbindungsmann oder Daten sammelnder Beobachter tätig sein. Ein besonders mächtiger Förderer kann eine ganze Gruppe von Schützlingen haben, und ein aufsteigender Schützling kann mehrere Förderer haben. Der Erfolg des ganzen Systems hängt davon ab, ob der Gönner befördert wird und ob er die Schützlinge mit sich ziehen kann. Anscheinend bewährt sich dieses System oft, da Martin und Strauss feststellen, dass die höheren Managementebenen vieler Firmen aus ineinandergreifenden Ketten bestimmter mächtiger Förderer und ihrer Schützlinge bestehen (S. 109).
Eine Gruppe englischer Soziologen unternahm eine interessante Studie mit 229 Büroangestellten, die ihre Stellungen und Karrieren ziemlich anders sahen als die aufsteigenden Manager (Goldthorpe, Lockwood, Bechhofer & Platt, 1968). Diese Angestellten, von denen die meisten ungelernt waren, sahen ihre Beziehung zum Arbeitgeber lediglich finanziell, sie verrichteten ihre Arbeit, um dann in ihrer Freizeit andere Dinge tun zu können. Wenige von ihnen interessierten sich für die Idee der Beförderung, und tatsächlich erwarteten die meisten, für dieselbe Arbeit gut bezahlt zu werden. Nur 8 Prozent wollten befördert werden und unternahmen irgendetwas, um bessere Chancen zu haben. Die meisten sahen in der Beförderung einfach kein Mittel zur besseren Befriedigung ihrer Wünsche. Sie wollten mehr Freizeit und weniger Stress in ihrem Leben, und eine Manager-Laufbahn schien diese Ergebnisse nicht zu bieten. Es ist interessant, dass die Angestellten, die in ihrer Arbeit lediglich eine Einnahmenquelle sahen, sich gesellschaftlich nach unten bewegten: Sie standen gewöhnlich gesellschaftlich niedriger als ihre Eltern. Dubin (1956) hat Daten gesammelt, aus denen er schliesst, dass in den USA fast drei Viertel der untersuchten Industriearbeiter ihren Arbeitsplatz nicht als ein zentrales Lebensinteresse betrachten (S. 131). Dennoch berichten Still, Morse und Weiss (1955), dass 80 Prozent

von befragten Arbeitern sagten, sie würden auch dann weiterarbeiten, wenn es finanziell nicht mehr nötig wäre. Verschiedene Studien haben gezeigt, dass für Manager die Arbeit ein zentrales Lebensinteresse darstellt. Sofer (1970) fand beispielsweise, dass die Arbeit eine grosse oder beherrschende Rolle im Leben von 57 Prozent der von ihm untersuchten Manager spielte. Eine andere Studie bewies auch, dass Manager nicht unbedingt aufsteigen wollen, auch wenn sie sich stark mit ihrer Arbeit beschäftigen (Tausky & Dubin, 1965). In dieser Studie wurden nur 10 Prozent der Manager als ehrgeizig klassifiziert, d. h. als Männer, die hart für ihren Aufstieg arbeiten. Nach Tausky und Dubin ist der Glaube, dass alle Manager Streber sind, ein volkstümlicher Mythos. Im allgemeinen unterscheiden sich, die Menschen hinsichtlich ihrer Karriere-Vorstellungen weitgehend in mindestens zwei Beziehungen: (1) im Mass, in dem sie in ihrer Arbeit aufgehen und (2) im Mass ihrer Aufstiegswünsche. Obwohl diese zwei Dimensionen miteinander zusammenhängen, besteht keine vollkommene Korrelation – wie es Menschen gibt, die in ihrer Arbeit aufgehen und dennoch nicht aufsteigen wollen. Die Daten deuten auch an, dass Manager mehr in ihrer Arbeit aufgehen und nach oben streben als Arbeiter.

Wie kommt es, dass Menschen so unterschiedliche Karriere-Vorstellungen entwickeln? Teilweise kann man diese Frage dadurch beantworten, dass man die Kindheitserfahrungen studiert und sich dafür interessiert, wie das Selbst-Image entsteht, wie die Ergebnisvorzüge gebildet werden und wie die Vorstellungen der von den verschiedenen Berufen gebotenen Belohnungen entstehen. In seinen Untersuchungen in England hat Carter (1966) viele Daten darüber gesammelt, wie die Kindheitserfahrungen individuelle Karrieren beeinflussen. Seine Untersuchungen zeigen die starke Wirkung der sozialen Klasse auf das Selbst-Image und auf die Vorstellung von den Berufen. Er spricht von vier Klassen: (1) traditionelle respektable Familien, (2) neureiche Familien, (3) solide Arbeiterfamilien und (4) „grobe" Familien (roughs). Die ersten beiden Klassen regen ihre Kinder zum Streben nach höheren Berufen an und geben zu verstehen, dass manuelle Arbeit unter ihrer Würde sei. Die Eltern in der Arbeiterklasse erstreben keine grosse soziale Verbesserung; die Väter sind meist halbgelernte oder ungelernte Arbeiter, die den Kindern ihre Arbeit als respektabel und erstrebenswert beschreiben. Die „groben"

Familien haben keinen Ehrgeiz für ihre Kinder und geben sogar zu verstehen, dass Arbeit unangenehm ist. Diese Kinder sind wie geboren für Arbeitsplätze ohne Zukunft.
Oberflächlich gesehen ist es vielleicht nicht klar, dass jemand, der am Arbeitsplatz möglichst wenig arbeiten will, dieselben Motive hat wie jemand, der eine riskante Stellung mit Hoffnung auf Beförderung wählt. Auf einer tieferen Ebene der Analyse haben sie jedoch beide dasselbe Ziel: Beide wählen sie Arbeiten, die ihren Karriere-Zielen entsprechen. Die Ziele sind wahrscheinlich verschieden, und daraus erklärt sich ihr unterschiedliches Verhalten. Tatsächlich haben beide Arbeiternehmer Karriere-Ziele, die ihren Bedürfnissen, ihrem Selbst-Image, und ihren Vorstellungen von den in verschiedenen Berufen gebotenen Belohnungen entsprechen. Das Verhalten beider Arbeitnehmer ist auf das Erreichen dieser Karriere-Ziele ausgerichtet. Der eine geht bei der Auswahl seines Karriere-Ziels auf „Nummer sicher", indem er einen gut bezahlten aber nicht anstrengenden Job behalten will, während der andere es riskiert, ein höheres Karriere-Ziel im Management zu erreichen.

56 Die Kontrolle des Personalwechsels

Immer mehr Organisationen berichten von hohem Personalwechsel an den verschiedensten Arbeitsplätzen. Untersuchungen von abgehenden Studenten deuten an, dass fünf Jahre später mindestens die Hälfte von ihnen die Organisation gewechselt und dass viele sich sogar für neue Berufe entschieden haben. Studien bei Arbeitern und unteren Angestellten zeigen, dass der Personalwechsel bei vielen Arbeiten mehr als 40 Prozent pro Jahr beträgt. Bei manchen Tätigkeiten am Fliessband liegt der Personalwechsel sogar bei 275 Prozent pro Jahr. Immer mehr Menschen scheinen Karrieren zu planen und auch zu erreichen, die einen mehrfachen Wechsel von Organisationen und sogar von Berufen einschliessen. Mancher Personalwechsel ist also schwer zu vermeiden, da dabei Menschen im Spiel sind, die den Arbeitsplatz nur vorübergehend einnehmen wollen. Ein Buchhalter kann beispielsweise eine Stellung in einer grossen Wirtschaftsprüfungs-Firma in seine Karriere einplanen, lediglich um der Erfahrung und des Trainings willen. Seine erste Stellung ist vielleicht nur ein Sprungbrett für die Art von Beruf, die er letzten Endes sucht. (Er hat vielleicht das Ziel, Vizepräsident oder Geschäftsführer in einer grossen Firma zu werden.) Auf diese Weise verlieren die Wirtschaftsprüfungs-Firmen oft mehr als 90 Prozent ihres Personals innerhalb von zehn Jahren.

Mancher Personalwechsel ist auch auf Veränderungen zurückzuführen, die innerhalb der Menschen stattfinden und daher schwer zu kontrollieren sind. Menschen ändern ihre Lebensziele und ihre Vorstellungen von der Art ihres Fungierens in einer bestimmten Umgebung.

Wegen dieser Veränderungen kann ein Mensch, der bisher mit seiner Arbeit zufrieden war, diese nun als ungeeignet oder unbefriedigend betrachten. In solchen Fällen muss die Organisation gewöhnlich eine neue Tätigkeit für diesen Arbeitnehmer finden, wenn sie ihn nicht verlieren will. Der Entscheid zu kündigen kann in solchen Situationen von der Organisation kaum beeinflusst werden.

Obwohl mancher Personalwechsel sich der organisatorischen Kontrolle entzieht, ist doch der grössere Teil kontrollierbar. Personalwechsel ergibt sich oft aus einer Unzufriedenheit mit der Arbeit oder der Karriere aus Gründen, die von der Organisation geändert werden können. Aus irgendeinem Grunde bietet die Arbeit einem Menschen nicht die Belohnungen und Ergebnisse, die er erhalten zu sollen glaubt, – und er entscheidet, es mit einer ähnlichen Stellung in einer anderen Organisation zu versuchen, die eine grössere Befriedigung seiner Bedürfnisse verspricht. Organisationen können den Personalwechsel verringern, indem sie den Menschen die von ihnen gewünschten Belohnungen bieten und indem sie den Bewerbern realistische Vorstellungen von ihrer Tätigkeit vermitteln.

Da der Personalwechsel zugleich kostspielig und kontrollierbar ist, empfiehlt es sich, dass die Organisationen eine Strategie der Personalwechsel-Kontrolle befolgen. Da die Organisationen nie genügend interessante Tätigkeiten, hohe Löhne, Beförderungen usw. für alle bieten können, ergibt sich die Frage, wen man belohnen soll. Einerseits kann man alle Arbeitnehmer gleichmässig belohnen, was leider zur Folge hätte, dass die besseren Arbeiter am wenigsten zufrieden wären und zur Kündigung neigten. Wenn die besseren Arbeiter zufriedengestellt werden sollen, müssen sie besser belohnt werden als die schlechteren Arbeiter, da sie ihrer

Ansicht nach mehr erhalten sollten, wie das Modell der Befriedigung in Kapitel 4 illustriert. Insofern empfiehlt es sich, denjenigen Arbeitnehmern mehr zu bieten, die man behalten will. In bezug auf unser Modell der Befriedigung bedeutet dies, dass man ihnen Ergebnisse bieten muss, auf die sie viel Wert legen. Um diese Strategie anzuwenden, müssen die Organisationen wissen, wen sie behalten wollen, und sie müssen willens sein, die erforderlichen Ergebnisse zu bieten. Allzuoft haben Organisationen keine Kontrolle über ihren Personalwechsel, weil sie einfach nicht die nötigen Informationen sammeln wollen. Sie wissen nicht, wen sie behalten wollen; sie wissen nicht, auf welche Ergebnisse die Arbeitnehmer Wert legen; sie wissen nicht, welche Belohnungsebenen angemessen sind; und sie sind nicht in der Lage, die Arbeitnehmer unterschiedlich zu belohnen. Dies hat einen Personalwechsel unter den besseren Arbeitskräften zur Folge – was verhindert werden könnte, wenn die Organisation etwas Zeit und Mühe investieren würde.

57 Die Entscheidung, zur Arbeit zu kommen

Jeden Tag entscheiden die Arbeitnehmer von neuem, ob sie an den Tätigkeiten der Organisation teilnehmen wollen, ob sie zur Arbeit kommen wollen. Aus den Daten über die Abwesenheit bei vielen Organisationen (oft bis zu 10 Prozent) kann man ersehen, dass viele Menschen nicht zur Arbeit kommen. Natürlich bleiben manche von ihnen nicht freiwillig der Arbeit fern – Ausnahmen sind z. B. Krankheitsfälle. Andere Menschen jedoch könnten zur Arbeit kommen und entscheiden sich trotzdem bewusst dagegen. Menschen müssen motiviert sein, täglich zur Arbeit zu kommen. Wie unser Modell der Motivation andeutet, treffen sie diese Entscheidung, indem sie die vermutlichen Konsequenzen des Wegbleibens mit den Ergebnissen des Zur-Arbeit-Kommens vergleichen. Die Motivation zur Arbeit besteht nur dann, wenn die Menschen glauben, dieses Verhalten lohne sich eher als ein anderes.

Es besteht ein Zusammenhang zwischen Arbeitsbefriedigung und Abwesenheit. Dies können wir aufgrund unserer Modelle der Motivation und Befriedigung erwarten, da die Befriedigung auch mit dem Personalwechsel zusammenhängt. Wenn jemand sagt, er sei unzufrieden mit seiner Arbeit, so sagt er damit, dass die Arbeit nicht die ihm angemessenen Ergebnisse bietet. Da vorausgegangene Erfahrungen die A → E Erwartungen beeinflussen, glauben unzufriedene Menschen öfters, es lohne sich nicht, zur Arbeit zu kommen und folglich neigen sie auch dazu, von der Arbeit fernzubleiben. Drei Arten von Ergebnissen üben erwiesenermassen einen starken Einfluss auf die Abwesenheit aus: soziale Faktoren, Tätigkeitsgestaltung und Bezahlung.

Whyte (1948) hat gezeigt, dass Menschen, die zu einer eng zusammengehörigen sozialen Gruppe zählen, regelmässiger zur Arbeit zu kommen scheinen. Solche Menschen assoziieren vermutlich bedeutendere Ergebnisse mit der regelmässigen Arbeit (z. B. soziales Ansehen) als Menschen, die keiner Gruppe angehören. Den ersteren macht die Geselligkeit bei der Arbeit Freude, und sie freuen sich darauf zu erfahren, was ihre Mitarbeiter getan haben. Die Arbeit zu verpassen, bedeutet für sie, die Ereignisse des Tages bei der Gruppe zu verpassen. Oft kann der soziale Aspekt der Arbeit wichtiger sein als der Aspekt der Leistung: Die Menschen kommen zur Arbeit nicht so sehr um zu arbeiten, sondern um ihre Bekannten zu sehen. Angehörige von Gruppen sehen auch einige negative Konsequenzen der Abwesenheit, die für Alleinstehende keine Rolle spielen. In Interviews sagen sie oft, dass andere dann schwerer arbeiten müssten und dass dies bei ihnen selbst ein unbehagliches Gefühl auslösen würde (Whyte, 1948). Es überrascht also nicht, dass Angehörige einer starken Gruppe mit grösserer Wahrscheinlichkeit zur Arbeit kommen, da ihnen die Anwesenheit anziehender erscheint als die Abwesenheit. Auf den ersten Blick mag es scheinen, dass Organisationen wenig Kontrolle darüber ausüben, ob sich kohäsive Gruppen bilden. Aber dies ist nicht der Fall, und viele organisatorische Regeln und Praktiken fördern oder hindern eine solche Bildung. Die Anordnung der Arbeitsplätze innerhalb der Gebäude wird beispielsweise vom Management kontrolliert und wirkt sich stark auf die Gruppenbildung aus. Die einfache Teilung eines grossen Raumes in kleine Räume mit je sechs Arbeitskräften ermutigt zur Bildung von Gruppen. Eine Firma fand, dass sie den Personalwechsel bei einigen Fertigungstätigkeiten verringern könnte, indem sie die Maschinen so anordnete, dass die Arbeiter miteinander sprechen und einen bestimmten Weg gehen konnten, während sie vorher in verschiedene Richtungen gehen mussten.

Auch durch ihre Methode der Stellenverteilung kann eine Firma die Gruppenbildung beeinflussen. Wenn Arbeitnehmer öfter versetzt werden, können sich schwerer Gruppen bilden. Andererseits können Organisationen die Bildung von Gruppen erleichtern, indem sie den einzelnen so weit wie möglich erlauben, ihre Mitarbeiter zu wählen. Obwohl die Bildung von kohäsiven Gruppen gewöhnlich den Personalwechsel verringert, steigert sie nicht immer die Leistung. Tatsächlich kann sie die Leistung negativ beeinflussen, wie wir in Kapitel 8 sehen werden.
Eine Reihe von Studien haben gezeigt, wie die Arbeit selbst die Abwesenheit beeinflussen kann. Wenn die Tätigkeiten interessant und herausfordernd sind und wenn der Arbeitnehmer in der Arbeit aufgeht, ist er stärker motiviert, zur Arbeit zu kommen. Dies scheint sich daraus zu erklären, dass solche Tätigkeiten die höheren Bedürfnisse befriedigen, dass sie ein Gefühl der Zuständigkeit, des Erfolgs und der Selbstverwirklichung vermitteln. Wenn Menschen bei der Arbeit solche Gefühle haben, finden sie ihre Tätigkeit anziehender (Ross & Zander, 1957).
Monotone Routinearbeit befriedigt diese Bedürfnisse einfach nicht. Daher überrascht es nicht, dass Menschen mit einfachen, sich wiederholenden Tätigkeiten mehr zur Abwesenheit neigen als Menschen, die interessante Tätigkeiten haben. Erstere erwarten von ihrer Arbeit weniger positive Ergebnisse. Die höchsten Abwesenheitsraten findet man gewöhnlich bei den Fliessbandarbeitern, was sich teilweise aus den mangelnden sozialen Kontaktmöglichkeiten erklärt und grösstenteils aus der mangelnden Befriedigung bei der Arbeit selbst. Andere Studien haben gezeigt, dass die Abwesenheitsraten gewaltig sinken, sobald das Interesse und die Vielfalt der Arbeit ansteigt.
Man darf jedoch nicht vergessen, dass eine interessantere Tätigkeit nicht jeden Menschen motivieren wird, zur Arbeit zu kommen. Natürlich werden nur Menschen motiviert, welche die gebotenen Belohnungen schätzen. Tatsächlich werden einige Menschen von anspruchsvoller Arbeit abgestossen, da sie ihnen zu komplex und zu anstrengend erscheint. Die bereits in der Studie von Goldthorpe (1968) erwähnten Arbeiter wollten beispielsweise keine herausfordernden Tätigkeiten, sie wollten keine grosse Verantwortung tragen.
Es gibt überraschend wenige Studien über die Wirkung der verschiedenen Lohnsysteme auf die Abwesenheit. Zweifellos können

jedoch die Abwesenheitsentscheidungen durch die Bezahlung beeinflusst werden. Eine Studie von Lawler und Hackman (1969) bestätigt dies. In einer Firma mit hoher Abwesenheitsrate beim Reinigungspersonal entwickelte man einen Plan, der regelmässige Anwesenheit durch Geldprämien belohnte. Der Plan sollte die Vorstellung der Arbeiter von den Folgen der An- und Abwesenheit beeinflussen, und er wurde von Mitgliedern dreier Arbeitsgruppen innerhalb der Firma ausgearbeitet. Abbildung 21 zeigt die Ergebnisse; der Prämienplan erhöhte die Anwesenheitsrate. Dies deutet natürlich daraufhin, dass es wichtig ist, die Bezahlung in eine Betrachtung der Motivation einzubeziehen. Die Abbildung zeigt eindeutig, dass durch eine Koppelung der Anwesenheit mit der Bezahlung die Anwesenheit erhöht wurde.

Abbildung 21: Wirkung des Lohnplans auf die Anwesenheit.
(Aus: E. E. Lawler and J. R. Hackman, The impact of employee participation in the development of pay incentive plans. A field experiment. Journal of Applied Psychology, 1969, 53, 467.)

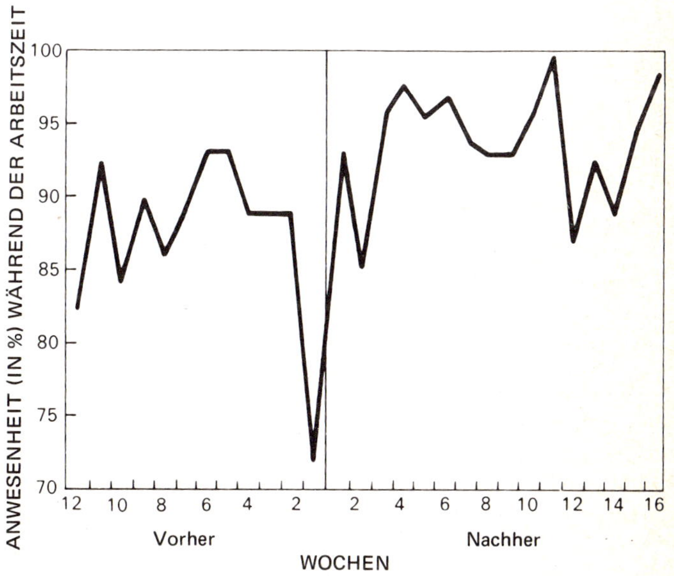

Das von den drei Gruppen entwickelte Lohnsystem wurde dann bei zwei anderen Gruppen in derselben Organisation angewandt, und diesmal bewährte es sich nicht so gut. Während die Arbeiter, die den Plan entwickelt hatten, sich verpflichtet fühlten, ihn auch erfolgreich anzuwenden, sahen die anderen Arbeiter in ihm eine Art Instrument der Verwaltung, um sie zur Anwesenheit zu bewegen, was ja auch der Fall war. Diese Daten betonen, dass die Mechanik eines Plans nicht seinen Erfolg garantiert. Der Erfolg hängt auch sehr davon ab, wie der Plan eingeführt wird, wie er akzeptiert wird, welche anfänglichen Eindrücke er macht und in welchem Masse Vorgesetzte und Untergebene einander vertrauen. Diese Punkte werden wir im einzelnen in Kapitel 6 diskutieren, welches sich mit Lohnsystemen beschäftigt.

In einer Nachuntersuchung von Prämienplänen sammelten Scheflen, Lawler und Hackman (1971) Daten über die Wirkung der Pläne nach einem Jahr. Die Anwesenheit war bei den in den Plan einbezogenen Gruppen gestiegen. In einigen Gruppen hatte die Verwaltung den Plan wieder abgeschafft und Abbildung 22 zeigt, was sich dann ereignete. Die Anwesenheit sank sichtlich,

Abbildung 22: Veränderung der Anwesenheitsrate durch Abschaffung des Prämienplans. (Aus: Scheflen, Lawler und Hackman, Long-term impact of employee participation in the development of pay incentive plans: A field experiment revisited. Journal of Applied Psychology, 1971, 55, 182–186.)

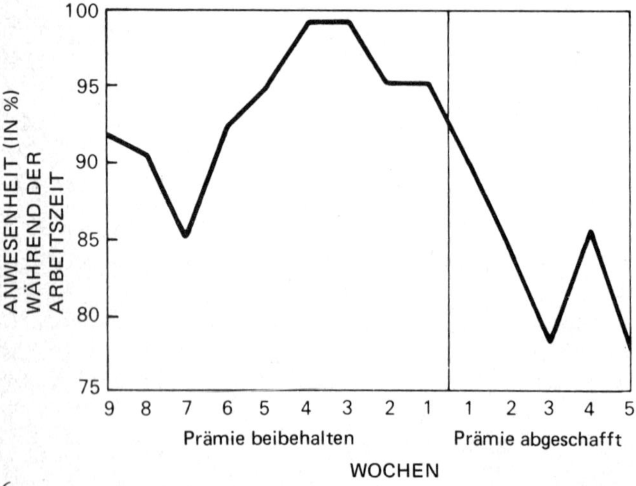

woraus man schliessen kann, dass der Plan auf die Anwesenheit einwirkte. Bei den übrigen Gruppen wurde der Plan beibehalten, und die Anwesenheit blieb hoch. Die teilweise Abschaffung des Plans war auf mangelnde Zustimmung des Management zurückzuführen.

Haire (1956) hat darauf aufmerksam gemacht, dass viele Organisationen ihr Personal mehr für Anwesenheit als für Leistung bezahlen. Aber bezahlen die Organisationen wirklich für Anwesenheit? Da ein Arbeitnehmer zeitweise abwesend sein kann, ohne seinen Lohn zu gefährden, scheinen viele Organisationen mehr für Mitgliedschaft als für Anwesenheit zu bezahlen. Sie machen die Bezahlung von der Erfüllung einer gewissen Anwesenheitsnorm abhängig. Das heisst, dass der Arbeitnehmer einige Male im Jahr abwesend sein darf, ohne sich dabei finanziell zu schaden. Nach unserem Modell der Motivation bewirkt diese Strategie eine Verringerung der wahrgenommenen positiven Konsequenzen der Anwesenheit und führt damit zu verminderter Anwesenheit.

Zusammenfassend kann man sagen, dass die Organisationen die Anwesenheits-Entscheidungen der Arbeitnehmer beeinflussen können. Abwesenheit kommt nicht zufällig zustande; sie ist eine Form des motivierten Verhaltens, die durch die Praktiken der Organisationen beeinflusst werden kann. Abwesenheit, ebenso wie Personalwechsel, wird durch die Art der Ergebnisse bestimmt, welche die Arbeitnehmer mit dem Zur-Arbeit-Kommen assoziieren. Die Organisationen können positive Ergebnisse mit der Anwesenheit verkoppeln und die Abwesenheit verringern, indem sie die Arbeit den Bedürfnissen der Menschen anpassen, indem sie Anwesenheit mit Geld belohnen und indem sie zur Bildung kohäsiver sozialer Gruppen ermutigen.

58 Die Entscheidung, in der Zukunft zu arbeiten

Die in diesem Kapitel behandelten Beweise zeigen eindeutig, dass Organisationen die Entscheidungen der Arbeitnehmer in bezug auf die Arbeit beeinflussen können. Durch die Gestaltung der Tätigkeiten und der Umgebung können Organisationen die Abwesenheit und den Personalwechsel beeinflussen. Im allgemeinen üben die Organisationen weniger Kontrolle über die Berufswahl aus, da hierbei gesellschaftliche Faktoren, wie Berufsstatus, eine grosse Rolle spielen. Bis vor kurzem mussten sich die Organisationen über die Abwesenheit noch keine grossen Sorgen machen. Fast jedermann wollte arbeiten; deswegen sorgten sich die Organisationen lediglich um die Konkurrenz anderer Organisationen auf dem Arbeitsmarkt. Dieser Schwerpunkt verschiebt sich nun, da immer mehr Menschen entscheiden, nicht in gewinnbringenden Organisationen zu arbeiten (siehe z. B. Reich, 1970; Roszak, 1969). Wenn dieser Trend anhält, müssen die Organisationen vielleicht ihre Praktiken und Methoden ändern, um mehr Menschen in den Arbeitsmarkt einzubeziehen.

Was können Organisationen tun, um die Arbeit anziehender zu machen? Wir erwähnten bereits einige Möglichkeiten: die Tätigkeiten interessanter gestalten, höhere Löhne auszahlen und zur Bildung von kohäsiven Gruppen ermutigen. Darüber hinaus können die Organisationen bei der Gestaltung von Arbeitsanordnungen viel anpassungsfähiger sein. Das typische Muster, nach dem alle Arbeitnehmer gleichzeitig zur Arbeit kommen und die gleiche Anzahl Stunden arbeiten, passt nicht jedem. Man könnte beispielsweise Menschen dadurch anziehen, dass man ihnen erlaubt, ihre eigenen Stunden zu bestimmen oder sogar nur einen Teil des Jahres zu arbeiten. Ehemänner könnten eine Arbeitsstelle mit ihren Frauen teilen, indem sie die Stunden, Monate oder Jahreszeiten nach Belieben untereinander aufteilten. Einige Arbeitnehmer könnten pro Woche an vier Tagen jeweils zehn Stunden arbeiten, während andere an fünf Tagen jeweils acht Stunden arbeiten. Dies sind nur Beispiele dafür, wie Organisationen die Arbeit den Bedürfnissen der Arbeitnehmer anpassen können, um dadurch die Arbeit in Organisationen allgemein anziehender zu machen. Wenn der heutige Trend anhält, könnte eine verstärkte Individualisierung des Verhältnisses zwischen Arbeitgeber und Arbeitnehmer nötig werden, um Arbeitskräfte anzuziehen.

6 Extrinsische Belohnungen und Arbeitsleistung

Eine der bemerkenswertesten Eigenschaften von Organisationen ist ihre Macht, greifbare Ergebnisse zu bieten. Zu den sichtbarsten Belohnungen gehören Bezahlung, Beförderung, interessante Arbeit, Statussymbole und Nebenvergütungen. Das Gewähren und Ablehnen dieser Belohnungen kann die Motivation und Befriedigung ausserordentlich stark beeinflussen, wie eine Reihe von Studien auf diesem Gebiet gezeigt haben. Der Grad des Einflusses, den eine bestimmte Belohnung ausüben kann, wird natürlich durch den Wert bestimmt, den die betreffende Person ihr beimisst. In diesem Kapitel werden wir uns damit beschäftigen, wie wichtig die verschiedenen extrinsischen Belohnungen sind und wie weit sie die Leistung beeinflussen. Dabei werden wir auch die Zufriedenheit mit extrinsischen Belohnungen in Betracht ziehen. Hauptsächlich werden wir über Bezahlung und Beförderung sprechen, da diese allen Organisationen gemeinsam sind und da sie bisher ausführlicher untersucht worden sind. Mit wenigen Ausnahmen gleichen ihre Wirkungen auf Motivation und Befriedigung den Wirkungen der anderen extrinsischen Belohnungen.

61 Die Bedeutung der extrinsischen Belohnungen

Herzberg u. a. (1957) verglichen eine Anzahl von Studien, die sich mit der Bedeutung der Arbeitsfaktoren beschäftigten. Hierbei liess man die Befragten einfach die Faktoren nach ihrer Wichtigkeit anordnen. Die Ergebnisse dieser Übersicht sind auf Abbildung 7 in Kapitel 2 dargestellt. Es zeigt sich, dass eine extrinsische Belohnung (Beförderung), intrinsische Faktoren (Kapitel 7) und ein zwischenmenschlicher Faktor (Kapitel 8) als relativ wichtig betrachtet werden. Überraschenderweise wurde Bezahlung erst an siebter Stelle erwähnt. In einem späteren Überblick zeigte sich, dass die Bezahlung gewöhnlich den dritten Platz einnahm (Lawler, 1971). Auch stellte sich heraus, dass zwischen den einzelnen Studien sowie zwischen den einzelnen Befragten beträchtliche Unterschiede hinsichtlich Bezahlung und anderer extrinsischer Belohnungen bestanden, und dies stimmt mit den im vorigen Kapitel erklärten Begriffen der Ergebnisbedeutung und -Wünschbarkeit überein.

Wir würden erwarten, dass die Bedeutung von Ergebnissen wie Bezahlung und Beförderung variiert, als eine Funktion der Bedürfnisstärke der betreffenden Person zur betreffenden Zeit und als eine Funktion der Bedürfnisarten, welche durch diese Ergebnisse befriedigt werden können. Bezahlung mag für einen Menschen die grösste Rolle spielen, da sie sein starkes Bedürfnis nach Sicherheit befriedigt; für einen anderen Menschen mag ebenfalls die Bezahlung am wichtigsten sein, da sie sein Bedürfnis nach Anerkennung befriedigt. Für einen anderen Menschen mag jedoch die Bezahlung unwichtig sein, da sie seine starken sozialen Bedürfnisse nicht befriedigt. Um die Wirkung eines Lohnsystems auf die einzelnen Menschen zu verstehen, müssen wir untersuchen, wie wichtig ihnen eine Belohnung wie Geld erscheint und warum sie ihnen wichtig ist. Die Betrachtung der durchschnittlichen Wichtigkeit von Belohnungen wie Bezahlung und Beförderung kann uns bestenfalls nur einen Eindruck davon verschaffen, ob diese Belohnungen im Durchschnitt wichtig genug sind und zur Motivierung benutzt werden können.

Einige interessante Untersuchungen stellen verschiedene Faktoren heraus, in denen sich die sehr geldorientierten Menschen von den weniger geldorientierten unterscheiden. Eine Studie von Lohnsystemen für Akkordarbeiter – Dalton (1948) – unterscheidet beispielsweise zwischen „Rekordbrechern" (denen Bezahlung sehr wichtig ist) und „Genügsamen" (die ihre Produktivität niedrig halten und auf Geld weniger Wert legen). Dalton findet bei beiden Gruppen ziemliche Unterschiede im Familienmilieu. Die Genügsamen waren meist Söhne ungelernter Industriearbeiter; sie wuchsen in grossen Städten auf und waren Mitglieder von Banden Halbstarker. Ihrer politischen Einstellung nach waren sie sozialdemokratisch eingestellt (USA: Demokraten), und sie bezeichneten die Rekordbrecher als konservative Schweine (USA: Republikaner). Ihrer Konfession nach waren sie zumeist Katholiken, und sie gehörten vielen sozialen Gruppen an (z. B. Elk Club). Die Rekordbrecher dagegen stammten gewöhnlich aus Bauernfamilien oder aus kleinen Städten, wo sie unter elterlicher Autorität lebten. Sie waren meist Einzelgänger und schlossen sich selten Gruppen an. Die meisten von ihnen waren politisch konservativ

(USA: Republikanisch) eingestellt und besassen ein eigenes Haus. Für die Rekordbrecher schien Geld ein „Zeichen der Tugend" zu sein, da der einzelne dadurch bewies, dass er hart arbeitete. Dalton fasste die beiden Typen zusammen als (1) den auf dem Lande oder in der Mittelklasse geborenen, konservativen Einzelgänger, der Geld spart und investiert und keine Ausseninteressen hat, und (2) den in der Stadt geborenen, geselligen, sozialdemokratischen (New Deal Democratic) und Geld ausgebenden Typ (Aus: Whyte, 1955, S. 46).
Die in Kapitel 5 erwähnten Untersuchungen über die Karriereplanung zeigten einige der Unterschiede zwischen Arbeitern, die Wert auf Beförderung legen und Arbeitern, die wenig Wert darauf legen. Andere Studien haben gezeigt, dass Faktoren wie Zufriedenheit mit der Bezahlung, Tätigkeitsebene innerhalb der Organisation und Art des Lohnsystems auf die Bedeutung von Bezahlung und Beförderung einwirken. Ganz allgemein zeigen die Studien, dass grosse individuelle Unterschiede bei der Beurteilung extrinsischer Belohnungen bestehen. Die Studien deuten an, dass Organisationen relativ wenig Kontrolle über das Mass haben, in dem einzelne Arbeitnehmer verschiedene extrinsische Belohnungen bewerten. Die Wichtigkeit eines Ergebnisses wird vielleicht mehr vom Familienmilieu eines Menschen als von organisatorischen Faktoren beeinflusst. Damit soll nicht gesagt sein, dass die Organisationen keine Kontrolle ausüben; offensichtlich können die Organisationen viel tun. Beispielsweise können sie durch eine Änderung der Lohnraten die Wichtigkeit des Lohnes beeinflussen. Jedoch haben andere Faktoren, über die die Organisationen wenig Kontrolle ausüben, auch einen wichtigen Einfluss. Ein Weg steht der Organisation offen, die einen bestimmten Grad von Geldorientiertheit bei ihren Arbeitnehmern wünscht: Sie kann das Personal von vornherein auf dieser Basis auswählen. Wenn eine Organisation beispielsweise die Bezahlung als einen Anreiz benutzen will, kann sie Bewerber anstellen, die auf Geld grossen Wert legen. Daltons Untersuchungen deuten an, dass dies durch Beachtung bestimmter Milieufaktoren erreicht werden kann. Es gibt psychologische Tests, welche die Wertorientierungen und -bedürfnisse einzelner Menschen bestimmen. Jedoch ist es nicht immer leicht, bei der Auswahlsituation die geldorientierten Menschen zu identifizieren, da die Bewerber gewöhnlich die Test-

fragen so zu beantworten suchen, dass sie die gewünschte Stelle erhalten. Alle Auswahlinstrumente haben insofern begrenzte Gültigkeit.

62 Bezahlung nach Leistung

Das in Kapitel 3 beschriebene Modell der Motivation deutet an, dass Ergebnisse nur dann die Arbeitsleistung motivieren, wenn sie wichtig sind und an die Leistung gekoppelt zu sein scheinen. Untersuchungen zeigen, dass die meisten Menschen in den meisten Situationen Belohnungen wie Bezahlung und Beförderung wichtig finden. Wenn also solche Belohnungen mit der Leistung verkoppelt werden, so dass sie von guter Leistung abzuhängen scheinen, dann sollten sie zu guter Arbeitsleistung motivieren. Tatsächlich haben viele Studien gezeigt, dass die Bezahlung nach Leistung die Motivation verstärkt (Lawler, 1971).
Es gibt zahllose Methoden der Bezahlung nach Leistung und die meisten sind bei verschiedenen Gelegenheiten ausprobiert worden. Viele Ansätze ähneln einander sehr und können in der Diskussion zusammengefasst werden. Man sollte jedoch Lohnsysteme, welche die Leistung des einzelnen auf die Bezahlung des einzelnen beziehen, von denen getrennt halten, welche eine Gruppenleistung auf ein Gruppenzahlniveau beziehen.
Es scheint bewiesen, dass der Unterschied zwischen Einzelplänen und Gruppenplänen beträchtlich ist, in bezug auf ihre Beliebtheit bei den Arbeitnehmern und auch in bezug auf ihre Wirkung. Ausserdem sollte man zwischen zwei Arten von Gruppenplänen unterscheiden: Ein Typ basiert auf der Leistung einzelner Untergruppen (Porter & Lawler, 1965), ein anderer (wie z. B. der Scanlon Plan) basiert auf der Leistung der ganzen Organisation oder einer grossen Fabrik.

621 Individuelle Belohnungssysteme

Der am besten bekannte individuelle Lohnplan ist die Akkordmethode, bei welcher der Lohn nach der vom Arbeiter produzierten Stückzahl bestimmt wird. Buchstäblich Tausende von Akkordsystemen sind entworfen und angewandt worden. Alle diese Pläne basieren auf einer Messung der Normalproduktion bei einer gegebenen Tätigkeit. Man braucht diese Messung um zu bestimmen, wieviel pro Stück bezahlt werden soll und um die Zeitersparnis zu ermitteln, die sich aus der überdurchschnittlichen Leistung ergibt. Die Probleme solcher Leistungsmessung und die Ermittlung angemessener Stückzahlnormen haben die Verhaltensforscher von jeher beschäftigt (siehe z. B. Viteles, 1953). Immer wieder hat sich gezeigt, dass Zeitnormen und Stücklöhne nicht allein auf objektiven, genauen, zuverlässigen und beweisbaren Daten basieren und dass sie darum eine Quelle endlosen Streits sein können. Vielleicht bezieht sich die unbeantwortete Frage bei solchen Messungen auf das Mass, in dem sie für Irrtümer anfällig sind. Industrielle Ingenieure geben oft eine Genauigkeit von plus/minus 5 Prozent an, während die Untersuchungen der Verhaltensforscher andeuten, dass die Irrtümer gewöhnlich viel grösser sind (Whyte, 1955).

Der Stücklohnplan ist nicht die einzige Form der individuellen Belohnung. Tatsächlich steht er bezüglich seiner Häufigkeit nur an zweiter Stelle. Gehaltserhöhungen aufgrund individueller Leistung werden am häufigsten angewandt, um zu grösserer Leistung anzuregen. In einem solchen System wird das Gehalt eines Arbeitnehmers öfter seiner Leistung während einer voraufgegangenen Periode (gewöhnlich 6–12 Monate) angepasst. Die Leistung wird aufgrund der Beurteilung des Vorgesetzten gemessen.

Viele Studien haben darauf hingewiesen, dass sowohl das Stücklohnsystem wie auch die periodische Gehaltsangleichung oft nicht erreichen, dass die Bezahlung an die Leistung gekoppelt wird. Keines der beiden Systeme kann die individuelle Bezahlung vollkommen mit der Leistung verbinden. Dennoch sind sie in dieser Beziehung erfolgreicher als die Stundenlohnsysteme ohne periodische Angleichung, welche den Verdienst des einzelnen nicht in Betracht ziehen. Man kann also, um die jeweilige Wirkung festzustellen, Vergleiche anstellen zwischen Situationen, in denen die Arbeiter unter Stücklohn- und Verdienstsystemen arbeiten und Situationen, in denen die Arbeiter einen festen Lohn erhalten.

Taylors (1911) frühere Arbeiten geben uns eines der ersten Beispiele dafür, wie die Motivation der Arbeitnehmer geändert werden kann, indem man die Bezahlung enger mit der Leistung verkoppelt. Taylor nahm einen „arbeitsamen Holländer", der

Eisenerz schaufelte, ordnete dessen Arbeit etwas anders an und entwarf für ihn ein Stücklohnsystem, das ihm höhere Bezahlung bei höherer Leistung bot. Seine Produktion stieg darauf um mehrere hundert Prozent. Dieser Anstieg schien teilweise auf dem Belohnungssystem zu beruhen, wodurch deutlich bewiesen war, dass das Verkoppeln der Bezahlung mit der Leistung die Motivation beeinflussen kann.
1945 zeigte eine Untersuchung der Regierung der Vereinigten Staaten, dass durch die Einführung von 514 verschiedenen Belohnungssystemen die Produktion durchschnittlich um 39 Prozent stieg, während die durchschnittlichen Arbeitskosten pro Stück um 11,6 Prozent sanken. Viteles (1953) beschreibt die Murray Corporation als ein Beispiel für das, was geschehen kann, wenn eine Firma von einem festen Lohnsystem zu einem individuellen Belohnungssystem wechselt. Der Wechsel führte umgehend zu einer betriebsweiten durchschnittlichen Produktionssteigerung von 16 Prozent. Ausserdem verringerten sich die Unfallraten, und die Zusammenarbeit mit den Vorgesetzten verbesserte sich.
Von vielen solchen Fällen ist berichtet worden, aber allen ist derselbe methodische Mangel gemeinsam, der sich schon bei Taylors (1911) ursprünglichem Experiment findet: Taylor veränderte nicht nur die Bezahlung des Holländers, sondern auch eine Reihe anderer Faktoren, wie den Arbeitsvorgang und die Form der Schaufel. Bei der Murray Corporation veränderte man mit der Einführung des Belohnungssystems auch einige Regeln und Arbeitsprozeduren, sowie die Schichten und die Länge der Arbeitswoche und die Beziehungen zwischen Gewerkschaften und Management. Daher kann man unmöglich die Produktionssteigerung allein auf die Veränderung des Lohnsystems zurückführen. Dieselbe Kritik trifft auf die meisten Studien der Betriebe zu, die von einem festen Lohnsystem zu einem individuellen Belohnungssystem gewechselt haben. Wie Viteles sagt, ist „die Einführung eines Belohnungsplans gewöhnlich mit weiteren Änderungen verbunden, in bezug auf Arbeitsbedingungen, Personalpolitik und andere wichtige Faktoren" (1953, S. 29).
Glücklicherweise ist man in einigen Studien methodischer vorgegangen. Man hat sich dabei bemüht, während der beobachteten Periode nur das Lohnsystem zu ändern. In einigen Studien wurde

sogar eine Kontrollgruppe benutzt, bei der man keine Veränderungen vornahm.

In den Untersuchungen der Firma Western Electric (Roethlisberger & Dickson, 1939) begann man eine Reihe von experimentellen Veränderungen u. a. damit, dass man in einer Instrumentenprüfungsabteilung ein Belohnungssystem einführte. Es handelte sich dabei um einen Gruppenplan; da aber die Gruppe klein war, wurde die Bezahlung des einzelnen auch von seiner eigenen Leistung beeinflusst. Nach der Einführung dieses Planes stieg die Produktion um rund 16 Prozent.

Nachdem die Forscher die Produktionssteigerung in der Instrumentenprüfungsabteilung entdeckt hatten, versuchten sie die Ursache durch weitere Untersuchungen zu isolieren. Zu diesem Zweck studierten sie eine zweite Instrumentenprüfungsabteilung und eine Quarzprüfungsabteilung. Sie wollten die Hypothese beweisen, dass die Produktionssteigerung bei der ersten Instrumentenprüfungsabteilung ökonomische Ursachen hatte. Deswegen änderten sie in der zweiten Instrumentenprüfungsabteilung nur die Methode der Bezahlung; die Arbeiter wurden nach dem Stücklohnsystem bezahlt. Hierauf erfolgte eine Produktionserhöhung um 12,2 Prozent. Obwohl diese Erhöhung geringer war als in der ersten Abteilung, könnte man doch daraus schliessen, dass die erhöhte Produktion in der ersten Abteilung grösstenteils auf das geänderte Bezahlungssystem zurückzuführen war. Ausserdem war die wichtige Tatsache bewiesen, dass durch eine engere Verkoppelung der Bezahlung mit der Leistung die Produktivität erhöht werden kann.

Wyatt (1934) berichtet von einer Studie, in der er das feste Gehalt von Arbeitnehmern in ein konkurrierendes Prämiensystem verwandelte, um die Bezahlung von der individuellen Produktivität abhängig zu machen. Die unmittelbare Wirkung des neuen Systems war eine Produktionssteigerung um 46 Prozent, welche während der 15-wöchigen Untersuchungsperiode anhielt. Danach wurde ein Stücklohnsystem eingeführt, das die Produktion um weitere 30 Prozent erhöhte. Dieses neue Niveau der Produktion galt während der restlichen 12 Wochen.

In einer anderen gut kontrollierten Studie liess Burnett (1925) vier Arbeitnehmer acht Wochen lang eine Näharbeit für einen Stundenlohn ausführen. Danach bezahlte er sie fünf Wochen lang mit einem Stücklohn, der nach der stündlichen Produktion er-

mittelt wurde. Ausser der Lohnmethode wurden keine anderen Faktoren geändert. Bei Einführung des Stücklohns stieg die durchschnittliche Produktion sofort um 7,2 Prozent. In der dritten Woche stieg die Produktion auf 18 Prozent und in der vierten Woche auf 20,2 Prozent. Während der letzten zwei Wochen sank die Produktion etwas, aber das Ergebnis deutete offensichtlich an, dass eine engere Abhängigkeit der Bezahlung von der Leistung die Produktivität während der fünfwöchigen Versuchsperiode beträchtlich erhöhte.
In späteren Untersuchungsserien unter psychisch Kranken in einer Nervenheilanstalt testeten Ayllon und Azrin (1965) die Wirkung von Belohnungsbons, um bestimmte Arten von Verhalten zu belohnen, wie z. B. das Servieren von Essen oder das Ausführen von Schreibarbeiten. Die Patienten konnten die Bons zum Austausch gegen bestimmte Privilegien in der Anstalt oder zum Ankauf von Dingen im Laden der Anstalt benutzen. Diese gut geplante Reihe von Studien liefert überzeugende Beweise dafür, dass durch die Belohnung eines bestimmten Arbeitsverhaltens die Arbeitswilligkeit von Patienten in einer Nervenheilanstalt drastisch erhöht werden kann. Abbildung 23 zeigt, wie wirksam die Belohnungsbons die Einstellung zur Arbeit beeinflussten. Während der ersten 20 Tage arbeiteten 44 Patienten im ganzen 45 Stunden pro Tag. Sobald die Bons wieder abgeschafft waren, fiel die Summe der Arbeit bereits am ersten Tag auf 35 Stunden. Am dritten Tag sank die Summe auf 20 Stunden und am sechzehnten Tag sogar auf eine Stunde pro Tag. Sobald dann die Belohnung durch Bons wieder eingeführt wurde, stieg die Summe wieder auf 45 Stunden pro Tag und hielt sich auf dieser Ebene während der restlichen 20 Tage der Untersuchung.
Atkinson und Reitman (1956) führten ein Experiment unter zwei verschiedenen Bedingungen aus. Beim ersten Teil des Experiments wurden den Versuchspersonen anspornende Instruktionen zur Ausführung einer Aufgabe gegeben, jedoch wurden keine finanziellen Belohnungen geboten. Beim zweiten Teil des Experiments wurden dieselben Instruktionen gegeben, und ausserdem wurde ein Preis von fünf Dollars für die beste Leistung geboten. Es zeigte sich, dass das Angebot der finanziellen Belohnung allgemein zu erhöhter Leistung führte, besonders bei den Personen, die wenig Erfolgsmotivation zeigten.

Stark erfolgsmotivierte Menschen arbeiteten auch ohne das Angebot der finanziellen Belohnung hart.

Abbildung 23: Arbeitsstunden pro Tag, mit und ohne Motivierung durch Belohnungsbons, bei einer Gruppe von 44 Patienten. (Aus: T. Allon und N. H. Azrin, The measurement and reinforcement of behavior of psychotics. Journal of Experimental Analysis of Behavior, 1965, 8, 357–383. Zusätzliche Information und ähnliche Untersuchungen finden sich in: The Token Economy: A Motivational System for Therapy and Rehabilitation, by T. Ayllon and N. H. Azrin, 1968.)

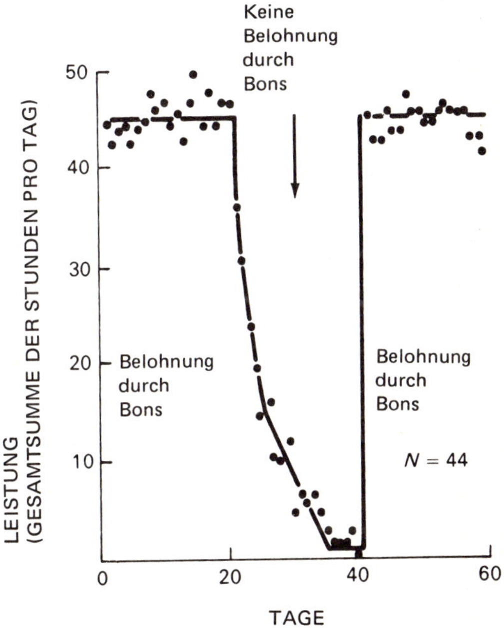

Zusammenfassend können wir sagen, dass die meisten Beweise die Voraussage unseres Motivationsmodells bestätigen. Das Modell besagt, dass durch eine Verkoppelung der individuellen Leistung mit finanziellen Belohnungen die Leistung erhöht werden kann. Diese Beweise stammen aus vielen Untersuchungen verschiedener

Art. Leider stammt ein Teil aus Studien niedriger Qualität, andererseits haben wir aber auch viele Beweise von sorgfältig kontrollierten Experimenten. Sogar die konservativsten Ergebnisse dieser Studien scheinen anzudeuten, dass individuelle Belohnungssysteme die Produktivität um 10–20 Prozent erhöhen können.

622 Belohnungssysteme für Gruppen und ganze Organisationen

Zwei Untersuchungen haben die Wirksamkeit der Belohnungssysteme für einzelne und für Gruppen verglichen. Marriott (1949) studierte das Verhältnis zwischen der Grösse der Arbeitsgruppe und der Leistung der Arbeiter bei Gruppenbelohnungssystemen in zwei britischen Fabriken. In beiden Fabriken fand er, dass die Produktion sich gewöhnlich verringerte, wenn die Gruppe grösser wurde. Er berichtete auch, dass sogar in der kleinsten Gruppe jene Arbeiter überdurchschnittlich produzierten, die nach einem individuellen Belohnungssystem bezahlt wurden. Babchuk und Goode (1951) studierten eine Gruppe von Vertretern, die ihr eigenes Gruppenbelohnungssystem entwickelt hatten, welches zur Zusammenarbeit ermutigte und zwischenmenschliche Beziehungen in der Gruppe verbesserte.

Beide Studien illustrieren die positiven und negativen Aspekte der Gruppenbelohnungssysteme. Wie Marriotts Studie hervorhebt, bewirken diese Pläne oft eine geringere Produktionssteigerung als die individuellen Pläne, – obwohl sie allgemein zu besserer Leistung motivieren als die Systeme mit fester Bezahlung, welche die Bezahlung nicht von der Produktivität abhängig machen. Campbell (1952) hat dafür eine Erklärung vorgeschlagen: Ebenso wie Marriott fand er eine niedrigere Produktivität in grösseren Gruppen. Er fand aber auch, dass die Arbeitnehmer in grösseren Gruppen ein weniger enges Verhältnis zwischen ihrer Bezahlung und ihrer Leistung sahen. In grösseren Gruppen hängt die Bezahlung offensichtlich nicht so unmittelbar von der individuellen Leistung ab wie in kleinen Gruppen oder bei einzelnen. Daher würde man erwarten, dass die Gruppenpläne weniger stark motivieren als die individuellen Pläne; – sie führen zu niedrigerer Leistung und folglich meist zu niedrigerer Bezahlung. Auf der anderen Seite können die Gruppenpläne zur Zusammenarbeit ermutigen und einige Probleme beseitigen (wie restriktive Normen und interne Konflikte), die mit Belohnungssystemen verbunden zu sein pflegen. Wegen dieser Vorteile werden die Gruppenpläne in Situationen vorgezogen, in denen die Zusammenarbeit zwischen Arbeitnehmern wichtig ist und angeregt werden sollte, ferner in Situationen, in denen die individuelle Leistung sehr schwer zu ermitteln ist.

623 Firmenweite Belohnungssysteme

Eine beträchtliche Anzahl firmenweiter Belohnungspläne sind ausprobiert worden. Gewöhnlich bieten sie jedem Angehörigen der Firma irgendeine Art zusätzlicher Bezahlung, die auf dem Erfolg der Organisation beruht. Die Haupteigenschaft dieser Pläne ist, dass alle Arbeitnehmer derselben Ebene gleichmässig belohnt werden, ohne Rücksicht auf ihre individuellen Beiträge. Der Massstab der betrieblichen Wirksamkeit kann auf dem Profit, dem Verkaufsvolumen oder auf anderen Merkmalen des betrieblichen Erfolgs beruhen. Beim bekanntesten Plan, dem Scanlon-Plan, wird ein Quotient „Arbeitskosten" im Verhältnis zur Produktivität oft benutzt.
Der Scanlon-Plan ist zweifellos der am besten untersuchte betriebsweite Belohnungsplan. Puckett (1958) studierte die Wirkung des Plans in neun Firmen und berichtete von ausserordentlich eindrucksvollen Produktionssteigerungen. Im ersten Jahr nach Einführung des Plans stieg die Produktivität um durchschnittlich 22,5 Prozent, im zweiten Jahr um weitere 1,2 Prozent. Puckett lehnt die häufige Kritik ab, dass der Plan nur bei Firmen erfolgreich ist, die unter ernsten ökonomischen Problemen leiden. Er weist daraufhin, dass mehrere der von ihm untersuchten Firmen bereits einen ansehnlichen Gewinn erwirtschafteten, und dass sie durch den Plan noch erfolgreicher wurden. Jedoch wirken seine Antworten weniger überzeugend, wenn er den Kritikern gegenüber behauptet, der Plan sei nicht nur in kleineren Firmen wirksam. Er fand keine Beziehung zwischen Firmengrösse und Erfolg des Plans bei den von ihm untersuchten Firmen, aber seine Studie erstreckte sich nur auf Firmen einer bestimmten Grösse. Die grösste Firma hatte weniger als 1200 Arbeitnehmer, und sie bietet kaum einen Beweis dafür, dass der Scanlon-Plan in grossen

Organisationen ebenso wirksam ist wie in kleinen. Die Geschichte des Scanlon-Plans zeigt tatsächlich, dass er selten in grossen Firmen angewandt wurde. Die grösste Firma hatte 7200 Arbeitnehmer und der Plan wurde im allgemeinen bei Firmen mit weniger als 1000 Arbeitnehmern benutzt (Schultz, 1958).

Der Lincoln Electric-Plan (Lincoln, 1951) stellt einen interessanten Versuch dar, die Vorteile eines individuellen Belohnungsplans mit denen eines betriebsweiten Plans zu verbinden. Die Gesamtsumme des verfügbaren Belohnungsgeldes wird durch den Profit der Firma bestimmt, aber der dem einzelnen zugesprochene Betrag basiert auf seiner eigenen Leistung. So könnte also jemand auch in einem guten Jahr keine Belohnung erhalten, während ein anderer auch in einem mittelmässigen Jahr gut belohnt werden könnte. Dieser Plan versucht, die individuelle Leistung enger mit der individuellen Bezahlung zu verbinden – und gleichzeitig die Arbeitnehmer zur Zusammenarbeit zu ermutigen, um die Gesamtsumme des Belohnungsgeldes zu erhöhen. Wie bei den meisten betriebsweiten Belohnungsplänen ist auch hier schwer zu beweisen, wie erfolgreich der Plan war. Lincoln (1951) bietet viele Beweise dafür, dass der Plan sehr erfolgreich war. Seine Daten zeigen, dass die Lincoln Electric Company im Jahre 1949 Verkäufe von 25 000 Dollar pro Arbeitnehmer verzeichnete, während der Branchendurchschnitt bei 15 000 Dollar lag. Die Daten zeigen auch, dass die Verkäufe pro Arbeitnehmer seit der Einführung des Plans ständig gestiegen sind. Aufgrund dieser und anderer Beweise behauptet Lincoln, der Plan habe die Produktivität stark erhöht.

Da die Massstäbe des organisatorischen Erfolgs in dem Mass variieren, in dem sie von den Betriebsangehörigen kontrolliert werden, ist die Wahl des Massstabs wichtig. Der Scanlon-Plan benutzt zum Beispiel die Arbeitskosten statt der Gewinne als Basis, da die Kosten besser von den Arbeitnehmern kontrolliert werden können, wodurch eine enge Beziehung zwischen dem Verhalten und der Bezahlung der Arbeitnehmer entsteht.

Die Grösse der Organisation kann auch einen wichtigen Einfluss auf die Wirksamkeit eines betriebsweiten Plans ausüben. Je grösser die Firma desto grösser ist die Trennung zwischen individueller und organisatorischer Leistung. In gewisser Beziehung unterstreichen betriebsweite Pläne die Vor- und Nachteile, die den Gruppenplänen eigen sind, d. h. sie erleichtern die Zusammenarbeit zwischen Firmenangehörigen eher als die Gruppenpläne, aber sie führen zu einer noch grösseren Trennung zwischen Leistung und Bezahlung. Aus verschiedenen Gründen kann man nicht leicht eindeutig beurteilen, wie wirksam die verschiedenen betriebsweiten Belohnungspläne sind. Erstens wurden in der Regel bei der Einführung des neuen Lohnsystems auch andere Veränderungen vorgenommen. Wir können daher nicht sagen, welche Rolle das neue System bei Änderungen der organisatorischen Wirksamkeit gespielt hat (wenn es überhaupt eine Rolle gespielt hat). Wenn eine Firma den Scanlon-Plan oder den Lincoln Electric-Plan anwendet, führt sie nicht nur eine neue Methode der Bezahlung ein, sondern eine neue Management-Philosophie, die sich u. a. auch mit der Bezahlung beschäftigt. Zweitens kann man bei der Einführung betriebsweiter Pläne keine wirksamen Kontrollgruppen isolieren, und man kann daher nicht beweisen, ob etwaige Verbesserungen auf den neuen Plan zurückzuführen sind. Eine solche Kritik ist jedoch in den Fällen nicht sehr stichhaltig, in denen sich beträchtliche und anhaltende organisatorische Verbesserungen einstellten, da diese kaum zufällig sein können.

63 Unbeabsichtigte Folgen der Bezahlung nach Leistung

Einige Untersuchungen haben bei der Bezahlung nach Leistung negative Nebenwirkungen festgestellt, z. B. mangelnde Zusammenarbeit zwischen Gleichgestellten, die dieselbe Beförderung erstrebten, Versuche, den Ruf von Konkurrenten in Zweifel zu ziehen, und Versuche, die eigene Leistung herauszustreichen. Letzteren Versuch kann jemand entweder so anlegen, dass er den Massstab seiner Leistung zu seinen Gunsten verzerrt oder dadurch, dass er sich nur auf den vom Massstab erfassten Gebieten anstrengt. Dies kann sehr ungünstige Folgen haben, wenn dadurch ein Gebiet vernachlässigt wird, das zwar schwer zu messen aber sehr wichtig ist für das Funktionieren der Firma. Beförderung aufgrund von Leistung kann besonders dann zu ungünstigen Nebenerscheinungen führen, wenn dabei zwei oder mehrere Konkurrenten auf eine einzige Stelle aspirieren. Schwere Probleme stellen sich dann ein, wenn die Konkurrenten bei ihrer Arbeit voneinander abhängen und durch mangelnde Zusammenarbeit gehindert werden.

Bei der Bezahlung wird gewöhnlich kein Arbeitnehmer auf Kosten eines anderen belohnt, da viele Menschen gleichzeitig eine Gehaltserhöhung erhalten können. Dennoch gibt es viele Beweise dafür, dass bestimmte Arten von Belohnungsplänen eine Reihe von Nebenwirkungen herbeiführen. Wie die Beförderungssysteme, so können auch die Bezahlungssysteme dazu führen, dass (1) bestimmte Aspekte der Leistung vernachlässigt werden, (2) verzerrte Daten zur Verfügung gestellt werden und (3) eine Verbindung zwischen guter Leistung und unerwünschten Ergebnissen wahrgenommen wird.

631 Vernachlässigung bestimmter Aspekte der Leistung

Belohnungssysteme bewegen die Arbeitnehmer dazu, in denjenigen Bereichen ihrer Arbeit viel zu leisten, die bei der Leistungsbewertung berücksichtigt werden. Das Problem hierbei ist, dass das Bewertungssystem nicht immer alle wichtigen Verhaltensweisen miteinbezieht. Dadurch werden die nicht gemessenen Verhaltensweisen oft vernachlässigt oder sie sind schlecht. Berliner (1961) hat eine Situation beschrieben, der einige Fabrikleiter in der Sowjetunion gegenüberstanden. Sie wurden nach der Produktion ihrer Fabrik bezahlt und mussten gleichzeitig aussergewöhnlich hohe Produktionsnormen einhalten. Die Regierung nahm an, dass dadurch der Volkswirtschaft am besten gedient sei.

> „. . . die Belohnungen, durch welche die Manager zur Einhaltung ihrer Produktionsnormen motiviert wurden regten gleichzeitig dazu an, die Regeln des Planungssystems zu umgehen. Wegen des unzuverlässigen Nachschubsystems waren die Manager gezwungen, riesige Vorräte an Material und Maschinen zu halten und sie durch speziell angestellte Einkäufer um jeden Preis (auch illegal) aufzufüllen" (S. 369).

In seiner Behandlung der Umstände in der Sowjetunion weist Cohen (1966) darauf hin, dass die unerwünschten Folgen hoher Produktionsnormen nicht unbedingt die Überlegenheit des amerikanischen Systems beweisen. Das amerikanische System regt eine andere Art des gesellschaftlich ungünstigen Verhaltens an. Nach Cohen ist „das amerikanische System auf bewunderswerte Weise so gestaltet, dass es zu Abweichungen enormen Ausmasses

im Bereich des Verkaufs ermutigt" (S. 83). Der Grund hierfür ist einfach, dass die amerikanischen Systeme der Kontrolle und Belohnung nicht auf Produktivität, sondern auf Profit basieren.
Babchuk und Goode (1951) führten eine interessante Untersuchung durch, die hervorhebt, wie die Belohnungssysteme ein ungünstiges Verhalten der Arbeitnehmer herbeiführen können. Sie studierten eine Verkaufsabteilung eines Kaufhauses, in dem ein neuer Belohnungsplan auf der Basis individueller Verkaufsvolumina eingeführt worden war. Das gesamte Verkaufsvolumen der Abteilung stieg anfänglich an, jedoch auf unerwünschte Weise in bezug auf die langfristigen Ziele der Organisation. Es entwickelte sich ein „Kampf um den Kunden", ein „Anspruch auf persönliche Kunden" und eine gleichzeitige Vernachlässigung der Arbeiten, die sich nicht lohnten und die nicht gemessen wurden, wie z. B. das Ordnen und Ausstellen der Ware.
Geldliche Belohnungssysteme können oft keine Zusammenarbeit motivieren, auch wenn sie zur organisatorischen Wirksamkeit beitrüge. Die Pläne basieren oft auf Massstäben der individuellen Produktivität oder Leistung, die ein kooperatives Verhalten nicht in Betracht ziehen. Beispielsweise belohnen sie gewöhnlich nicht den Arbeitnehmer, der seinem Kollegen ein Werkzeug leiht, welches unbedingt notwendig ist, damit jener seine eigene Arbeit ausführen kann. Wenn sich die Produktion des ersteren verlangsamt, verliert er in den meisten Fällen Geld. Um ein anderes Beispiel zu nennen: Die Belohnungssysteme belohnen selten den Manager, der sein Fliessband zwecks Überholung dann anhält, wenn es vom organisatorischen Standpunkt aus am besten ist.

632 Verzerrte Daten

Belohnungssysteme begünstigen oft die Entstehung von zwei Arten nutzloser Daten: verzerrte Daten darüber, was getan werden kann und verzerrte Daten darüber, was getan worden ist. Die Studien über Budgets und Stücklohn-Zahlsysteme bieten uns eine Reihe guter Beispiele dafür, dass Organisationen manchmal verzerrte Daten über das erhalten, was getan werden kann. Um zu verstehen, wie und warum solche unzulänglichen Daten erzeugt werden, sehen wir uns am besten einige dieser Studien an.

Whyte (1955) hat einige erhellende Beispiele dafür beschrieben, wie einzelne Arbeitnehmer die Daten verzerren, die als Produktions-Massstäbe gebraucht werden. Gewöhnlich verzerrt der einzelne die Daten über die mögliche Produktion in einer gegebenen Arbeitsphase. Das folgende Zitat illustriert die Einstellung eines Arbeiters zum Bewertungssystem und zu den Menschen, die dahinterstehen.

„... man muss den Bastard überlisten! Man muss bei der Arbeit Köpfchen haben und sich so durchmogeln! Man muss Arbeitsphasen angeben, die man in Wirklichkeit gar nicht macht! Denk dran: Wenn Du sie nicht übers Ohr haust, dann hauen sie Dich übers Ohr! Jede Arbeitsphase zählt! ... Denke daran, dass diese Hunde bezahlt werden, um Dich übers Ohr zu hauen und dass sie an nichts anderes denken. Sie würden die halbe Nacht damit zubringen, herauszukriegen, wie sie Dir einen Groschen abnehmen können. Sie wissen auch, dass wir sie hinters Licht führen wollen, und sie richten sich danach ein."

„Na, was für 'ne Chance haben wir dann noch?" fragte jemand.

„Du musst ihnen einfach mehr vormachen als sie erwarten. Als der ‚Zeitstudien-Mann' bei mir vorbeikam, setzte ich die Geschwindigkeit auf 180. Ich wusste, dass er schnelleres Arbeiten verlangen würde, und darum fing ich niedrig genug an. Schliesslich trieb er mich auf 445, und später arbeitete ich auf 610. Wenn ich bei 445 angefangen hätte, hätte er 610 als Norm angenommen. Dann habe ich ihn auch beim Bohren überlistet. Ich liess den Bohrer auf 130 laufen, mit 0,025 Toleranz. Er fragte mich, ob ich das nicht schneller machen könnte, und ich sagte, dass ich langsam bohren müsste, um die Toleranz zu halten. Ich zeigte ihm zwei Stücke mit zu grossen Löchern, die der Mann von der Tagschicht gemacht hatte. Ich hatte die Stücke extra für den Zweck beiseitegelegt! Aber später liess ich den Bohrer auf 610 laufen, mit einer Toleranz von 0,018. Dadurch brauchte ich nicht die Gänge zu wechseln. Dann musste ich die Stücke auch noch schleifen. Als der Zeitstudien-Mann dabei war, machte ich jedes Stück einzeln. Aber später schliff ich sie alle in einem Gang und sparte Zeit" (S. 15–16). (Aus: Money and Motivation by W. F. Whyte, 1955, Harper & Row Publishers, Inc.).

Gardner (1945) hat auch darauf hingewiesen, dass Arbeitnehmer in Industriebetrieben oft bestimmte Daten verzerren, und er gab folgendes Beispiel:

> „Eine Gruppe von Arbeitern, die einen grossen, komplizierten Stahlrahmen zusammensetzten, dachten sich ein System aus, das sie nur bei Anwesenheit des Lohnspezialisten anwandten. Sie wussten, dass die Schrauben am besten in einer gewissen Reihenfolge befestigt werden mussten. Wenn jedoch der Lohnspezialist dabei war, benutzten sie eine falsche Reihenfolge, so dass die Arbeit viel langsamer ging" (S. 164–165).

Argyris (1951, 1964), Hofstede (1967) und andere haben darauf hingewiesen, dass die Arbeitnehmer oft irreführende Daten angeben, wenn sie Schätzungen für das Budget angeben sollten. Es überrascht nicht, dass sie gewöhnlich viel grössere Beträge verlangen als sie brauchen. Wenn jedoch bereits ein niedriges Budget für ein bestimmtes Projekt festgesetzt ist, dann werden auch niedrige Schätzungen gegeben (z. B. unter einigen Programm-, Plan- und Budgetsystemen; siehe Lyden & Miller, 1968). Manager fordern hohe Budgets an, weil sie wissen, dass ihre Beiträge gekürzt werden. Sie durchgehen einen ähnlichen Verhandlungsverlauf wie der Akkordarbeiter mit dem Zeitstudien-Mann. Der Zeitstudien-Mann und der Vorgesetzte des Managers wollen beide wirklichkeitsnahe Daten darüber ermitteln, was in der Zukunft getan werden kann, und die dem Kontrollsystem unterworfenen Arbeitnehmer geben oft verzerrte Daten, um möglichst günstige Standards oder Budgets zu erreichen.

Es gibt auch viele Fälle, in denen Arbeitnehmer ungültige Informationen über getane Arbeit in das Kontrollsystem geliefert haben. Roethlisberger und Dickson (1939) weisen in ihrer klassischen Studie eines Verdrahtungsraumes daraufhin, wie die Arbeitnehmer die Art der von ihrer Gruppe gelieferten Produktionsberichte kontrollieren können. In diesem Falle wurden die Arbeitnehmer nach einem Belohnungsplan bezahlt, und sie wollten zeigen, dass die Produktion jeden Tag gleich blieb. Dies erreichten sie, indem sie an produktiven Tagen weniger berichteten und an weniger produktiven Tagen mehr.

Untersuchungen über Blutspenden zeigen auf dramatische Weise, wie die Daten um des Geldes willen verzerrt werden (Titmus, 1971). In den USA bezahlen kommerzielle Blutbanken die Spender für das gespendete Blut. In grossen Städten erkrankt ein hoher Prozentsatz der Blutempfänger bei der Transfusion an Hepatitis. Es ist erwiesen, dass dieser Prozentsatz bei Transfusionen mit freiwillig bzw. kostenlos gespendetem Blut viel niedriger liegt. Offensichtlich ist Blut der bezahlten Spender öfter infiziert als das Blut der freiwilligen Spender. Blutbanken müssen sich darauf verlassen, dass die Spender ihre „Krankengeschichte wahrheitsgetreu wiedergeben, um eine Häufung infizierten Blutes zu vermeiden. Titmus sagt hierzu:

> „. . . es hat sich wiederholt erwiesen, dass bezahlte Blutspender – besonders arme Spender, die Geld brauchen – verhältnismässig selten ihre ganze medizinische Geschichte in bezug auf Infektionen, Injektionen, Drogen, Alkohol, usw. wahrheitsgemäss berichten" (S. 151).

633 Gute Leistung kann als nachteilig empfunden werden

Vielleicht das beste Beispiel dafür, wie Belohnungssysteme die Beziehung zwischen Leistung und anderen Ergebnissen beeinflussen können, findet sich in den Untersuchungen der Stücklohn-Bezahlungspläne. Es ist oft bewiesen worden, dass die Produktion nach Einführung des Stücklohnplanes sinken kann, da die Arbeitnehmer bei dem Plan eine Reihe negativer Ergebnisse mit guter Leistung verbunden sehen. Bei den Western Electric Studien (Roethlisberger & Dickson, 1939) entdeckte man eine streng kontrollierte Politik der Produktionsverminderung. Arbeiter, welche die Norm überschritten, konnten einen Faustschlag, Ablehnung und Degradierung von seiten der anderen Gruppenmitglieder erwarten. Spätere Studien (Collins, Dalton & Roy, 1946; Dalton, 1948; Dyson, 1956; Roy, 1952; Whyte, 1955) haben zusätzliche Beweise dafür erbracht, dass solche Beschränkungen weit verbreitet sind und dass sie durch die Koppelung von sozialer Ablehnung und Beleidigung mit hoher Leistung zustandekommen.

Mehrere Studien haben versucht festzustellen, warum sich die Normen gegen hohe Produktivität entwickeln, und warum negative soziale Ergebnisse mit hoher Leistung verbunden werden (Hickson, 1961; Viteles, 1953). Daten aus diesen Studiem deuten an, dass die Arbeiter glauben können, höhere Produktivität ziehe negative ökonomische Konsequenzen nach sich. In einer Studie glaubten 30 Prozent der Arbeiter, dass höhere Produktion zu höheren Produktionsnormen führe, 11 Prozent glaubten, dass sie zu einem niedrigeren Stücklohn führe, und nur wenige Arbeiter glaubten, dass sie die Bezahlung in keiner Weise verändern würde.

Viele Arbeiter (23 Prozent) glaubten, dass hohe Produktivität sie bei anderen Arbeitern unbeliebt machen würde. Eine spätere Studie der Opinion Research Corp. (1949) zeigte, dass Arbeiter auch fürchten, sie könnten ihre eigene Arbeitsstelle durch hohe Produktion unter einem Belohnungssystem gefährden. Die Hälfte einer Gruppe von Arbeitern fühlte, dass erhöhte Produktion für sie auf die eine oder andere Weise nachteilig wäre.

Der Soziologe Donald Roy beschrieb seine Erfahrungen als Akkordarbeiter. Er beobachtete, welchen Druck die Gruppe auf den einzelnen ausübt und fand, dass die Furcht vor einer Änderung der Stücklohnnormen weitgehend zur Produktionsbeschränkung beitragen kann:

> „Von meinem ersten bis zum letzten Tag in der Fabrik hörte ich Warnungen und Voraussagen in bezug auf Stücklohnsenkungen. Der stärkste Druck kam von Joe Mucha, der in der Tagesschicht an meiner Maschine arbeitete. Er sah meine Berichte ein und beobachtete meine Produktion aufs genaueste. Am 14. November hatte ich zum erstenmal meine Norm erfüllt, und Joe gab mir folgenden Rat:
>
> „Lass es nicht über 1,25 Dollar steigen, sonst kommt der Zeitstudien-Mann gleich runter! Die da oben verschwenden keine Zeit! Sie beobachten unsere Produktionszahlen ganz genau. Ich hab' mal aus Versehen zu schnell gearbeitet, konnte es aber gleich wieder ausgleichen."
>
> Joe wies daraufhin, dass ich gestern 10,01 Dollar verdient hatte und warnte mich, nicht über 1,25 Dollar pro Stunde hinauszugehen. Er sagte, ich solle die Zeit für jede Arbeitsphase genau kalkulieren, so dass ich nie über 10,25 Dollar hinauskäme.
>
> Jack Starkey redete mich an, nachdem Joe gegangen war. „Was ist los? Willst Du hier alles durcheinanderbringen? "
>
> Jack erklärte auf freundliche Weise, dass 10,50 Dollar pro Tag zuviel wäre, besonders für einen Neuen. „Die Dreher können 1,35 Dollar pro Stunde machen . . . aber deren Rate ist 90 Cent und unsere ist 85 Cent."

Jack warnte mich, dass die Zeitstudien-Abteilung den Stücklohn jeder Arbeit senken könne, indem sie die Maschinen anders einstelle oder eine andere Bohrgrösse vorschreibe. Nach Jack hatten zwei Arbeiter einmal ausprobiert, wie schnell sie wirklich arbeiten konnten. Sie erreichten 1,65 Dollar, worauf der Stücklohn gleich um 50 Prozent gekürzt wurde. Von da ab mussten die beiden Arbeiter diese Arbeit immer selbst machen, da kein anderer für einen so niedrigen Stücklohn arbeiten wollte" (in Whyte, 1955, S. 23).

Eine Erklärung der Ursache solcher Produktionsbeschränkungen ist auf Abbildung 24 gegeben. Die Abbildung deutet an, dass bei der Einführung eines Stücklohnplanes in einer Atmosphäre des Misstrauens zwischen Management und Personal die Arbeitnehmer zu glauben anfangen, eine erhöhte Produktivität bringe negative ökonomische Konsequenzen mit sich. Dies wird wiederum zum Entstehen inoffizieller Interessengruppen führen, durch welche die Arbeitnehmer ihre ökonomischen Interessen zu schützen suchen, indem sie mit gesellschaftlichem Druck die Produktion ihrer Mitarbeiter kontrollieren.

Gleichzeitig wird die Vorstellung zerstört, dass höhere Produktion zu höherer Bezahlung führe. Das Endergebnis ist, dass die einzelnen Arbeiter mehr Nachteile als Vorteile mit erhöhter Produktion verbinden und daher ihre Produktion beschränken (Lawler, 1971).

Dies deutet an, dass der Druck von Interessengruppen durch die ökonomische Struktur entsteht. Damit soll nicht gesagt sein, dass der soziale Druck selbst hinsichtlich der Produktionsbeschränkung unwichtig sei. Er hat jedoch eine ökonomische Basis und erscheint gewöhnlich nur unter bestimmten ökonomischen Bedingungen und den damit verbundenen Vorstellungen.

Viele der Nebenerscheinungen, die mit der Bezahlung nach Leistung assoziiert werden, bleiben aus, wenn die Belohnungen aufgrund der Leistung von Gruppen oder ganzen Organisationen verteilt werden. Oft beobachtet man sogar das Gegenteil! Es entstehen Normen, die zu guter Leistung ermutigen, und positive soziale Ergebnisse werden mit guter Leistung assoziiert. Ausserdem wird zur Zusammenarbeit ermutigt und nicht davon abgehalten. Wie wir jedoch im nächsten Abschnitt über die verschiedenen Methoden der Bezahlung nach Leistung sehen werden, haben alle Methoden ihre Nachteile, auch die der Gruppen- und Firmenpläne.

Abbildung 24: Modell der Determinanten der Produktionsbeschränkung. (Aus: Pay and Organizational Effectiveness: A Psychological View by E. E. Lawler, 1957.)

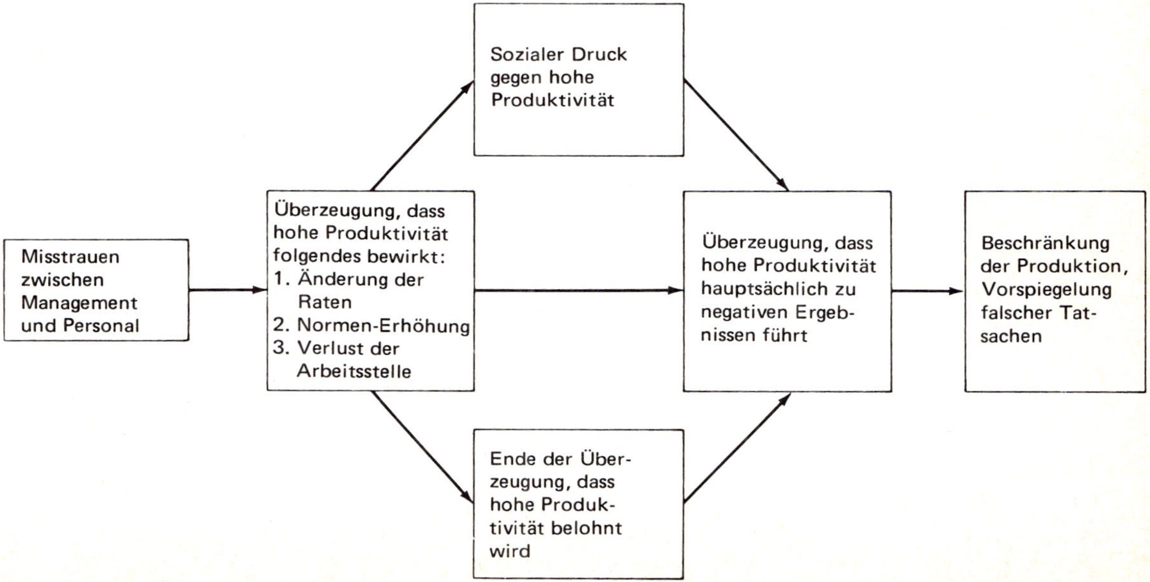

64 Beurteilung verschiedener Methoden der Bezahlung nach Leistung

Die verschiedenen Methoden der Bezahlung nach Leistung können nach drei Merkmalen eingeteilt werden: (1) ob die Belohnungen aufgrund von Einzelleistung oder Gruppenleistung gegeben werden, (2) welche Art der Belohnung gegeben wird und (3) wie die Leistung gemessen wird. Ein Forscher benutzte diese Einteilung zur Beurteilung der verschiedenen Belohnungssysteme (Lawler, 1971). Abbildung 25 führt die Hauptarten der verschiedenen Belohnungspläne auf und beurteilt die allgemeine Wirksamkeit jedes Plans unter Berücksichtigung dreier Kriterien. Zuerst wird jeder Plan danach beurteilt, wie wirksam er die Vorstellung erweckt, dass nach Leistung bezahlt wird. So wird beurteilt, wie eng effektiv die Bezahlung mit der Leistung – auf lange Sicht – verkoppelt ist und in welchem Masse die Arbeitnehmer glauben, dass gute Leistung zu höherer Bezahlung führt. Zweitens wird jeder Plan danach beurteilt, wie gut er Situationen vermeidet, in denen gute Leistung zu sozialer Ablehnung und anderen negativen Erscheinungen führt. Drittens wird jeder Plan danach bewertet, ob er zur Vorstellung beiträgt, dass man für gute Leistung auch mit anderen Belohnungen (wie Anerkennung und Billigung) entschädigt wird. Der Grad der Beurteilung kann von +3 bis –3 schwanken, wobei +3 die Bewährung des Plans im betreffenden Punkt andeutet, während –3 den Plan als ungenügend qualifiziert. Der Grad 0 bedeutet, dass sich der Plan im allgemeinen durchschnittlich bewährt hat.

Man kann auf der Abbildung 25 eine Reihe von Trends entdecken. Im Hinblick auf das Kriterium „Bezahlung nach Leistung" sehen wir, dass die Einzelpläne am besten bewertet sind, die Gruppenpläne am zweitbesten und die Firmenpläne am schlechtesten. Hierin spiegelt sich die Tatsache, dass die Bezahlung des einzelnen bei Gruppenplänen teilweise von der Leistung des einzelnen abhängt, bei Firmenplänen jedoch nur in geringerem Masse. In diesen Situationen wird die Bezahlung des einzelnen sehr stark vom Verhalten seiner Mitarbeiter beeinflusst. Wenn die Bezahlung auf dem Profit der Firma basiert, spielen auch externe Marktbedingungen eine grosse Rolle.

Bonuspläne werden im Hinblick auf das erste Kriterium besser bewertet als die Lohnerhöhungspläne. Unter einem Bonusplan

Abbildung 25: Beurteilung verschiedener Belohnungspläne. (Aus: Pay and Organizational Effectiveness: Psychological View by E. E. Lawler, 1971.)

	Art des Plans	Leistungs-Massstab	Bezahlung nach Leistung	Negative Neben-erscheinungen	Andere Belohnungen nach Leistung
Lohn	Einzelplan	Produktivität	+2	0	0
		Kostenfaktor	+1	0	0
		Beurteilung der Vorgesetzten	+1	0	+1
	Gruppenplan	Produktivität	+1	0	+1
		Kostenfaktor	+1	0	+1
		Beurteilung der Vorgesetzten	+1	0	+1
	Firmenplan	Produktivität	+1	0	+1
		Kostenfaktor	+1	0	+1
		Beurteilung der Vorgesetzten	0	0	+1
Bonus (jährlich)	Einzelplan	Produktivität	+3	–2	0
		Kostenfaktor	+2	–1	0
		Beurteilung der Vorgesetzten	+2	–1	+1
	Gruppenplan	Produktivität	+3	0	+1
		Kostenfaktor	+2	0	+1
		Beurteilung der Vorgesetzten	+2	0	+1
	Firmenplan	Produktivität	+3	0	+1
		Kostenfaktor	+2	0	+1
		Beurteilung der Vorgesetzten	+1	0	+1

kann das Einkommen des einzelnen von Jahr zu Jahr sehr stark variieren, je nach der Leistung des einzelnen in der voraufgegangenen Periode (was bei Programmen der periodischen Lohnerhöhung gewöhnlich nicht der Fall ist). Organisationen kürzen selten das Gehalt einzelner. Daher ist das Gehalt unter einem Lohnerhöhungsplan nicht nur eine Angabe über die Leistung in der letzten Zeit, sondern über die Leistung während mehreren Jahren. Die Folge davon ist, dass kein enges Verhältnis zwischen Bezahlung und Leistung gesehen wird. Andererseits hängt ein (jährlicher) Bonus von der Leistung in der letzten Zeit ab; wenn jemand wenig leistet, so zeigt sich dies unmittelbar in seinem Einkommen. Daher kann der einzelne unter einem Bonusplan z. B. nicht in einem Jahr weniger leisten und dennoch gut bezahlt werden, wie er dies unter einem typischen Lohnerhöhungsplan könnte.

Schliesslich kann man noch sagen, dass die Methoden mit objektiven Leistungsmassstäben in bezug auf das erste Kriterium besser abschneiden als diejenigen, die subjektive Leistungsmassstäbe benutzen. Allgemein erfreuen sich die objektiven Massstäbe höherer Glaubwürdigkeit, d. h. Arbeitnehmer werden oft einen objektiven Massstab anerkennen (wie Verkaufsvolumen oder Produktionsvolumen), während sie die Beurteilung von seiten des Vorgesetzten als unangemessen empfinden. Wenn daher die Bezahlung oder andere Belohnung an objektive Massstäbe gekoppelt wird, dann erkennen die Arbeitnehmer gewöhnlich, dass die Bezahlung durch ihre Leistung bestimmt wird. Ausserdem sind objektive Massstäbe meist offener und transparenter; wenn die Bezahlung von dieser Basis ausgeht, wird das Verhältnis viel sichtbarer als bei subjektiven und nicht nachprüfbaren Massstäben, wie z. B. der Beurteilung durch den Vorgesetzten.

Allgemein gesagt, erwecken also die Einzelpläne, die auf objektiven Massstäben beruhen, am stärksten den Eindruck, dass nach Leistung bezahlt wird.

Die meisten Pläne sind neutral in bezug auf ihre Fähigkeit, erwiesenermassen negative Konsequenzen guter Leistung zu vermindern, d. h. sie tragen weder zur Erscheinung negativer Konsequenzen bei, noch helfen sie bei der Beseitigung etwa bestehender negativer Konsequenzen. Individuelle Bonuspläne bewähren sich jedoch in bezug auf dieses Kriterium weniger. Dies erklärt sich daraus, dass Stücklohnpläne oft zu Situationen

führen, in denen Arbeiter soziale Ablehnung, Entlassung und Arbeitslosigkeit auf ihre eigene gute Leistung zurückführen. Die so wahrgenommenen negativen Konsequenzen guter Leistung können einen Ausgleich schaffen zu den positiv motivierenden Kräften, welche die Stücklohnpläne gewöhnlich erzeugen, indem sie die Bezahlung eng mit der Leistung verkoppeln.
Das letzte Kriterium für Belohnungspläne in Abbildung 25, „andere Belohnung nach Leistung", wird allgemein für Gruppenpläne und betriebsweite Pläne besser bewertet als für Einzelpläne. Unter Gruppenplänen und betriebsweiten Plänen nützt es gewöhnlich allen, wenn der einzelne viel leistet. Ein guter Arbeiter wird daher mit grösserer Wahrscheinlichkeit von seinen Mitarbeitern zu hoher Leistung ermutigt, da seine Leistung niemandem schadet.
Dieser kurze Überblick sollte erkennen lassen, dass kein Belohnungsplan ein Allheilmittel für alle Motivationsprobleme in einer Organisation darstellen kann, da kein Plan in jeder Beziehung stark ist. Dasselbe gilt für jedes Belohnungssystem, das nach Leistung bezahlt; jedes System hat seine starken und schwachen Punkte. Das Prinzip der Abbildung 25 könnte ebensogut auch auf die Bewertung von Systemen der Beförderung oder Systemen der Verteilung von Statussymbolen angewandt werden, soweit diese auf Leistung basieren. Dieselben Vor- und Nachteile würden sich ergeben. Wenn die Belohnungen aufgrund von Gruppenleistungen gegeben werden, so wird die Verbindung zwischen individuellem Verhalten und individueller Leistung geschwächt. Die Verteilung extrinsischer Belohnungen aufgrund individueller Leistung erzeugt gewöhnlich negative Nebenerscheinungen, während die Verteilung aufgrund von Gruppenleistung soziale Unterstützung und Zusammenarbeit erzeugen kann. Es spielt tatsächlich keine Rolle, welche Art extrinsischer Belohnung geboten wird, solange sie von den potentiellen Empfängern geschätzt wird.

65 Welche Belohnungen sollten mit der Leistung verkoppelt werden?

Wenn eine Organisation sich zur Motivation guter Leistung durch extrinsische Belohnungen entscheidet, ergibt sich das Problem:

Welche Belohnung(en) ist (sind) zur Motivierung hoher Leistung am besten geeignet? Eine teilweise Antwort auf diese Frage ergab sich in der Behandlung der Wichtigkeit von Ergebnissen (Kapitel 2). Dort wurde festgestellt, dass ein Ergebnis desto wirksamer die Leistung motiviert, je wichtiger es ist. Wie wir gesehen haben, deuten die Untersuchungen über die Wichtigkeit von Ergebnissen an, dass Beförderung und Bezahlung die beiden wichtigsten extrinsischen Belohnungen sind, die die meisten Organisationen zu bieten haben. Jedoch deuten die Daten auch an, dass sehr grosse individuelle Unterschiede in der Bewertung dieser Belohnungen bestehen. Manche Menschen legen nicht viel Wert auf Geld und andere suchen Beförderung zu vermeiden. Bei einer Entscheidung für ein Belohnungssystem muss die Organisation individuelle Unterschiede in Betracht ziehen, da es sonst geschehen kann, dass die Arbeitnehmer Belohnungen erhalten, auf die sie keinen Wert legen. Am besten eignet sich hier ein diagnostisches Vorgehen, bei dem man erst ermittelt, welche Belohnungen von welchen Arbeitnehmern geschätzt werden, so dass man dann die Struktur des Belohnungssystems entsprechend planen kann. Da Organisationen relativ wenig Kontrolle darüber ausüben, wie ihre Mitglieder die extrinsischen Belohnungen bewerten, müssen sie das System der Motivation den Mitgliedern anpassen. Belohnungen in Form von Bezahlung und Beförderung haben gewisse Vor- und Nachteile. Belohnungen geldlicher Art können sehr teuer werden, da gewöhnlich grössere Beträge zur Motivierung der Menschen notwendig sind. Die geldliche Belohnung hat jedoch auch einige Vorteile; sie kann aufgrund von Gruppenleistung oder Einzelleistung gegeben werden.
Leider ist die Beförderung nicht so anpassungsfähig. Man kann praktisch nur auf individueller Basis befördern. Ausserdem kann man nur dann befördern, wenn eine Stelle frei oder eine neue Stelle geschaffen wird, obwohl Beförderung zu jeder Zeit als Anreiz geboten werden kann. Wenn sich daher eine Organisation auf die Beförderung als primäre Art der Belohnung verlässt, können sich Schwierigkeiten wegen mangelnder Flexibilität ergeben.
Oft ist es schwer, die Beförderung eng mit der Leistung zu verkoppeln, da viele situationsmässige Faktoren ein System der direkten „Beförderung nach Leistung" stören. Beispielsweise müssen Organisationen oft Menschen aufgrund ihres Potentials

anstatt aufgrund ihrer Leistung befördern. Es gibt auch Situationen, in denen eine Leistung auf niedriger Ebene nicht auf eine zu erwartende Leistung auf höherer Ebene hinweist. In diesem Fall könnte es sinnlos sein, die besten Arbeiter zu befördern, da andere die Arbeiten auf höherer Ebene vielleicht besser ausführen können. Diese Situation ergibt sich oft in Forschungslaboratorien, wenn die Stelle des Managers besetzt werden soll; die besten Wissenschaftler und Forscher sind oft als Manager ungeeignet.

Bezahlung und Beförderung sind nicht die einzigen Belohnungen, die zur Motivation der Leistung eingesetzt werden können. Bestimmte Statussymbole und Preise (wie Urlaub oder sogar Rabattmarken) können mit guter Leistung verkoppelt werden, ebenso wie besondere Privilegien (z. B. das Recht, vorzeitig nach Hause zu gehen). Ausserdem können die Vorgesetzten den guten Arbeitern mehr Anerkennung und Sicherung des Arbeitsplatzes bieten. Die Wirksamkeit all dieser Belohnungen hängt natürlich davon ab, wie sehr sie geschätzt werden und ob sie mit der Leistung verkoppelt werden können. Bei vielen dieser Belohnungen ergibt sich das Problem, dass viele Menschen auf sie keinen Wert legen und dass sie nur schwerlich mit der Leistung verkoppelt werden können.

Die Leistung kann auch durch Strafe motiviert werden. Bedeutsame negative Ergebnisse können mit schlechter Leistung verbunden werden, so dass sie weniger erstrebenswert erscheint, als die gute Leistung. Wenn Entlassung als ein Resultat schlechter Leistung gesehen wird, kann sie beträchtlich zur Motivation beitragen. Jedoch erzeugt das Androhen von Entlassung unerwünschte Wirkungen. Zum Beispiel entwickeln viele Manager „für den Fall Akten" und „Rechtfertigungs-Akten", um sich gegen Beschuldigungen wegen unzureichender Leistung abzusichern. Das Androhen der Entlassung kann andere defensive Verhaltensweisen erzeugen, die nicht unbedingt zweckdienlich sind (z. B. das Vermeiden von Risiken). Manche Arbeitnehmer sagen: „Für das, was man nicht tut, kann man nicht entlassen werden, wohl aber für das, was man tut". Ausserdem deutet eine Strafe an, was nicht getan werden soll; sie besagt nicht, was getan werden soll.

Strafen, wie Verweise oder Kritik durch Vorgesetzte, können auch mit schlechter Leistung gekoppelt werden, um diese unangenehm erscheinen zu lassen. Auch dies wirkt nur dann, wenn die Arbeitnehmer eine negative Valenz mit den Verweisen oder

Kritiken assoziieren, was häufig nicht der Fall ist. Es können Situationen entstehen, in denen die Strafen eine positive Valenz annehmen. Zum Beispiel kann die Kritik des Vorgesetzten in bestimmten Arbeitsgruppen zu erhöhtem Ansehen in der Gruppe führen, wenn die Gruppe ein management-feindliches Wertsystem hat.

Wir können hier vielleicht nur einen sicheren Schluss ziehen: Belohnung und Bestrafung sollten der Situation entsprechend angewandt werden. Logischerweise sollte man nur solche Belohnungen und Strafen in Betracht ziehen, die den Arbeitnehmern wichtig erscheinen und die mit der Leistung gekoppelt werden können. Der Gebrauch aller anderen Belohnungen und Strafen wäre einfach eine Verschwendung von Zeit und Mühe. Es ist wohl nicht einmal anzuraten, alle wichtigen Belohnungen und Strafen anzuwenden, da sie zu negativen Nebenerscheinungen und Kosten führen können. Trotzdem kann man sagen, dass eine Organisation zum Motivieren der Leistung diejenigen Belohnungen und/oder Strafen finden muss, die wichtig sind und eindeutig mit der Leistung verkoppelt werden können.

66 Wie sollte die Leistung bewertet werden?

Die Wichtigkeit der Leistungsbewertung für den Erfolg eines extrinsischen Belohnungssystems kann nicht genug betont werden. Eine Organisation muss ein wirksames System der Leistungsschätzung haben, wenn sie die Leistung durch extrinsische Belohnungen motivieren will. Eine Belohnung kann nur dann motivieren, wenn sie mit der Leistung verkoppelt ist. Zu diesem Zweck müssen die Leistungsmassstäbe bestimmte Kriterien erfüllen: (1) Sie müssen das Verhalten des einzelnen berücksichtigen; (2) sie müssen alle Aspekte des Verhaltens bei der Arbeit einschliessen; (3) sie müssen von den Arbeitnehmern als eine angemessene Bewertung ihres Verhaltens gesehen werden; (4) sie müssen sich auf Ziele beziehen, die von den Arbeitnehmern als erreichbar empfunden werden.

Eine Reihe verschiedener Massstäbe sind zum Bewerten der Leistung angewandt worden. Viele Organisationen beurteilen ihr Personal aufgrund verschiedener Persönlichkeitsmerkmale (wie Verantworungsbewusstsein, Einstellung, Zusammenarbeit). Natürlich ist dies ein sehr subjektiver Vorgang, der bei der beurteilten Person zu defensiven Reaktionen führen kann. Wenn einem Arbeitnehmer gesagt wird, sein Verantwortungsbewusstsein lasse zu wünschen übrig, so wird er automatisch auf all die Situationen hinweisen, in denen er verantwortungsbewusst gehandelt zu haben glaubt. Diese Reaktion führt gewöhnlich nicht zu einer Änderung des Verhaltens oder zu erhöhter Motivierung. Das Problem bei der Bewertung von Persönlichkeitsmerkmalen ist, dass diese nicht eng genug mit dem wirklichen Verhalten gekoppelt sind. Wenn man einem Arbeitnehmer sagt, dass er bei verantwortungsbewusstem Verhalten ein höheres Gehalt erwarten könne, so sagt ihm dies noch nicht, wie er sich im einzelnen zu verhalten hat. Ausserdem führt eine bewertende Mitteilung an den Arbeitnehmer gewöhnlich keine positive Wirkung herbei. Viele Untersuchungen zeigen, dass solche bewertende Mitteilungen gewöhnlich defensives Verhalten auslösen und nicht zu guter Leistung motivieren.

Die Beurteilung von Persönlichkeitsmerkmalen ist auch schwierig und erzeugt im allgemeinen nutzlose Daten. Die meisten Vorgesetzten beurteilen ihre Untergebenen ungern in bezug auf Merkmale wie Verantwortungsbewusstsein, und sie bewerten oft unrichtig (Campbell, Dunnette, Lawler & Weick, 1970). Das Definieren und Unterscheiden zwischen den verschiedenen Merkmalen fällt ihnen schwer, und daher sind die Resultate oft unrichtig und schwer zu erklären.

Viele Organisationen lassen die Vorgesetzten einfach einen einzigen Leistungsmassstab für jeden Untergebenen anwenden. Eine solche Bewertung kann vom Vorgesetzten sinngemäss vorgenommen werden. Es hat sich erwiesen, dass verschiedene Beurteiler in ihrer Bewertung der Leistung eines gegebenen Arbeitnehmers weitgehend übereinstimmen. Ein solcher Massstab hat weitere Vorteile: (1)Ein Arbeitnehmer wird mit Gleichgestellten verglichen, wodurch seine relative Leistung sichtbar wird; (2) es ergibt sich ein umfassendes Urteil aller Aspekte des Verhaltens; und (3)die Vorgesetzten geben gern solche Urteile ab. Wegen dieser Vorteile benutzen Organisationen derart umfassende Massstäbe als Basis für Entscheidungen über Gehaltserhöhungen und Beförderungen. Vom Standpunkt der Motivation ist dieser Massstab jedoch nicht ideal, da er nicht klarmacht, welches Verhalten als gut bewertet wird. Ausserdem ist er eine ungenügende

Quelle des Feedback, da er dem einzelnen nicht sagt, was er richtig und was er falsch gemacht hat.
Viele Wissenschaftler auf dem Gebiet des Management haben empfohlen, die Arbeitnehmer auf der Basis spezifischer Ziele zu beurteilen (siehe z. B. Meyer, Kay & French, 1965; Drucker, 1954; Odiorne, 1965). In diesem Prozess (der auch Management by Objectives oder M. B. O. genannt wird) entscheiden sich der Vorgesetzte und der Untergebene zusammen für einen Satz von Zielen und für die Massstäbe, mit denen später die Leistung gemessen werden soll. Wenn dann die Zeit der Beurteilung kommt, sind beide Parteien in der Lage, die Leistung des Untergebenen zu bewerten. Meyer et al. (1965) fanden, dass die Leistungsbeurteilung nur bei einem zielorientierten System zu erhöhter Motivation und Leistung führt. Die Vorgesetzten können besser beurteilen, ob die Untergebenen sich auf bestimmte Weise verhielten oder nicht, in bezug auf das Erreichen einer Verkaufsquote oder anderer Ziele, während das Urteil über das Verantwortungsbewusstsein eines Untergebenen beispielsweise viel schwieriger wäre. Daher basieren diese Leistungsurteile auf sichtbareren und objektiveren Kriterien und sind stichhaltiger und zuverlässiger als die Urteile über Persönlichkeitsmerkmale. Man kann dabei über bestimmte Verhaltensweisen sprechen, die Untergebenen haben eine weniger abwehrende Haltung und akzeptieren leichter eine Kritik ihres Verhaltens. Schliesslich kann das Diskutieren besonderer Verhaltensweisen und Ziele auch zu einem besseren Verständnis zwischen Vorgesetztem und Untergebenem beitragen und die Art der Tätigkeit des Untergebenen erklären.

661 Der Schwierigkeitsgrad eines Zieles

Wenn bei der Leistungsbewertung Ziele und Normen gesetzt werden, so ist der Schwierigkeitsgrad der Ziele (in den Augen der Arbeitnehmer) sehr wichtig und wirkt sich stark auf die Motivation aus. Erfolgsmotivation ist am höchsten bei Aufgaben, welche die Teilnehmer als „mittelschwierig" ansehen (Atkinson, 1964). Offenbar wird eine gute Erledigung der Aufgabe dann als sehr anziehend betrachtet, wenn eine 50 prozentige Erfolgschance zu bestehen scheint, da dann Gefühle der Zuständigkeit und des Erfolgs eine Rolle spielen. Dies deutet an, dass Normen und Ziele, die als „mittelschwierig" angesehen werden, die höchste intrinsische Motivation erzeugen. Wenn also die Erfolgsmotivation maximiert werden soll, müssen Budgets, Produktionsnormen und andere Leistungsziele so gesetzt werden, dass die Arbeitnehmer sie mit 50 Prozent Sicherheit erreichen. Nach unserem Modell der Motivation (Kapitel 3) erscheinen sehr viel höher gesetzte Ziele als unerreichbar, so dass ein Erfolg nicht erhofft werden kann. Wenn die Ziele dagegen zu niedrig gesetzt werden, wird in ihnen keine Herausforderung gesehen, und eine intrinsische Motivation kommt nicht zur Geltung.

662 Untergeordnete Teilnahme

Herkömmlicherweise handelte es sich beim Vorgang der Leistungsbewertung um eine Situation, in welcher der Vorgesetzte eine aktive und der Untergebene eine passive Rolle spielte (White & Barnes, 1971). Der Vorgesetzte sollte die Leistung des Untergebenen bewerten und dies dem Untergebenen mitteilen; der Untergebene dagegen sollte passiv und aufmerksam zuhören. Seit dem klassischen Artikel von McGregor (1957) ist jedoch diese Rollenverteilung wiederholt angezweifelt worden. McGregor leitete eine Änderung ein, als er andeutete, dass der Untergebene bei diesem Vorgang eine aktivere Rolle spielen sollte. In letzter Zeit haben White & Barnes (1971) vorgeschlagen, die Bewertung sollte zu einem wechselseitigen Vorgang werden, der durch die Zusammenarbeit zwischen Vorgesetztem und Untergebenem zustandekommt.

Warum sollte der Untergebene beim Vorgang der Leistungsbewertung mitwirken? Diese Frage wird hauptsächlich dadurch beantwortet, dass die meisten Autoren, die sich für eine Teilnahme ausgesprochen haben, auch der Meinung sind, dass die Bewertung auf besonderen Zielen und nicht auf Persönlichkeitsmerkmalen beruhen sollte. Teilnahme wird zur Notwendigkeit, wenn sinnvolle und motivierende Ziele gesetzt werden sollen; zur Bewertung von Persönlichkeitsmerkmalen ist Teilnahme dagegen nicht notwendig. Bei der Beurteilung von Merkmalen kann der Untergebene wenig helfen, und er bleibt daher passiv. Viele Beweise zeigen, dass die Untergebenen sich viel mehr an eine Entscheidung gebunden fühlen, wenn sie am Entscheidungsvorgang teilge-

nommen haben. Sie fühlen sich dann für die Entscheidungen verantwortlich und sie möchten, dass sich die Entscheidungen als richtig herausstellen. Offenbar kommen dabei Gefühle der Selbstachtung und Zuständigkeit zur Geltung, welche bei einer Fehlentscheidung leiden würden. Dasselbe geschieht, wenn Untergebene bei der für sie gültigen Zielsetzung mitwirken: Sie fühlen sich dann als „Miteigentümer" der Ziele und assoziieren Gefühle der Selbstachtung und Zuständigkeit mit dem Erreichen der Ziele. Dadurch werden sie zum Erreichen der Ziele motiviert.
Die Teilnahme kann auch zum Festsetzen sinnvoller, „mittelschwieriger" Ziele beitragen. Untergebene besitzen oft wichtige Informationen über die Ebenen der Erreichbarkeit von Zielen. Wie bereits festgestellt wurde, spielt die Schwierigkeit des Ziels bei der Motivation eine sehr wichtige Rolle. Bei einseitig von oben gesetzten Zielen besteht immer die Gefahr, dass sie unrealistisch sind, da dem Vorgesetzten einfach die nötige Information fehlt.

663 Verhältnis zwischen Bewertung und Belohnungssystem

Aufgrund ihrer Studie über den Vorgang der Leistungsbewertung waren Meyer et al. (1965) der Meinung, dass die Bezahlung aus dem Bewertungsvorgang herausgehalten werden sollte, da in der Diskussion die geldlichen Aspekte alle anderen Aspekte beherrschen. Diese Wissenschaftler fanden es unmöglich, in derselben Konferenz sinnvoll über Bezahlung und gleichzeitig über andere Faktoren wie Entwicklungsbedürfnisse, bisherige Leistung und zukünftige Ziele zu sprechen. Ihre Untersuchung beleuchtet das Hauptproblem, das Organisationen lösen müssen, wenn sie gute Leistung durch Geld oder andere extrinsische Belohnungen motivieren wollen. Die Bezahlung muss eng mit der Leistung verkoppelt sein, wenn sie gute Leistung motivieren soll, und dies kann eigentlich nur durch ein Programm der Leistungsbewertung erreicht werden, das die Leistung realistisch misst und eine Verbindung mit der Bezahlung sichtbar macht. Wenn jedoch die geldlichen Entscheidungen mit dem Vorgang der Leistungsbewertung verkoppelt werden, ergeben sich eine Reihe negativer Konsequenzen. Es ändert sich die ganze Einstellung des Untergebenen zum Vorgang. Plötzlich wird der Vorgang zu einem Wettbewerb, in dem er sein Bestes geben muss, um eine Lohnerhöhung, Beförderung oder andere Belohnung zu erreichen. Er wird versuchen, sich ins beste Licht zu stellen und die Seiten hervorzukehren, aufgrund derer sein Gehalt festgesetzt wird. Oft wird er unrichtige Daten über seine Leistung geben, so dass seine Ziele niedrig gesetzt werden (Whyte, 1955). Ausserdem kann er verzerrte Daten über seine bisherige Leistung erzeugen, um einen guten Eindruck zu machen. Offensichtlich spielt die Trennung oder Vereinigung der verschiedenen Bewertungsfunktionen eine entscheidende Rolle.

Alternativen für die Kombination oder Trennung von Bewertungsfunktionen können alle Funktionen in ein System einbauen und gleichzeitig diskutieren oder auch je nach Bedarf jede Funktion getrennt bewerten. Beide extremen Systeme scheinen unpraktisch zu sein. Wenn alles in einer Konferenz erledigt wird, werden viele wichtige Themen nie diskutiert, wie z. B. persönliche Entwicklung und Ausbildung. Der Gebrauch von getrennten Bewertungssystemen scheint auch unpraktisch zu sein, da die natürlichen Überschneidungen dann übersehen werden. Man könnte jedoch mehr oder weniger getrennte Diskussionen betreffend die verschiedenen Funktionen durchführen, wenn die bedeutenderen Funktionen in der ersten Sitzung behandelt worden sind. Wenn beispielsweise die Entwicklung diskutiert wird, bevor die Entscheidungen über Belohnung gemacht sind, dann sollte man über die Entwicklungsbedürfnisse reden können, ohne dass die Bezahlung in den Vordergrund tritt. Dieser Ansatz anerkennt grundsätzlich die Überschneidungen und versucht, sie möglichst gering zu halten. Jedoch wird es auch bei diesem Ansatz einige Überschneidungen geben, mit Nebenerscheinungen, die nur beseitigt werden können, wenn man die Belohnungen nicht auf die vom Bewertungssystem gemessenen Leistungen bezieht.

67 Wann sollen extrinsische Belohnungen eingesetzt werden, um Leistung zu motivieren?

Es ist klar, dass extrinsische Belohnungen unter manchen Umständen nicht zum Motivieren der Leistung angewandt werden sollten, wenn die ungünstigen Folgen schwerer wiegen als die günstigen. Der Führungsstil ist eine wichtige Determinante dafür, ob solche Belohnungen angewandt werden sollen. Aus vielen

Gründen ist es schwierig, in autoritären Organisationen die Belohnungen mit der Leistung zu verkoppeln. Zum Beispiel kann man die Verbindung zwischen Bezahlung und Leistung dadurch klar machen, dass man die Lohninformation bekannt macht. In einer vorwiegend demokratischen und „teilnehmenden" Organisation sollte sich diese Praxis von selbst entwickeln. Wenn die Arbeitnehmer beginnen, an ihrer eigenen und an der Bewertung anderer teilzunehmen, werden sie bald die Löhne ihrer Mitarbeiter und auch die Lohnskala der Organisation erfahren. Bei einer Organisation mit autoritärer Struktur kann man sich jedoch schwer eine Politik der Offenheit vorstellen. Offenheit in bezug auf den Lohn setzt Vertrauen voraus, offene Diskussion der Leistung und Rechtfertigung der Löhne, – was schwerlich in einer autoritären Organisation zu finden ist. Jedoch ist eine solche Politik ein integraler Teil der demokratischen Management-Methode.

Eine teilnehmende Bewertung der Leistung ist oft nötig, wenn man die Belohnungen sichtbar mit der Leistung verkoppeln will. Sie bewährt sich gewöhnlich auch bei einem demokratischen Führungsstil. Es muss eine hohe Ebene des Vertrauens zwischen Vorgesetzten und Untergebenen bestehen, um die Leistungsbewertung wirksam durchzuführen. Das Vertrauen entwickelt sich leicht in Situationen, in denen eine Tradition teilnehmender Entscheidungen besteht. Vertrauen entwickelt sich viel schwerer beim autoritären Führungsstil.

Welche Art eines extrinsischen Belohnungssystems würde sich in einer autoritär verwalteten Organisation bewähren? Es bestehen eindeutige Beweise dafür, dass ein Plan desto erfolgreicher ist, je objektiver seine Basis ist. Pläne, welche die Belohnungen mit „harten" Kriterien verkoppeln (wie Produktionsmenge, Gewinn oder Verkäufe) und daher ein Minimum an Vertrauen erfordern, haben eine viel bessere Erfolgschance in einer autoritären Organisation als Methoden, die von gemeinsamer Zielsetzung und „weichen" Kriterien (wie Beurteilung von Persönlichkeitsmerkmalen) abhängen. Jedoch gibt es in den meisten Organisationen eine Reihe von Tätigkeiten, denen die harten Kriterien zur Leistungsmessung fehlen, für die Vertrauen und Teilnahme nötig sind, wenn extrinsische Belohnungen motivieren sollen. In solchen Situationen bewähren sich natürlich die demokratischeren Organisationen besser als die autoritären. Jedoch ist es sogar bei teilnehmenden Organisationen nicht immer möglich, umfassende Leistungsmassstäbe zu entwickeln, die vom einzelnen und seinem Vorgesetzten anerkannt werden. Wenn dies der Fall ist, kann man unmöglich die Belohnungen sichtbar auf die Gesamtleistung beziehen, und die unterschiedliche Verteilung von Belohnungen wird nur zu Bitterkeit, Misstrauen und unerwünschtem Verhalten führen.

Das Motivieren der Menschen durch extrinsische Belohnungen kann sehr kostspielig werden, besonders wenn die Belohnung aus Geld besteht. Eine Organisation muss willens und in der Lage sein, bestimmten Arbeitnehmern sehr grosse Gehaltserhöhungen und/oder Bonusse zu geben, wenn die Bezahlung zur Leistung anregen soll. Manchmal können auch die nicht-finanziellen Kosten eines solchen Plans hoch sein. Die zwischenmenschlichen Beziehungen in der Organisation können beispielsweise einer grossen Beanspruchung unterzogen werden, da der Vorgesetzte seine Untergebenen unterschiedlich beurteilt und belohnt. Dies kann ungünstige Folgen haben, wenn die Vorgesetzten die Situation nicht richtig meistern. Auch wenn Organisationen willens sind, die finanziellen und nicht-finanziellen Kosten der „Bezahlung nach Leistung" auf sich zu nehmen, können die Arbeitnehmer z. B. keinen grossen Wert auf Geld legen und auf diese Motivation nicht reagieren. In einer Fabrik, die viele unverheiratete Frauen anstellte, waren beispielsweise freie Stunden und Tage wichtiger als Geld. Als man den Frauen sagte, sie könnten nach Erledigung einer bestimmten Produktionsmenge nach Hause gehen, stieg die Produktivität drastisch. Davor hatte man mehrfach erfolglos versucht, die Leistung durch bessere Bezahlung zu erhöhen.

Zusammenfassend kann man sagen, dass die Organisationen versuchen sollten, extrinsische Belohnungen zur Motivation einzusetzen, wenn die folgenden Praktiken eingeführt werden können: (1) Wichtige Belohnungen können gegeben und mit der Leistung verkoppelt werden; (2) die Methode der Belohnung kann bekannt gemacht werden; (3) die Vorgesetzten sind willens, das Belohnungssystem in Diskussionen mit Untergebenen zu erklären und zu unterstützen; (4) die Belohnungen können je nach Leistung stark variieren; (5) die Leistung kann umfassend und objektiv gemessen werden; (6) sinnvolle Konferenzen der Leistungsbewertung können stattfinden; und (7) eine hohe Ebene

des Vertrauens besteht zwischen Vorgesetzten und Untergebenen oder sie kann entwickelt werden.
Wenn andererseits viele dieser Praktiken nicht bestehen und auch nicht eingeführt werden können, sollte man vielleicht keine extrinsischen Belohnungen zur Motivierung einsetzen. Die blosse Anwendung motivierender Massnahmen unter sonst ungünstigen Umständen kann sogar die organisatorische Leistung vermindern und die Arbeitnehmer noch unzufriedener machen.

68 Die Zufriedenheit mit extrinsischen Belohnungen

Viele Untersuchungen haben die Determinanten sowie die Folgen der Zufriedenheit mit extrinsischen Belohnungen in Betracht gezogen. Die Studien zeigen, dass dieses Thema in Organisationen aller Art sehr wichtig ist, da eine Unzufriedenheit mit extrinsischen Belohnungen viele negative Konsequenzen hat. Bevor wir darauf näher eingehen, können wir einen Blick auf die Untersuchungen über die Determinanten der Befriedigung werfen:

681 Determinanten der Befriedigung

Ein Modell der Determinanten der Aspektbefriedigung wurde auf Abbildung 14 (Kapitel 4) gegeben. Aus ihm ergaben sich eine Reihe von Voraussagen darüber, welche Menschen mit der Ebene ihrer extrinsischen Belohnungen zufrieden sein werden. Das Modell zeigt, dass sich Unzufriedenheit gewöhnlich bei Menschen einstellt, die ihre eigene Leistung höher als die der Mitarbeiter einschätzen, die jedoch das gleiche Gehalt beziehen. Das Modell zeigt auch, dass die Befriedigung direkt von der Belohnungsebene eines Menschen abhängt, wenn alle anderen Faktoren gleichbleiben. Natürlich bleiben in der Praxis nicht alle Faktoren gleich, und daher ist die Befriedigung mit der extrinsischen Belohnung nicht vollständig von der Höhe des Gehalts abhängig. Einige Menschen leisten weniger und sind daher mit weniger Gehalt zufrieden. Dennoch zeigen viele Untersuchungen, dass die Befriedigung durch extrinsische Belohnungen weitgehend und direkt vom Gehalt abhängt, – besonders, wenn man Menschen mit ähnlichen Tätigkeiten und ähnlicher Herkunft vergleicht.

Eine Untersuchung von Lawler und Porter (1963) zeigt, warum eine starke Beziehung zwischen Bezahlungsbefriedigung und dem tatsächlichen Gehalt besteht. Es ergab sich, dass eines Menschen Vorstellung über sein tatsächliches Gehalt bei einer Gehaltserhöhung steigt, aber seine Vorstellung eines angemessenen Gehalts steigt nicht unbedingt gleichzeitig. Abbildungen 26 und 27 zeigen, dass die Vorstellungen über das Gehalt mit den Gehaltserhöhungen steigen, während die Vorstellungen über einen ange-

Abbildung 26: Antworten von Vizedirektoren auf die Fragen: „Wieviel erhalten Sie? " und „Wieviel sollten Sie erhalten? ". (Aus: E. E. Lawler und W. L Porter, Perceptions regarding management compensation. Industrial Relations, 1963, 3, 46–47.)

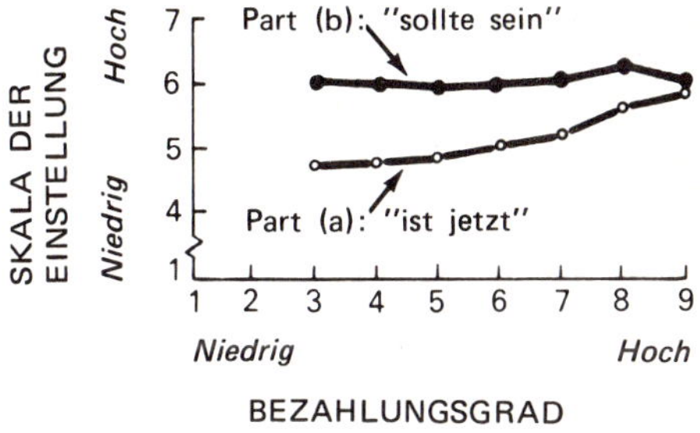

Abbildung 27: Antworten von Managern niedrigerer Ebenen auf die Fragen: „Wieviel erhalten Sie? " und „Wieviel sollten Sie erhalten? ". (Aus: E. E. Lawler und W. L. Porter, Perceptions regarding management compensation. Industrial Relations, 1963, 3, 46–47.)

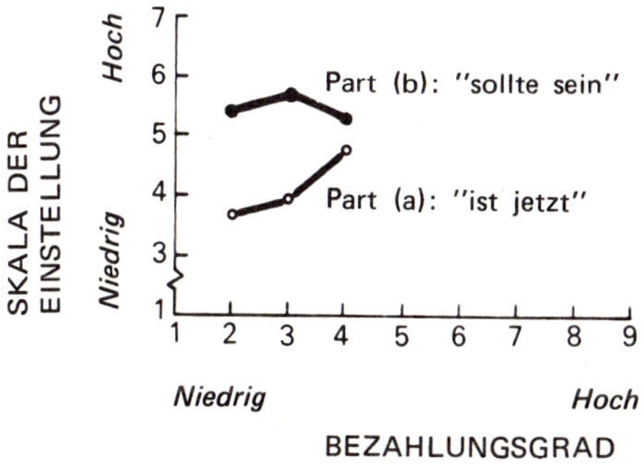

messenen Lohn relativ gleichbleiben. Die sich verringernde Entfernung zwischen den zwei Linien in beiden Abbildungen deutet an, dass höhere Bezahlung nicht von höherer Befriedigung begleitet ist. Ein Vergleich der beiden Abbildungen zeigt, dass die hochbezahlten Manager der unteren Ebenen zufriedener sind mit ihrer Bezahlung als die niedrig bezahlten Manager der höheren Ebenen, obwohl die letzteren mehr Geld erhalten.

Viele Untersuchungen zeigen, dass Menschen, die viel leisten, gewöhnlich am unzufriedensten sind, wenn sie nicht entsprechend hoch bezahlt werden. Eine Studie zeigt beispielsweise, dass die besseren Arbeiter ihrer Meinung nach besser bezahlt werden sollten als die weniger leistungsfähigen Arbeiter (Porter und Lawler, 1968). Abbildung 28 zeigt, dass Manager, die ihrer Meinung nach viel leisten, auch glauben, mehr erhalten zu sollen als die weniger leistungsfähigen Manager. Es zeigt sich auch, dass jede der beiden Gruppen anscheinend einheitlich bezahlt ist, wodurch die besseren Arbeiter unzufriedener sind.

Abbildung 28: Bedürfniserfüllung („ist jetzt") und Vorstellungen bezüglich angemessener Belohnung („sollte sein"), – von den Managern selbst beurteilt. (Aus: L. W. Porter und E. E. Lawler, Managerial Attitudes and Performance, 1968.)

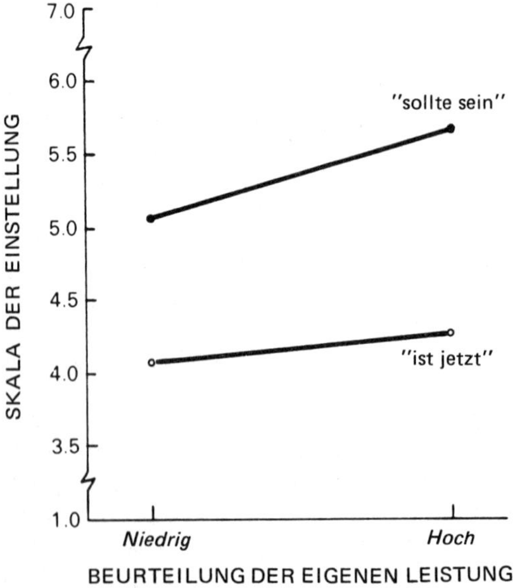

Es hat sich auch gezeigt, dass Faktoren des persönlichen Input und gewisse Faktoren der Arbeitsschwierigkeit mit der Befriedigung durch extrinsische Belohnungen zusammenhängen. Zum Beispiel stellen einige Studien fest, dass sich nach einer Beförderung die Unzufriedenheit mit der Bezahlung verstärkt, wenn die Bezahlung nicht wesentlich erhöht wird. Andere Studien haben gezeigt, dass die Unzufriedenheit mit der Bezahlung gleichzeitig mit dem Bildungsgrad steigt (Klein & Maher, 1966). Im allgemeinen stimmen diese Beweise mit dem Modell der Aspektbefriedigung (Kapitel 4) überein. Die Befriedigung scheint wirklich eine Funktion der Vorstellung zu sein, die ein Mensch von seinen Leistungen und Ergebnissen hat; höhere Inputs führen zu höherer Unzufriedenheit, wenn sie nicht von höheren Ergebnissen begleitet sind.

682 Konsequenzen der Unzufriedenheit mit extrinsischen Belohnungen

Im Kapitel 4 wurden eine Reihe von Konsequenzen der Unzufriedenheit mit der Arbeit diskutiert. Viele derselben Punkte lassen sich auch auf die Zufriedenheit mit extrinsischen Belohnungen anwenden. Mehrere Studien haben bewiesen, dass die Unzufriedenheit mit extrinsischen Belohnungen dieselben negativen Wirkungen hat wie die Unzufriedenheit mit der Arbeit als Ganzes. Abbildung 29 fasst die negativen Wirkungen der Unzufriedenheit mit extrinsischen Belohnungen zusammen.

Es gibt viele Beweise dafür, dass völlige Zufriedenheit mit der Arbeit kaum möglich ist, wenn die Zufriedenheit mit den extrinsischen Belohnungen niedrig ist. Dies ist zu erwarten, da die Zufriedenheit mit der Arbeit im Ganzen von der Zufriedenheit mit den extrinsischen Belohnungen beeinflusst wird. Wegen dieses starken Einflusses besteht auch eine Beziehung zu Faktoren wie Abwesenheit und Personalwechsel.

Wie wir bereits in Kapitel 4 erklärten, hängt die Zufriedenheit mit der Stelle fast immer mit diesen Teilnahmeentscheidungen zusammen. Dies wurde u. a. durch Studien von Weitz und Nuckols (1953) und von Metzner und Mann (1953) bewiesen. Die erste Studie berichtete, dass 83 Prozent einer Gruppe von Arbeitnehmern, die ihre Bezahlung als angemessen bezeichneten, am

Abbildung 29: Modell der Folgen von Unzufriedenheit mit der Bezahlung. (Aus: Pay and Organizational Effectiveness: A Psychological View by E. E. Lawler, 1971.)

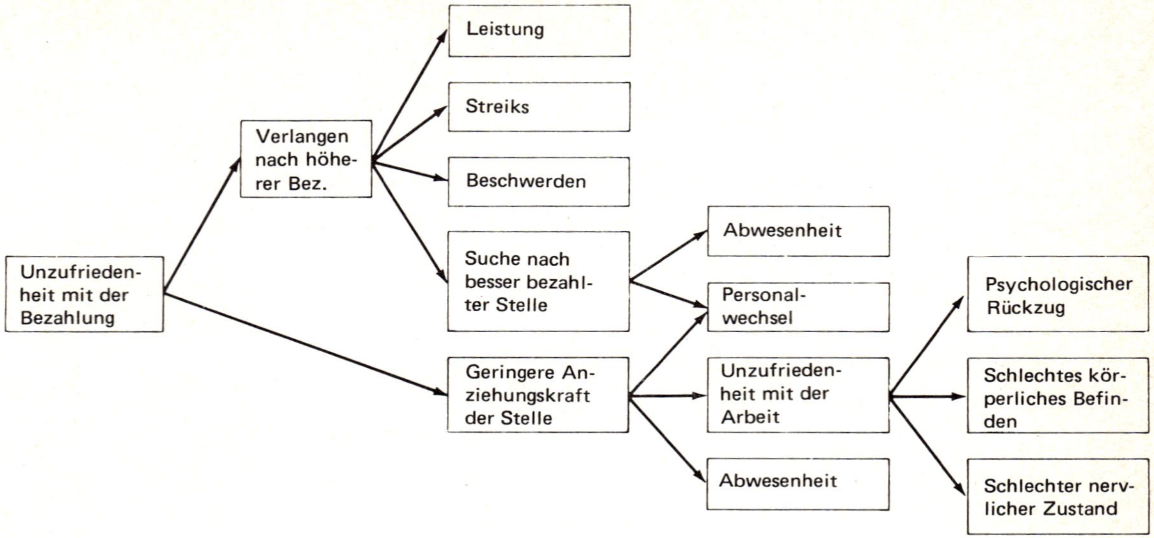

Ende des Jahres noch bei der Firma waren, während nur 67 Prozent derer, die ihre Bezahlung für zu niedrig hielten, der Firma treublieben. Metzner und Mann (1953) berichteten, dass nur 45 Prozent der Büroangestellten, die mehr als dreimal während sechs Monaten abwesend waren, mit ihrer Bezahlung zufrieden waren, während 60 Prozent derer, die einmal oder nie abwesend waren, mit der Arbeit zufrieden waren.
Die Beziehung zwischen der Zufriedenheit mit extrinsischen Belohnungen und Faktoren wie Streiks und Beschwerden scheint auch verständlich in bezug auf die Wirkung der Zufriedenheit mit extrinsischen Belohnungen auf die Befriedigung durch die Arbeit im ganzen. In Kapitel 4 wurde erklärt, dass Unzufriedenheit mit der Arbeit Streiks und Beschwerden auszulösen scheint, durch welche die Arbeitnehmer ihre Zufriedenheit mit der Arbeit und mit bestimmten Aspekten der Arbeit, wie der Höhe der erhaltenen extrinsischen Belohnungen, heraufsetzen wollen.

683 Wer sollte zufriedengestellt werden?

In Kapitel 4 wurde erwähnt, dass es sehr wichtig ist, wer in einer Organisation befriedigt bzw. unbefriedigt ist. Da sich die Befriedigung auf den Personalwechsel auswirkt, werden die unzufriedensten Arbeitnehmer am ehesten zur Kündigung neigen. Dies ist kein Problem, wenn diese Arbeitnehmer auch am wenigsten leisten, aber es ist ein Problem, wenn die guten Arbeiter unzufrieden sind. Es ist sehr wichtig, wer unzufrieden ist, gleichgültig, ob es sich um die Zufriedenheit mit der Arbeit als Ganzes oder um die Befriedigung durch extrinsische Belohnungen handelt.
Den Organisationen steht nur ein begrenzter Betrag zum Verteilen extrinsischer Belohnungen zur Verfügung. Im Falle von Geld muss beispielsweise entschieden werden, wieviel Geld man in jeden Arbeitnehmer investieren will. Da kein unbeschränkter Betrag zur Verfügung steht, wird die Belohnung des einen sozusagen von der Belohnung des andern abgezogen. Man kann die Befriedigung durch eine bessere Bezahlung erhöhen. Wenn eine Organisation also die gesamte Lohnsumme bestimmt, so entscheidet sie, wie befriedigt die Arbeitnehmer sein sollen. Bei der Verteilung von Belohnungen wie Geld an die einzelnen entscheidet eine Organi-

sation im wesentlichen darüber, wer befriedigt werden soll und wer nach Möglichkeit in der Firma bleiben sollte.
Um befriedigt zu sein, muss der gute Arbeiter wesentlich mehr erhalten als der schlechte Arbeiter, da er seine Leistung höher einschätzt. Er wird auch öfter gute Stellenangebote von anderen Organisationen erhalten. Dieser Gedankengang deutet an, dass in Organisationen, die alle Arbeitnehmer mehr oder weniger gleich bezahlen, die schlechteren Arbeiter am zufriedensten sein und zum Bleiben neigen werden, während die guten Arbeiter die Firma verlassen werden. Ausserdem ergibt sich hieraus, dass viele Organisationen die Kosten des Personalwechsels kürzen könnten, ohne die Lohnkosten zu erhöhen, indem sie einfach den guten Arbeitern mehr und den schlechteren Arbeitern weniger bezahlten.

684 Das Geheimhalten der Bezahlung

Man kann unmöglich geheim halten, wer die meisten extrinsischen Belohnungen erhält. Beförderungen können beispielsweise nicht geheimgehalten werden, – aber die Information über die Bezahlung kann geheim bleiben. Tatsächlich wird in vielen Organisationen die Bezahlung der Manager geheimgehalten, da man annimmt, dass dadurch die Unzufriedenheit mit der Bezahlung verringert werden könne. Das Modell in Kapitel 4 über die Determinanten der Aspektbefriedigung betont, dass Bezahlungsvergleiche die Befriedigung beeinflussen. Es gibt Beweise dafür, dass bei Geheimhaltung der Gehälter die Arbeitnehmer bei ihren Vergleichen auf ungenaue Information und Gerüchte abstellen. Wenn bei Geheimhaltung der Gehälter die Schätzungen der Arbeitnehmer richtig wären, dann sollte die Zufriedenheit mit der Bezahlung mit oder ohne Geheimhaltung ungefähr gleich sein. Wenn andererseits die Geheimhaltung zu einer Unterschätzung der Gehälter anderer führt, sollte die Befriedigung bei Geheimhaltung höher sein. Wenn schliesslich die Geheimhaltung zur Überschätzung der Gehälter anderer führt, dann sollte die Geheimhaltung die Befriedigung verringern. Ob die Geheimhaltung zu einer Unter- oder Überschätzung oder zu richtiger Schätzung führt, kann man leicht untersuchen, und viele Studien sind auf diesem Gebiet unternommen worden. Die Ergebnisse zeigen, dass

Arbeitnehmer die geheimgehaltenen Gehälter gewöhnlich überschätzen, und dass die Unzufriedenheit mit dem Grad der Überschätzung steigt. Dieses Ergebnis deutet an, dass das Geheimhalten der Bezahlung die Unzufriedenheit erhöhen kann.

Aufgrund der verfügbaren Daten scheint es möglich, dass, bei gleichbleibenden Umständen, eine Organisation die Ebene der Befriedigung heben könnte, indem sie die Gehälter bekannt gäbe. Leider hat noch niemand die Wirkung einer solchen Massnahme direkt gemessen. Die Folgen würden wahrscheinlich davon abhängen, wie sehr man sich vor der Veränderung um angemessene Gehälter bemüht hatte. Wenn eine Reihe von unangemessenen Bezahlungsdifferenzen bestünde, würde die Veränderung Probleme herbeiführen, jedenfalls am Anfang. Auf die Dauer gesehen erwiese es sich jedoch wahrscheinlich als nützlich, wenn die Organisation die Bezahlungsstruktur kritisch untersuchen und Unregelmässigkeiten beseitigen würde. Allzuoft machen Manager unbegründete Gehaltsentscheidungen, da sie glauben, niemand werde davon erfahren. Wenn die Gehälter jedoch angemessen verteilt sind, sollte eine Bekanntmachung der Gehälter nur gute Folgen zeitigen. Genaue Information über die Bezahlung kann den Arbeitnehmern klar machen, dass nach Leistung bezahlt wird, und gleichzeitig kann die Unzufriedenheit beseitigt werden, die auf der Überschätzung der Bezahlung anderer beruht.

Durch Beer und Gery (1968) gesammelte Daten zeigen, was geschehen kann, wenn Arbeitnehmer über die Bezahlung besser informiert werden. Die besser informierten Arbeitnehmer hielten mehr von der Idee der Bezahlung nach Leistung als die schlechter informierten. Dieses Ergebnis kann kaum überraschen, da es logisch scheint, dass die Arbeitnehmer das Risiko der Bezahlung nach Leistung dann gern in Kauf nehmen, wenn sie von der Angemessenheit der Belohnungen überzeugt sind. Bei geheimgehaltenen Gehältern ist es schwierig, eine solche Überzeugung zu entwickeln.

69 Das Verkoppeln extrinsischer Belohnungen mit der Leistung

In diesem Kapitel haben wir betont, dass sich das Verhältnis zwischen der Ebene der extrinsischen Belohnungen und der Leistung entscheidend auf die organisatorische Leistung auswirkt.

Wenn extrinsische Belohnungen mit der Leistung verkoppelt werden, ergibt sich eine höhere Motivation und nur bei den schlechteren Arbeitern eine Tendenz zum Personalwechsel. Trotz dieser offensichtlichen Vorteile verkoppeln viele Organisationen die Belohnung nicht mit der Leistung. Es gibt Situationen, in denen sich eine solche Verkoppelung ungünstig auswirken könnte. Aber oft belohnen Organisationen auch dann nicht nach Leistung, wenn es zu ihrem Nutzen wäre.
Untersuchungen haben gezeigt, dass die Bezahlung nicht konsequent auf die Leistung bezogen wird. Dies ist sogar oft in Organisationen der Fall, die Systeme der Leistungsbezahlung eingeführt haben. Svetlik, Prien und Barrett (1964) zeigen beispielsweise, dass das Verhältnis zwischen Gehalt und Leistung schlecht ist, wenn es von den Vorgesetzten festgelegt wird. Eine andere Studie hat gezeigt, dass die Gehälter von Managern kaum mit den Bewertungen der Vorgesetzten übereinstimmen (Lawler, 1967). Zwei andere Studien zeigen auch, dass die Bezahlung auf der Managementebene nicht immer der Leistung entspricht (Haire, Ghiselli und Gordon, 1967; Brenner und Lockwood, 1965). In beiden Studien bestanden die Beweise aus Daten der Gehaltsentwicklung, wobei einige interessante Tendenzen sichtbar wurden. Die jährlichen Gehaltserhöhungen der Manager zeigten beispielsweise grosse Schwankungen. Würden die Firmen nach Leistung bezahlen, dann müsste man aus dieser mangelnden Korrelation schliessen, dass die Leistung eines Managers im einen Jahr wenig mit der Leistung im anderen Jahr zu tun hat. Diese Annahme stimmt einfach nicht mit dem überein, was sonst über Leistung bekannt ist. Ein Manager, der dieses Jahr viel leistet, wird normalerweise auch nächstes Jahr viel leisten. Daher müssen wir zum Schluss kommen, dass die untersuchten Firmen nicht nach Leistung bezahlten. Anscheinend waren die Gehaltserhöhungen willkürlich vorgenommen worden, und immer wieder andere Kriterien waren für die Erhöhungen massgebend gewesen. So bestand kaum eine Beziehung zu früheren Gehaltserhöhungen und zur Leistung. Eine Untersuchung hat gezeigt, dass die Bezahlung zum Teil vom Niveau der Stelle, vom Dienstalter und anderen Faktoren bestimmt wird, welche nichts mit der Leistung zu tun haben (Lawler & Porter, 1966).
Im ganzen deuten die Beweise an, dass die Organisationen nicht konsequent nach Leistung bezahlen, und dass bei der Bezahlung

viele Faktoren eine Rolle spielen, die mit Leistung wenig oder nichts zu tun haben. Dasselbe lässt sich wahrscheinlich auch über die Art und Weise sagen, in der andere Belohnungen vergeben werden. Sicherlich werden nicht immer die besten Arbeiter befördert, und manchmal zu Recht. Es ist wichtig, dass man denjenigen befördert, der sich für die höhere Stellung eignet, obwohl er vielleicht an seinem jetzigen Posten nicht sehr viel leistet. So muss man oft bei Systemen der Bezahlung und der Beförderung Kompromisse schliessen, da eine Reihe von Kriterien berücksichtigt werden müssen.

Ein Grund, warum die Belohnungen nicht eng mit der Leistung verkoppelt sind, ist, dass einige Arbeitnehmer mit einer solchen Verteilung der Belohnungen nicht einverstanden sind, und die Arbeitnehmer beeinflussen offensichtlich die Verteilungsart. Bei Umfragen unter Arbeitern über die von ihnen bevorzugten Lohnsysteme zeigte es sich, dass viele von ihnen die Bezahlung nach Leistung ablehnten. Sie protestierten besonders gegen Stücklohnpläne. Periodische Lohnerhöhungen wurden bevorzugt. Interessanterweise ist die Opposition gegen Stücklohnpläne niedriger unter Arbeitern, die schon Erfahrungen mit ihnen gemacht haben, und höher unter Gewerkschaftsmitgliedern. Bei einer Untersuchung der Managementebene fand man, dass Manager zwar die Leistung als den wichtigsten Faktor betrachteten, dass sie jedoch auch Faktoren berücksichtigt sehen wollten, die sie selbst in ein gutes Licht rückten (Lawler, 1966). Zum Beispiel sagten Manager, die schon lange bei der Firma arbeiteten, dass das Dienstalter bei der Belohnung ein wichtiger Faktor sein sollte; und gebildete Manager wollten für ihre Bildung bezahlt werden usw. Daher gibt es wahrscheinlich in jeder Organisation bestimmte Interessengruppen, die für Faktoren bezahlt werden wollen, welche nichts mit Leistung zu tun haben. Wenn diese Gruppen auch nur eine Minderheit in der Organisation darstellen, können sie doch oft das Belohnungssystem beeinflussen, besonders wenn diese Gruppen aus Managern bestehen, welche die Verteilung der Belohnungen bestimmen.

Am besten lässt sich diese Untersuchung der extrinsischen Belohnungen dadurch zusammenfassen, dass man noch einmal betont, wie wichtig die richtige Verteilung der extrinsischen Belohnungen in einer Organisation ist. Jede Organisation hat eine beschränkte Anzahl von Belohnungen zu vergeben. Wie diese

Belohnungen verteilt werden, entscheidet darüber, wer in der Firma bleiben wird, wieviel die Arbeitnehmer leisten, und wie sie der Firma gegenüber eingestellt sein werden. Das Verteilen extrinsischer Belohnungen stellt eine Investition in Menschen dar, und diese Investition ist entscheidend für die Organisation. Man kann eine Organisation gut danach beurteilen, wie die Verteilung der extrinsischen Belohnungen und die Einstellung der Menschen zu dieser Verteilung aussehen. Die Untersuchung des Verhältnisses zwischen der Zufriedenheit mit extrinsischen Belohnungen und der Leistung in einer Organisation lässt auch weitgehend die Wirkung des Systems der Belohnungsverteilung erkennen (Porter & Lawler, 1968). Eine enge positive Beziehung zwischen Befriedigung und Leistung deutet an, dass das Belohnungssystem gut funktioniert und dass es gute Leistung belohnt. Andererseits deutet eine lose oder nicht vorhandene Beziehung an, dass das System mangelhaft funktioniert und möglicherweise Probleme hervorrufen wird. Im letzten Fall ist auch die Motivation gewöhnlich niedrig, da die Belohnungen nicht eindeutig an die Leistung gekoppelt sind. Ausserdem wird wahrscheinlich ein stärkerer Personalwechsel unter den guten Arbeitern auftreten.

Im nächsten Kapitel werden wir untersuchen, wie sich die Stellen- oder Arbeitsplatzbeschreibung auf Motivation und Befriedigung auswirkt. Ähnlich wie Bezahlung und Beförderung hat auch die Stellenbeschreibung einen grossen Einfluss auf die Motivation, im weiteren wirkt sie auch auf bestimmte intrinsische Belohnungen ein.

7 Stellenbeschreibung und Arbeitsleistung

Die psychologische Literatur über die Motivation von Arbeitnehmern bringt viele Beweise dafür, dass die Tätigkeits-, Arbeitsplatz- oder Stellenbeschreibung die Befriedigung, Motivation und Leistung beeinflussen kann. Dieser Einfluss kommt hauptsächlich dadurch zustande, dass sich Einwirkungen auf die A → E Vorstellungen bzgl. intrinsischer Belohnungen wie Selbstachtung, Erfolg und Zuständigkeit ergeben. Ausserdem besteht ein Einfluss auf die Valenz gewisser Ergebnisse und B → A Vorstellungen über gute Leistung. Bevor wir diesbezügliche Beweise diskutieren, sollten wir zwei alternative Strategien der Tätigkeitsbeschreibung in Betracht ziehen; insbesondere werden wir den Ansatz des wissenschaftlichen Management mit dem Ansatz der Tätigkeitsbereicherung vergleichen.

71 Die Methode des wissenschaftlichen Management

Die Methode des wissenschaftlichen Management bei der Stellenbeschreibung wurde am Anfang des Jahrhunderts beliebt; sie wird heute als der traditionelle und anerkannte Ansatz betrachtet. Die Methode nimmt an, dass Tätigkeiten (besonders auf den unteren Ebenen) vereinfacht, standardisiert und spezialisiert werden sollten. In Übereinstimmung mit diesem Ansatz finden wir in Organisationen die Tendenz, jede Arbeit in kleine Teilarbeiten aufzuteilen und die Schritte zu deren Ausführung zu standardisieren.

Frederick W. Taylor (1911) sagte vor über 60 Jahren:

> „Die Arbeit eines jeden Arbeiters wird vom Management wenigstens einen Tag im voraus vollständig geplant, und jeder Mann empfängt gewöhnlich vollständige schriftliche Anweisungen, die genauestens seine Aufgabe beschreiben . . . Diese Anweisungen enthalten nicht nur, was getan werden soll, sondern auch, wie es getan werden soll und bis wann." (S. 39).

Das mechanisierte Fliessband stellt die letzte Entwicklung der wissenschaftlichen Methode des Management dar. Beim Fliess-

band werden viele vereinfachte, standardisierte Arbeiten in festgesetztem Tempo ausgeführt.
Bevor wir die tatsächlichen Konsequenzen dieser Methode erläutern, sollten einige der dabei erwarteten Vorteile erwähnt werden. Tätigkeiten sind aufgrund dieser Methode bestimmt worden und werden auch in Zukunft so beschrieben werden, weil sich dabei ökonomische und technische Vorteile einstellen. Drei der erwarteten ökonomischen Vorteile haben mit der Art der Ausbildung zu tun, die ein Arbeiter zur erfolgreichen Ausübung der Tätigkeit braucht. Erstens erfordern Tätigkeiten dieser Art wenig Ausbildung, was vom finanziellen Standpunkt aus eine grosse Rolle spielt, da die Ausbildung sehr teuer ist. Für ein Ausbildungsprogramm müssen Ausbilder angestellt werden, und die Arbeiter müssen auch anfangs noch bei der Arbeit unterwiesen werden.
Ein zweiter ökonomischer Vorteil ist, dass die Stellen mit ungelernten Arbeitern besetzt werden können. Normalerweise sind ungelernte oder halbgelernte Kräfte auf dem Arbeitsmarkt preiswert und zahlreich vorhanden. Drittens können die Arbeiter wegen ihrer geringen Ausbildung relativ leicht ausgetauscht werden. Wenn ein Arbeiter fehlt, kann ein anderer leicht seine Stelle einnehmen.
Ein weiterer Vorteil der Fliessbandtätigkeiten ist, dass der Arbeiter sich wegen der hohen Mechanisierung körperlich weniger anzustrengen braucht, wodurch er weniger rasch ermüdet. Wenn die Standardisierung mit mechanischer Schrittmachung vereint ist, ergeben sich Bedingungen, unter denen die Qualität sorgfältig kontrolliert und die Produktion vorausgesagt werden kann. Jeder Arbeiter führt eine einfache Aufgabe aus, deren einzelne Teile standardisiert sind, und Fehler sollten seltener vorkommen. Jeder Teil des Fabrikationsvorgangs wird von jemand ausgeführt, der dafür ausgebildet ist und die beste Methode entwickelt hat. Dadurch wird vermutlich eine höhere Qualität erreicht, als wenn jemand verschiedene Schritte des Fabrikationsvorgangs ausführen muss, da dieser Arbeiter niemals Experte auf jedem Teilgebiet sein kann. Die Produktion sollte im voraus berechenbar sein, da sie durch die Geschwindigkeit des Fliessbandes festgesetzt und also vom Management kontrolliert werden kann.
Kurz gesagt können die Manager mehr Kontrolle über die Arbeiter ausüben, wenn die Tätigkeiten spezialisiert, standardisiert, vereinfacht und zeitlich kontrolliert werden. Mit einem kurzen Blick

kann der Aufseher feststellen, ob ein Arbeiter seine Aufgabe richtig ausführt. Der Aufseher braucht nur nachzuschauen, ob der Arbeiter an der Maschine ist und seine Arbeit tut. Ausserdem kann der Aufseher die Tätigkeit fast so gut kennen, wie der Arbeiter selbst, so dass er die Arbeit leicht überprüfen kann. Schliesslich kann der Aufseher leicht einen schlechten Arbeiter ersetzen, da die Firma für seine Ausbildung wenig investiert hat. Die Entlassung ist also für diese Arbeiter eine ständige Drohung.

Das Problem mit Tätigkeiten, die nach den Prinzipien des wissenschaftlichen Management gestaltet werden, ist, dass sie gewöhnlich nicht die von ihren Befürwortern versprochenen Resultate bringen. Aus naheliegenden Gründen verhalten sich die Arbeitnehmer einfach nicht wie erwartet, und daher stellen sich viele der vorausgesagten ökonomischen Ersparnisse nie ein. Insbesondere werden die erwarteten Ersparnisse bei der Ausbildung selten realisiert, da sie durch den höheren Personalwechsel bei Routinearbeiten ausgeglichen werden. Manche Firmen nennen einen Personalwechsel von über 100 Prozent bei ihren Fliessbandarbeiten. Wenn zu viele Arbeiter kündigen, werden sogar minimale Ausbildungskosten bedeutsam. Ausserdem erhöhen sich bei wachsendem Personalwechsel auch andere Kosten, z. B. die der Personalwerbung und -auswahl, der Buchhaltung, der verstärkten Beaufsichtigung und der mangelnden Geübtheit neuer Arbeiter während der ersten Zeit. Wegen aller dieser Kosten kann der Personalwechsel äusserst kostspielig werden. Neuere Untersuchungen deuten an, dass es die Organisation mindestens fünf Monatsgehälter eines Arbeiters kostet, einen Arbeiter zu ersetzen. Das wären also mindestens 2000 Dollar im Falle eines einfachen Arbeiters und viel mehr bei Angestellten der höheren Ebenen.

Auch die Abwesenheit ist gewöhnlich bei stark standardisierten, spezialisierten und vereinfachten Tätigkeiten hoch und daher kostspielig. Arbeitnehmer werden wahrscheinlich die ihnen zustehenden Krankheits- und Urlaubtage voll ausnützen, und eine grosse Zahl Ersatzarbeiter müssen zur Verfügung stehen, um die jeweils fehlenden Arbeiter zu ersetzen. Daher erhält die Organisation weniger Arbeitsstunden für einen gegebenen Geldbetrag.

Ein weiterer erwarteter Vorteil der wissenschaftlichen Managementmethode ist die Verwendung billiger Arbeitskräfte. Wie jedoch Erfahrungen in der Automobilindustrie eindeutig gezeigt haben, können gewisse Arbeiten so unbefriedigend sein, dass die

Firmen hohe Löhne zahlen müssen, damit die Arbeiter die Fliessbandarbeiten überhaupt annehmen. Der typische Fliessbandarbeiter in der Automobilindustrie verdient wenigstens einen Dollar pro Stunde mehr als bei seiner letzten Arbeit, und er verdient mehr, als er bei seinen Fähigkeiten an anderen Arbeitsstellen verdienen würde.

Interessante und unerwartete Kosten der Fliessbandmethode fanden sich bei einer Untersuchung in einem grossen Entwicklungslabor (Hall & Lawler, 1970). Auf die Frage: „Welches ist der schwierigste Teil der Entwicklung eines Produkts?" antwortete ein Ingenieur: „Am schwierigsten ist es, das Produkt für das Fliessband narrensicher zu machen". Damit meinte er, das Produkt müsse so gestaltet sein, dass es auf dem Fliessband nur auf eine einzige Art zusammengesetzt werden kann. Warum ist dies so wichtig? Vor Langeweile und Monotonie bei der Fliessbandarbeit scheinen die Arbeiter oft nicht mehr zu wissen, was sie tun. Sie setzen leicht ein Stück falsch zusammen, obwohl – oder gerade weil – ihre Arbeit nur aus einigen einfachen Handgriffen besteht. Teilweise scheinen die Arbeiter auch bewusst von der Routine abzuweichen, um in ihre Arbeit etwas Abwechslung zu bringen. Es gibt viele klassische Beispiele von Arbeitern, welche die Namen auf den Autokarrosserien genial veränderten, um die Monotonie zu brechen, die beim Montieren weniger Buchstaben während des ganzen Tages entsteht. So kamen Autos vom Fliessband mit Coca-Cola Flaschen im Gehäuse oder mit fehlenden Teilen.

Ein weiteres Problem beim Entwerfen ergibt sich auch bei der Einführung von Fliessbandmethoden und Arbeitsvereinfachung. Es ist schwierig, ein „ausgeglichenes" Fliessband einzurichten, an dem jeder Arbeitsschritt die gleiche Zeit beansprucht. Jedesmal, wenn sich die Nachfrage nach dem Produkt verändert oder wenn die Anzahl der Arbeiter am Fliessband variiert, muss das Fliessband von neuem ausgeglichen werden. Ingenieure müssen für diese zeitraubende Arbeit angestellt werden, wodurch weitere Kosten für die Organisation entstehen. Sogar wenn die Fliessbänder gut ausgeglichen sind, haben nicht alle Arbeiter auf die gleiche Weise zu tun. Daher warten manche Arbeiter, bis der vorangehende Arbeiter mit dem Stück fertig ist. In manchen Fällen ist sogar die Fliessbandmethode zeitraubender als die Einzelproduktion. In einer Autofabrik fanden die Ingenieure beispielsweise zu ihrem Erstaunen, dass ein einzelner Arbeiter einen Kontrollmechanis-

mus schneller zusammensetzen konnte, als dies bei der Fliessbandmethode möglich war. Warum hatte man das Fliessband benutzt? Man hatte die Einzelproduktion nie in Betracht gezogen.
Die Tatsache, dass Produkte für das Fliessband narrensicher entworfen werden müssen, deutet darauf hin, dass die Bedingungen am Fliessband nicht immer eine hohe Qualität der Produktion garantieren. Vielleicht werden einige Probleme vermieden, die sich normalerweise einstellen, wenn jemand nicht weiss, wie er etwas anpacken soll. Aber die Arbeiter werden nicht zur Qualitätsarbeit motiviert. Im Gegenteil, sie scheinen zur Produktion niedriger Qualität motiviert zu werden. Die traditionelle Lösung dieses Problems besteht in der Anstellung von Prüfpersonal und in der Anwendung verfeinerter Prüfmethoden. Dies bewirkt vielleicht einige Verbesserungen, aber allzuoft führt es zum Phänomen „zuviel Kontrolle und zu wenig Qualität". Ausserdem sind diese Methoden sehr kostspielig; die Kontrolle gleicht fast die Einsparungen durch das Fliessband aus.
Wenn man die finanziellen Vorteile der Einführung eines Fliessbandes kalkuliert, sollte man unbedingt die grosse Investition an Maschinen bedenken. Ferner ist diese Produktionsmethode relativ starr; d. h. sowohl Menschen wie Maschinen sind auf ein Produkt eingestellt und können nicht leicht etwas anderes herstellen. Fliessbänder sind auch starr in bezug auf die Geschwindigkeit der Produktion. Nach jeder Veränderung der Geschwindigkeit müssen sie neu ausgeglichen werden, wobei oft eine weitgehende Verschiebung der Arbeitskräfte nötig wird. Solche Starrheit kann zum ernsten Problem werden, wenn die Nachfrage nach dem Produkt veränderlich und unberechenbar ist und die Kombination von Produkten dauernd geändert werden muss. Dies ist offensichtlich dort schwierig, wo die Fliessbänder weitgehend mechanisiert sind, da dann eine mechanische wie auch eine personalmässige Starrheit besteht.

72 Die Methode der Arbeitsbereicherung

Seit etwa 1950 haben sich viele Sozialwissenschaftler, die mit Stellenbeschreibung und Motivation zu tun haben, gegen die Methode des wissenschaftlichen Management ausgesprochen. Sie haben vorgeschlagen, diese Methode durch die Arbeits- oder

Tätigkeitsbereicherung zu ersetzen, welche auf der Annahme beruht, dass Tätigkeiten komplex, herausfordernd und interessant sein sollten. Es wird oft zwischen horizontaler und vertikaler Tätigkeitserweiterung unterschieden. Bei der horizontalen Erweiterung wird die Anzahl der von einem Menschen ausgeführten Aufgaben vermehrt, und dies wird auch oft als Tätigkeitsvergrösserung bezeichnet. Bei der vertikalen Tätigkeitserweiterung wird dagegen die Selbständigkeit und Verantwortung eines Menschen bei der Arbeit vergrössert, und dies wird oft als Arbeitsbereicherung bezeichnet. Die meisten Autoren sind der Meinung, dass Tätigkeiten sowohl vertikal wie horizontal erweitert werden müssen, wenn sie motivieren, befriedigen und wirklich bereichern sollen.

Von der Arbeitsbereicherung kann man viele Vorteile erwarten. Grundsätzlich wird von den Befürwortern dieser Methode gesagt, dass bereicherte Tätigkeiten besser motivieren und befriedigen als vereinfachte Tätigkeiten. Durch erhöhte Motivation werden die Arbeitnehmer mehr produzieren, und sie werden bessere Qualität erzeugen. Die erhöhte Befriedigung ist ökonomisch wünschenswert, da sie sich auf die Abwesenheit und den Personalwechsel auswirkt.

Natürlich bringt die Arbeitsbereicherung auch einige Kosten mit sich. Die anfängliche Ausbildung dauert gewöhnlich länger.

Die Arbeiter können offensichtlich nicht so leicht ersetzt werden, da sie oft komplexe Aufgaben ausführen. Die durch ein Fliessband angebotene mechanische Hilfe fällt in vielen Fällen weg, so dass sich der Arbeiter oft körperlich mehr anstrengen muss. Ferner müssen die Tätigkeiten von gelernten Arbeitern ausgeführt werden, die oft höher bezahlt werden müssen. Befürworter dieser Methode behaupten, dass diese Nachteile mehr als ausgeglichen werden durch die Vorteile, die sich bei erhöhter Motivation und Befriedigung einstellen (siehe z. B. Ford, 1969).

Viele Studien haben versucht, die Wirkung von Arbeitsbereicherungs-Programmen zu messen. Fast ausnahmslos zeigen diese Studien, dass sich einige positive Veränderungen durch die Arbeitsbereicherung ergaben. In den meisten Fällen stieg die Produktivität nach der Bereicherung. Ein Überblick über die Literatur (Lawler, 1969) ergab, dass bei sechs von zehn Studien die Produktivität durch die Bereicherung anstieg. In allen zehn Studien führte die Bereicherung zu höherer Qualität der Produkte. Eine Studie wurde in einer Firma ausgeführt, die Geräte für Krankenhäuser herstellte (Marks, 1954). Ursprünglich wurden die Geräte am Fliessband hergestellt. Dann wurden verschiedene Tätigkeiten versuchsweise anders gestaltet: Man fasste mehrere Aufgaben zusammen, um die Tätigkeit komplexer zu machen. Bei einem neuen Modell setzten die Arbeiter beispielsweise das ganze Gerät zusammen, sie kontrollierten die Reihenfolge und Geschwindigkeit des Vorgangs und prüften das fertige Produkt. Diese neuen Tätigkeitsbeschreibungen senkten die Produktivität etwas, aber sie erhöhten die Qualität. Produktionsfehler wurden fast um die Hälfte vermindert.

In einer anderen Untersuchung (Kuriloff, 1966) hatte ein Hersteller elektronischer Messinstrumente – am Fliessband – Probleme mit mangelhafter Qualität, mit Personalwechsel, Abwesenheit und Produktionsstarrheit. Die Firma bereicherte darauf die Tätigkeiten der Fliessbandarbeiter. Während vorher jeder Arbeiter nur einen Teil eines Instruments zusammengesetzt hatte, setzte er nun das ganze Instrument zusammen. In vielen Fällen brauchte ein Arbeiter dazu eine ganze Woche. Nachdem er dies getan hatte, prüfte er das Instrument, zeichnete persönlich dafür und schickte es zum Kunden. Wenn sich danach beim Instrument irgendwelche Probleme einstellten, war der Arbeiter persönlich für die Reparatur verantwortlich. Unmittelbar nach Einführung der „bereicherten" Tätigkeiten verminderten sich sowohl Produktivität als auch Qualität, da die Arbeiter in verschiedenen Phasen der Arbeit unerfahren waren. Nach sechs Monaten lag jedoch die Produktivität wieder auf der früheren Ebene, und die Qualität war höher. Gleichzeitig stieg die Befriedigung, so dass sich Abwesenheit und Personalwechsel verminderten.

In einer anderen Studie berichtet Ford (1969), dass sich der Personalwechsel durch Arbeitsbereicherung um 27 Prozent verminderte, wodurch die Firma 245 000 Dollar einsparte. In vielen Studien wird von ähnlichen Ergebnissen berichtet. Eine beträchtliche Anzahl von Beweisen zeigt, dass sich die Arbeitsbereicherung auf Befriedigung, Abwesenheit, Personalwechsel und Qualität der Produkte auswirkt. Jedoch wird durch die Studien von Blood und Hulin (1967) und von Turner und Lawrence (1965) auf eine wichtige Einschränkung hingewiesen: Diese Wissenschaftler fanden, dass Arbeitnehmer individuell verschieden auf die Arbeitsbereicherung reagieren.

Grundsätzlich fanden sie, dass Menschen vom Lande und aus kleinen Städten wie erwartet auf die Programme reagierten. Menschen aus Grossstädten produzierten jedoch nicht höhere Quantität oder Qualität, und sie waren auch mit den bereicherten Tätigkeiten nicht zufriedener; es zeigte sich bei ihnen nicht einmal eine Verminderung der Abwesenheit und des Personalwechsels. Jede Theorie, die die Wirkungen der Tätigkeitsbeschreibung auf die Motivation zu erklären sucht, muss daher die individuellen Reaktionen der Menschen auf Arbeitsbereicherung in Betracht ziehen.

73 Warum wirkt sich die Arbeitsplatzbeschreibung auf die Motivation aus?

Aus den Untersuchungen ergibt sich eindeutig, dass die Tätigkeitsbeschreibung das Verhalten und die Einstellung von Arbeitnehmern beeinflusst. Ob eine Tätigkeit bereichert ist oder nicht, ist wichtig. Zugegebenermassen können die individuellen Reaktionen auf bereicherte Tätigkeiten variieren, aber die meisten Arbeitnehmer reagieren doch auf bereicherte Tätigkeiten ganz anders als auf Tätigkeiten, die nach der Methode des wissenschaftlichen Management gestaltet sind. Es bleibt die Frage, warum die Tätigkeitsbeschreibung einen wichtigen Einfluss auf die Motivation ausübt. Am Anfang dieses Kapitels deuteten wir an, dass dieser Einfluss durch die Einwirkung auf die drei Komponenten des Modells der Motivation (siehe Kapitel 3) zustandekommt. Wir wollen nun überlegen, wie dies möglich ist.

731 Einfluss auf die A → E Einstellungen

Je nach Anordnung der Arbeit können Tätigkeiten den Arbeitnehmern verschiedene Gelegenheiten zur Befriedigung wichtiger Bedürfnisse und zum Erreichen wichtiger Ziele bieten. Einige Tätigkeiten können beispielsweise den Arbeitern die Gelegenheit bieten, ihre sozialen Bedürfnisse zu befriedigen; andere Tätigkeiten können das Bedürfnis nach persönlicher Entwicklung oder materiellem Fortschritt befriedigen.

Die Tätigkeitsbeschreibung übt auch einen Einfluss darauf aus, was der Arbeitnehmer tun muss, um die Belohnungen zu erhalten.

Bei einigen Tätigkeiten muss der Arbeitnehmer einfach zur Arbeit erscheinen. Einige Tätigkeiten sind so gestaltet, dass sie jedem Arbeitnehmer eine Befriedigung seiner sozialen Bedürfnisse bieten, wenn er zur Arbeit kommt (siehe Kapitel 5). Andere Tätigkeiten bieten eine Befriedigung von Bedürfnissen nur dann, wenn der Arbeitnehmer eine bestimmte Aufgabe erfüllt. Ein Fussballspieler wird seine Bedürfnisse nach Zuständigkeit und persönlicher Entwicklung nur dann befriedigen, wenn er ziemlich gut spielt. Bei manchen Tätigkeiten hat die Leistung keinen Einfluss auf die Belohnung, die ein Mensch erhält. Der Fliessbandarbeiter erhält beispielsweise für gute Arbeit nicht mehr als für schlechte Arbeit.

Die Tätigkeitsbeschreibung kann die Motivation zur Leistung deswegen beeinflussen, weil sie bestimmen kann, wie sehr intrinsische Belohnungen und Ergebnisse vom Verhalten bei der Arbeit abhängen sollen. Nach dem Modell der Motivation in Kapitel 3 erhöht also eine Tätigkeit die Motivation, wenn sie die A → E Einstellung eines Menschen in bezug auf gute Leistung positiv beeinflusst.

A → E Einstellung eines Menschen in bezug auf gute Leistung positiv beeinflusst.

Nehmen wir einmal an, eine Arbeitnehmerin werde hauptsächlich durch ihr Bedürfnis nach sozialer Befriedigung motiviert. Sie nimmt gern an interessanten Gesprächen teil, und sie fühlt sich dann am wohlsten, wenn sie Mitarbeitern Hilfe oder Anregung bieten kann. Sie arbeitet an der Produktion kleiner elektrischer Geräte, wobei sie mit fünf anderen Arbeitnehmerinnen um einen runden Tisch sitzt. Die Arbeit ist ziemlich einfach und verlangt nur ein Minimum an Fähigkeiten und Aufmerksamkeit, wodurch sich viele Gelegenheiten zu Gesprächen während der Arbeit bieten.

Man kann nun voraussagen, dass diese Arbeitnehmerin (1) selten abwesend ist, (2) die Stelle nicht sehr bald kündigen wird, und (3) zufriedenstellend aber nicht überdurchschnittlich arbeiten wird. Da die Tätigkeit so gestaltet ist, dass die Arbeitnehmerin ihre starken sozialen Bedürfnisse bei der Arbeit befriedigen kann, wird sie wahrscheinlich ihren Arbeitsplatz schätzen, sie wird selten abwesend sein und die Stellung ziemlich lange behalten wollen. Da ihre Aufgabe nicht herausfordernd ist, kann sie auch genug leisten, ohne den sozialen Aspekt zu vernachlässigen. Durch

die Gestaltung der Tätigkeit ist kein Anreiz zur höheren Leistung geboten.
Jetzt können wir uns ausmalen, dass dieselbe Frau eine Stelle als Vertreterin in der Kundendienst-Abteilung einer Telephon- oder Elektrizitätsgesellschaft annimmt. Hier bestehen ihre Pflichten hauptsächlich in der Beantwortung von Anrufen und der Beratung von Kunden. Dabei sollte die Arbeitnehmerin leistungsfähig sein und zugleich zufrieden mit ihrer Arbeit, selten abwesend und nicht zur Kündigung neigend. Solch eine Tätigkeit wäre für unsere hypothetische Arbeitnehmerin fast optimal; sie könnte bei der Arbeit ihre persönlichen Bedürfnisse befriedigen, indem sie einfach viel leistet und die Ziele der Organisation verfolgt, d. h. indem sie die Kunden so gut wie möglich bedient. Je mehr sie bei der Arbeit leistet, desto besser befriedigt sie ihre eigenen Bedürfnisse und desto besser erreicht sie ihre eigenen Ziele. Wenn dieselbe Arbeitnehmerin an einem lärmenden Fliessband arbeiten würde, das wenig Gelegenheit zur Befriedigung sozialer Bedürfnisse bietet, könnte man ein anderes Verhalten von ihr erwarten. Da eine gute Leistung nicht zu ihrer sozialen Befriedigung beitrüge, ja dieser sogar vielleicht im Wege stünde, könnten wir eine niedrige Leistung erwarten. Da die Anwesenheit bei der Arbeit auch nicht ihre sozialen Bedürfnisse befriedigt, wird sie ausserdem oft abwesend sein und zur Kündigung neigen.
Mit diesem Beispiel soll gezeigt werden, dass die Gestaltung einer Tätigkeit einen starken Einfluss auf die Arten der Befriedigung ausübt, die am Arbeitsplatz latent bestehen, und gleichzeitig auch auf die Verhaltensweisen, die zum Erreichen dieser Befriedigungen nötig sind. Kurz gesagt: Die Tätigkeitsbeschreibung übt einen starken Einfluss auf die A → E Einstellungen der Menschen aus und daher auch auf ihr Verhalten. Das Beispiel zeigt, dass die Ereignisse bei der Arbeit eine gemeinsame Funktion der durch die Tätigkeitsbeschreibung erzeugten A → E Assoziationen und der für den Arbeitnehmer wichtigen Bedürfnisse und Ziele sind. Andere Beweise, die wir später diskutieren wollen, zeigen, dass bereicherte Tätigkeiten andere A → E Einstellungen erzeugen als vereinfachte Tätigkeiten. Wer eine bereicherte Tätigkeit ausübt, sieht eine Beziehung zwischen guter Ausführung der Arbeit und Gefühlen des Wachstums, der Selbstachtung und der Zuständigkeit. Aus diesem Grunde scheinen die bereicherten Tätigkeiten besser zu motivieren.

Überzeugende Daten beweisen, dass Aufgaben und Tätigkeiten die Wünschbarkeit von Ergebnissen (in den Augen eines Menschen) sowohl kurzfristig wie auch langfristig beeinflussen können. Die Ausführung verschiedener Arten von Aufgaben und die Wahrnehmung der Folgen der Ausführung können sich weitgehend auf die späteren Bedürfnisse und Ziele eines Menschen auswirken.

Einer der bekanntesten Forscher auf diesem Gebiet ist David C. McClelland von der Harvard University. Nach McClelland (1951) wird ein Mensch, der bei der Ausführung einer Aufgabe viel Freude (oder Schmerz) empfindet, diesen Geisteszustand mit den bei der Ausführung bestehenden Zuständen assoziieren. Wenn in späteren Situationen dieselben Zustände wieder auftreten (wie bei der Ausführung derselben oder einer ähnlichen Aufgabe), wird der frühere Geisteszustand wieder lebendig. Durch diese Re-aktivierung kann die Wünschbarkeit von Ergebnissen, die mit der Ausführung der Aufgabe assoziiert werden, erhöht werden.

Viele der von McClelland und seinen Mitarbeitern ausgeführten Experimente haben gezeigt, dass die Umstände am Arbeitsplatz tatsächlich verschiedene Bedürfnisse ungewöhnlich erhöhen. Diese Experimente haben sich auf die Erfolgsmotivation konzentriert, und sie haben gezeigt, dass diese Motivation durch bestimmte Arten von Aufgaben angeregt werden kann, wodurch dann erfolgsorientierte Ergebnisse von den Arbeitnehmern höher geschätzt werden.

Nehmen wir einmal an, dass eine Frau mit starken sozialen Bedürfnissen eine herausfordernde und bereicherte Arbeit erhält, bei der sie aber sozial isoliert ist. Sie könnte dadurch unzufrieden werden und kündigen, da ihre sozialen Bedürfnisse unbefriedigt bleiben. Die herausfordernde Natur der Arbeit könnte jedoch in ihr eine Erfolgsmotivation wecken; sie könnte daher versuchen, Ergebnisse zu erreichen, die mit Erfüllung und Wachstum assoziiert sind, und sie könnte sich weniger mit der Befriedigung ihrer sozialen Bedürfnisse beschäftigen. Da sie bei ihrer Arbeit erfolgsbezogene Ergebnisse durch gute Leistung erreichen kann, könnte sie stark zu guter Leistung motiviert werden. Anstatt zu kündigen könnte sie also ein besonders leistungsfähiger Arbeitnehmer werden. Die entscheidende Determinante bei ihrer Reaktion wäre, ob die Arbeit Erfolgsmotivation in ihr erzeugen kann. Dies wiederum würde durch ihre vorherigen Erfahrungen und durch die Eigenschaften der Aufgabe bestimmt.

Einige Untersuchungen zeigen, dass die Erfahrungen bei der Arbeit die langfristigen Bedürfnisse und Ziele der Arbeitnehmer beeinflussen können. In einer Studie veränderten Breer und Locke (1965) das Mass, in dem kooperatives Verhalten von Arbeitnehmern verlangt wurde. Eine kooperative Arbeitsweise verstärkte in den Arbeitnehmern die Neigung, an kooperativen Aufgaben gern teilzunehmen. Vermutlich würden sie bei späteren Aufgaben öfter die Gelegenheit ergreifen, mit anderen Leuten zusammenzuarbeiten. Da die Daten von Breer und Locke in einem Labor kurzfristig gesammelt worden waren, kann man sich fragen, ob diese Veränderungen auch auf lange Sicht ihren Zweck erfüllen würden. Auch wenn die durch das Experiment beeinflussten Einstellungen nicht vorgehalten hätten, würde das Resultat doch andeuten, dass eine längere und intensivere Erfahrung solcher Art die persönliche Einstellung der Teilnehmer auf lange Sicht verändern könnte.

Ein Fall, der dies illustriert, wurde von Kornhauser (1965) in einer Untersuchung von Arbeitern in einer Autofabrik in Detroit beschrieben. Kornhauser verglich die Reaktionen von Fliessbandarbeitern der unteren Ebenen mit denen von herkunftsmässig vergleichbaren Arbeitern, die komplexere und verantwortungsvollere Arbeiten ausführten. Es zeigte sich, dass die Arbeitnehmer mit den Routinearbeiten weniger Initiative bei der Arbeit zeigten und auch dem Leben und ihrer Karriere gegenüber weniger aktiv eingestellt waren. Ausserdem zeigten sie weniger persönlichen Ehrgeiz und weniger Verlangen nach persönlichem Wachstum. Als sie beispielsweise gefragt wurden, ob sie sich sehr anstrengten, um ihr Leben zu verändern, antwortete einer von ihnen: „Ich glaube, ich habe solche Absichten aufgegeben. Früher mal war ich ehrgeizig, aber in den letzten zehn Jahren habe ich mich nicht mehr so angestrengt (er war 42 Jahre alt); wahrscheinlich habe ich einfach aufgegeben, etwas erreichen zu wollen, das man doch nicht erreichen kann" (S. 241).

Kornhauser wies besonders darauf hin, dass sich solche Einstellungen durch Erfahrungen bei der Arbeit entwickeln und nicht auf ererbte Charaktereigenschaften zurückzuführen sind, was auch anzunehmen ist. Abschliessend sagt er: „Fabrikarbeit, besonders

Routinearbeit, scheint den Ehrgeiz und die Initiative der Arbeitnehmer auszulöschen und das zielorientierte Denken zu schwächen" (S. 252). Es kann angenommen werden, dass die Beschäftigung mit herausfordernden Arbeiten den Wunsch eines Menschen nach Wachstum, Selbstachtung und Selbständigkeit verstärkt, obwohl Kornhauser dies nicht erwähnt.

Eine wichtige Funktion günstig gestalteter Aufgaben ist daher das Erwecken von Bedürfnissen am Arbeitsplatz. Wenn jemand beispielsweise erfahren hat, dass er bei der Ausführung mässig schwieriger Aufgaben positive Gefühle seiner eigenen Person gegenüber entwickelt, wird er bei späteren mässig schwierigen Aufgaben auch das Verlangen haben erfolgreich zu sein. Durch diese Bedürfnisentwicklung verändert sich die Wünschbarkeit verschiedener Ergebnisse.

733 Wirkung auf die B → A Einstellungen

Die Tätigkeitsbeschreibung kann leicht die Vorstellung davon beeinflussen, ob man aufgrund einer Bemühung mit Wahrscheinlichkeit zur erfolgreichen Ausführung gelangen wird. Die Fliessbandarbeit ist so gestaltet, dass die meisten Menschen sie erfolgreich ausführen können. Manche andere Tätigkeiten sind jedoch so gestaltet, dass die Menschen nicht sicher sind, ob eine grosse Anstrengung auch zu guter Leistung führen wird. Viele Aufgaben auf Managementebene sind ziemlich komplex und schwierig, so dass grosse Anstrengung allein eine gute Leistung nicht garantieren kann. Der Direktor einer grossen Firma kann trotz seiner Anstrengungen entscheidende Fehler machen, ebenso wie ein Fussballspieler.

Manche Direktoren grosser Firmen halten sich für erfolgreich, wenn sie jede zweite Entscheidung richtig treffen. Wenn die B → A Einstellungen die Stärke der A → E Einstellungen und die Ergebnisvalenzen nicht beeinflussen würden, wäre die Motivation bei hohem B → A am höchsten. Mit anderen Worten: Die Motivation sollte dann am höchsten sein, wenn die Menschen glauben, ihre Anstrengungen seien erfolgreich. Das Modell der Motivation in Kapitel 3 zeigte, dass die Motivation von folgender Formel bestimmt wird $(B \rightarrow A) \times \Sigma [(A \rightarrow E)(V)]$. Da die anderen Faktoren in dieser Formel mit B → A multipliziert werden, wäre das

Ergebnis am höchsten, wenn B → A am höchsten ist. Demnach wäre es empfehlenswert, Tätigkeiten so zu gestalten, dass sie leicht nach den Regeln des wissenschaftlichen Management ausgeführt werden können. Dies ist jedoch ein Trugschluss, da die B → A Einstellungen in Wirklichkeit die A → E Einstellungen beeinflussen.
Untersuchungen haben gezeigt, dass die A → E Einstellungen in bezug auf Erfolgsmotivation von den B → A Wahrscheinlichkeiten beeinflusst werden. Die stärksten A → E Einstellungen für die Erfolgsmotivation ergeben sich, wenn die Anstrengung offensichtlich mit 50 prozentiger Wahrscheinlichkeit zu guter Leistung führt. Wenn B → A sehr hoch (oder niedrig) ist, erwarten die Menschen anscheinend von der erfolgreichen Ausführung keine Gefühle des Erfolgs oder der Zuständigkeit, und Σ[(A → E) (V)] ist im Modell niedriger. Da eine Erhöhung von (B → A) eine Verringerung von Σ [(A → E) (V)] erreichen kann, tragen die beiden Teile der Formel nicht zu einer Erhöhung der Motivation bei.
Es gibt auch Beweise dafür, dass die B → A Wahrscheinlichkeit die Wünschbarkeit der Ergebnisse beeinflussen kann; die meisten Ergebnisse werden höher geschätzt, wenn sie nach grosser Anstrengung oder nach Ausführung einer schwierigen Aufgabe erreicht werden. Zum Beispiel werden Ehrentitel und Preise höher bewertet, wenn sie schwer zu erreichen sind. In vielen Fällen kann also die Motivation am höchsten sein, wenn die B → A Wahrscheinlichkeit nicht vollkommen ist, da der mögliche Einfluss dieses Faktors auf die Wünschbarkeit der Ergebnisse mit guter Leistung assoziiert wird. Zusammenfassend kann gesagt werden, dass, sobald B → A 0,5 überschreitet, jede weitere Erhöhung dieses Faktors nur den Wert von Σ[(A → E) (V)] verringern kann, wodurch jegliche Erhöhung innerhalb der Summe aufgehoben werden kann. Deswegen wird sich die höchste Motivation vermutlich dann einstellen, wenn die B → A Wahrscheinlichkeit um 0,5 herum liegt.

74 Tätigkeitsmerkmale und ihre Wirkung auf die Motivation

An dieser Stelle sollten wir genau erklären, wie bestimmte Tätigkeitsmerkmale die Motivation beeinflussen, damit wir verstehen, warum Menschen verschieden auf bereicherte und vereinfachte

Arbeiten reagieren. Dies ist auch nötig um zu bestimmen, wie die Arbeiten im Hinblick auf maximale individuelle Befriedigung und Motivation gestaltet werden sollten.

Wir wissen von den Untersuchungen über die Erfolgsmotivation, dass die Schwierigkeit einer Aufgabe die Motivation und die Befriedigung beeinflusst. Aber welche anderen Faktoren spielen eine Rolle? Die Arbeiten von Kurt Lewin (siehe z. B. Lewin, Dembo, Festinger & Sears, 1944) und Chris Argyris (1964) weisen auf einige andere Faktoren hin. Die Autoren stellten fest, dass Menschen eine Befriedigung der Bedürfnisse höherer Ordnung empfinden, wenn sie etwas erreichen, das ihnen persönlich sinnvoll oder wertvoll erscheint. Genauer gesagt, wird eine solche Befriedigung dann erreicht, wenn ein Arbeitnehmer erfolgreich eine Arbeit ausführt, die (1) ihn persönlich für eine wichtige Phase der Arbeit Verantwortung spüren lässt, (2) Ergebnisse bietet, die intrinsisch als sinnvoll empfunden werden, und (3) ihm Feedback betreffend seine Leistung bietet, so dass er seine Leistung selbst beurteilen kann. Je produktiver und je besser ein Mensch eine solche Arbeit ausführt, desto wahrscheinlicher wird er seine Bedürfnisse der höheren Ebenen befriedigt sehen. Sobald er ausserdem Arbeitserfahrung sammelt, wird er noch stärker zu hoher Leistung motiviert, da er bald aus eigener Erfahrung weiss, dass gute Leistung tatsächlich zur Befriedigung der höheren Bedürfnisse führt. Die drei erwähnten Tätigkeitsmerkmale beeinflussen Motivation und Befriedigung entscheidend. Wir werden sie hier genauer beschreiben, da sie eine brauchbare Basis bei der Analyse von Tätigkeiten darstellen (siehe auch Hackmann & Lawler, 1971).

1. Die Tätigkeit muss dem Arbeitnehmer erlauben, sich für eine sinnvolle Phase der Arbeit verantwortlich zu fühlen.

Das Arbeitsergebnis muss auf die Anstrengungen des einzelnen zurückgeführt werden können. Er muss merken, dass die von ihm getane Arbeit seine eigene ist; und er muss sich bewusst sein, dass er persönlich für etwaige Erfolge oder Misserfolge verantwortlich ist. Nur dadurch kann er das Gefühl des persönlichen Erfolgs und der Selbstachtung gewinnen.

Der von Turner und Lawrence (1965) beschriebene Faktor der Selbständigkeit gibt den Grad an, in dem ein Arbeiter sich persönlich für seine Arbeit verantwortlich fühlt. Wenn dieser Faktor hoch ist, sind die Arbeitnehmer in hohem Masse für die zeitliche

Einteilung und die Methoden ihrer Arbeit verantwortlich: wenn der Faktor niedrig ist, trifft das Gegenteil zu.

2. Die Tätigkeit muss intrinsisch wertvolle Aspekte enthalten oder vom Arbeitnehmer als sinnvoll angesehen werden.

Wenn ein Arbeiter fühlt, dass die Ergebnisse seiner Bemühungen nicht sehr wichtig sind, wird er wahrscheinlich gute Leistung nicht als besonders erstrebenswert ansehen. Eine Tätigkeit muss mindestens zwei Merkmale haben, um von den Arbeitnehmern mit starken Bedürfnissen der höheren Ebenen als sinnvoll empfunden zu werden. Erstens muss das vom Arbeitnehmer produzierte Stück eine gewisse Grösse haben, damit er das Gefühl hat, etwas Wesentliches vollbracht zu haben. Dies kann man erwarten, wenn der Arbeitnehmer eine persönliche Aufgabe hat, die leicht zu identifizieren ist. Nach Turner und Lawrence (1956, S. 157) sind solche Tätigkeiten dadurch gekennzeichnet, dass sie (1) klar erkenntliche Anfänge und Abschlüsse haben, (2) den Vorgang der Arbeit gut sichtbar machen, (3) das Endprodukt der Tätigkeit gut sichtbar machen und (4) eine beträchtliche und sichtbare Veränderung herbeiführen. Zweitens muss die Tätigkeit dem Arbeitnehmer die Gelegenheit geben, mit seinen Fähigkeiten etwas zu erreichen, was er persönlich schätzt. Ein Ingenieur ist beispielsweise glücklich, wenn er ein neues Produkt entworfen hat (ebenso wie der Maler glücklich ist, wenn er ein Bild vollendet hat).

Tätigkeiten mit einem hohen Faktor der Abwechslung gäben den Arbeitern Gelegenheit, sich in dieser Hinsicht glücklich zu fühlen, da sie hier gewisse Fähigkeiten einsetzen könnten, die ihnen persönlich wichtig scheinen. Wenn jedoch diese Abwechslung keine Herausforderung darstellt, wird sie nicht als sinnvoll empfunden. Das Einsetzen vieler Schrauben verschiedener Grösse würde beispielsweise nicht als sinnvoll empfunden. Tatsächlich fanden Lawler und Hall (1970), dass eine Tätigkeit auch zuviel Abwechslung haben kann.

Tätigkeiten werden dann als sinnvoll empfunden, wenn sie ein grösseres Werkstück von bestimmter Bedeutung einbeziehen und gleichzeitig den Arbeitnehmern die Gelegenheit geben, persönlich geschätzte Fähigkeiten anzuwenden. Oftmals wird die letztgenannte Bedingung bei Tätigkeiten mit hoher Abwechslung gefunden.

3. Die Tätigkeit muss Feedback in bezug auf vollendete Arbeit bieten. Auch dann, wenn die beiden oben erwähnten Bedingungen erfüllt sind, können die Bedürfnisse höherer Ebenen nicht befriedigt werden, wenn der Arbeitnehmer nicht über den Erfolg seiner Arbeit informiert ist. Ein solches Feedback kann sich aus der Aufgabe selbst ergeben (z. B. kann eine Ferngesprächsvermittlerin erfolgreich ein Gespräch vermitteln), oder es kann durch andere Personen, wie Mitarbeiter oder Vorgesetzte, gegeben werden. Entscheidend ist, dass der Arbeitnehmer das Feedback ernstnimmt, so dass eine realistische Basis für die Erfüllung (oder Frustration) seiner Bedürfnisse besteht.

Hackman und Lawler (1971) betonen, dass die Hauptwirkung auf die Einstellungen und Verhaltensweisen der Arbeitnehmer nicht von der objektiven Beschaffenheit der oben erwähnten Tätigkeitsmerkmale herrührt, sondern von der subjektiven Wahrnehmung der Merkmale durch die Arbeitnehmer. Die Reaktion des Arbeitnehmers wird nicht so sehr durch das Ausmass des Feedback (oder der Abwechslung oder der Selbständigkeit usw.) bestimmt, sondern durch seine subjektive Wahrnehmung dieser Faktoren. Objektive Tätigkeitsmerkmale sind wichtig, da sie diese Wahrnehmung beeinflussen. Aber es ist gefährlich anzunehmen, ein Arbeitnehmer empfinde ein Tätigkeitsmerkmal so, wie es objektiv gemessen worden ist.

Zusammenfassend kann man sagen, dass durch die Tätigkeitsmerkmale Bedingungen geschaffen werden können, welche die Motivation und Zufriedenheit der Arbeitnehmer auf gewissen Bedürfnisgebieten fördern. Besonders kann der einzelne sinnvolle persönliche Bedürfnisse befriedigen, wenn er dort viel leistet, wo er einen hohen Grad an Abwechslung, Selbständigkeit, Aufgabenidentität und Feedback empfindet. Diese vier Faktoren sollten bei der Gestaltung von Tätigkeiten und bei der Stellenbeschreibung immer berücksichtigt werden (Hackmann &Lawler, 1971).

75 Individuelle Unterschiede in der Reaktion auf Tätigkeiten

In unserer Diskussion haben wir betont, dass sich die Gestaltung einer Tätigkeit besonders auf die Motivation und die Befriedigung der Bedürfnisse höherer Ebenen auswirkt. Hieraus ergeben sich einige wichtige Konsequenzen für das Verständnis der individuell verschiedenen Reaktionen auf Tätigkeiten. Der Schlüssel zu diesem Verständnis liegt in der Stärke der Bedürfnisse höherer Ebenen beim einzelnen. Menschen, die intrinsische Ergebnisse, wie Gefühle des Erfolgs, des Wachstums und der Zuständigkeit, besonders schätzen, werden wahrscheinlich durch Tätigkeiten mit den oben erwähnten vier Faktoren stärker motiviert. Sie werden auch bei guter Leistung zufriedener sein. Andererseits werden Menschen, die keinen Wert auf intrinsische Ergebnisse legen, durch solche Tätigkeiten irritiert und frustriert, da sie sie als zu herausfordernd empfinden.

Man kann dies darum voraussagen, weil die Gestaltung der Tätigkeit hauptsächlich die Wünschbarkeit derjenigen Ergebnisse beeinflusst, die die Bedürfnisse höherer Ebenen betreffen. Wenn also ein Mensch, der starke Bedürfnisse der höheren Ebenen hat, zuerst eine Stellung innehat, bei welcher die vier Schlüsselfaktoren niedrig sind, und dann eine Stellung bekommt, bei welcher die vier Schlüsselfaktoren hoch sind, so werden sich seine Motivation und Befriedigung ändern. Bei der letztgenannten Stellung wird er positive Verbindungen zwischen guter Leistung und erstrebten Ergebnissen sehen, was bei der erstgenannten Stellung nicht der Fall war. Aus diesem Grunde kann man höhere Motivation voraussagen, wenn bei einer Stellung die vier Schlüsselfaktoren hoch sind. Wenn andererseits ein Mensch, der schwache Bedürfnisse höherer Ordnung hat, eine Stellung erhält, bei der die vier Schlüsselfaktoren stark ausgeprägt sind, so werden sich seine Befriedigung und Motivation nicht erhöhen. Tatsächlich wird dieser Mensch auf beide Tätigkeiten ungefähr gleich reagieren. Zusammenfassend können wir sagen, dass Menschen mit starken Bedürfnissen höherer Ordnung diese Bedürfnisse befriedigen können, wenn sie in Tätigkeiten erfolgreich sind, die viel Abwechslung, Selbständigkeit, Aufgabenidentität und Feedback bieten. Sowohl ihre Motivation wie ihre Befriedigung sollten sich in solchen Stellungen erhöhen.

76 Untersuchungen über die Wirkung der vier Schlüsselfaktoren

In einer Studie sammelten Hackman und Lawler (1971) Daten bei 200 Angestellten einer Telephongesellschaft um herauszufinden, warum die Stellenbeschreibung (oder Gestaltung von Tätigkeiten)

die Motivation beeinflusst. Die Studie zog in Betracht (1) die gesamte Beziehung zwischen Tätigkeitsmerkmalen und Einstellungen und Verhaltensweisen von Arbeitnehmern, und (2) ob die Reaktion eines Menschen auf seine Arbeit von der Art der von ihm geschätzten Ergebnisse abhängt. Dreizehn verschiedene Tätigkeiten wurden in bezug auf die oben erwähnten Schlüsselfaktoren untersucht (Abwechslung, Selbständigkeit, Aufgabenidentität und Feedback), und die Stärke der Bedürfnisse höherer Ebenen wurde bei jedem Arbeitnehmer ermittelt, – letzteres indem man fragte, wie gern jeder Arbeitnehmer mit seiner Arbeit bestimmte persönliche Ergebnisse erreichen möchte (z. B. Gefühle persönlichen Wachstums und Erfolgs usw.).
Es fand sich, dass der Durchschnittsangestellte seine eigenen Bedürfnisse höherer Ebenen als ziemlich hoch beschrieb. Daher erwartete man im ganzen eine positive Relation zwischen den vier Schlüsselfaktoren und der Motivation, Befriedigung, Leistung, und Anwesenheit der Arbeitnehmer. Diese Erwartung bestätigte sich: je „besser" eine Stellung in bezug auf die vier Schlüsselfaktoren war, desto positiver reagierte der Angestellte in seinen Gefühlen und seinem Verhalten.
Von besonderem Interesse ist das Ergebnis, dass Stellungen mit einem hohen Mass aller vier Schlüsselfaktoren eine höhere intrinsische Motivation zur guten Leistung hervorriefen, d. h. die Arbeitnehmer nannten es bei solchen Tätigkeiten positiv, wenn sie viel leisteten. Wenn sie wenig leisteten, hatten sie dieses Gefühl nicht. Daher scheint es, dass Tätigkeiten mit ausgeprägten Schlüsselfaktoren Bedingungen herbeiführen, unter denen manche Menschen durch hohe Leistung ein Gefühl der persönlichen Genugtuung erreichen können. Ausserdem deuten Daten an, dass es sich bei einer solch hohen Leistung nicht nur um Quantität, sondern auch um Qualität handelt. Bei den Untersuchungen wurde kein Verhältnis zwischen den vier Schlüsselfaktoren und innerem Druck zur Erzeugung grosser Mengen oder der tatsächlich erzeugten Menge festgestellt. Dies stimmt mit der Annahme überein, dass sich Arbeitnehmer mit starken Bedürfnissen höherer Ebenen wohl fühlen, wenn sie etwas erreicht haben, was ihnen sinnvoll erscheint. Solche Arbeitnehmer würden die Ausführung von Qualitätsarbeit als sinnvoller empfinden als die Herstellung grosser Mengen.

Von Interesse war auch die Feststellung, dass die vier Schlüsselfaktoren die Befriedigung der Bedürfnisse höherer Ebenen am stärksten zu beeinflussen schienen. Sie wirkten sich nicht auf Dinge wie soziale Befriedigung oder lohnmässige Befriedigung aus. Wie erwartet, bestand eine Relation zwischen den Schlüsselfaktoren und der Befriedigung durch die Arbeit als ganzes, da die Befriedigung der Bedürfnisse höherer Ebenen hierbei eine grosse Rolle spielt.

Die Studie untersuchte auch das Mass, in dem die Stärke der Bedürfnisse von Arbeitnehmern ihre Reaktion auf Tätigkeiten beeinflusst, bei denen die vier Schlüsselfaktoren ausgeprägt waren. Die Beziehungen zwischen Tätigkeitsmerkmalen und den Variablen der Anwesenheit, Motivation und Befriedigung wurden bei jenen Arbeitnehmern getrennt betrachtet, deren Stärke der Bedürfnisse höherer Ebenen im oberen oder unteren Drittel aller untersuchten Arbeitnehmer lag. Wie erwartet, war die Relation zwischen den Schlüsselfaktoren und der Anwesenheit, Motivation und Befriedigung bedeutend höher bei Arbeitnehmern, die starke Bedürfnisse der höheren Ebenen hatten und niedriger bei jenen, die schwache Bedürfnisse der höheren Ebenen hatten.

Diese Ergebnisse helfen beim Verständnis der Wirkungen standardisierter, spezialisierter und vereinfachter Tätigkeiten auf das Verhalten der Arbeitnehmer, und auch der Wirkungen von Tätigkeitsbereicherung. Tätigkeiten, die nach den Prinzipien des wissenschaftlichen Management gestaltet sind, enthalten gewöhnlich die vier Schlüsselfaktoren in geringem Masse. Daher geben diese Tätigkeiten den Arbeitnehmern keine Gelegenheit, ihre Bedürfnisse der höheren Ebenen zu befriedigen, und daher werden die Menschen bei solchen Arbeiten nicht zu guter Leistung aufgrund ihrer Bedürfnisse der höheren Ebenen motiviert. Dies bedeutet, dass Arbeitnehmer mit extrinsischen Belohnungen motiviert werden müssen, wenn sie bei solchen Arbeiten viel leisten sollen.

Taylor und andere Befürworter der wissenschaftlichen Managementmethode erkannten dies, und sie führten gewöhnlich Stücklohnpläne ein, wenn sie Tätigkeiten schufen, die ein geringes Mass der vier Schlüsselfaktoren enthielten. Wie in Kapitel 6 erklärt wurde, hat das Stücklohnsystem seine Grenzen, z. B. führt es oft zu hoher Quantität und niedriger Qualität. Das System bewährt sich ganz gut bei Menschen, die auf Geld grossen Wert legen. Wenn jedoch ein Arbeitnehmer ausgeprägte Bedürfnisse auf höheren Ebenen hat, bietet dieses System einfach nicht genügend Motivation, um ihn zu guter Leistung anzuregen. Tatsächlich kann er durch dieses System zu niedrigerer Leistung motiviert werden. Wie bereits erwähnt, können Fliessbandarbeiter ihre Bedürfnisse der höheren Ebenen nur dadurch befriedigen, dass sie geniale Wege zur Überlistung des Systems erfinden. Anscheinend ist eine solche Überlistung in vielen Situationen herausfordernd und befriedigend, während das Erbringen guter Arbeit monoton und langweilig ist. Überrascht es dann noch, dass Arbeitnehmer manchmal absichtlich die Fliessbänder unterbrechen oder die Teile falsch zusammensetzen?

Da Tätigkeiten, bei denen die vier Schlüsselfaktoren schwach ausgeprägt sind, die Arbeitnehmer nicht motivieren oder befriedigen, bewirken sie Personalwechsel, Abwesenheit und schlechte Qualität der Arbeit. Solche Tätigkeiten eignen sich nur für einen Teil des Personals, während ein anderer Teil am Fliessband nur Schwierigkeiten machen würde. Wo ein gutes Belohnungssystem mit Arbeiten verbunden wird, bei denen die vier Schlüsselfaktoren nur schwach vorhanden sind, lassen sich gute Resultate nur dann erzielen, wenn die richtigen Leute angestellt werden (d. h. Leute, die Geld hoch schätzen und weniger Bedürfnisse der höheren Ebenen haben). Manche Menschen arbeiten gern an Fliessbändern und tun dies jahrelang; offensichtlich bietet ihnen die Arbeit Ergebnisse, die sie schätzen. Das Problem besteht darin, dass viele Leute nicht in erster Linie durch Geld motiviert sind; sie suchen andere Ergebnisse, die nicht durch Arbeiten befriedigt werden können, bei denen die vier Schlüsselfaktoren nur schwach ausgeprägt sind.

Bei vielen Studien über die Arbeitsbereicherung erhielten Arbeitnehmer Stellungen, die in bezug auf die Schlüsselfaktoren „besser" waren. Eine horizontale und vertikale Erweiterung der Tätigkeiten verbessert sie in bezug auf alle vier Schlüsselfaktoren. Daher überrascht es nicht, dass bei den bereicherten Tätigkeiten gewöhnlich weniger Personalwechsel und Abwesenheit auftritt und dass sich die Befriedigung und Qualität der Arbeit erhöht.

Die Studie von Hackman und Lawler (1971) hilft auch die Tendenz der Städter erklären, auf die bereicherten Tätigkeiten weniger günstig zu reagieren als die Leute vom Lande. Es ergab sich in der Studie, dass Landbewohner stärkere Bedürfnisse der höheren Ebenen haben als Städter. Daher kann man erwarten, dass die Landbewohner auf bereicherte Tätigkeiten positiver reagieren, denn diese Tätigkeiten bieten ihnen die von ihnen erstrebten Ergebnisse.

77 Das Anpassen der Tätigkeiten an die Menschen

Die Untersuchungen über Arbeitsbeschreibung (job design) weisen eindeutig darauf hin, dass wir etwas über die Natur der Tätigkeiten und die Merkmale der Menschen wissen müssen, wenn wir die beiden Faktoren optimal kombinieren wollen. Eine gute Kombination erfordert Kenntnisse von den Bedürfnissen der Arbeitnehmer und auch vom Ausmass, in dem die vier Schlüsselfaktoren in der Tätigkeit enthalten sind. Aufgrund von Kenntnissen betreffend die Bedürfnisse des Arbeitnehmers können wir eine passende Stelle für ihn finden. Eine solche Strategie könnte zu einer Verbesserung der Motivation, Befriedigung und Firmentreue führen, wenn ausser der üblichen Beachtung der Fähigkeiten auch andere persönliche Faktoren in Betracht gezogen werden.
Aber oft muss ein etwas radikalerer Ansatz benutzt werden. Bisher ist die Arbeitsbeschreibung als mehr oder weniger „heilig" angesehen worden. Menschen wurden ausgesucht und vielleicht etwas in die vorhandene Stelle gezwängt, aber Tätigkeiten wurden selten dem jeweiligen Arbeitnehmer angepasst. Dies sollte jedoch öfter geschehen, um die Befriedigung und Motivation bei der Arbeit zu erhöhen. Eine höhere Flexibilität der Tätigkeiten muss mit der üblichen Auswahl des Personals verbunden werden.
Eine Strategie, welche die Umgestaltung von Tätigkeiten betont, könnte sich besonders dann als günstig erweisen, wenn (wie gewöhnlich) bei vielen Tätigkeiten die vier Schlüsselfaktoren mangelhaft vorhanden sind. Wenn die meisten Arbeitnehmer eine passende Arbeit erhalten sollen, muss ein gutes Gleichgewicht bestehen zwischen den Stellen mit mangelnden Schlüsselfaktoren und der Anzahl der Menschen, die für diese Stellen geeignet sind. Leider zeigen viele Studien, dass dieses Gleichgewicht nicht existiert; es gibt einfach zu viele langweilige Routinearbeiten. Darüber hinaus wird sich diese Situation wahrscheinlich verschlechtern, da Bildungsgrad und Lebensstandard in unserer Gesellschaft im Steigen begriffen sind. Die einzig praktische Lösung ist die

Umgestaltung vieler Tätigkeiten, so dass sie die vier Schlüsselfaktoren in grösserem Ausmass enthalten. Wenn diese Umgestaltung jedoch nicht sehr sorgfältig vorgenommen wird, kann sie organisatorisches Chaos verursachen; wegen der Verschiedenartigkeit der Tätigkeiten sind diese dann schwer koordinierbar. Um mit weitreichenden Umgestaltungen auch nur anzufangen, müsste die Organisation sehr anpassungsfähig sein.

Die in einer grossen Organisation von Alderfer (1967) gesammelten Daten zeigen eine starke Wechselwirkung zwischen der Struktur der Tätigkeiten und dem Verhältnis zwischen Vorgesetzten und Untergebenen. Obwohl die Arbeitnehmer mit relativ komplexen Tätigkeiten (einschliesslich kürzlich bereicherter Tätigkeiten) zufriedener waren mit den Gelegenheiten zur Entfaltung persönlicher Fähigkeiten als die Arbeitnehmer mit weniger komplexen Tätigkeiten, so waren sie doch mit der Behandlung von seiten der Vorgesetzten viel weniger zufrieden. Alderfer deutet einen Grund an für den Niedergang des Verhältnisses zwischen Vorgesetzten und Untergebenen: Wenn Tätigkeiten komplexer gestaltet werden, sind sie ihrer Natur nach schwieriger zu überprüfen und zu beurteilen. Wenn die Vorgesetzten die gefühlsgeladenen Beurteilungsprobleme nicht lösen können (was sie in diesem Falle offenbar nicht konnten), muss eine Verschlechterung des Verhältnisses zwischen Managern und Untergebenen erwartet werden.

In einer neueren Untersuchung von Lawler, Hackman und Kaufman (1973) fanden sich ähnliche Ergebnisse wie bei Alderfers Studie. Eine Tätigkeit wurde so umgestaltet, dass zwei der vier Schlüsselfaktoren erhöht wurden. Daraus ergab sich eine verminderte Qualität der zwischenmenschlichen Beziehungen in der Arbeitsgruppe. Anscheinend unterbrach diese Veränderung die traditionellen Beziehungen in der Arbeitsgruppe, und die Arbeitnehmer konnten nicht leicht neue, ebenso befriedigende Beziehungen schaffen. Die Vorgesetzten waren besonders unglücklich über die Veränderung. Dies ist ein entscheidender Punkt, da Vorgesetzte oft aus verschiedenen Gründen gegen eine Bereicherung der Tätigkeiten eingestellt sind. Der wichtigste Grund ist, dass die Selbständigkeit der Vorgesetzten leidet, wenn die Selbständigkeit der Untergebenen erhöht wird. Vertikale Tätigkeitserweiterung kann den Vorgesetzten besonders bedrohen, da hierbei gewöhnlich einige seiner Aufgaben an die Untergebenen über-

tragen werden. Dies wiederum zwingt den Vorgesetzten, seine Tätigkeit neu zu definieren, wodurch möglicherweise sein Posten überflüssig wird.
Indem er die Untergebenen streng kontrolliert und ihre Selbständigkeit begrenzt, kann der Vorgesetzte als Isolator zwischen seinen Untergebenen und dem Rest der Organisation fungieren. Dies ist jedoch offensichtlich eine schwierige Rolle, und wenige Manager spielen sie gut. In vielen Organisationen sind daher weitreichende Tätigkeitserweiterungen unmöglich, wenn damit nicht von oben herab angefangen wird. Diesem Ansatz wird aber oft Widerstand geleistet, da er normalerweise zur Abschaffung von Managementebenen und Managementpositionen führt.

78 Gestaltung von Tätigkeiten und Organisationen

Das Ausmass, in dem eine Organisation Tätigkeiten umgestalten kann, ist beschränkt durch die organisatorische Struktur, den Führungsstil und die Art der Erzeugnisse. Eine Organisation könnte z. B. nach den klassischen (von Weber beschriebenen) bürokratischen Prinzipien gestaltet und geführt sein. Burns und Stalker (1961) nennen solche Organisationen mechanistische Systeme. Sie sind charakterisiert durch (1) scharfe Einteilung in funktionelle Abteilungen, (2) genaue Definition der Pflichten, Verantwortung und Macht und (3) eine gut entwickelte Befehlshierarchie, durch die Information herauffiltriert wird, während Entscheidungen und Anweisungen heruntergegeben werden. Mechanistische Systeme neigen zu vertikaler Grösse; Macht und Autorität sind an der Spitze zentralisiert, die organisatorischen Regeln und Prozeduren sind eindeutig definiert und werden erzwungen.
Die Alternativen, die solchen Organisationen zur Umgestaltung von Tätigkeiten offenstehen, sind beschränkt. Mechanistische Systeme könnten beispielsweise keine vertikale Erweiterung einführen, ohne die rationelle Koordination zu stören. Wenn Tätigkeiten vertikal erweitert werden, kommt den Arbeitern möglichst viel Selbständigkeit und Verantwortung zu, damit sie ein Maximum an Entscheidungen hinsichtlich des Arbeitsvorganges, der Zeiteinteilung und in gewissem Masse auch ihrer eigenen Produktionsnormen selbst treffen können. In einem mechanistischen

System ist eindeutig das Management für solche Entscheidungen verantwortlich; Arbeitnehmer führen Anweisungen aus und machen in keiner Weise Entscheidungen oder Pläne.
Horizontale Erweiterungen der Tätigkeiten können normalerweise in mechanistischen Systemen eingeführt werden, da diese sich auf den Bereich der Arbeit beschränken (z. B. dadurch, dass man den Arbeitnehmern zusätzliche Aufgaben gibt, welche die Arbeit abwechslungsreicher machen). Aber sogar die horizontale Erweiterung führt in einem mechanistischen System zu Problemen. In den meisten mechanistischen Organisationen findet sich ein hoher Grad an funktioneller Spezialisierung, welche bei einer horizontalen Erweiterung der Tätigkeiten teilweise abgeschafft werden müsste.
Eine alternative Form der organisatorischen Gestaltung ist das „organische System". Ein solches System ist anpassungsfähiger, die Kommunikationen innerhalb der Hierarchie nehmen die Form von Beratungen an – anstelle des Weiterleitens von Informationen (nach oben) und Befehlen (nach unten). Die Macht ist so gleichmässig wie möglich über die ganze Organisation verteilt, und der Betriebsleiter wird nicht als allmächtig und allwissend betrachtet. Das Netz der Autorität ist im grossen und ganzen festgelegt aber anpassungsfähig und kann je nach den Bedürfnissen der Organisation kurzfristig oder langfristig geändert werden. Organische Systeme sind gewöhnlich dezentralisiert und verhältnismässig „niedrig", wodurch die einzelnen Arbeitnehmer der unteren Ebenen ihre Arbeit auf eine Weise ausführen können, die nicht unbedingt mit den Methoden in anderen Abteilungen übereinstimmen muss. Übereinstimmung ist also hier kein zentraler Wert für die Organisation. Organische Systeme eignen sich gewöhnlich gut für die horizontale oder vertikale Erweiterung von Tätigkeiten. In der ganzen Organisation können Tätigkeiten umgestaltet werden, ohne dass dadurch ein organisatorisches Chaos entsteht. Ausserdem können die organischen Organisationen viel leichter die Tätigkeiten den persönlichen Bedürfnissen kurzfristig oder langfristig anpassen.
Abbildung 30 zeigt einige der erwarteten Konsequenzen der Übereinstimmung (oder des Konflikts) zwischen organisatorischer Gestaltung und Arbeitsgestaltung. Da die Merkmale der einzelnen Arbeitnehmer (besonders die Stärke ihres Wachstumsbedürfnisses) bei der Ermittlung ihrer Reaktion auf die Arbeit wichtig ist, sind

Abbildung 30: Voraussagbare Beziehungen zwischen Arten der organisatorischen Struktur, der Tätigkeitsgestaltung und den Merkmalen der Arbeitnehmer (Nach: Porter, Lawler und Hackman).

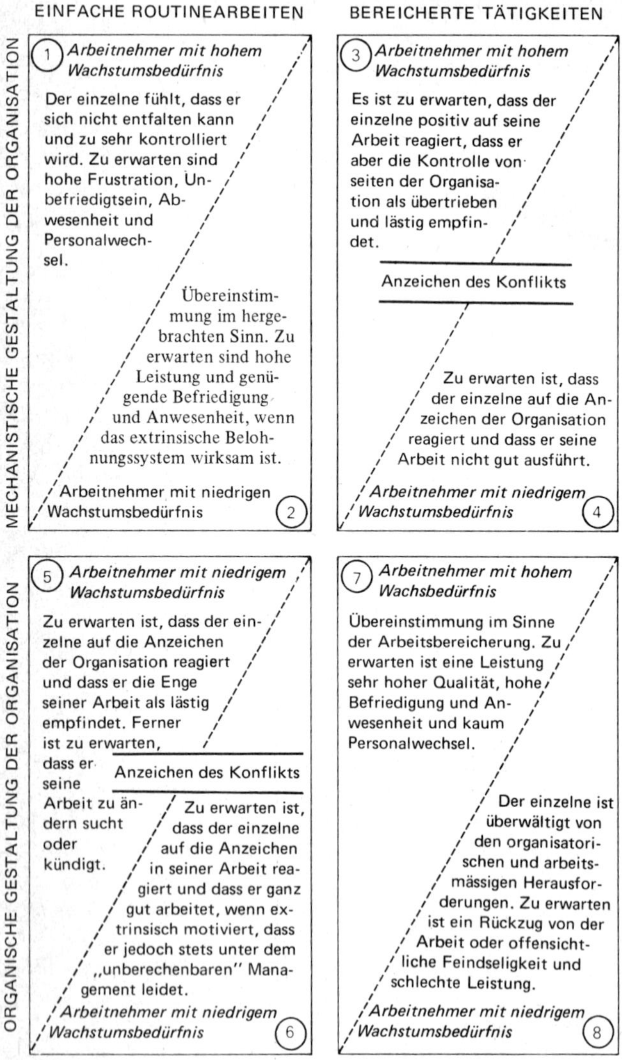

die individuellen Unterschiede auch in der Abbildung aufgeführt. Die Abbildung hat drei Aspekte:

(1) Organisatorische Gestaltung (organisch oder mechanistisch),
(2) Tätigkeitsgestaltung (einfach oder bereichert), und
(3) Stärke des individuellen Bedürfnisses (nach persönlichem Wachstum).

Zwei der abgebildeten Zellen stellen eine allgemeine Übereinstimmung dar: Zelle 2 (mechanistische Gestaltung, einfache Routinearbeiten und geringes Wachstumsbedürfnis) und Zelle 7 (organische Gestaltung, erweiterte Tätigkeiten und hohes Wachstumsbedürfnis der Arbeitnehmer). In beiden Fällen wird allgemein eine hinreichende Leistung und Befriedigung vorausgesagt, mit etwas höheren Erwartungen für Zelle 7. Zellen 1 und 8 stehen einander gegenüber: In Zelle 1 hat es ein Arbeitnehmer mit hohen Wachstumsbedürfnissen mit einer ganz engen Situation hinsichtlich Arbeit und Organisation zu tun. In Zelle 8 hat ein Arbeitnehmer mit niedrigen Wachstumsbedürfnissen so viele Gelegenheiten, dass er sie nicht alle nutzen kann. So kann man voraussagen, dass ein Arbeitnehmer in Zelle 1 seine Fähigkeiten als ungenügend genutzt empfindet, dass er frustriert und unbefriedigt ist und wahrscheinlich kündigen wird. Ein Arbeitnehmer in Zelle 8 wird von den organisatorischen und arbeitsmässigen Herausforderungen überwältigt und wird sich nur schwer in der Situation zurechtfinden.

Die Zellen 3 bis 6 sind durch Konfliktsignale gekennzeichnet: Die Tätigkeit gibt dem Arbeitnehmer ein Signal, und die Organisation gibt ihm ein zweites, widersprechendes Signal. Diese Bedingungen bestehen tatsächlich nur in wenigen Organisationen. Die Voraussage (die nicht fest auf einer existierenden Theorie oder auf Daten beruht) ist, dass Arbeitnehmer in diesen Situationen gewöhnlich nach denjenigen Signalen handeln, die mit ihren Bedürfnissen übereinstimmen. Daher werden Menschen mit hohem Wachstumsbedürfnis normalerweise auf Signale reagieren, die von ihrer Arbeit stammen (Zelle 3) und (Zelle 5) von der Organisation. Menschen mit niedrigem Wachstumsbedürfnis werden sich normalerweise nach der Organisation (Zelle 4) richten und nach ihrer Tätigkeit (Zelle 6). In keinem dieser Fälle würde man jedoch eine hinreichende Leistung erwarten, noch kann man erwarten, dass die Arbeitnehmer mit ihrer Arbeit zufrieden sind. In den Zellen 3 bis 6 ergeben sich Konflikte in bezug auf das angemessene Verhalten, und durch diesen Konflikt wird gute Leistung und Befriedigung unwahrscheinlich.

Es sollte betont werden, dass die „Typen" von Menschen, Organisationen und Tätigkeiten in Abbildung 30 gewissermassen Karikaturen der wirklichen Welt darstellen; reine Typen dieser Art gibt es selbstverständlich nicht. Es empfiehlt sich, die Zellen als Endpunkte von Skalen zu sehen, und nicht als wirkliche Typen.

Die Gestaltung von Tätigkeiten ist auch durch die Art der Erzeugnisse einer Organisation begrenzt. Die meisten Produkte können nur auf eine begrenzte Anzahl Arten hergestellt werden. Zur besseren Veranschaulichung können wir uns die Tätigkeiten als eine Reihe vorstellen, die wir als „Kontinuum der Automation" bezeichnen können. Am einen Ende des Kontinuums findet die Stückproduktion durch einzelne Handwerker statt. Am anderen Ende ist der völlig automatisierte Produktionsprozess, bei dem der Arbeiter eine riesige automatische Maschinerie kontrolliert. Fliessbandarbeiten der Massenproduktion würden dann die Mitte des Kontinuums einnehmen, da sie weder ganz automatisiert noch ganz individuell sind. Stückproduktionstätigkeiten enthalten gewöhnlich die vier Schlüsselfaktoren in hohem Masse und sind ziemlich befriedigend, da der Arbeitnehmer einbezogen und motiviert wird. Bei diesen Tätigkeiten kann sich der Arbeitnehmer für die Produktion des ganzen Erzeugnisses verantwortlich fühlen, und er kann mit Recht auf seine Arbeit stolz sein.

Tätigkeiten in automatisierten Fabriken können auch weitgehend die vier Schlüsselfaktoren enthalten, da sie besondere Fähigkeiten erfordern. Ausserdem fühlen die Arbeiter – auch auf niedrigen Ebenen –, dass sie die Produktion kontrollieren. Daher können, trotz anderer Unterschiede, die Arbeiten an beiden Enden des Kontinuums der Automation die Schlüsselfaktoren weitgehend enthalten.

In der Massenproduktion finden wir die ungünstigsten Aspekte der Stückproduktion und auch des automatisierten Produktionsprozesses, da bei diesen Arbeiten die vier Schlüsselfaktoren gewöhnlich nur schwach ausgeprägt sind. Obwohl der Arbeiter, wie bei der Stückproduktion, mit dem Werkstück umgeht, ist die Arbeit doch so vereinfacht, dass sie keine Abwechslung oder Herausforderung bietet. Bei der Massenproduktion werden auch oft automatische Maschinen benutzt, so dass der Arbeiter nichts zu kontrollieren hat.

Wenn wir von der Mitte des Kontinuums nach dem einen oder anderen Ende gehen, finden wir eine Verstärkung der Schlüsselfaktoren. Dabei handelt es sich um eine Umkehrung der geschichtlichen Entwicklung von der Stückproduktion zur Prozessproduktion und von ganzen Tätigkeiten zu spezialisierten Tätigkeiten. Jedoch wird die Fähigkeit der Organisation, sich von der Massenproduktion zu entfernen, durch zwei wichtige Faktoren beschränkt: durch die Art des erzeugten Produktes und die wirtschaftlichste Methode der Produktion.
Dies kann graphisch dargestellt werden – siehe Abbildung 31. Die Abbildung zeigt, wie die Produktionszonen der vier Produkte im Verhältnis zum Kontinuum der Automation liegen.

Abbildung 31: Produktionszonen

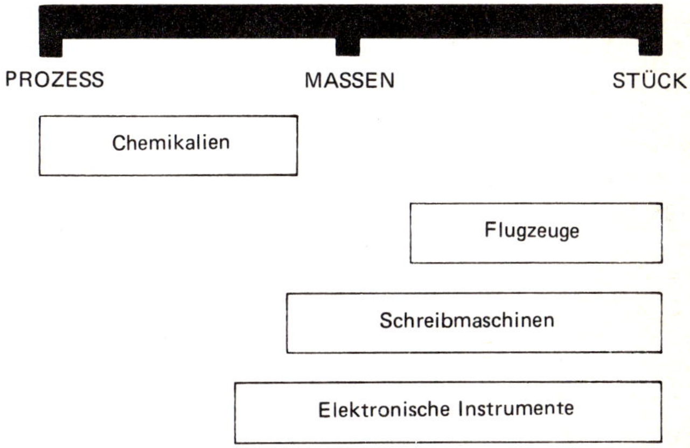

Diese Produktionszonen schliessen alle Methoden auf dem Kontinuum ein, nach denen das Produkt in verschiedenen Situationen hergestellt werden kann. Chemikalien können beispielsweise in einer Zone hergestellt werden, die sich von der Massenproduktion bis zur Prozessproduktion erstreckt. Flugzeuge können in Stückproduktion hergestellt werden und in gewissem Masse auch in Massenproduktion. Schreibmaschinen haben eine etwas breitere Zone, da der Prozess teilweise automatisiert werden kann.

Der springende Punkt ist, dass die Produktionsmethoden den verfügbaren Arbeitskräften angepasst werden sollten, nachdem eine Zone für ein Produkt entwickelt worden ist. In manchen Fällen müsste der Prozess dabei von der Mitte des Kontinuums zur Stückproduktion hinbewegt werden. Bei der Herstellung von Autos wäre eine weitgehende Automation in vielen Fällen nötig, obwohl die Stückproduktion in anderen Fällen möglich wäre. Das Hauptziel jeglicher Veränderung sollte immer die optimale Kombination zwischen persönlichen Bedürfnissen der einzelnen Arbeiter und Gestaltung der Tätigkeit sein.
Zusammenfassend kann man sagen, dass die Tätigkeitsbestimmung sich stark auf Motivation und Befriedigung derjenigen Arbeiter auswirkt, denen es um die Befriedigung von Bedürfnissen höherer Ebenen geht. Daher ist es wichtig, dass die Organisationen Stellen schaffen, die den Bedürfnissen der Arbeitnehmer angepasst sind. Eine gute Kombination zwischen Mensch und Arbeit macht sich bezahlt, nicht nur in bezug auf die Befriedigung der Arbeitnehmer, sondern auch in bezug auf organisatorische Leistung. Schliesslich sollte auch nicht vergessen werden, dass sich die Tätigkeitsbestimmung weitgehend auf die zwischenmenschlichen Beziehungen in einer Organisation auswirken kann. Hierüber werden wir im nächsten Kapitel sprechen, das sich mit der Wirkung der zwischenmenschlichen Beziehungen auf Leistung und Befriedigung bei der Arbeit beschäftigt.

8 Zwischenmenschliche Einflüsse

Durch die hierarchische Natur einer komplexen Organisation ergeben sich viele verschiedene Arten von zwischenmenschlichen Beziehungen. Die am meisten untersuchte Beziehung ist die zwischen Vorgesetzten und Untergebenen. Weniger oft untersucht, aber auch sehr wichtig sind die Beziehungen zwischen mehreren Gleichgestellten. Viele andere Beziehungen sind kaum untersucht worden, wie z. B. die zwischen Firmen und Kunden oder zwischen Verwaltung und Personal. Dies ist jedoch hier kein ernstes Problem, da die stärksten zwischenmenschlichen Einflüsse auf die Motivation und Befriedigung von Gleichgestellten und Vorgesetzten zu kommen scheinen. Daher werden wir in diesem Kapitel zuerst besprechen, wie die Vorgesetzten und die Gruppen Gleichgestellter die Motivation beeinflussen und im weiteren, wie sie auch die Befriedigung beeinflussen.

81 Zwischenmenschliche Einflüsse auf die Motivation

Zwischenmenschliche Faktoren beeinflussen die Motivation auf viele verschiedene Weisen. In Kapitel 6 wurde erklärt, wie Belohnungen (z. B. Bezahlung und Beförderung) die extrinsische Motivation beeinflussen können, und Kapitel 7 beschäftigte sich mit dem Einfluss der Tätigkeitsbestimmung auf die intrinsische Motivation. Zwischenmenschliche Faktoren scheinen sowohl die intrinsische wie auch die extrinsische Motivation zu beeinflussen. In gewisser Beziehung beschäftigten sich Kapitel 6 und 7 mit den zwischenmenschlichen Einflüssen auf die Motivation. Der Vorgesetzte spielt eine entscheidende Rolle bei der Verteilung von Belohnungen wie Bezahlung und Beförderung; er entscheidet gewöhnlich, wer eine Gehaltserhöhung erhalten soll, und er bewertet die Leistung, auf der Gehaltserhöhungen und Beförderungen basieren.

Der Vorgesetzte spielt auch eine entscheidende Rolle auf dem Gebiet der Stellenbeschreibung. Er fasst Aufgaben in Tätigkeiten zusammen, und dementsprechend wird durch sein Verhalten die

Arbeit des Untergebenen weiter definiert. Feedback und Selbständigkeit sind zwei der in Kapitel 7 besprochenen vier Schlüsselfaktoren. Durch sein Verhalten kann der Vorgesetzte bestimmen, wie weit die Schlüsselfaktoren in der Arbeit vorhanden sein sollen, obwohl dieser Einfluss sich auf die tatsächliche Gestaltung der Tätigkeit beschränkt. Er kann Feedback geben oder zurückhalten, und er kann Selbständigkeit gewähren oder verweigern. Im Falle der Selbständigkeit kann der Vorgesetzte oft eine unbefriedigende Arbeit in eine motivierende Arbeit verwandeln, indem er die Arbeitnehmer ihre eigene Arbeitsmethode entwickeln lässt. Andererseits kann er auch eine motivierende Arbeit in eine langweilige Routinearbeit verwandeln, indem er die Untergebenen streng überwacht und ihre Selbständigkeit einschränkt. Da der Vorgesetzte sowohl die Bezahlung und Beförderung wie auch die Tätigkeitsbestimmung beeinflusst, stellt er einen wichtigen Faktor bei der intrinsischen und auch extrinsischen Motivation dar.

Die Mitglieder von Arbeitsgruppen spielen gewöhnlich bei der Gestaltung der Tätigkeiten und bei der Verteilung von Belohnungen und Strafen eine weniger wichtige Rolle als die Vorgesetzten. Damit ist jedoch nicht gesagt, dass sie keine Rolle spielen. Ihr kollektives Verhalten beeinflusst den Grad der Selbständigkeit, den der einzelne bei seiner Arbeit empfindet, und es beeinflusst auch das Ausmass des Feedback, das der einzelne erhält. Die Mitglieder der Arbeitsgruppe können den Leistungswillen des einzelnen entweder heben oder senken, wodurch wiederum seine intrinsischen und extrinsischen Belohnungen beeinflusst werden können. Die Mitglieder können auch die Verteilung der Belohnungen wie Bezahlung und Beförderung beeinflussen, wenn sie die Leistung des einzelnen bewerten. Organisationen zögern oft, Arbeitnehmer zu befördern, die von ihren Mitarbeitern nicht geschätzt werden, und auf diese Weise können die Arbeitsgruppen verhindern, dass ein einzelner belohnt wird.

Der Einfluss Gleichgestellter und Vorgesetzter auf die Motivation beschränkt sich nicht auf ihre Fähigkeit, die Gestaltung von Tätigkeiten und die Verteilung extrinsischer Belohnungen und Strafen zu beeinflussen. Sowohl der Vorgesetzte wie auch die Gleichgestellten können oft extrinsische Belohnungen gewähren, die nicht aus Bezahlung oder Beförderung bestehen. Sie können Lob und soziale Anerkennung gewähren, was oft mehr geschätzt wird als Bezahlung oder Beförderung. Die in Kapitel 6 erwähnten

Untersuchungen über Belohnungspläne zeigten, dass die von Gleichgestellten gewährten zwischenmenschlichen Belohnungen oft sehr hoch geschätzt werden und dass sie die Motivation beeinflussen können. In diesem Kapitel werden wir auf andere Untersuchungen eingehen, die zeigen, dass Vorgesetzte ebenso gut oder besser in der Lage sind, extrinsische Belohnungen zu gewähren, als Gleichgestellte.

Die Vorgesetzten können die intrinsische Motivation nicht nur über die Tätigkeitsbeschreibung, sondern auch auf andere Weise beeinflussen. Die Methoden der Beschlussfassung in einer Organisation können einen starken Einfluss auf die intrinsischen Belohnungen ausüben, die mit der Ausführung der Beschlüsse assoziiert werden. Bestimmte Führungsstile scheinen sich positiv auszuwirken, indem Gefühle der Selbstachtung und Zuständigkeit mit guter Leistung verkoppelt werden. Wie dies geschieht, werden wir in diesem Kapitel noch ausführlich besprechen.

Die Gruppen Gleichgestellter bestimmen auch weitgehend, wie stark die einzelnen bei der Ausführung von Beschlüssen motiviert sind. Es hat sich gezeigt, dass sich Gruppenbeschlüsse anders als die Beschlüsse von einzelnen auswirken, – in bezug auf den Inhalt als auch in bezug auf die entsprechende Reaktion der Arbeitnehmer. Es scheint, dass Gruppenentschlüsse die Art der intrinsischen Belohnungen beeinflussen können, die mit der Leistung verkoppelt sind. Mehr Belohnungen scheinen mit guter Leistung verkoppelt zu sein, wenn die Entscheidungen hinsichtlich Leistung von der ganzen Gruppe gemacht werden und nicht von einzelnen.

Abbildung 32 fasst zusammen, wie der Führungsstil und die Beziehungen in der Gruppe Gleichgestellter die Motivation beeinflussen können, indem sie sich sowohl auf die intrinsischen wie auf die extrinsischen Belohnungen auswirken, die mit der Leistung assoziiert werden. Von den vier Arten, wie dieser Einfluss ausgeübt werden kann, wurden zwei bereits in den Kapiteln 6 und 7 behandelt; mit den anderen beiden werden wir uns in diesem Kapitel beschäftigen.

Hierbei ist es wichtig zu wissen, dass der beste Führungsstil nicht immer am besten motiviert. Ein bestimmter Führungsstil kann zur höchsten Motivation führen aber doch nicht die höchste Leistung bewirken. Die Leistung wird, abgesehen von der Motivation, noch von vielen anderen Faktoren beeinflusst. Eine sehr demokratische

Abbildung 32: Zwischenmenschliche Einflüsse auf die Motivation

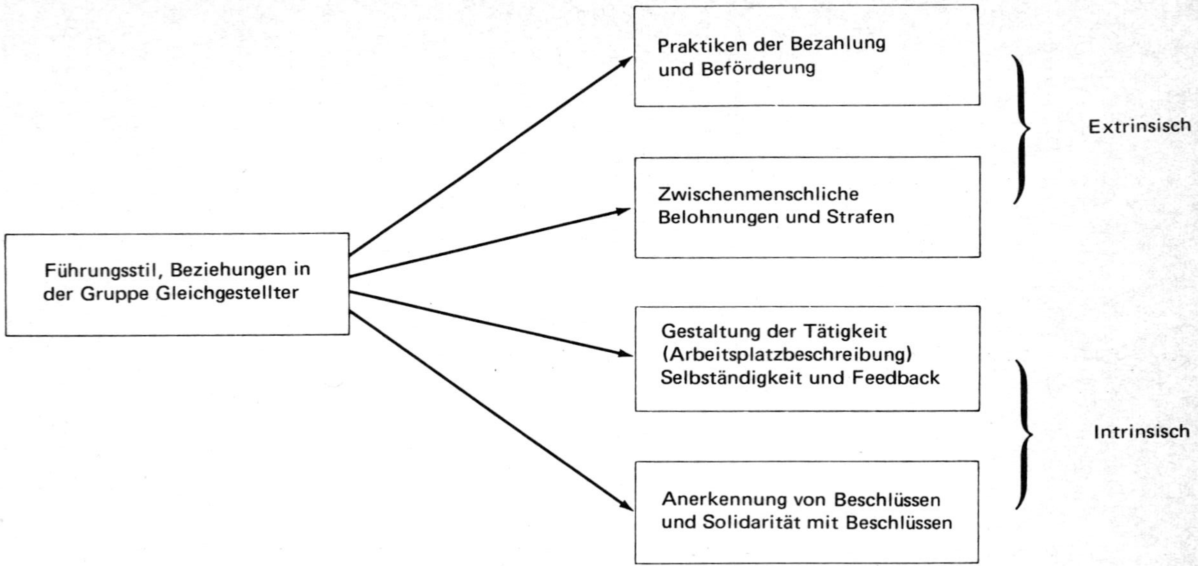

Methode der Führung könnte beispielsweise zu niedriger Leistung und hoher Motivation führen, wenn die Führung sehr viel Zeit in Anspruch nimmt und zu Entschlüssen führt, die in bezug auf Produktion und Finanzen ungünstig sind. Manchmal kann ein Vorgesetzter mit autoritären Gewohnheiten besser und schneller Entschlüsse fassen als ein demokratischer Vorgesetzter, so dass der autoritäre Führungsstil zu besserer Leistung führt (Argyris, 1953).

82 Zwischenmenschliche Einflüsse auf die Befriedigung

Da der Führungsstil und die Beziehungen in der Gruppe Gleichgestellter die Reaktion auf intrinsische und extrinsische Belohnungen stark beeinflussen, beeinflussen sie auch die Befriedigung. Besonders der Führungsstil wirkt sich stark auf die Art der vom einzelnen empfangenen Belohnungen aus. Dadurch bezieht er sich auf die Befriedigung der Bedürfnisse höherer Ebenen, denn er bestimmt, ob die sozialen Bedürfnisse des Untergebenen durch die Beziehung zu seinem Vorgesetzten befriedigt werden können. Ausserdem kann der Führungsstil indirekt die Art der Beziehungen bestimmen, die zwischen dem einzelnen und seinen Gleichgestellten bestehen. Vorgesetzte können sich so betragen, dass die Untergebenen entweder gegeneinander oder miteinander arbeiten.
Der Führungsstil beeinflusst nicht nur die tatsächlichen Ergebnisse des einzelnen, sondern auch die Vorstellung von einer angemessenen Belohnung. Ein hilfreicher Vorgesetzter kann beispielsweise durch positives Feedback dem Untergebenen den Eindruck vermitteln, seine Leistung sei sehr hoch, wodurch dann der Untergebene eine entsprechend höhere Belohnung erwartet. Da der Führungsstil sowohl die tatsächlichen wie auch die als angemessen angesehenen Ergebnisse beeinflussen kann, beeinflusst er auch die Befriedigung vieler Bedürfnisse, besonders die der sozialen Bedürfnisse.
Die Beziehungen in Gruppen Gleichgestellter scheinen sich am stärksten auf die Befriedigung sozialer Bedürfnisse auszuwirken. Unter Gleichgestellten findet der Arbeitnehmer die besten Gelegenheiten, Freundschaften zu schliessen. Die Anerkennung und Unterstützung Gleichgestellter reicht oft zur Befriedigung seiner sozialen Bedürfnisse aus. Die Beziehungen zwischen Gleichge-

stellten können sich auch auf die Vorstellungen von angemessenen Belohnungen auswirken. Die Gruppe kann besonders in bezug auf extrinsische Belohnungen die Vorstellungen des einzelnen heben oder senken. Eine hilfreiche und anerkennende Gruppe Gleichgestellter kann die Vorstellungen des einzelnen von angemessenen Gehaltserhöhungen und Beförderungen heben, wie eine negative, kritische Gruppe diese Vorstellungen senken kann.
Abbildung 33 fasst zusammen, wie der Führungsstil und die Beziehungen zwischen Gleichgestellten die Befriedigung beeinflussen können, indem sie sich auf die tatsächlichen wie auf die erwarteten Belohnungen auswirken, was sich wiederum auf die Befriedigung auswirkt. Die Abbildung basiert auf der Annahme, dass der Führungsstil und die Beziehungen zwischen Gleichgestellten die Befriedigung bestimmter Bedürfnisse höherer und niedrigerer Ebenen beeinflussen und sich daher auf die Befriedigung mit der Arbeit insgesamt auswirken.

83 Führungsstil und Motivation

Nachdem wir nun ganz allgemein untersucht haben, wie Vorgesetzte die Motivation und Befriedigung der Untergebenen beeinflussen können, werden wir uns besonders mit dem Verhalten der Vorgesetzten beschäftigen, soweit dies die Untergebenen beeinflusst. Dabei werden wir besonders beachten, wie sich das Verhalten des Vorgesetzten auf die A → E Vorstellungen und die Reaktion auf Belohnungen auswirkt. Zuerst sollten wir jedoch einige der Ansätze studieren, die bei der Beschreibung des Verhaltens Vorgesetzter verwendet worden sind.

831 Muster des Führungsverhaltens

Eine Reihe verschiedener Ansätze sind während der letzten 30 Jahre zur Beschreibung und Klassifizierung des Führungsverhaltens entwickelt worden. Während dieser Zeit wurde das Thema der Führung empirisch untersucht. Viele der früheren Studien unterschieden zwischen autoritären, demokratischen und Laissez-faire-Führungsstilen. In ihrer klassischen Studie über „boys clubs" (Heime für Jungen) definierten Lewin, Lippitt und White (1939)

Abbildung 33: Zwischenmenschliche Einflüsse auf die Befriedigung

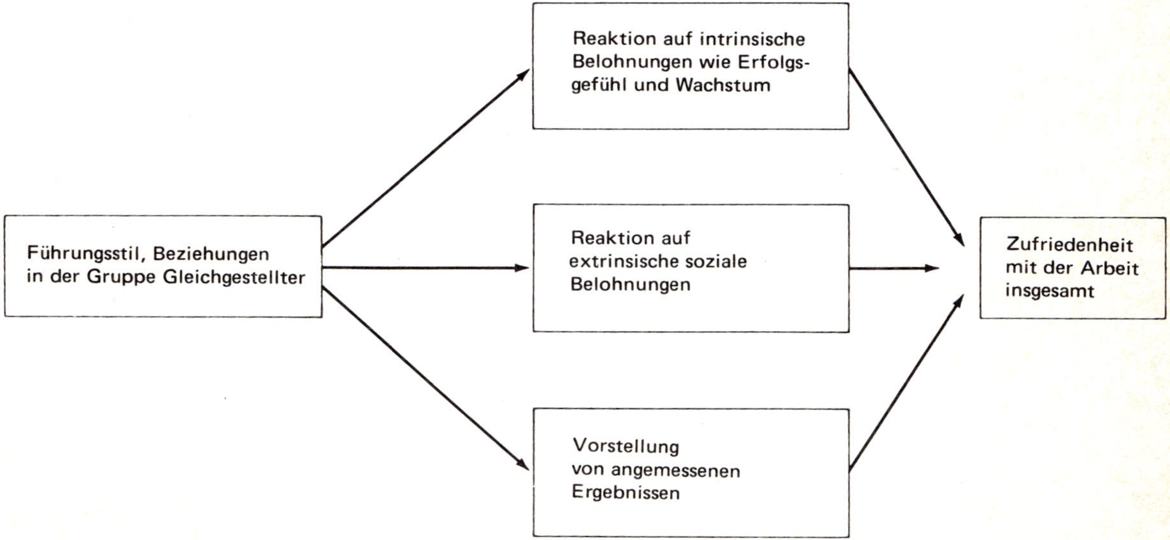

diese Führungsstile wie folgt: Bei autoritärer Führung macht der Führer alle wichtigen Entscheidungen, ohne die Untergebenen zu fragen; bei der demokratischen Führung ermutigt der Führer Gruppendiskussionen und Gruppenentscheidungen; bei der Laissez-faire-Führung bleibt der Führer ziemlich passiv. Seit 1939 ist die Unterscheidung zwischen autoritärer und demokratischer Führung in vielen Studien gemacht worden, und es gibt heute viele Studien, welche die Wirkungen dieser Stile auf die Motivation und auch auf die Befriedigung zeigen.

Um 1948 herum begann eine Gruppe an der University of Michigan eine Reihe von Untersuchungen des Führungsstils, die zu einer Unterscheidung zwischen personalorientierten und produktionsorientierten Vorgesetzten führte (Katz, Maccoby und Morse, 1950). Wenn ein Vorgesetzter die produktionsmässigen oder technischen Aspekte der Arbeit betont und das Personal hauptsächlich als ein Mittel zur Erledigung der Aufgabe zu betrachten scheint, wird er produktionsorientiert genannt. Wenn ein Vorgesetzter sich für die Arbeitnehmer interessiert und sie als Individuen behandelt, wird er personalorientiert genannt. Ein produktionsorientierter Aufseher antwortete auf die Frage, welches der wichtigste Teil seiner Arbeit sei: „Na ja, der wichtigste Teil ist das Fertigstellen der Berichte. Am schwierigsten ist die Erledigung der Arbeit" (S. 21). Ein als personalorientiert bezeichneter Aufseher sagte: „Na ja, es geht da um zwei Dinge, – die Abteilung reibungslos funktionieren zu lassen, die Angestellten bei guter Laune zu halten und schwierige Entscheidungen in bezug auf Bezahlung und Prämien zu treffen" (S. 21). Dieses System der Klassifizierung ist in einer Reihe von Studien angewandt und in den letzten Jahren etwas verändert worden.

Während die Gruppe in Michigan diese Studien unternahm, begannen Wissenschaftler an der Ohio State University eine weitere Untersuchung des Themas Führung. Nach einer ausführlichen Analyse des Verhaltens von Vorgesetzten kamen sie zu dem Schluss, dass zwei Dimensionen zur Beschreibung des Führungsverhaltens in Betracht gezogen werden könnten. Sie sprachen von der teilnehmenden und der anregenden Dimension. Danach kann ein Vorgesetzter in bezug auf beide Dimensionen entweder „hoch" oder „niedrig" sein. Die Begriffe sind folgendermassen definiert (Fleishman und Harris, 1962).

„Bei der Teilnahme handelt es sich um ein Verhalten des gegenseitigen Vertrauens, der Anerkennung, einer gewissen Wärme und Verständigung zwischen dem Vorgesetzten und seiner Gruppe. Dies bedeutet nicht eine oberflächliche Beziehung des „Beim-Vornamen-Nennens" und des „Auf-die-Schulter-Klopfens", sondern eine tiefere Teilnahme an den Bedürfnissen der Untergebenen. Die Untergebenen können öfter an Entscheidungen teilnehmen, und die Kommunikation wird angeregt.

Bei der Anregung handelt es sich um ein Verhalten, bei dem der Vorgesetzte die Tätigkeiten organisiert und definiert. Von jedem Untergebenen wird erwartet, dass er eine bestimmte Rolle spielt. Der Vorgesetzte verteilt Aufgaben, macht Pläne, probiert neue Methoden aus und treibt zu höherer Produktion an. Dabei scheint das Erreichen organisatorischer Ziele betont zu werden" (S. 43–44).

In einer weiteren Reihe von Studien über die Führung hat sich Fiedler mit der Art der Situationsfaktoren beschäftigt, welche die Wirksamkeit verschiedener Führer beeinflussen. Fiedler misst den Führungsstil, indem er die Vorgesetzten ihre unbeliebtesten Mitarbeiter mit bestimmten Eigenschaftswörtern beschreiben lässt. Das Ergebnis wird als LPC-Score bezeichnet. Das Problem bei Fiedlers Messungen ist, dass unklar bleibt, durch welches Verhalten ein hoher oder niedriger Grad von LPC bei Vorgesetzten charakterisiert ist. Dadurch sind einige der Untersuchungen in bezug auf unseren Ansatz der Motivation schwer zu interpretieren. In einem früheren Werk (1964) beschreibt Fiedler einen Führer mit niedrigem LPC als eingreifend und kontrollierend und einen Führer mit hohem LPC als rücksichtsvoll und nachgiebig, aber in späteren Werken wird diese Unterscheidung nicht mehr erwähnt.

Wie bereits erwähnt, hatten die Definitionen in den Untersuchungen der Ohio State University und der Michigan University vieles gemeinsam. Personalorientiertheit ähnelt der Teilnahme, und Produktionsorientiertheit ähnelt der Anregung. Jedoch besteht ein wichtiger Unterschied: Ursprünglich war die Michigan-Gruppe der Ansicht, dass sich ein Führer auf einem Kontinuum zwischen Produktions-Orientiertheit und Personal-Orientiertheit befinde. Wenn er also sehr produktionsorientiert ist, muss er wenig personalorientiert sein, und umgekehrt. Die Gruppe in Ohio war dagegen der Meinung, dass es sich um zwei Dimensionen mit je einem Kontinuum handle. Ein Vorgesetzter könnte demnach hoch in bezug auf Teilnahme und Anregung sein, oder niedrig in beiden Beziehungen, oder hoch in einer Beziehung und niedrig in der anderen.

1960 schrieb Kahn einen Artikel über eine Traktorenfabrik, in dem er die Ansicht der Michigan-Gruppe der der Ohio-Gruppe anglich:

> „In den Untersuchungen bei einer Versicherungsfirma und einer Eisenbahngesellschaft sprachen wir von der personalorientierten und der produktionsorientierten Führung, als ob es sich dabei um entgegengesetzte Enden eines Kontinuums handelte. Wir hatten also angenommen, dass ein Vorgesetzter, wenn er produktionsorientierter wird, notwendigerweise weniger personalorientiert wird. Unsere Untersuchungen bei der Traktorenfabrik deuten jedoch an, dass es sich hier um zwei voneinander unabhängige Dimensionen der Führung handelt. Wir können dies auf einer Tabelle mit vier Feldern darstellen, wobei jedes Feld eine Art der Führung darstellt, so dass die Felder auf verschiedene Arten miteinander kombiniert werden können" (S. 282).

Heute stimmen also die Ergebnisse der Untersuchungen von Ohio State und Michigan darin überein, dass das entscheidende Verhalten eines Führers in zwei Dimensionen dargestellt werden kann. Dies ist eine bedeutsame Schlussfolgerung, wenn man bedenkt, wieviel Sorgfalt auf die beiden Untersuchungen verwendet wurde. In der letzten Zeit haben Blake und Mouton (1964) diese beiden Dimensionen als Basis für ihre Methode des „Organization Development" benutzt. Daraus ergibt sich die wichtige Frage, wie sich diese Dimensionen auf die andere bekannte Definition des Führungsverhaltens beziehen, die zwischen autoritärer und demokratischer Führung unterscheidet.

Gewöhnlich haben sich die Untersuchungen entweder mit der Dimension der Anregung und Teilnahme oder mit der Dimension autoritärer und demokratischer Führung beschäftigt. Wenige Studien haben versucht, diese beiden Ansätze miteinander zu vereinen, obwohl sie aufeinander bezogen sind. Die Definition der Teilnahme schliesst einige Elemente der demokratischen Führung ein. Die Teilnahme wird beispielsweise als ein Verhältnis des Vertrauens und der Kommunikation beschrieben. Ein demokratischer

Führer würde demnach einen hohen Grad an Teilnahme zeigen, und auch einen hohen Grad an Anregung, wenn er aufgabenorientiert wäre. Auf Abbildung 34 ist das Feld mit hoher Teilnahme + hoher Anregung als demokratisch und mitbestimmend bezeichnet. Das Feld mit niedriger Teilnahme + hoher Anregung ist als autoritär bezeichnet, wegen des starken Akzents – von seiten des autoritären Managements – auf der Erledigung von Aufgaben, ohne Rücksicht auf das Personal. Das Feld mit niedriger Teilnahme + niedriger Anregung wird aus ersichtlichen Gründen als Laissez-Faire bezeichnet. Das Feld mit hoher Teilnahme + niedriger Anregung ist als „Human Relations" bezeichnet, weil man hier besonders darauf achtet, dass die Menschen bei guter Laune gehalten werden.

Abbildung 34: Klassifizierung der Führungsstile

		ANREGUNG	
		Hoch	*Niedrig*
TEILNAHME	*Hoch*	Demokratisch oder Mitbestimmend	Human Relations
	Niedrig	Autoritär	Laissez Faire

Eine Reihe weiterer Ansätze zur Klassifizierung des Führungsverhaltens sind vorgeschlagen worden. Aber die auf Abbildung 34 dargestellten Kategorien sind in den meisten Untersuchungen zu diesem Thema benutzt worden, und daher werden wir uns im folgenden mit ihrer Beziehung zur Motivation beschäftigen.

832 Anregung, Teilnahme und Motivation

Viele Autoren haben behauptet, dass teilnehmende und personalorientierte Vorgesetzte bei ihren Untergebenen gewöhnlich eine höhere Produktion erreichen. Likert (1959) sagt beispielsweise, dass der Vorgesetzte, der die höchste Produktion bewirkt, sich „unterstützend, freundlich und hilfreich, nicht feindlich beträgt", und dass er seine Untergebenen rücksichtsvoll behandelt. Es bestehen einige Beweise für die positive Beziehung zwischen Produktivität und Anteilnahme des Vorgesetzten, jedoch hat sich diese Ansicht nicht oft genug bestätigt. Nach unserem Modell der Motivation finden wir wenig Grund dafür, dass Anteilnahme allein die Motivation beeinflussen sollte. Nur dadurch, dass man nett zu den Leuten ist, kann man nicht ihre A → E Vorstellungen über harte Arbeit und gute Leistung verändern. Im Zusammenhang mit anderen Verhaltensweisen könnte die Teilnahme jedoch eine Wirkung ausüben. Bevor wir näher darauf eingehen, sollten wir einige Untersuchungen in Betracht ziehen, die sich mit der Beziehung zwischen Teilnahme und Produktivität beschäftigen.

Die ursprüngliche Studie der Michigan-Gruppe (Katz et al., 1950) fand eine starke Beziehung zwischen Teilnahme und Produktivität. Die produktivsten Aufseher waren gewöhnlich als personalorientiert bezeichnet, da sie sich auf die menschlichen Aspekte konzentrierten und die Menschenbehandlung als den wichtigsten Teil ihrer Arbeit darstellten. Eine zweite Studie der Michigan-Gruppe bestätigte diese Ergebnisse weitgehend (Katz, Maccoby, Gurin und Floor, 1951). Wiederum bezeichneten die Mitglieder produktiverer Arbeitsgruppen ihre Vorgesetzten als teilnehmend, hilfreich, durch Training eine Beförderung ermöglichend, und nicht von der Bestrafung her orientiert.

Einige der Untersuchungen der Ohio State University fanden auch eine starke Beziehung zwischen Teilnahme und Produktivität (Korman, 1966 a). Andere Studien haben gezeigt, dass Anregung sich stark auf die Leistung auswirkt. Viele Studien haben jedoch entweder keine oder eine negative Beziehung zwischen Teilnahme und Produktivität gefunden, und die Beziehung zwischen Anregung und Produktivität ist auch von Untersuchung zu Untersuchung verschieden. Korman (1966 a) schliesst seinen Überblick über die Literatur betreffend Anregung und Teilnahme mit der Feststellung ab, dass in den meisten Fällen weder der eine noch der andere Stil die Produktivität zu beeinflussen scheint. Weiter stellt er fest, dass wir mehr über die Bedingungen wissen sollten, unter denen diese Beziehungen bestehen oder nicht bestehen. Vroom (1964) sagt, dass „das festgestellte Ausmass der vom Vorgesetzten gezeigten Teilnahme für seine Untergebenen oft in positiver Beziehung zur Leistung der Arbeitsgruppe steht" (S. 214). Aber auch er stellt fest, dass die Ergebnisse nicht immer übereinstimmen und dass verschiedene Situationen wahrscheinlich verschiedene Führungsstile erfordern.

Eine Mindesthöhe der Anregung scheint nötig zu sein, wenn die Motivation irgendwelcher Art hoch sein soll. Um die Belohnungen mit der Leistung zu verkoppeln, muss jemand definieren, welche Art von Verhalten erwartet ist, und das Verhalten muss auch gemessen werden. Dies ist gewöhnlich die Aufgabe des Vorgesetzten, und je mehr Anregung er in dieser Beziehung gibt, desto grösser ist die Möglichkeit einer erhöhten Motivation. Vom anregenden Verhalten selbst kann man jedoch keine erhöhte Motivation erwarten. Nur wenn durch das anregende Verhalten die extrinsischen Belohnungen mit der guten Leistung verkoppelt werden, wird die Motivation erhöht. Daher überrascht es nicht, dass die Anregung der Struktur und die Leistung unter gewissen Bedingungen voneinander abhängen und unter anderen Bedingungen nicht.

Wie bereits erwähnt, haben wir keinen Grund zu erwarten, dass die Teilnahme zu immer höherer Motivation und höherer Produktivität führt. Die Teilnahme selbst beeinflusst weder die Beziehung zwischen intrinsischen Belohnungen und Leistung noch die Beziehung zwischen extrinsischen Belohnungen und Leistung. Daher überrascht es nicht, dass die Studien keine direkte Beziehung zwischen Motivation und Teilnahme fanden. Unter gewissen Bedingungen kann jedoch die von einem Vorgesetzten gezeigte Teilnahme sich auf die Motivation auswirken. Rücksichtsvolles Verhalten kann als Belohnung empfunden werden, und es kann sich motivierend auswirken, wenn es mit guter Leistung verkoppelt wird. Wenn jemand ungeachtet seiner Leistung gelobt zu werden erwartet, wird er durch Teilnahme ebenso wenig motiviert wie jemand, der auf gute oder schlechte Leistung hin kein Lob erhält. Wenn andererseits jemand gelobt und anerkannt werden will und diese Behandlung nur bei guter Leistung erfährt, wird er andere $A \rightarrow E$ Vorstellungen haben und besser motiviert sein als derjenige, der immer oder nie gelobt wird.

Anstatt zu studieren, wie und wann Teilnahme gezeigt wird, haben die Forscher einfach das Ausmass der Teilnahme in Betracht gezogen, woraus sich möglicherweise die unterschiedlichen Ergebnisse erklären. Nach unserem Modell der Motivation würden

wir eine positive Beziehung zwischen Teilnahme und Produktivität voraussagen, wenn die Teilnahme von der Leistung abhängt, – und eine neutrale Beziehung, wenn die Teilnahme nicht von der Leistung abhängt. Vorgesetzte, die ein hohes Mass an Anregung mit einem hohen Mass an Teilnahme in sich vereinen, scheinen diese „abhängige Teilnahme" öfter anzuwenden als andere Vorgesetzte. Sie definieren sorgfältig die Beziehung zu ihren Untergebenen und konzentrieren sich nicht nur auf die Ausführung der Arbeit. Daher kann ihre Anerkennung weitgehend von der Leistung der Untergebenen abhängen. Dies führt zur Voraussage, dass der leistungsfähigste Vorgesetzte vermutlich die Elemente der Anregung und der Teilnahme so kombiniert, dass sie die A → E Vorstellungen der Untergebenen beeinflussen.
Leider gibt es wenig Beweise für die letztgenannte Voraussage. Wenige Studien haben den gleichzeitigen Einfluss von Teilnahme und Anregung auf die Produktivität untersucht. Eine diesbezügliche Studie ist die von Kahn (1958). Er stellt fest, dass die Daten verschiedener Untersuchungen der University of Michigan eine Beziehung zwischen Produktivität und erwarteter Anerkennung für gute Leistung andeuten.

> „Vorgesetzte, die Produktivität in hohem Masse erreicht hatten, waren teilweise deshalb erfolgreich, weil sie die Anerkennung durch den Vorgesetzten und den Einfluss beim Vorgesetzten von der Leistung des jeweiligen Untergebenen abhängig machten. In einer Traktorenfabrik sagten beispielsweise die Arbeitnehmer in sehr produktiven Gruppen oft, dass ihr Vorgesetzter einen hohen Grad der Produktivität als äusserst wichtig betrachte. Arbeitnehmer in weniger produktiven Gruppen sagten oft, dass der Vorgesetzte viele andere Dinge für ebenso wichtig halte. Durch diese Ergebnisse wird angedeutet, dass der produktivere Vorgesetzte nicht allein produktiv sein wollte, sondern dies auch erfolgreich seinen Untergebenen mitteilte, so dass diese in der hohen Leistung einen Weg zur Anerkennung durch den Vorgesetzten sahen" (S. 69).

In einer weiteren relevanten Studie fand Evans (1970) eine Beziehung zwischen Anregung und Teilnahme einerseits und den A → E Vorstellungen der Arbeitnehmer andererseits. Diese Beziehungen tauchten jedoch nur in einer der beiden untersuchten Gruppen auf, und die Daten von Evans erklären dies nicht. Es gibt also einige Beweise dafür, dass eine Kombination von starker Anregung und starker Teilnahme die Motivation erhöhen kann, wenn die Anerkennung von hoher Leistung abhängig gemacht wird. Ein hoher Grad an Teilnahme und Anregung scheint wirksam zu sein, da er starke extrinsische Motivation aufgrund sozialer Bedürfnisse erzeugt. Daher würde das Modell der Motivation voraussagen, dass hierdurch nur die Motivation derjenigen Arbeitnehmer beeinflusst wird, die auf soziale Belohnungen von seiten des Vorgesetzten Wert legen.

Es bleiben noch einige unbeantwortete Fragen über die Bedingungen, unter denen Anregung und Teilnahme zu höherer Motivation führen. Die Schlussfolgerung, dass die Motivation steigt (bei Menschen, die auf soziale Anerkennung Wert legen), wenn die Teilnahme vom Verhalten abhängig gemacht wird, stellt nur eine Teil-Antwort dar. Sie sagt noch nichts darüber aus, wie Anregung und Teilnahme mit der intrinsischen Motivation zusammenhängen. Die folgende Untersuchung der Studien über den Machtausgleich bietet möglicherweise einige Antworten.

833 Machtausgleich und Motivation

Demokratisches Management und mitbestimmendes Management sind Methoden der Führung, die zu einer Verringerung des Machtunterschieds zwischen Vorgesetzten und Untergebenen führen. Viele Autoren behaupten, dass ein Machtausgleich die Motivation der Arbeitnehmer erhöhe. Tatsächlich zeigen viele Studien, dass durch Machtausgleich die Produktivität steigen kann und dies auch oft tut. Die klassische Studie von Lewin et al. (1939) zeigte, dass in bezug auf die Produktivität als Ganzes die demokratische Führung der Laissez-faire-Führung überlegen war und dass sie der autoritären Führung fast ebenbürtig war. Allerdings fuhren die demokratisch angeleiteten Kinder mit der Arbeit fort, wenn der Leiter das Zimmer verliess, was bei den autoritär geleiteten Kindern nicht der Fall war. Dies deutet an, dass die autoritär geleiteten Kinder extrinsisch motiviert waren, während die demokratisch geleiteten Kinder intrinsisch motiviert waren.

Spätere Studien über die Wirksamkeit der demokratischen Führung haben gezeigt, dass sie anderen Methoden überlegen ist. Coch und French (1948) fanden, dass die Teilnahme oder Mitbestimmung eine Arbeitsgruppe produktiver macht. Diejenigen

Arbeitnehmer, die beim Entwurf einer technischen Veränderung mitwirkten, erlernten ihre neuen Tätigkeiten schneller, sie produzierten mehr und zeigten weniger Widerstand gegen die Veränderung. Strauss (in White, 1955) unternahm eine faszinierende Untersuchung einer Arbeitsgruppe, die in einer Fabrik Spielzeug anmalte. Ursprünglich war die Arbeitsrate durch ein Fliessband kontrolliert worden, das sich mit gleichbleibender Geschwindigkeit bewegte. Dann erhielten die Arbeitnehmer das Recht, die Geschwindigkeit zur Erhöhung der Produktion selbst zu regulieren. Die Produktion erhöhte sich daraufhin drastisch. Dabei ergaben sich allerdings einige negative Folgen: Die zusätzliche-Produktion in der Malabteilung erzeugte eine Stauung nach vorn und eine Stockung nach hinten, was von den benachbarten Abteilungen als lästig empfunden wurde. Die Lohnstruktur der Firma wurde gestört, da die Maler einen Stücklohn erhielten, der sich nun im Verhältnis zu den anderen Löhnen drastisch erhöht hatte. Die Firma kontrollierte dann das Fliessband wieder selbst, worauf die meisten Maler kündigten.
Viele Studien haben gezeigt, dass ein Machtausgleich unter manchen Bedingungen nicht Motivation und Produktivität erhöht. French, Israel und As (1960) versuchten, das Experiment von Coch und French in einer norwegischen Fabrik zu wiederholen und hatten nicht viel Erfolg. In einer weitreichenden Untersuchung studierten Morse und Reimer (1956) die relative Wirksamkeit der autoritären und demokratischen Führungsstile bei Büroangestellten. Zwei Gruppen von Angestellten wurden demokratisch angeleitet, zwei weitere Gruppen autoritär. Bei allen Gruppen zeigte sich ein Ansteigen der Produktivität. Likert (1961) sagte, dass die demokratische Methode sich als überlegen erwiesen hätte, wenn das Experiment fortgesetzt worden wäre.

> „Die Ergebnisse . . . führen zur Annahme, dass nach ein oder zwei Jahren die Produktivität wie die Qualität der Arbeit bei den demokratischen Gruppen weiterhin gestiegen wären, während beim autoritär kontrollierten Programm ein Rückgang eingesetzt hätte, als Reaktion auf die vom Programm erzeugten negativen Gefühle und aufgrund des Personalwechsels (S. 69).

Während der untersuchten Periode war die demokratische Methode jedoch nicht überlegen. Ausserdem steht diese Studie nicht allein da; andere Studien haben ergeben, dass die autoritäre Methode ebenbürtig oder überlegen war (siehe z. B. Vroom, 1964;

Argyris, 1953). Es überrascht kaum, dass in vielen Fällen die autokratische Führung der demokratischen überlegen ist. Der autoritäre Führer kann die extrinsische Motivation oft besser kontrollieren, als der demokratische. Da es ihm offensteht, extrinsische Belohnungen zu gewähren oder zu enthalten, kann er viele dieser Belohnungen (wie Bezahlung und Beförderung) mit der Leistung verkoppeln. Dies würde eine starke Motivation zu höherer Leistung erzeugen, wenn die Arbeiter die extrinsischen Belohnungen schätzen und die Verbindung mit der guten Leistung erkennen. Der autoritäre Führer hat auch einen zeitlichen Vorteil, da Mitbestimmung mehr oder weniger zeitraubend ist, und die so verlorene Zeit von der Produktionszeit abgezogen wird.

In mancher Beziehung überrascht es, dass die demokratische Methode manchmal zu höherer Produktivität führt. Wenn Menschen nur durch extrinsische Belohnungen motiviert wären, wäre eine geschickte autoritäre Führung vielleicht immer der demokratischen überlegen. Die Tatsache, dass dies nicht immer der Fall ist, deutet auf die Wichtigkeit der intrinsischen Motivation und der Art der Entscheidung – bei der Beeinflussung der Leistung – hin. Beide Faktoren müssen hoch sein, wenn die Leistung hoch sein soll, und die autoritäre Methode führt nicht immer zur höchsten intrinsischen Motivation oder zur günstigsten Art von Entscheidungen, mit Hinsicht auf Produktivität und Produktionsmethoden. Vroom (1964) sagt, dass der Machtausgleich „die Qualität der gefällten Entscheidungen erhöhen kann, wie auch die Stärke der Gruppennormen in bezug auf die Ausführung der Entscheidungen, und das persönliche Engagement der Arbeitnehmer in bezug auf die Entscheidungen. Jede dieser drei Wirkungen scheint eine oft auftretende (aber nicht unbedingte) Folge der erhöhten Mitbestimmung durch die Arbeitnehmer zu sein" (S. 229).

Bei der Studie von Strauss (in Whyte, 1955) führte die Mitbestimmung dazu, dass sich die Arbeitnehmer einen höheren Arbeitsstandard setzten, woraus man ersieht, dass die Mitbestimmung zu einer höheren Qualität der Entscheidungen führen kann. Wodurch wird bestimmt, ob die Mitbestimmung zu höherer Qualität der Entscheidungen führt? Zwei wichtige Faktoren scheinen entscheidend zu sein: Der erste Faktor ist das Ausmass und die Art der Information, die den Untergebenen geboten wird. Oft fehlt den Untergebenen einfach die Information, die sie für optimale Entschlüsse brauchen. Der zweite Faktor ist die Art der jeweiligen Entscheidung. Wenn die Ziele der Arbeitsgruppe mit denen der Organisation in Konflikt stehen, kann man von den Arbeitern nicht erwarten, dass sie optimale Entscheidungen im Sinne der Organisation fällen. Morse und Reimer (1956) geben hierfür ein gutes Beispiel, in der bereits erwähnten Studie von Büroangestellten. Es fand sich hier, dass man die Leistung am besten dadurch erhöhen konnte, dass man das Personal um 25 Prozent kürzte. Der autokratische Vorgesetzte hatte bei dieser Entscheidung keine Schwierigkeiten, aber die mitbestimmenden Gruppen kamen nur sehr widerwillig zu diesem Entschluss. Schliesslich entschieden sie sich dafür, das Personal zu kürzen, indem sie Ausscheidende nicht ersetzten und Versetzungen erleichterten. Man kann also nicht ohne weiteres annehmen, dass sich durch demokratische Führung unbedingt bessere Entscheidungen und höhere Produktivität einstellen.

Die Studie von Lewin et al. (1939) zeigte, dass die Mitbestimmung die intrinsische Motivation beeinflussen kann. Demokratisch geleitete Kinder schienen sich so sehr mit ihrer Arbeit zu identifizieren, dass sie mit der Arbeit auch dann fortfuhren, wenn keine Aufsicht vorhanden war. Vroom (1964) hat eine interessante Erklärung dafür geboten, dass sich die Mitbestimmung auf die Motivation auswirkt.

> „Das Ego der Menschen wird involviert in Entscheidungen, bei denen sie selbst mitgewirkt haben. Wenn sie bei der Entscheidung mitgeholfen haben, wird sie ihre eigene Entscheidung, und der Erfolg oder Misserfolg der Entscheidung ist ihr eigener Erfolg oder Misserfolg. Man könnte intuitiv zur Annahme kommen, dass das Ausmass der persönlichen Involviertheit bei der Entscheidung vom Ausmass des eigenen Einflusses und Zuständigkeitsgefühls abhängt. Wenn beispielsweise ein Wissenschaftler bei einer Entscheidung mitwirkt, die ein wissenschaftliches Urteil verlangt, dann ist das Ergebnis der Entscheidung ein Beweis für seine Zuständigkeit als Wissenschaftler. Eine erfolgreiche Entscheidung bestätigt sein Selbst-Image, und eine erfolglose Entscheidung bedroht sein Selbst-Image" (S. 228).

Diese Aussage von Vroom stimmt weitgehend überein mit unserer Diskussion in Kapitel 5 über die Wirkung der Mitbestimmung auf die Leistungsbeurteilung. Unser Modell der Motivation würde die

Wirkung der Mitbestimmung auf die Motivation dadurch erklären, dass die Mitbestimmung die A → E Vorstellungen der Untergebenen verändert.

Es bestehen auch Beweise dafür, dass der Einfluss des Machtausgleichs teilweise durch seine Wirkung auf die Gruppennormen erklärt werden kann. Bei einem mitbestimmenden Führungsstil entwickeln sich anscheinend leichter Normen, welche eine höhere Produktivität begünstigen. Coch und French (1948) betonten die Bedeutung der Gruppennormen in ihrer Studie der erfolgreichen Anwendung von Mitbestimmung. Lewin (1947) betonte, dass Gruppendiskussionen und Gruppenentschlüsse das Verhalten gewöhnlich eher verändern als Vorträge, da sie sich auf die Gruppennormen auswirken. Beim Vorgang der Mitbestimmung entwickeln sich anscheinend Normen, durch welche die Gruppenmitglieder ein Verhalten belohnen, das den Gruppenbeschluss unterstützt, während ein gegenteiliges Verhalten bestraft wird. Dies wirkt sich natürlich direkt auf die extrinsische Motivation zur Ausführung des Entschlusses aus.

Es ist bewiesen, dass Mitbestimmung nicht immer zu erhöhter Motivation führt. In einer klassischen Untersuchung zeigte Vroom (1960), dass die Wirkungen der Mitbestimmung durch das Bedürfnis der Arbeitnehmer nach Unabhängigkeit beeinflusst werden. Vroom fand, dass Arbeiter mit einem geringen Unabhängigkeitsbedürfnis durch die Mitbestimmung nicht motiviert wurden. Der vergebliche Versuch von French et al. (1960), die frühere Studie von Coch und French (1948) zu wiederholen, illustriert die Tatsache, dass die Mitbestimmung unwirksam ist, wenn die Arbeitsgruppe dagegen eingestellt ist. Da die Gruppe Widerstand leistete, konnte sich die Mitbestimmung nicht auf die Gruppennormen auswirken.

Da die Wirkung des Machtausgleichs auf die Motivation weitgehend eine Funktion ihrer Auswirkung auf die intrinsische Motivation ist, wird sie nur bestimmte Menschen beeinflussen. Wer auf die durch den Machtausgleich herbeigeführten intrinsischen Belohnungen keinen Wert legt, wird durch sie auch nicht beeinflusst werden. In ähnlicher Weise ist es nicht sicher, dass der Einfluss auf die Gruppennormen die Motivation jedes einzelnen beeinflusst. Der Machtausgleich kann nur Menschen beeinflussen, welche die extrinsischen Belohnungen schätzen, die von den Gruppen geboten werden.

Zusammenfassend lässt sich sagen, dass der Machtausgleich die Motivation von Arbeitnehmern erhöhen kann, die (1) ein starkes Bedürfnis nach Unabhängigkeit, Zuständigkeit und Selbstachtung haben, (2) einer Arbeitsgruppe angehören, welche die Mitbestimmung befürwortet, und (3) auf die von der Gruppe gebotenen sozialen Belohnungen Wert legen. Der Machtausgleich kann zu Entscheidungen höherer Qualität führen, wenn (1) die Arbeitnehmer relevante Information erhalten, (2) Zeit für eine angemessene Diskussion zur Verfügung steht, und (3) das Selbstinteresse der Arbeitnehmer nicht direkt mit den Interessen der Organisation in Konflikt steht. Machtausgleich wird ausserdem zu höherer Produktivität führen, wenn er bessere Entschlüsse und höhere Motivation bewirkt.

84 Führungsstil und Befriedigung

Die Studien über Motivation zeigen, dass der Vorgesetzte bei Belohnungen ein wichtiger Faktor ist. Wenn die Belohnungen sich so auf die Befriedigung auswirken, wie es in Kapitel 4 definiert wurde, sollte eine Beziehung zwischen Befriedigung und Führungsstil bestehen. Wie wir im folgenden sehen werden, ist dies auch tatsächlich der Fall.

841 Teilnahme und Befriedigung

Viele Studien haben sich mit der Beziehung zwischen der Befriedigung und dem vom Vorgesetzten gezeigten Ausmass der Teilnahme beschäftigt. Wie erwartet, hat sich erwiesen, dass sich die Teilnahme positiv auf die Befriedigung auswirkt. Rücksichtsvolle Vorgesetzte verhalten sich so, dass ihre Untergebenen mehr Belohnungen erhalten, besonders auf dem Gebiet der zwischenmenschlichen Beziehungen. Nach Fleishman und Harris (1962) schliesst das rücksichtsvolle Verhalten folgendes ein: gegenseitiges Vertrauen, Anerkennung, eine gewisse Wärme und ein Verständnis zwischen dem Vorgesetzten und seiner Gruppe (S. 43). Kurz gesagt, kümmert sich der Vorgesetzte um die Bedürfnisse seiner Untergebenen. Daher würde man erwarten, dass er diejenigen

Untergebenen befriedigt, bei denen Abwesenheit und Personalwechsel niedrig liegen.

Viele der früheren Ohio State-Studien berichteten von einer bedeutsamen Beziehung zwischen dem Ausmass der Teilnahme und der Befriedigung (siehe z. B. Fleishman, Harris und Burtt, 1955; Halpin und Winer, 1957). Likert (1961) studierte die Beziehungen zwischen vielen Verhaltensweisen und der Befriedigung der Arbeitnehmer in einer öffentlichen Gesellschaft (siehe Abbildung 35). Er fand, dass teilnahmsvolles Verhalten mit hoher Befriedigung assoziiert war. Spätere Untersuchungen fanden eine ähnliche Beziehung zwischen Teilnahme und Befriedigung (Wagner, 1965; House, Filley und Kerr, 1971).

Wenn das Ausmass der vom Vorgesetzten gezeigten Teilnahme auf die Befriedigung der Arbeitnehmer bezogen wird, sollte sich eine Beziehung zwischen Faktoren wie Beschwerden, Personalwechsel und Abwesenheit ergeben, welche auch mit der Befriedigung verbunden sind. Abbildung 36 zeigt die Beziehung, die von Fleishman und Harris (1962) zwischen Personalwechsel und Teilnahme gefunden wurde. Abbildung 37 zeigt die vereinte Wirkung von Teilnahme und Anregung auf die Häufigkeit von Beschwerden, wie sie von diesen Forschern vorgefunden wurden. Ein hoher Grad der Teilnahme findet sich in Verbindung mit wenigen Beschwerden, während ein hoher Grad der Anregung in Verbindung mit vielen Beschwerden auftritt. Wenn jedoch die Teilnahme hoch ist, führt ein hoher Grad an Anregung nicht unbedingt zu einer grossen Häufigkeit der Beschwerden; nur bei niedriger Teilnahme führt die hohe Anregung zu häufigeren Beschwerden. Anscheinend kann ein grosses Ausmass an Teilnahme die negativen Wirkungen der hohen Anregung wettmachen.

Unter gewissen Bedingungen besteht keine positive Beziehung zwischen Befriedigung und Teilnahme. Pelz (1951) sagte, dass ein rücksichtsvolles Verhalten des Vorgesetzten nicht immer zu erhöhter Befriedigung der Arbeitnehmer führe, wenn Vorgesetzte keinen Einfluss „nach oben" haben. Er kam zum Schluss,

> „. . . wenn ein einflussreicher Vorgesetzter den Arbeitnehmern beim Erreichen ihrer Ziele zu helfen sucht, werden seine Versuche gewöhnlich erfolgreich sein. Konkrete Ergebnisse werden erreicht, und daher wird der Arbeitnehmer befriedigter sein. Die Daten deuten jedoch an, dass die Versuche eines wenig einflussreichen Vorgesetzten oft erfolglos bleiben wer-

Abbildung 35: Beziehung zwischen dem Verhalten des Vorgesetzten und der Einstellung der Untergebenen. (Nach: Likert, Neue Ansätze der Unternehmungsführung, 1972).

Verhalten des Vorgesetzten	Teilnehmer in Arbeitsgruppen mit positiven Einstellungen berichten, dass die Vorgesetzten sich wie folgt verhalten (in Prozenten)	Teilnehmer in Arbeitsgruppen mit negativen Einstellungen berichten, dass die Vorgesetzten sich wie folgt verhalten (in Prozenten)
	%	%
Empfiehlt Beförderung, Versetzung, Gehaltserhöhung	61	22
Teilt Männern mit, was in der Firma vor sich geht	47	11
Teilt Männern mit, wie gut sie abschneiden	47	12
Hört sich Beschwerden an	65	32
Betrachtet Arbeitnehmer als Menschen und nicht als Produktionsmittel	97	33
Setzt sich im Notfall für mich ein, ergreift meine Partei	87	30
Setzt sich gewöhnlich für die Männer ein, oder für die Männer und die Firma, nicht nur für sich selbst und die Firma	86	29
Zeigt Interesse an mir und versteht meine Probleme	81	29
Er gehört wirklich zur Arbeitsgruppe und teilt die Interessen der Mitglieder	66	16
Er hört sich gern unsere Ideen an und versucht, sie anzuwenden	62	17

Abbildung 36: Beziehung zwischen Teilnahme und Personalwechsel. (Aus: Fleishman und Harris, Patterns of leadership behavior related to employee grievances and turnover. Personnel Psychology, 1962, 15, 43–56.)

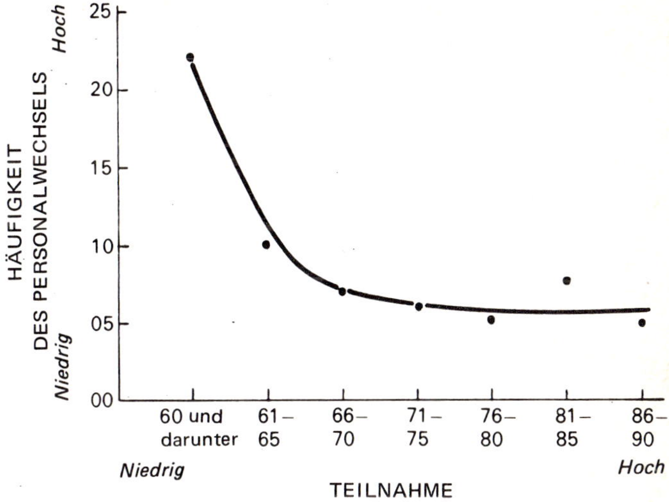

den. Die Erwartungen der Arbeitnehmer werden enttäuscht, und daher wird ihre Befriedigung nicht steigen, ja vielleicht sogar fallen" (S. 216).

Ähnliche Ergebnisse wurden von Wagner (1965) berichtet. Er studierte Angestellte der niedrigen Ebenen und fand, dass die Vorgesetzten mit Einfluss „nach oben" erfolgreicher einen rücksichtsvollen Führungsstil anwandten als die weniger einflussreichen Vorgesetzten. Bei den Studien von Pelz und bei denen von Wagner gehörten die Vorgesetzten einer hierarchischen Organisation an, in der sie die Bedürfnisse ihrer Untergebenen nur dann befriedigen konnten, wenn sie Einfluss auf den Rest der Organisation hatten.

Die Wirkung der Teilnahme auf die Befriedigung der Arbeitnehmer wird auch davon beeinflusst, wieviel Wert die Untergebenen auf die vom Vorgesetzten kontrollierten Belohnungen legen. Der Vorgesetzte kann für viele zwischenmenschliche und

Abbildung 37: Kombination von Teilnahme und Anregung im Hinblick auf Beschwerden. (Aus: Fleishman und Harris, Patterns of leadership behavior related to employee grievances and turnover. Personnel Psychology, 1962, 15, 43–56.)

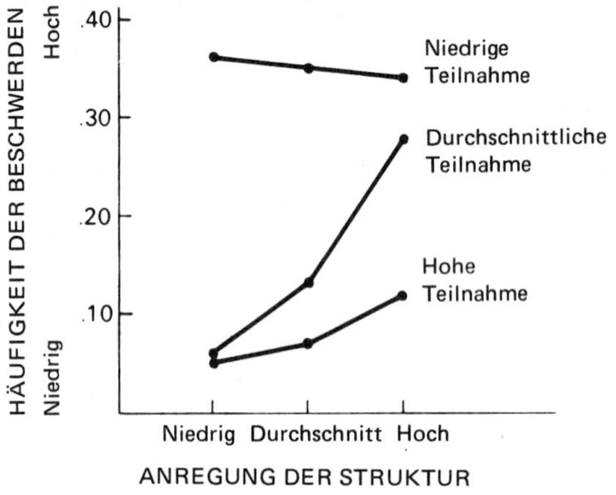

andere extrinsische Belohnungen sorgen, aber er hat weniger Einfluss auf die Reaktion hinsichtlich einiger wichtiger intrinsischer Belohnungen. Wenn daher ein Arbeitnehmer weitgehend durch intrinsische Belohnungen motiviert wird, könnte sich das Ausmass der vom Vorgesetzten gezeigten Teilnahme vielleicht nicht erheblich auf seine Befriedigung mit der Arbeit im ganzen auswirken. Im allgemeinen haben rücksichtsvolle Vorgesetzte zufriedenere Untergebene. Jedoch gibt es auch Ausnahmen; die Beziehung hängt vom Einfluss des Vorgesetzten „nach oben" ab und von der Art der vom Untergebenen geschätzten Belohnungen.

842 Machtausgleich und Befriedigung

Warum sollte Teilnahme und demokratische Führung mit hoher Arbeitsbefriedigung verbunden sein? Erstens haben die Menschen ein starkes Unabhängigkeitsbedürfnis, und durch die Teilnahme an Entschlüssen kann dieses Bedürfnis teilweise befriedigt werden.

Ausserdem haben die Menschen bei einer solchen Teilnahme die Gelegenheit, Entscheidungen zu ihren Gunsten zu beeinflussen. In einer frühen Studie fand Jacobson (1951), dass Arbeiter mit jenen Vorgesetzten und Aufsehern zufriedener waren, die eine Teilnahme bei Entscheidungen erlaubten. Morse und Reimer (1956) verglichen das Ausmass der Befriedigung bei autoritären und demokratischen Gruppen. Sie fanden ein höheres Ausmass an Befriedigung bei den demokratischen Gruppen, obwohl diese nicht produktiver waren.

In einer interessanten Studie berichteten Marrow, Bowers und Seashore (1967) von den Versuchen einer Firma, den Führungsstil der Manager in einem neuerworbenen Zweigunternehmen zu ändern. Ein eher teilnehmender Führungsstil wurde eingeführt, welcher Befriedigung und Leistung der Arbeitnehmer zu erhöhen schien. Eine darauf folgende Untersuchung nach mehreren Jahren zeigte, dass der neue Führungsstil vorhielt und dass die Arbeitnehmer weiterhin sehr befriedigt waren.

Einige Studien haben gezeigt, dass sich bei teilnehmendem und demokratischem Management die Häufigkeit der Abwesenheit und des Personalwechsels senkt. Eine Beziehung zwischen Teilnahme einerseits und Abwesenheit und Personalwechsel andererseits wäre zu erwarten, da eine starke Beziehung zwischen Befriedigung einerseits und Abwesenheit und Personalwechsel andererseits besteht. Wickert (1951) verglich die Einstellungen von Fernsprechvermittlerinnen und Kundendienstvertreterinnen, die kündigten, mit den Einstellungen derer, die blieben. Diejenigen, die blieben, berichteten viel öfter, dass sie bei ihrer Arbeit selbst Entschlüsse fassen und viel zum Erfolg der Firma beitragen konnten. Andere Studien (z. B. Ross und Zander, 1957) verglichen auch Arbeitnehmer, die bei der Firma geblieben waren mit Arbeitnehmern, die gekündigt hatten, und sie fanden, dass diejenigen, die geblieben waren, selbständiger waren und besser über Vorgänge in der Firma informiert wurden.

Die Erkenntnis, dass Teilnahme stark auf die Befriedigung des Selbständigkeitsbedürfnisses einwirkt, führt zur Voraussage, dass nur Menschen mit einem starken Selbständigkeitsbedürfnis durch einen machtausgleichenden Führungsstil befriedigt werden können. Mehrere Studien bestätigen diese Annahme. In einem indirekten Test fand Trow (1957), dass sich Menschen mit einem starken Unabhängigkeitsbedürfnis weniger zufrieden zeigten als andere, wenn sie abhängige Rollen spielen mussten. In der Studie von Tannenbaum und Allport (1956) wurden einige Arbeitnehmer autoritären Vorgesetzten unterstellt, während andere Arbeitnehmer demokratische Vorgesetzte erhielten. Die Persönlichkeiten der Arbeitnehmer wurden danach beurteilt, wie sie vermutlich auf die beiden Führungsstile reagieren würden. Wenn die Arbeitnehmer dann entsprechend ihrer Eignung den verschiedenen Vorgesetzten unterstellt wurden, zeigten sie grössere Zufriedenheit, und sie wollten in derselben Gruppe bleiben.

Vroom (1959, 1960) hat die Ansicht am vollkommensten bewiesen, dass die Wirkung des Führungsstils auf die Befriedigung von den Persönlichkeiten der Arbeitnehmer abhängt. In einer grossen Speditionsfirma ermittelte Vroom bei den Arbeitnehmern das Ausmass des Unabhängigkeitsbedürfnisses und die autoritären Neigungen. Bei anderen Untersuchungen ergab sich, dass autoritäre Menschen starke und entschiedene Führung vorziehen und sich wohler fühlen in sorgfältig kontrollierten und eindeutigen Situationen. (Adorno et al., 1950). Die Daten von Vroom zeigten, dass Untergebene mit geringen autoritären Neigungen und hohem Unabhängigkeitsbedürfnis unter teilnehmender Führung befriedigter waren. Dies traf jedoch nicht bei autoritären Menschen zu, die ein niedriges Unabhängigkeitsbedürfnis hatten.

Untersuchungen auf dem Gebiet der Führung beweisen eindeutig, dass manche Menschen bei der Arbeit genau angewiesen werden wollen und dass sie keine Anweisungen geben wollen. Wenn sie um Anweisungen gebeten werden, fühlen sie sich nicht wohl und entziehen sich der Verantwortung. Jeder Manager, der einen teilnehmenden Führungsstil ausprobiert hat, ist zum Schluss gekommen, dass manche Untergebenen diesen Stil nicht schätzen. Jedoch nimmt vermutlich die Anzahl der Arbeitnehmer, die nicht teilnehmen wollen, ab. Mehrere Studien haben gezeigt, dass der Grad der autoritären Neigungen in der amerikanischen Gesellschaft abnimmt (siehe z. B. Hall, 1971; Ondrack, 1971).

Zusammenfassend kann man sagen, dass der Machtausgleich wirklich die Befriedigung der Arbeitnehmer erhöht. Er wird am stärksten mit einer höheren Befriedigung der Unabhängigkeitsbedürfnisse assoziiert, und er führt zu einer Abnahme der Abwesenheit und des Personalwechsels. Diese positiven Wirkungen stellen sich jedoch nur dann ein, wenn die Menschen wenig autoritär eingestellt sind und ein starkes Unabhängigkeitsbedürfnis haben.

85 Gruppeneinflüsse auf die Motivation

Die Untersuchungen bei der Firma Western Electric machten zum ersten Mal darauf aufmerksam, dass sich die Gruppen und Gruppennormen stark auf Produktivität und Motivation auswirken können (Roethlisberger und Dickson, 1939). In der Testabteilung für Relais beobachtete man, dass eine Gruppe Normen entwickelte, die eine hohe Produktion unterstützten und grundsätzlich managementfreundlich waren. In dieser Gruppe wurde produktives Verhalten von der Gruppe belohnt. Tatsächliche Produktivität und Motivation in dieser Gruppe waren hoch und erhöhten sich weiter im Laufe der Untersuchung. In der Verdrahtungsabteilung fanden die Forscher andere Bedingungen vor. Wie bei der Relais-Testabteilung bestanden auch hier starke Normen in bezug auf Produktion; jedoch waren diese Normen managementfeindlich und produktionsfeindlich. Ein Arbeiter drückte sich so aus:

> „Da ist noch was anderes. Wissen Sie, die Leute hetzen immer gegen die schnellen Arbeiter. Wenn man hart arbeitet und sein Bestes tut, wird das gar nicht geschätzt. Die glauben, dass das zu ihrem Nachteil ist. Das ist nicht nur bei den Verdrahtern so, sondern auch bei den Lötern. Am beliebtesten sind die Kollegen, die nur so rumfaulenzen. Manche sind stolz darauf, möglichst wenig zu arbeiten und vorzutäuschen, dass sie 'ne Menge produzieren. Das halten die für schlau" (S. 418). (Aus: Management and the Worker, by Fritz Roethlisberger and William Dickson, 1939 and 1967 by the President and Fellows of Harvard College; Harvard University Press).

Die Produktion in dieser Abteilung wurde durch die Arbeitnehmer eingeschränkt und blieb während der Untersuchung ständig niedrig. Wenn ein Arbeitnehmer die Normen der Gruppe brach und mehr als „angemessen" produzierte, wurde er gewöhnlich streng getadelt und beschimpft. Der folgende Vorfall wurde beispielsweise von den Forschern beobachtet.

A8: (An A6) Warum hören wir nicht auf zu arbeiten? Das ist doch schon Deine fünfte Reihe heute. Was willst Du mit all dem machen?

A6: Warum machst Du Dir darüber Sorgen? Es ist doch zu Deinem Vorteil, wenn ich arbeite, nicht?

A8: Na ja, aber wenn Du so weiter machst, wirst Du mit all dem Zeug hängen bleiben.

A6: Mach' Dir darüber keine Sorgen. Das erledige ich schon. Du wirst bezahlt für die Stücke, die ich fertigstelle, und nur darum sollte es Dir gehen.

A8: Wenn Du jetzt nicht aufhörst zu arbeiten, versetz' ich Dir einen (A8 schlägt zu und jagt A6 in der Halle herum).

Vorgesetzter: (einige Minuten später). Was ist los, A6? Will er Dich nicht arbeiten lassen?

A6: Nein, aber ich bin sowieso fertig. Ich habe schon genug Stücke fertig." (S. 422–423).

Dieses Beispiel illustriert, wie die Gruppen die Motivation beeinflussen, da sie soziale Ergebnisse gewähren oder verweigern können. Nach unserem Modell der Motivation bedeutet dies, dass Menschen, welche die von der Gruppe gebotenen Ergebnisse nicht schätzen, von der Gruppe nicht beeinflusst werden. Whyte (1955) bringt in seiner Beschreibung des Rekordbrechers Beweise für diese Ansicht. Obwohl die Gruppe versuchte, die Rekordbrecher zu geringerer Produktion zu zwingen, waren diese doch äusserst produktiv. Warum? Nach Whyte kümmerten sie sich einfach nicht um die Belohnungen und Strafen, die von der Gruppe geboten wurden. Daher konnte die Gruppe sie nicht beeinflussen.

Einige Autoren haben angedeutet, dass sehr kohäsive Arbeitsgruppen produktiver sind als weniger kohäsive Gruppen. Wie wir gesehen haben, ist dies nicht unbedingt der Fall. Kohäsive Gruppen sollten jedoch besser in der Lage sein, Motivation und Produktivität zu beeinflussen. Wegen der ausgeprägten gegenseitigen Freundschaft und Anerkennung in kohäsiven Gruppen werden die von der Gruppe kontrollierten Ergebnisse von den Mitgliedern geschätzt, und daher kann die Gruppe stark auf die Motivation einwirken. Dieser Einfluss ist nicht notwendigerweise positiv. Da manche Gruppen in ihren Mitgliedern eine management- und produktionsfeindliche Einstellung wecken, können kohäsive Gruppen nicht immer produktiver sein als locker gefügte Gruppen.

Da die kohäsiven Gruppen einen stärkeren Einfluss auf die Motivation ausüben, würden wir auch einen Unterschied bezüglich der Leistung erwarten. Seashore (1954) fand einige wichtige Unterschiede, obwohl die kohäsiven Gruppen nicht viel mehr produzierten. Wegen der Auswirkung der Gruppennormen auf die Produktivität produzierten die meisten Mitglieder kohäsiver Gruppen gleichviel, und es zeigten sich grössere Unterschiede zwischen den einzelnen kohäsiven Gruppen. Wenn alle Mitglieder einer kohäsiven Gruppe viel produzierten, war die Gesamtproduktion der Gruppe hoch; wenn die Mitglieder einer Gruppe dagegen wenig produzierten, war die Gesamtproduktion dieser Gruppe niedrig. Andererseits war die Produktion locker gefügter Gruppen nie besonders hoch oder niedrig, da jedes Mitglied auf einer anderen Ebene produzierte.

In locker gefügten Gruppen glich die Produktion der guten Arbeiter die der schlechten Arbeiter aus, so dass die Gesamtproduktion nahe dem Durchschnitt lag. Seashore versuchte zu ermitteln, wodurch sich die produktiven kohäsiven Gruppen von den weniger produktiven kohäsiven Gruppen unterschieden. Er fand die Ursache in den Gruppennormen. Die produktiven Gruppen waren produktionsfreundlicher eingestellt. Leider konnte er nicht genau angeben, warum sich die verschiedenen Gruppennormen entwickeln.

Eine Laborstudie von Schachter, Ellertson, McBride und Gregory (1951) zeigt, wie die Kohäsion der Gruppe die Produktivität der Mitglieder beeinflusst. Die Studie illustriert auch, wie Gruppennormen die Produktivität beeinflussen. Es wurden Gruppen mit unterschiedlichen Kohäsionsgrad gebildet, mit je drei Mitgliedern. Den Mitgliedern wurde gesagt, sie sollten Schachbretter aus Pappe herstellen. Die Arbeit bestand aus drei Aufgaben, und jedes Mitglied sollte in einem separaten Zimmer eine der Aufgaben ausführen. Die Mitglieder konnten sich nur durch schriftliche Nachrichten verständigen. Der Wissenschaftler behielt jedoch die Zettel und setzte an ihre Stelle im voraus geschriebene Anweisungen, die zu bestimmten Zeiten abgeliefert wurden. Einige der Nachrichten sollten die Mitglieder zu erhöhter Produktion ermutigen, während andere Nachrichten zu geringerer Produktion ermutigten. Beispiele der ersten Art sind: „Kannst Du ein bisschen schneller machen? " und „Wir haben nicht mehr viel Zeit; wir sollten jetzt zum Endspurt ansetzen". Beispiele der letzteren Art sind: „Jetzt wollen wir 'mal einen Rekord setzen, einen Rekord der Langsamkeit" und „Wir haben schon eine Menge von diesen Dingern hergestellt, jetzt können wir 'mal gemütlicher arbeiten".

Abbildung 38: Durchschnittliche Änderung der Produktion nach erfolgter Anregung. (Aus: Schachter, Ellertson, McBride und Gregory, 1951, S. 234.)

Bedingungen beim Experiment	Durchschnittliche Änderung
Hohe Kohäsion, positive Anregung	+ 5.92
Niedrige Kohäsion, positive Anregung	+ 5.09
Hohe Kohäsion, negative Anregung	– 2.16
Niedrige Kohäsion, negative Anregung	– 0.42

Abbildung 38 zeigt die Ergebnisse der Untersuchung. Eine positive Zahl deutet an, dass die Produktion aufgrund der schriftlichen Mitteilungen anstieg, und eine negative Zahl deutet an, dass sie sank. Die Mitteilungen beeinflussten die Produktion auf die erwartete Weise, da sie sich am stärksten in den kohäsiven Gruppen auswirkten. In einer Nachuntersuchung versuchte Berkowitz (1954) zu ermitteln, ob die Wirkung der Mitteilungen anhielte, wenn sie nicht weiterhin abgeliefert würden. Seine Ergebnisse stimmten mit der ersten Untersuchung überein, und es fand sich, dass die Wirkung anhielt. Da die Teilnehmer keinen Grund zur Annahme hatten, die anderen Mitglieder hätten ihre Einstellung geändert, glaubten sie nach wie vor, dass sie gemäss ihrer Leistung von der Gruppe anerkannt würden, und sie leisteten entsprechend viel oder wenig. Es wäre interessant gewesen zu beobachten, ob durch ein Vertauschen der Mitteilungen die Produktivität in der negativen Gruppe gestiegen und in der positiven Gruppe gesunken wäre. Nach unserem Modell der Motivation würden wir diese Reaktionen voraussagen.

Zusammenfassend ist festzuhalten, dass es in der Macht der Gruppen liegt, Motivation und Produktivität der Arbeitnehmer zu beeinflussen, da die Gruppen Ergebnisse kontrollieren, die von den meisten Menschen geschätzt werden. Die Mitglieder der

Gruppe können beispielsweise bestimmte Verhaltensweisen belohnen, indem sie Anerkennung ausdrücken, und sie können andere Verhaltensweisen bestrafen, indem sie die betreffenden Mitglieder ablehnen. Kohäsive Gruppen haben einen grösseren Einfluss auf Motivation und Produktivität als locker gefügte Gruppen, da sie aus zwei Gründen besser in der Lage sind, Belohnungen zu gewähren oder zu verweigern: Erstens können die kohäsiven Gruppen mit grösserer Einstimmigkeit vorgehen (die Gruppe steht hinter dem gruppentreuen einzelnen), und zweitens können sie die Reaktion auf geschätzte Ergebnisse beeinflussen (Anerkennung oder Ablehnung durch eine kohäsive Gruppe erscheint den meisten Menschen als ein wichtiges Ergebnis). Gruppen können jedoch nicht die Leistung von Menschen beeinflussen, welche die von den Gruppen kontrollierten Ergebnisse nicht schätzen.

Um zu erkennen, wie die Motivation von den Gruppen beeinflusst wird, müssen wir die Art der in der Gruppe bestehenden Normen kennen. Wir müssen wissen, welche Verhaltensweisen belohnt und welche Verhaltensweisen bestraft werden. Man hat noch nicht genauer untersucht, wodurch die Belohnungen und Normen bestimmt werden, die sich in Gruppen entwickeln. Eine Studie deutet an (Lawler und Cammann, 1972), dass das Vertrauen der Arbeitnehmer in ihre Organisation sich stark auf die Gruppennormen auswirkt. Daten aus dieser Studie zeigen, dass demokratisch geleitete Gruppen stärker als autokratisch geleitete Gruppen dazu neigen, dem Management zu glauben und zu vertrauen und produktionsfreundliche Normen und Praktiken zu entwickeln.

86 Gruppeneinflüsse auf die Befriedigung

Da die Gruppen geschätzte Ergebnisse kontrollieren, können sie nicht nur die Motivation, sondern auch die Befriedigung beeinflussen. Die Art dieses Einflusses wird durch unser Modell der Befriedigung in Kapitel 4 vorausgesagt. Das Modell besagt, dass ein Mensch desto befriedigter sein sollte, je höher die von ihm erreichten positiven sozialen Ergebnisse sind, besonders auf dem Gebiet der sozialen Bedürfnisse. In ihrer klassischen Studie der Fliessbänder in einer Autofabrik fanden Walker und Guest

(1952), dass die Befriedigung u. a. von den Gelegenheiten zu sozialen Kontakten bei der Arbeit abhing. Verringerte Kontaktmöglichkeiten führten zu verminderter Befriedigung. Hackman und Lawler (1971) fanden, dass Menschen, die bei ihrer Arbeit wenig Kontaktmöglichkeiten hatten, einen niedrigen Grad an sozialer Befriedigung aufwiesen. Sie fanden auch, dass die Kontaktmöglichkeiten nicht die Befriedigung auf anderen Gebieten beeinflussten. Andere Untersuchungen haben gezeigt, dass Personalwechsel und Abwesenheit bei Arbeiten niedrig sind, die viele Kontaktmöglichkeiten bieten (Vroom, 1964). Dieses Ergebnis stimmt mit den Untersuchungen überein, die einen Einfluss der Befriedigung auf die Abwesenheit und den Personalwechsel feststellen.

Sozialer Kontakt allein führt nicht unbedingt zu erhöhter Befriedigung, da er entweder angenehm oder unangenehm sein kann.

Wenn der Kontakt befriedigen soll, muss er angenehm sein. Wir würden erwarten, dass diejenigen Arbeiter befriedigter sind, die von der Gruppe anerkannt sind und daher positive Reaktionen von der Gruppe empfangen. Diese Beziehung sollte in kohäsiven Gruppen besonders stark sein. Eine Studie fand, dass nur 43 Prozent der „Isolierten" (von der Gruppe nicht anerkannten Mitglieder) sehr zufrieden waren mit ihrer Arbeit, während 75 Prozent der anerkannten Mitglieder zufrieden waren (Zaleznik, Christensen und Roethlisberger, 1958). In anderen Studien werden ähnliche Ergebnisse mitgeteilt, ebenso die Tatsache, dass der Personalwechsel direkt von der Anerkennung durch die Gruppe abhängt.

Viele Studien haben gezeigt, dass die Grösse der Gruppe stark auf Befriedigung, Abwesenheit und Personalwechsel einwirkt (Porter und Lawler, 1965). Bei grossen Gruppen treten alle drei Faktoren in höherem Mass auf, obwohl die Leistung nicht unbedingt niedriger ist. Man kann vermuten, dass die Befriedigung in grossen Gruppen niedriger ist, da hier der soziale Kontakt über mehr Menschen verteilt ist. Obwohl daher der einzelne ebensoviele Kontakte kennt wie in kleinen Gruppen, ist dieser Kontakt weniger intensiv, weniger anerkennend und weniger sinnvoll. Grössere Gruppen neigen zu geringerer Kohäsion, was auch weniger sinnvolle Kontakte andeutet. In mancher Beziehung wird der einzelne in kleineren Gruppen gezwungen, tiefere und sinnvollere Beziehungen zu entwickeln; da die Zahl der Mitglieder geringer ist, haben sie mehr Zeit, sich unter vier Augen zu unterhalten.

In welchem Mass wird die Befriedigung von der Art der Belohnungen beeinflusst, die von der Gruppe geboten werden können? Viele Autoren sind der Ansicht, dass die sozialen Belohnungen von entscheidender Bedeutung sind. Mayo (1945) sagt beispielsweise, „das Verlangen eines Menschen, bei seiner Arbeit dauernden Kontakt mit seinen Mitarbeitern zu geniessen, ist ein hervorstechendes Merkmal aller Menschen" (S. 111). Likert (1961) äusserte sich hierzu wie folgt: „Jeden Tag eine freundliche und anerkennende Beziehung zu den Mitarbeitern zu geniessen, ist den meisten Menschen wichtiger als kleine Erhöhungen der geldlichen Belohnung" (S. 15). Da die Bedeutung der sozialen Bedürfnisse individuell verschieden ist, üben die Beziehungen innerhalb der Arbeitsgruppe wahrscheinlich einen grossen Einfluss auf die Befriedigung einiger Arbeitnehmer aus, während sie bei anderen verhältnismässig wirkungslos bleiben.

Zusammenfassend lässt sich sagen, dass die Gruppen tatsächlich die Befriedigung durch die Arbeit beeinflussen, da sie die sozialen Bedürfnisse der Menschen befriedigen. Die Häufigkeit der sozialen Kontakte wirkt sich auf die Befriedigung aus, aber nicht alle Kontakte sind befriedigend. Kontakte in kleinen Gruppen und soziale Anerkennung werden am häufigsten als befriedigend empfunden.

87 Führungsstil und organisatorische Leistung

Der Führungsstil übt einen wichtigen Einfluss auf die organisatorische Leistung aus, da er auf die intrinsische und extrinsische Motivation einwirkt, wie auch auf Befriedigung, Abwesenheit und Personalwechsel. Er spielt auch eine entscheidende Rolle bei der Bestimmung der Normen, welche die Gruppen in bezug auf Produktivität entwickeln. Es gibt Beweise dafür, dass Motivation und Befriedigung dann am höchsten sind, wenn die Führung demokratisch ist. Warum wenden dann nicht alle Vorgesetzten den Führungsstil des Machtausgleichs an? Es lohnt sich, die vielen Gründe hierfür aufzuführen, da sich dabei einige wichtige Fragen über die Determinanten des Führungsstils, der Wirksamkeit verschiedener Stile und der organisatorischen Leistung ergeben.

Obwohl die demokratische Art der Führung die höchste Befriedigung und Motivation erzeugt, ist sie doch nicht immer am wirksamsten. Sie ist zeitraubend, und Zeit steht nicht immer zur Verfügung. Ausserdem haben die Untergebenen nicht immer die nötige Information, die sie für optimale Entscheidungen brauchen, und man kann von ihnen nicht immer erwarten, dass sie die Ziele der Organisation über ihre eigenen Interessen setzen. Ferner gibt es Menschen, die mit dem Machtausgleich einfach nichts anzufangen wissen und die nicht darauf reagieren. Daher ist der demokratische Führungsstil nicht immer der beste. Natürlich erzeugt der Machtausgleich gewöhnlich die höchste Motivation und Befriedigung, ausser in Fällen, in denen man es mit Menschen von niedrigem Unabhängigkeitsbedürfnis zu tun hat. Aber Motivation und Befriedigung genügen nicht; es sind auch Entscheidungen von hoher Qualität nötig. Vom Standpunkt der organisatorischen Leistung gesehen, ist die demokratische Führung daher nicht immer geeignet oder erwünscht.

Wird der demokratische Führungsstil oft genug angewandt?

Viele Autoren (z. B. Miles, 1965; Haire, Ghiselli und Porter, 1966) geben zu, dass demokratisches Management nicht immer angemessen ist; sie erklären aber auf überzeugende Weise, dass es öfter als bisher angewandt werden sollte. Der Grund, warum es nicht öfter angewandt wird, ist in unserem Modell der Motivation angedeutet. Wie die meisten Verhaltensweisen in Organisationen, ist auch das Führungsverhalten ein motiviertes Verhalten, und die geringe Anwendung der demokratischen Führung kann im Sinne der Motivation erklärt werden. Früher wurde der Führungsstil eines Menschen als eine relativ unveränderliche Eigenschaft betrachtet. Als man erkannte, dass Menschen ihren Führungsstil ändern können, wurde das Führungstraining beliebt, und man glaubte, dass Vorgesetzte sich demokratischer verhalten würden, wenn sie entsprechend trainiert wären. Aber viele Studien zeigen jetzt, dass solches Training nicht anhält, wenn der Vorgesetzte zur Arbeit zurückgeht. Wenn auch Training oft nötig ist, um aus einem Menschen einen demokratischen Anführer zu machen, ausreichend ist es nicht. Das Führungsverhalten wird von den Belohnungen und Strafen kontrolliert, die mit dem Arbeitsplatz verbunden sind. Ein Vorgesetzter wird nur dann zu demokratischem Verhalten motiviert, wenn dieses Verhalten durch die Umstände bei der Arbeit belohnt wird.

In mancher Beziehung ist das Verhalten der meisten Vorgesetzten gleichmässig und konsequent, da ihnen nur bestimmte Verhaltensmöglichkeiten offen stehen. Aber ein gegebener Vorgesetzter kann sich oft anders verhalten, wenn sich die Umstände bei seiner Arbeit ändern. Wodurch wird sein Verhalten bestimmt? Hauptsächlich durch die von den Vorgesetzten und Untergebenen gebotenen Belohnungen. Untergebene versuchen durch ihr Verhalten, ihre Vorgesetzten zu einem rücksichtsvollen und demokratischen Verhalten zu bewegen. Moore und Smith (1952) fanden beispielsweise, dass Untergebene (in diesem Falle Angehörige der Luftwaffe) ihre Vorgesetzten dann als gute Anführer bezeichneten, wenn sich diese rücksichtsvoll verhielten. Daher stellen die Untergebenen in der Arbeitsumgebung einen Faktor dar, der das demokratische Verhalten belohnt und unterstützt. Jedoch steht dieser Faktor gewöhnlich an zweiter Stelle. Der Vorgesetzte des Anführers kontrolliert viele Belohnungen, auf welche die Gruppe keinen Einfluss hat. Er kann z. B. Beförderung und Gehaltserhöhungen beeinflussen. Welche Art des Verhaltens wird von den Vorgesetzten gewöhnlich geschätzt? Vorgesetzte fühlen, dass ihre Untergebenen dann deren Untergebene erfolgreich anleiten, wenn sie strenge Aufsicht und Kontrolle ausüben. Daher ist ein Vorgesetzter von oben und unten widersprechenden Wünschen ausgesetzt (Berelson und Steiner, 1964, S. 372). Da der Vorgesetzte des Anführers mehr Belohnungen kontrolliert als seine Untergebenen, kann er stärker motivieren, woraus sich ein ungenügendes Ausmass an demokratischer Führung ergibt. Um das Ausmass der demokratischen Führung zu verstärken, müssen Organisationen drei Dinge tun: Erstens müssen sie bei der Auswahl des Personals Bewerber ablehnen, die sich nicht demokratisch verhalten können. Zweitens müssen Trainingskurse eingeführt werden, in denen die Vorgesetzten ein demokratisches Verhalten erlernen können. Drittens muss in der Organisation ein Klima geschaffen werden, das die demokratische Führung unterstützt.

Zusammenfassend ist festzuhalten, dass kein Führungsstil für alle Situationen und alle Individuen geeignet ist. Wie wir in Kapitel 9 sehen werden, ergeben sich daraus wichtige Hinweise in bezug auf die Rolle der Motivation in Organisationen. Organisationen neigen dazu, den demokratischen Führungsstil nicht oft genug anzuwenden, da das obere Management glaubt, das mittlere Management sollte keinen demokratischen Führungsstil anwenden. Es fehlt dann die Motivation zur Anwendung demokratischer Prinzipien. Ferner scheint das Verhalten des Vorgesetzten durch Training bestimmt zu sein, durch relativ unveränderliche Charaktereigenschaften und durch die in der Situation gebotenen Belohnungen.

9 Ein Überblick: Motivierung in Organisationen

Alle Methoden des Management in Organisationen enthalten gewisse Annahmen über die Motivation von Arbeitnehmern; man kann sie aufgrund der verschiedenen Ansätze voneinander unterscheiden. Im wesentlichen handelt es sich beim Management um die Beeinflussung des Verhaltens, welches wiederum eine Funktion der Fähigkeit und der Motivation ist. Eine wirksame Beeinflussung der Motivation des Personals ist daher wesentlich beim Management von Organisationen. Es überrascht nicht, dass bei den Diskussionen über Management der Motivation grosse Beachtung geschenkt wird. Vroom und Deci (1970) identifizierten drei „organisatorische Strategien für die Anregung der Motivation" (S. 11). Durch die Betrachtung und Beurteilung dieser drei Ansätze im Licht unserer bisherigen Untersuchung erhalten wir einen guten Überblick über die Ansichten der meisten Autoren, die sich mit der Motivierung in Organisationen beschäftigt haben. Die Diskussion dieser Ansätze wird einen neuen Ansatz ergeben, der besser mit den hier besprochenen Untersuchungsergebnissen übereinstimmt.

91 Organisatorische Methoden der Motivation

Die erste von Vroom und Deci identifizierte Methode wird als paternalistisch bezeichnet.

> „. . . bei dieser Methode wird angenommen, dass Menschen in dem Ausmass zur Leistung motiviert werden, in dem sie mit ihrer Arbeit zufrieden sind. Je besser die Arbeiter belohnt werden, desto besser werden sie arbeiten. Je besser ihre Bedürfnisse bei der Arbeit befriedigt werden, desto eher werden sie (vermutlich in Dankbarkeit und Treue) durch höhere Produktion reagieren.
>
> Nach dieser Methode soll die Organisation im Wesentlichen eine Quelle wichtiger Belohnungen sein, und die Mitglieder haben durch blosse Zugehörigkeit zur Organisation Anspruch auf die Belohnungen. Man könnte hier von bedingungslosen

Belohnungen sprechen, da die Belohnungen des einzelnen nicht von seinem Verhalten innerhalb der Organisation abhängen, sondern lediglich von seiner Zugehörigkeit zur Organisation" (S. 11). (Aus: V. Vroom und E. Deci, Management and Motivation, 1970, Penguin Books, Inc.).

Man könnte diese paternalistische Methode auch als Gratismethode bezeichnen. Sie beruht im wesentlichen auf der Annahme, dass Befriedigung zu Leistung führt. Obwohl diese Methode nie im Vordergrund gestanden hat, war sie zeitweise sehr beliebt, besonders nach Veröffentlichung der Untersuchung bei Western Electric. Viele Leute deuteten die Ergebnisse dahingehend, dass Befriedigung zu hoher Leistung führe, was wiederum einige Leute dazu bewegte, für die Gratismethode zu plädieren. Die Methode verlor an Beliebtheit nach der Zusammenfassung der Literatur von Brayfield und Crockett (1955), die nur eine sehr geringe Beziehung zwischen Befriedigung und Leistung zeigte. Daher war diese Ansicht am beliebtesten zwischen 1939 und 1955.

Ein anziehender Aspekt der paternalistischen Methode besteht darin, dass sie klar festhält, was die Organisationen zur besseren Motivierung der Arbeiter tun sollten. Ferner sind die empfohlenen Massnahmen gewöhnlich anwendbar. Arbeitnehmer werden einfach dadurch motiviert, dass man ihnen – unabhängig von ihrer Leistung – gute Arbeitsbedingungen, angemessene Löhne und sichere Arbeitsplätze bietet. Ausserdem sollten die Arbeitnehmer mit Respekt behandelt werden, und man sollte sich um ihre Probleme kümmern. Die meisten Firmen, die diese Methode anwenden, bieten umfassende Nebenvergütungen, rücksichtsvolle Aufsicht, firmenweite Gehaltserhöhungen und Beförderungen hauptsächlich nach Dienstalter.

Die zweite von Vroom und Deci beschriebene Methode wird als wissenschaftlicher Ansatz der Motivation bezeichnet.

> „. . . sie basiert auf der Annahme, dass ein Mensch zur Arbeit motiviert wird, wenn die Belohnungen direkt von seiner Leistung abhängig gemacht werden. Die Belohnungen sind also hier bedingt und nicht bedingungslos, sie sind mit hoher Leistung verkoppelt" (S. 13).

Diese Methode empfiehlt einige praktische Massnahmen, welche die Organisationen zur Motivierung des Personals anwenden sollten. Die klarste Anwendung geschähe auf dem Gebiet der Lohnverteilung. Im Gegensatz zur paternalistischen Methode soll durch Belohnungssysteme nach Leistung bezahlt werden. Die Prototypen dieser Methode sind die Stücklohnsysteme bei Arbeiten der unteren organisatorischen Ebenen. Diese Methode empfiehlt auch eine Beförderung auf der Basis von Verdienst und die Anwendung extrinsischer Belohnungen wie Anerkennung durch Vorgesetzte und Aktienvorkaufsrecht, um die gute Leistung von Arbeitnehmern anzuerkennen und zu belohnen. Auch eine Betonung von Statussymbolen eignet sich für diese Methode, z. B. durch Zuerkennung grosser Büros und eindrucksvoller Titel. Ausserdem können besondere Belohnungen gewährt werden z. B. die Bezeichnung „Vertreter des Jahres".

> „Es handelt sich hier um ein System externer Kontrollen. Zuerst müssen die Normen definiert werden, die bei der Verteilung der Belohnungen und Strafen gelten sollen, und zwar sollen die Normen möglichst objektiv und messbar sein. Die Normen können im Sinne der vom einzelnen bei der Arbeit benutzten Methoden formuliert werden oder nach den von ihm erreichten Ergebnissen. Ausserdem muss das Verhalten des einzelnen überwacht werden um zu beobachten, in welchem Masse er die Normen befolgt und erreicht. Schliesslich kommt es bei dem System noch darauf an, dass die Belohnungen und Strafen konsequent gemäss der beobachteten Leistung verteilt werden" (S. 13).

Die wissenschaftliche Methode des Management erreichte einen hohen Grad an Beliebtheit zu Beginn dieses Jahrhunderts. In den dreissiger Jahren wandten über 70 Prozent der amerikanischen Firmen Stücklohnsysteme an. In den letzten 20 Jahren ist diese Methode weniger anerkannt worden, und Stücklohnsysteme werden daher weniger oft angewendet. Heute haben weniger als 40 Prozent der amerikanischen Firmen Stücklohnsysteme.

Die dritte Methode wurde in den letzten 25 Jahren entwickelt. Sie ist von McGregor (1960), Likert (1961), und Argyris (1957) ausführlich beschrieben worden.

> „. . . sie ist oft als die teilnehmende oder mitbestimmende Art des Management bezeichnet worden. Während beim paternalistischen Management angenommen wird, dass Menschen durch ein Gefühl der Dankbarkeit gegenüber der Organisation zur Arbeit angeregt werden können, und während die wissenschaftliche Methode des Management mit ihren externen Kon-

trollen annimmt, dass Menschen durch die Erwartung einer Belohnung oder Strafe zur Arbeit angeregt werden können, wird beim mitbestimmenden Management angenommen, dass Menschen durch die Ausführung der Arbeit selbst Befriedigung empfinden können. Das Ego des Menschen kann sich mit der Arbeit identifizieren, der Mensch kann auf seine Arbeit stolz sein und Befriedigung darin finden, dass er etwas beiträgt im Rahmen der Ziele der Firma" (Vroom und Deci, 1970, S. 15).

Mehr Schwierigkeiten bereitet die Definition dessen, was die Manager bei Anwendung des mitbestimmenden Management im einzelnen tun müssen. Es ergeben sich jedoch aus der Methode selbst Hinweise dafür, wie Tätigkeiten gestaltet werden und wie sich die Vorgesetzten verhalten sollen. Die Methode empfiehlt eine Strategie des Machtausgleichs, demokratisches Management und vertikal erweiterte Tätigkeiten.

In Angelegenheiten, welche die Arbeitsgruppen betreffen, entscheidet der Vorgesetzte nicht autokratisch, und er gibt nicht einfach Anweisungen an die Untergebenen, sondern er bespricht die Probleme mit allen Mitgliedern der Gruppe. Er ermutigt ihre Teilnahme am Lösen der Probleme. Diese Gelegenheit zur Teilnahme an Entscheidungen soll die einzelnen engagieren und zu einem Gefühl der Verpflichtung beim Ausführen der Entscheidungen bringen. Gleichzeitig sollen sich die Untergebenen dadurch mehr mit den Zielen der Organisation identifizieren.

Die mitbestimmende Methode empfiehlt, dass bei der Arbeitsplatzbeschreibung die vier Schlüsselfaktoren so weit wie möglich berücksichtigt werden sollen. Man geht dabei von der Annahme aus, dass Menschen zu guter Leistung motiviert werden und ihre Arbeit herausfordernd finden, wenn sie selbst mitbestimmen können, wie die Arbeit ausgeführt werden soll. In den Diskussionen des mitbestimmenden Management werden selten extrinsische Belohnungen wie Bezahlung und Beförderung besprochen. Man erwartet, dass die Motivation zu hoher Leistung aus der Tätigkeit selbst oder aus den zwischenmenschlichen Beziehungen kommt, und nicht aus der Verteilung von Belohnungen durch die Organisation. Es werden also nach Möglichkeit Bedingungen geschaffen, unter denen hohe Leistung zum Ziel wird und nicht als Mittel zum Zweck gesehen wird. Die Methode basiert auf einer Philosophie der Selbstkontrolle und Selbstregulierung und nicht auf organisatorischer Kontrolle.

Nachdem wir nun die paternalistische, die wissenschaftliche und die mitbestimmende Methode des Management besprochen haben, bleibt noch die Frage: In welchem Mass bewähren sie sich? Die Antwort ergibt sich aus den in diesem Buch zitierten Untersuchungsergebnissen. Im folgenden Abschnitt werden wir diese Ergebnisse zusammenfassen, und anschliessend werden wir die drei Methoden des Management vergleichen.

92 Motivation: Überblick und Zusammenfassung

Die in den Kapiteln 5 bis 8 aufgeführten Beweise zeigten, dass die Motivation von den B → A und A → E Vorstellungen und von der Ergebnisvalenz beeinflusst wird. Da sich zeigt, dass sich die Motivation ändert, wenn sich diese drei Faktoren ändern, kann man als sicher annehmen, dass die Motivation von den drei Faktoren beeinflusst wird.

Unsere Analyse der Untersuchungsergebnisse hat gezeigt, dass die Motivation von den Eigenschaften des einzelnen Menschen und von den Richtlinien und Praktiken der Organisation beeinflusst wird. Lewin (1935) betonte, dass das Verhalten eine Funktion der Merkmale des einzelnen wie auch seiner Umgebung ist. Sein Ansatz zur Beschreibung der Determinanten des Verhaltens hat sich bis heute als genau und brauchbar erwiesen. Die Untersuchungen über die Motivation in Organisationen zeigen, dass das motivierte Verhalten von Merkmalen der Umgebung sowie von Merkmalen der Person beeinflusst wird. Alle Komponenten unseres Modells der Motivation (B → A, A → E und V) werden erwiesenermassen von den organisatorischen Praktiken sowie von den Eigenschaften der Person beeinflusst.

Die A → E Vorstellungen der Arbeitnehmer in bezug auf Geld werden weitgehend von den organisatorischen Praktiken der Bezahlung beeinflusst. Menschen, die in Organisationen arbeiten, in denen nach Leistung bezahlt wird, haben andere A → E Vorstellungen als Menschen, die in Organisationen arbeiten, in denen die Bezahlung nicht von der Leistung abhängig ist. Untersuchungen zeigen auch, dass die A → E Vorstellungen der Arbeitnehmer innerhalb einer Organisation nicht einheitlich sind. Wegen der unterschiedlichen Bedürfnisse, Persönlichkeiten usw. haben verschiedene Menschen unterschiedliche Vorstellungen von derselben

Situation. In Kapitel 7 haben wir gesehen, dass die Wünschbarkeit von Ergebnissen wie z. B. Erfolg teilweise eine Funktion der Umgebung ist und teilweise eine Funktion der Person. Bestimmte Aufgaben können nur dann eine Erfolgsmotivation in einem Menschen erregen, wenn er dieser Motivation fähig ist. Es zeigte sich auch, dass die B → A Vorstellungen von Faktoren der Umgebung beeinflusst werden, wie z. B. von der Aufgabengestaltung und von persönlichen Merkmalen wie Selbstachtung.

Obwohl keiner dieser drei Faktoren in unserem Modell der Motivation wichtiger ist als die anderen, sollten doch zwei von den drei A → E Vorstellungen und Valenzen von den Organisationen besonders beachtet werden. Die Menschen richten sich stets nach den A → E Vorstellungen, die grösstenteils die Art des Verhaltens bestimmen, welches die Menschen zur Erreichung ihrer Ziele ausprobieren. Die Wünschbarkeit der Ergebnisse spielt bei der Auswahl der tatsächlich verfolgten Ergebnisse eine entscheidende Rolle. Interessant ist, dass die A → E Vorstellungen der Menschen hauptsächlich von ihrer Umgebung beeinflusst sind, während ihre Ergebnisvalenzen eher eine Funktion ihrer persönlichen Herkunft und ihrer Bedürfnisse sind. Daher können Organisationen die A → E Vorstellungen der Arbeitnehmer leichter beeinflussen als die Ergebnisvalenzen.

In einigen Fällen weichen die A → E Vorstellungen von der Wirklichkeit ab; daher können die Organisationen die A → E Vorstellungen der Arbeitnehmer nie vollständig kontrollieren. Jedoch können Organisationen klar erkennbare Belohnungssysteme einführen, die von den meisten Menschen in ähnlicher Art wahrgenommen werden. Untersuchungen zeigen, dass die Organisationen weitgehend Einfluss auf die A → E Vorstellungen der Arbeitnehmer haben, wodurch sie die Motivation erhöhen können. In der Praxis ergibt sich hieraus u. a., dass Organisationen die Wirkung neuer Richtlinien und Praktiken auf die A → E Vorstellungen der Arbeitnehmer in Betracht ziehen sollten, bevor sie diese Praktiken einführen. Jede neue Massnahme kann die A → E Vorstellungen beeinflussen, und daher kann sie auch die Motivation stärken oder schwächen. Wenn eine Organisation gut motivierte Arbeitnehmer haben will, sollte sie keine Massnahmen einführen, die bewirken, dass wünschbare Ergebnisse seltener als Folgen guter Leistung gesehen werden.

Der Einfluss der Organisation auf die Ergebnisvalenz ist begrenzt, aber dennoch möglich. Durch reichliche Verteilung bestimmter Belohnungen an die Arbeitnehmer kann man deren Bedürfniszustand verändern und damit die Wünschbarkeit beeinflussen, die sie gewissen Ergebnissen beimessen. Organisationen können die Umgebung des Arbeitsplatzes so gestalten, dass bestimmte Bedürfnisse angeregt werden. Dennoch ist der Einfluss dieser Methoden begrenzt, da die Stärke der Bedürfnisse ziemlich unveränderlich ist und auch von vielen unkontrollierbaren Faktoren abhängt. Vielleicht lässt sich die Valenz am besten durch die Auswahl geeigneten Personals beeinflussen. Man kann Bewerber aufgrund ihrer Bedürfnisse auswählen und damit die Arten der von den Arbeitnehmern geschätzten Ergebnisse kontrollieren. Dies ist jedoch schwierig, da sich während des Auswahlvorgangs die Stärke von Bedürfnissen nicht leicht messen lässt.
Da die Hauptkomponenten im Modell der Motivation von vielen Faktoren bestimmt werden, kann man grosse individuelle Unterschiede bei der Reaktion auf verschiedene Situationen in der Organisation erwarten. Dies kann grösstenteils auf die grossen und relativ beständigen Unterschiede zurückgeführt werden, die in der Beurteilung der Ergebnisse durch die verschiedenen Arbeitnehmer bestehen. Beispielsweise reagieren Menschen mit starken Bedürfnissen der höheren Ebenen günstig auf Arbeiten, bei denen die vier Schlüsselfaktoren ausgeprägt sind. Untersuchungen über die Bezahlung zeigen, dass nicht alle Menschen auf Belohnungssysteme mit erhöhter Leistung reagieren. Nur wer grossen Wert auf Geld legt, reagiert auf diese Weise. Wenn wir die Motivation in Organisationen verstehen wollen, müssen wir die wichtige Rolle der individuellen Unterschiede erkennen. Solche Unterschiede existieren, und daher wird es immer verschiedene Reaktionen auf organisatorische Richtlinien und Praktiken von seiten der Arbeitnehmer geben.
Ferner bestätigen die Untersuchungen das in Kapitel 4 beschriebene Modell der Befriedigung. Die Befriedigung scheint eine Funktion der Belohnungen zu sein, die ein Mensch erhält. Sie scheint sich nicht direkt auf die Leistung auszuwirken. Jedoch kann die Motivation indirekt beeinflusst werden, wenn die Befriedigung als ein Resultat guter Leistung entsteht. In solchen Fällen beeinflusst die Befriedigung die $A \rightarrow E$ Vorstellungen der Arbeitnehmer, was sich wiederum auf die Motivation auswirkt.

Die Befriedigung scheint auch mit Personalwechsel und Abwesenheit verbunden zu sein. Befriedigte Arbeitnehmer sehen mehr Belohnungen in Verbindung mit ihrer Arbeit. Die Befriedigung beeinflusst also die Motivation zur Arbeit zu kommen, da sie die Vorstellungen über die Belohnungen beeinflusst, die mit der Anwesenheit assoziiert werden. Die Motivation zur Arbeit zu kommen, wird wiederum durch die Vorstellungen von den Folgen der Anwesenheit beeinflusst.

93 Eine kritische Bewertung der Methoden

Wenn man die drei Methoden aufgrund der Untersuchungen überprüft, ergibt sich, dass sie alle ein Körnchen Wahrheit enthalten. Jedoch bietet keine von ihnen eine hinreichende Basis für die Entwicklung einer allgemeinen Methode der Motivation. Alle drei Methoden sind unvollständig und teilweise unrichtig. Sie alle konzentrieren sich auf eine Strategie der Motivation und vergessen, dass kein enges System für alle Situationen geeignet sein kann. Ausserdem beschäftigt sich keine der drei Methoden mit den von ihr erzeugten negativen Nebenerscheinungen.
Die paternalistische Methode wird in der wissenschaftlichen Literatur am wenigsten anerkannt. Ihre grundlegende Annahme ist nicht durch Untersuchungsergebnisse bestätigt worden. Bei der Methode wird angenommen, dass Befriedigung zu guter Leistung führen kann, da der befriedigte Arbeitnehmer stärker motiviert ist. Untersuchungen geben nicht Anlass zur Behauptung, erhöhte Befriedigung erhöhe an sich schon Motivation oder Leistung. Die paternalistische Methode zieht die individuellen Unterschiede in der Motivation nicht in Betracht und gibt keine Erklärung dafür, warum Faktoren wie Belohnungssysteme und bereicherte Tätigkeiten die Arbeitnehmer motivieren können. Ein Aspekt des paternalistischen Modells wird von Untersuchungen bestätigt: Hohe Befriedigung scheint den Personalwechsel und die Abwesenheit zu vermindern. Jedoch ergibt sich auch hier ein Problem, da die Methode alle Arbeitnehmer glücklich machen und gleich belohnen will. Untersuchungen deuten an, dass dies kaum möglich ist. Die besseren Arbeiter glauben, mehr Belohnungen verdient zu haben als die schlechteren Arbeiter. Wenn sie ebenso belohnt werden wie die schlechteren Arbeiter, werden sie unzufrieden und

neigen zur Kündigung. Die paternalistische Methode kann also Umstände herbeiführen, in denen sich Unzufriedenheit und Personalwechsel hauptsächlich bei den besseren Arbeitern einstellen. Kurz gesagt, enthält das paternalistische Modell nicht nur entscheidende Irrtümer, sondern es ist auch unvollständig. Eine Organisation, die diese Methode einführt, könnte schliesslich finden, dass das Personal zufrieden ist und wenig Motivation zur Leistung zeigt, und dass die schlechten Arbeiter nicht zu Kündigung oder Abwesenheit neigen.

Die wissenschaftliche Methode des Management im Hinblick auf die Motivation wird grösstenteils von dem in diesem Buch gebotenen Material bestätigt. Das Einführen einer klar erkennbaren Beziehung zwischen erstrebten extrinsischen Belohnungen und guter Leistung erhöht tatsächlich die Motivation und die Leistung. In Kapitel 3 deutete unser Modell der Motivation an, dass die A → E Vorstellungen wichtige Determinanten der Leistung darstellen. In Kapitel 6 wurde erklärt, dass sich die Belohnungssysteme erwiesenermassen auf die Motivation und die Leistung positiv auswirken. Es wurde auch betont, dass andere extrinsische Belohnungen die Motivation beeinflussen können, wenn sie wichtig sind und wenn sie mit der Leistung verkoppelt werden.

Die Schwäche der wissenschaftlichen Methode des Management liegt in ihrer unvollständigen Aussage. Sie erklärt nicht, warum Tätigkeiten intrinsisch motivieren können, oder warum das mitbestimmende Management unter gewissen Bedingungen die Motivation erhöht. Sie macht auch nicht darauf aufmerksam, dass die Belohnungssysteme viele Nebenerscheinungen erzeugen können und daher oft nicht die vorausgesagten Produktionssteigerungen herbeiführen. Diese Methode vergisst, dass die extrinsischen Belohnungen nicht von allen Arbeitnehmern gleichermassen geschätzt werden und dass daher nicht alle Menschen gleichermassen durch extrinsische Belohnungssysteme motiviert werden. Die wissenschaftliche Methode des Management macht irreführende Aussagen über Arbeitsplatzbeschreibung und Führung. Sie besagt, dass Belohnungssysteme in Verbindung mit spezialisierten, standardisierten und vereinfachten Tätigkeiten zu höchster Leistung führen, was wir in Kapitel 7 als irreführend erkannt haben. Sie besagt weiterhin, dass der autoritäre Führungsstil

immer die beste Leistung erzeuge, und dies ist nicht der Fall, wie wir in Kapitel 8 gesehen haben.
Allgemein hat sich die wissenschaftliche Methode des Management als unzureichend herausgestellt, da sie wichtige individuelle und situationsmässige Unterschiede ausser acht lässt. Sie verlässt sich ausschliesslich auf extrinsische Belohnungen, obwohl extrinsische Belohnungen nur Menschen motivieren, die Wert auf sie legen, und auch dies nur in bestimmten Situationen. Zur Anwendung extrinsischer Belohnungen müssen gute Leistungsmassstäbe vorhanden sein, und die Organisationen müssen Kontrolle über die Belohnungen haben. In vielen Fällen bestehen keine hinreichenden Leistungsmassstäbe, und es können auch keine ermittelt werden. Wenn eine Organisation beispielsweise eine Dienstleistung verkauft, lassen sich die Resultate der Arbeit schwer messen, und dasselbe ist der Fall bei Tätigkeiten der höheren Führung und bei der Zusammenarbeit mehrerer Menschen.
Ebenso wie die wissenschaftliche Methode, kann auch die Methode des mitbestimmenden Management wegen der Unvollständigkeit ihrer Aussage kritisiert werden. Sie weist ganz richtig darauf hin, dass bestimmte Methoden der Arbeitsplatzbeschreibung die Motivation erhöhen können und dass gemeinsame Entscheidungen in manchen Fällen Motivation und Befriedigung erhöhen können. Jedoch übersieht diese Methode die bedeutende Rolle der extrinsischen Belohnungen zur Motivierung von Arbeitnehmern. Sie weist auch nicht darauf hin, dass nicht alle Menschen in gleichem Masse auf erweiterte Tätigkeiten oder die Gelegenheit zur Mitbestimmung reagieren. Daher sagt diese Methode nichts darüber aus, wie man Menschen motiviert, die nicht an interessanter Arbeit und Mitbestimmung interessiert sind.
Die mitbestimmende Methode ist auf die Motivierung der Arbeitnehmer eingestellt, die an der Befriedigung ihrer höheren Bedürfnisse bei der Arbeit interessiert sind, – während die wissenschaftliche Methode auf die Motivierung der Arbeitnehmer eingestellt ist, die an der Befriedigung ihrer niedrigeren Bedürfnisse bei der Arbeit interessiert sind. Leider bestehen die meisten Organisationen aus beiderlei Menschen, so dass keine der beiden Methoden allgemein anwendbar ist. Ausserdem sind die meisten Menschen wahrscheinlich daran interessiert, beide Arten von Bedürfnissen

zu befriedigen. Wie Schein (1965) hervorgehoben hat, ist es an der Zeit, dass wir aufhören, vom sozialen Menschen und vom sich selbstverwirklichenden Menschen zu sprechen; wir sollten vom komplexen Menschen sprechen. Der komplexe Mensch hat viele Bedürfnisse; eine Methode, die ihn motivieren soll, muss die Vielfalt seiner Bedürfnisse in Betracht ziehen. Leider sind die paternalistische, die wissenschaftliche und die mitbestimmende Methode hierfür nicht geeignet.

94 Sind die Methoden nicht miteinander vereinbar?

In unserer Untersuchung der drei Methoden der Motivation haben wir bisher angenommen, dass die Methoden unvereinbar sind und dass die Organisationen die eine oder die andere wählen müssen. In mancher Beziehung sind die Methoden unvereinbar. Besonders die paternalistische Methode lässt sich schwer mit den anderen vereinen, da sie auf der Vereinheitlichung der Belohnungen besteht, während bei der wissenschaftlichen Methode nach Leistung belohnt wird. Offensichtlich kann man nicht nach Leistung belohnen und zur selben Zeit alle Arbeitnehmer gleichermassen belohnen. Die wissenschaftliche Methode und die mitbestimmende Methode scheinen die höchste Gültigkeit zu besitzen, und sie lassen sich teilweise miteinander vereinen. Beide Methoden basieren auf der Ansicht, dass die Motivation hoch sein wird, wenn die Belohnungen eindeutig und sichtbar mit der Leistung verkoppelt sind. Sie unterscheiden sich in der ausschliesslichen Anwendung extrinsischer bzw. intrinsischer Belohnungen. Die Betonung der wissenschaftlichen Methode auf externer Kontrolle, vereinfachten Arbeiten und autokratischer Aufsicht steht im Widerspruch zur teilnehmenden Methode. In extremen Fällen besteht die wissenschaftliche Methode auf genauester Definition jeder Arbeit, die dann zur langweiligen Routine wird, was die intrinsische Motivation beeinträchtigt.
Jedoch können die Belohnungen auch dann aufgrund von Leistung verteilt werden, wenn die Arbeiten nicht vereinfacht sind und wenn die Arbeitnehmer an Entscheidungen teilnehmen. Um nach Leistung zu bezahlen, muss die Arbeit nicht unbedingt so gestaltet sein, dass Planung und Kontrolle von der Ausführung getrennt sind. Arbeitnehmer können bei bereicherten wie bei

vereinfachten Arbeiten aufgrund ihrer Produktivität belohnt werden. Der Unterschied besteht darin, dass bei bereicherten Arbeiten die Resultate der Arbeit und nicht der Herstellungsvorgang beobachtet werden müssen, da das Vorschreiben und Belohnen des Arbeitsvorgangs mit dem teilnehmenden Management unvereinbar ist. Das Belohnen aufgrund von Leistung stellt hier keinen Widerspruch dar, weil die Belohnungen in demokratischer Art verteilt werden können. Tatsächlich kann die Mitbestimmung die Gültigkeit des Beurteilungsvorgangs erhöhen. Daher sind die Methoden des mitbestimmenden und des wissenschaftlichen Management nicht ganz unvereinbar.

95 Die Kombinationsmethode

Wenn eine Organisation die wissenschaftliche und die mitbestimmende Methode kombinierte, würden die Arbeitnehmer mehr Interesse an ihrer Arbeit gewinnen und gleichzeitig aufgrund ihrer Leistung bezahlt. Sie würden an der Gestaltung ihrer Tätigkeit teilnehmen und auch an der Entscheidung über den Massstab ihrer Leistung. Ferner würden sie sich aktiv bei der Beurteilung ihrer eigenen Leistung beteiligen. Bei Anwendung einer solchen Kombinationsmethode würde sich eine Organisation durch bereicherte Arbeiten, mitbestimmende Verteilung der Belohnungen und Bezahlung nach Leistung auszeichnen.
Die Kombinationsmethode hätte jedoch noch eine Schwäche: Sie lässt sich einfach nicht auf alle Menschen in allen Situationen anwenden. Einige Arbeiten können nicht erweitert werden; bei einigen Arbeiten lässt sich die Leistung unmöglich messen; und manche Menschen wollen an Entscheidungen nicht teilnehmen. Andere Menschen legen auf extrinsische Belohnungen keinen Wert. Die Kombinationsmethode eignet sich bestens für Arbeitnehmer, die gern bei Entscheidungen mitwirken und die ausgeprägte Bedürfnisse der höheren und niedrigeren Ebenen haben. Dieser Ansatz stimmt gut mit Scheins (1965) Definition des komplexen Menschen überein. Leider stimmen aber nicht alle Menschen mit dem Modell des komplexen Menschen überein.
Eine Lösung besteht darin, nur solche Menschen einzustellen, die dem „richtigen" Muster der Motivation entsprechen. Dabei ergeben sich aber mehrere Probleme. Erstens ist es oft schwierig,

während des Auswahlvorgangs die richtigen Bewerber zu identifizieren. Die heute verfügbaren Instrumente der Auswahl sind unzureichend. Zweitens ist für die Auswahl der richtigen Menschen eine grosse Anzahl von Bewerbern nötig, im Verhältnis zur Anzahl der vorhandenen Stellen. In vielen Fällen steht den Organisationen keine grosse Auswahl zur Verfügung. Drittens erfordert diese Strategie, dass die Organisationen Bewerber zurückweisen können, die nicht dem gewünschten Muster der Motivation entsprechen, – ohne dass dabei diskriminierend vorgegangen wird. Viele neuere Gesetze und Gerichtsentscheide in den USA haben das Recht der Organisationen beschränkt, psychologische Tests bei der Auswahl von Bewerbern anzuwenden. Besonders ist die Anwendung von Persönlichkeitstests und Interessentests in Frage gestellt worden, welche sich zum Beurteilen der Motivation eines Menschen eignen. Allgemein kann gesagt werden, dass eine bessere Auswahl von Bewerbern nur eine teilweise Lösung der Probleme darstellt, die sich durch individuelle Unterschiede in der Motivation ergeben.

96 Die individualisierte Organisation

Welche Methode eignet sich dann also am besten für die Motivierung von Arbeitnehmern? Alle vier Methoden (wissenschaftlich, paternalistisch, mitbestimmend und kombinierend) ziehen die individuellen Unterschiede der Menschen nur ungenügend in Betracht.

Die einzige allgemein anwendbare Strategie der Motivation wäre anscheinend eine Strategie, die das Motivationssystem dem einzelnen Menschen anpasst. Praktisch würde dies bedeuten, dass einige Arbeitnehmer bereicherte Arbeiten erhalten, während andere Arbeiten erhalten, die nach den Prinzipien des wissenschaftlichen Management gestaltet sind. Einige Arbeitnehmer würden unter einem Belohnungssystem arbeiten, andere nicht. Anstatt alle Arbeitnehmer in der Organisation durch dieselbe Methode zu motivieren, würde man die Bedeutung der individuellen Unterschiede erkennen und die Managementmethoden den Eigenheiten des Personals anpassen. Jeder Arbeitnehmer würde von der Methode oder der Kombination von Methoden motiviert, die sich für ihn am besten eignen.

Was müssen Organisationen tun, um die individualisierte Methode anzuwenden? Erstens müssen sie fähig sein, ihre Arbeitnehmer weitgehend zu beurteilen, und sie müssen auch sorgfältig die Arbeit eines jeden Arbeitnehmers analysieren. Hierzu müssen sie gültige Daten über die Bedürfnisse des Arbeitnehmers sammeln und eine vollkommene Arbeitsplatzbeschreibung formulieren. Es genügt nicht, die äusseren Aspekte einer Arbeit zu beschreiben; die psychologischen Aspekte sind auch wichtig. Es muss beschrieben werden, welche Bedürfnisse durch die Arbeit befriedigt werden, welche Belohnungen die Arbeit bietet und von welchem Managementklima die Arbeit beeinflusst ist. Organisationen können von sich aus kaum entscheiden, für welche Arbeit ein Mensch geeignet ist, auch nicht, wenn genaue Beschreibungen der Person und der Arbeit bestehen. Wenn eine Anstellung erfolgreich sein soll, muss die Organisation eine beratende Beziehung zum Arbeitnehmer herstellen, wobei der Arbeitnehmer auf die Entscheidung Einfluss nehmen könnte. Diese Methode empfiehlt sich aus zwei Gründen: (1) Nur wenn Arbeitnehmern diese Gelegenheit geboten wird, geben sie gewöhnlich gültige Daten über sich selbst, und solche Daten sind für den Vorgang der Einstellung entscheidend; (2) die Arbeitnehmer können hinsichtlich ihrer Eignung für eine Arbeit realistische Entscheidungen machen, wenn ihnen realistische Arbeitsbeschreibungen zur Verfügung stehen. Wie wir in Kapitel 5 sahen, wählen Arbeitnehmer Arbeiten, welche die von ihnen erstrebten Ergebnisse bieten, wenn ihnen dazu Gelegenheit geboten wird; dies ist wünschenswert, da sie auf diese Weise eine Arbeit wählen, die sie motivieren und befriedigen kann.

Ferner müssen die Organisationen verschiedene Arten von Arbeitssituationen schaffen, die alle eine entscheidende Eigenschaft haben müssen: Die Reaktion auf die von einer Gruppe gewünschten Ergebnisse sollte von guter Leistung abhängen. Innerhalb einer Organisation sollten einige Arbeiten bereichert werden, andere nicht. Belohnungssysteme sollten in einigen Abteilungen eingeführt werden, in anderen jedoch nicht. In einigen Situationen sollte demokratische Führung angewandt werden, und in anderen Situationen sollte autoritär verwaltet werden. Obwohl eine solche Vielfalt in vielen Organisationen besteht, werden doch oft gewissen Leuten ungeeignete Stellen zugewiesen, und es werden nicht genügend Situationen bestimmter Art geschaffen. Wie bereits in Kapitel 7 erwähnt, stehen in Organisationen oft nicht genügend bereicherte Arbeitsplätze zur Verfügung, im Vergleich zur Anzahl der Arbeitnehmer, die auf bereicherte Arbeiten günstig reagieren würden. Auf der Managementebene haben die Organisationen oft nicht genügend Posten, die nach Leistung bezahlt werden, im Verhältnis zur Anzahl der Manager, die auf ein Belohnungssystem günstig reagieren würden. Ein demokratischer Führungsstil wird selten in angemessenem Ausmass angewandt.

Die Individualisierung einer Organisation erfordert die Schaffung einer Vielfalt von Arbeitssituationen, aber die Vielfalt braucht nicht unendlich oder unhandlich zu sein. Es sollten keine Situationen geschaffen werden, in denen wichtige Belohnungen nicht auf die Leistung bezogen werden. Diese Einschränkung ist entscheidend, da nur unter dieser Bedingung ein hoher Grad an Befriedigung und Motivation erreicht werden kann. Beispielsweise sollte man keine Situationen entstehen lassen, in denen die extrinsischen Belohnungen nicht auf die Leistung bezogen werden und in denen die Arbeit routinemässig ist, da hierdurch geringe Motivation entstünde. Die nötige Vielfalt an Situationen kann dadurch etwas verringert werden, dass man anfänglich die Bewerber nach bestimmten Gesichtspunkten auswählt. Die Organisation könnte beispielsweise das Anstellen von Bewerbern vermeiden, die nicht in die verfügbaren Arbeitssituationen hineinpassen würden. Dies könnte man teilweise durch eine Selbstauswahl der Bewerber erreichen, indem man ihnen eine realistische Beschreibung der Arbeit gäbe.

Offensichtlich ist es für eine Organisation schwer, genau zu wissen, wieviele Arbeitssituationen jeder Art benötigt werden, da die Auswahl nie vollkommen ist und die Menschen sich ändern. Daher müssen die Organisationen die Arbeitnehmer ermutigen, ihre eigenen Arbeitssituationen innerhalb der oben erwähnten Grenzen zu schaffen. Diese Art der Personalisierung findet ohnehin statt, aber sie sollte darüber hinaus von der Organisation angeregt und unterstützt werden. Wie einige Zitate in diesem Buch zeigen, können die Arbeitnehmer ihr eigenes Bezahlungssystem entwerfen, und sie können bei der Gestaltung ihrer Arbeiten mitwirken. Eine sehr wirksame Art der Koordinierung von Individuum und Organisation besteht darin, dass man den einzelnen seine Rolle in der Organisation bestimmen lässt.

Es wird den Organisationen nicht leicht fallen, ihr System der Motivation zu individualisieren. Das System muss etwas kompliziert sein, da die Menschen kompliziert sind. Da sich die Menschen in mancher Hinsicht voneinander unterscheiden und da jeder Mensch einmalig ist, würde eine vollständige Individualisierung bedeuten, dass für jeden Menschen eine besondere Arbeitssituation geschaffen würde. Da sich darüber hinaus die Menschen stets ändern und entwickeln, müssten sich die Arbeitssituationen mit den Menschen ändern. Daher, und auch aus anderen Gründen, wird eine vollständige Individualisierung der Arbeitsplätze wahrscheinlich immer nur ein erstrebenswertes Ziel bleiben, sie wird sich kaum ganz verwirklichen lassen. Sie verspricht eine grössere Befriedigung der individuellen Bedürfnisse und grössere organisatorische Leistung, – zwei erstrebenswerte Ziele. In einer Zeit, in der die Gesellschaft mehr und mehr durch grosse komplexe Organisationen beherrscht wird, ist es sehr wichtig, die Einmaligkeit und den Wert jedes einzelnen Menschen zu erkennen. Die Methode der Individualisierung anerkennt dies und bildet einen erfrischenden Kontrast zu den vereinheitlichenden Annahmen über die menschliche Natur im Rahmen der anderen Methoden.

Literaturverzeichnis

Adams, J. S. Toward an understanding of inequity. *Journal of Abnormal Psychology.* 1963, 67, 422–436.

Adams, J. S. Injustice in social exchange. In L. Berkowitz (Hrsg.), *Advances in experimental social psychology.* Vol. 2, New York 1965.

Adorno, T. W. Frenkel-Brunswik, E., Levinson, D. J. & Sanford, R. N. *Studien zum autoritären Charakter.* Frankfurt 1973.

Alderfer, C. P. An organizational syndrome. *Administrative Science Quarterly.* 1967, 12, 440–460.

Alderfer, C. P. An empirical test of a new theory of human needs. *Organizational Behavior and Human Performance,* 1969, 4, 142–175.

Alderfer, C. P. *Existence, relatedness, and growth: Human needs in organizational settings.* New York 1972.

Alderfer, C., & McCord, C. Personal and situational factors in the recruitment interview. *Journal of Applied Psychology.* 1970, 54 (4), 377–385.

Allport, G. W. *Werden der Persönlichkeit. Gedanken zur Grundlegung einer Psychologie der Persönlichkeit.* Meisenheim 1959.

Alper, T. G. Task-orientation vs. ego-orientation in learning and retention. *American Journal of Psychology.* 1946, 38, 224–238.

Argyris, C. *The impact of budgets on people.* New York 1951.

Argyris, C. *Executive leadership.* New York 1953.

Argyris, C. *Personality and organization.* New York 1957.

Argyris, C. *Integrating the individual and the organization.* New York 1964.

Atkinson, J. W. Towards experimental analysis of human motivation in terms of motives, expectancies, and incentives. In J. W. Atkinson (Hrsg.), *Motives in fantasy, action, and society.* Princeton, N. J. 1958.

Atkinson, J. W. *Einführung in die Motivationsforschung.* Stuttgart 1975.

Atkinson, J. W., & Reitman, W. R. Performances as a function of motive strength and expectance of goal attainment. *Journal of Abnormal Social Psychology.* 1956, 53, 361–366.

Ayllon, T. & Azrin, N. H. The measurement and reinforcement of behavior of psychotics. *Journal of Experimental Analysis of Behavior.* 1965, 8, 357–383.

Babchuk. N., & Goode, W. J. Work incentives in a self-determined group. *American Social Review.* 1951, 16, 679–687.

Beer, M., & Gery, G. I. *Pay systems preferences and their correlates.* Paper presented at the APA convention. San Francisco, August 1968.

Berelson, B. & Steiner, G. A. *Menschliches Verhalten: Grundlegende Ergebnisse empirischer Forschung. Band 1: Forschungsmethoden.* Weinheim und Basel 1974.

Berkowitz, L. Group standards, cohesiveness, and productivity. *Human Relations.* 1954, 7, 509–519.

Berliner, J. S. The situation of plant managers. In A. Inkeles & K. Geiger (Hrsg.), *Soviet Society: A book of readings.* Boston 1961.

Berlyne, D. E. *Konflikt, Erregung, Neugier. Zur Psychologie der kognitiven Motivation.* Stuttgart 1974.

Bexton, W. H., Heron, W., & Scott, T. H. Effects of decreased variation in the sensory environment. *Canadian Journal of Psychology.* 1954, 8, 70–76.

Bindra, D. *Motivation: A systematic reinterpretation.* New York 1959.

Blake, R. R. & Mouton, J. S. *Verhaltenspsychologie im Betrieb.* Düsseldorf-Wien 1968.

Blood, M. R. & Hulin, C. L. Alienation, environmental characteristics, and worker responses. *Journal of Applied Psychology.* 1967, 51, 284–290.

Brayfield, A. H. & Crockett, W. H. Employee attitudes and employee performance. *Psychological Bulletin.* 1955, 52, 396–424.

Breer, P. E. & Locke, E. A. *Task experience as a source of attitudes.* Homewood. Ill. 1965.

Brenner, M. H. & Lockwood, H. C. Salary as a predictor of salary: A 20-year study. *Journal of Applied Psychology.* 1965, 49, 295–298.

Burnett, F. An experimental investigation into repetitive work. *Industrial Fatigue Research Board Report No 30.* London 1925.

Burns, T. & Stalker, G. M. *The management of innovation.* London 1961.

Butler, R. A. Discrimination learning by resus monkeys to visual-exploration motivation. *Journal of Comparative and Physiological Psychology.* 1953, 46, 95–98.

Campbell, H. Group incentives. *Occupational Psychology.* 1952, 26, 15–21.

Campbell, J. P., Dunnette, M. D., Lawler, E. E. & Weick, K. E. *Managerial behavior, performance, and effectiveness.* New York 1970.

Carter, M. *Into work.* Baltimore, Md. 1966.

Coch, L. & French, J. R. P. Overcoming resistance to change. *Human Relations.* 1948, 1, 512–532.

Cofer, C. N. & Appley, M. H. *Motivation: Theory and research.* New York 1964.

Cohen, A. K. *Abweichung und Kontrolle.* 3. Auflage. München 1972.

Collins, O., Dalton M., & Roy, D. Restriction of output and social cleavage in industry. *Applied Anthropology.* 1946, 5 (3), 1–14.

Cowles, J. T. Food tokens as incentives for learning by chimpanzees. *Comparative Psychology. Monograph.* 1937, 14 (No. 71).

Cravens, R. W. & Renner, K. E. Conditioned appetitive drive states. Empirical evidence and theoretical status. *Psychological Bulletin.* 1970, 73, 212–220.

Crespi, L. P. Quantitative variation of incentive and performance in the white rat. *American Journal of Psychology.* 1942, 55, 467–517.

Crespi, L. P. Amount of reinforcement and level of performance. *Psychological Review.* 1944, 51, 341–357.

Dalton, M. The industrial „rate-buster": A characterization. *Applied Anthropology.* 1948, 7, 5–18.

Despain, D. Let workers write the pay checks. *Nations Business.* 1945, 33 (July) 23.

Drucker, P. F. *Praxis des Managements.* Düsseldorf 1956.

Dubin, R. Industrial workers' worlds: A study of the „central life interests" of industrial workers. *Social Problems.* 1956, 3, 131–142.

Dubin, R. *The world of work.* Englewood Cliffs, N. J. 1958.

Dunnette, M. D., Campbell, J. P. & Hakel, M. D. Factory contributing to job satisfaction and job dissatisfaction in six occupational groups. *Organizational Behavior and Human Performance.* 1967, 2, 143–174.

Dyson, B. H. Whether direct individual incentive systems based on time-study, however accurately computed, tend over a period to limitation of output. Paper read at the spring conference. British Institute of Management, London 1956.

Englander, M. E. A psychological analysis of vocational choice: Teaching. *Journal of Counseling Psychology.* 1960, 7, 257–264.

Evans, M. G., The effects of supervisory behavior on the path-goal relationship. *Organizational Behavior and Human Performance,* 1970, 5, 277–298.

Fiedler, E. E. A contingency model of leadership effectiveness. In L. Berkowitz (Hrsg.). *Advances in experimental social psychology.* Vol. 1. New York 1964.

Fleishman, E. A. & Harris, E. F. Patterns of leadership behavior related to employee grievances and turnover. *Personnel Psychology.* 1962. 15, 43–56.

Fleishman, E. A., Harris, E. E. & Burtt, H. E. *Leadership and supervision in industry.* Columbus 1955.

Ford, R. N. *Motivation through the work itself.* New York 1969.

French, E. G. Some characteristics of achievement motivation. *Journal of Experimental Psychology.* 1955, 50, 232–236.

French, J. R. P., Israel J. & As, D. An experiment on participation in a Norwegian factory. *Human Relations.* 1960, 13, 3–19.

Fromm, E. *Furcht vor der Freiheit.* 5. Auflage. Frankfurt 1972.

Gardner, B. B. *Praktische Menschenführung im Betrieb.* Opladen 1957.

Gardner, J. W. *No easy victories.* New York 1968.

Glickman, A. S., Hahn, C. P., Fleishman, E. A. & Baxter, B. *Top management development and succession.* New York 1968.

Goldstein, K. *The organism.* New York 1939.

Goldthorpe, J. H. *Der wohlhabende Arbeiter in England.* München 1970.

Grove, E. A. & Kerr, W. A. Specific evidence on origin of halo effect in measurement of employee morale. *Journal of Social Psychology.* 1951, 34, 165–170.

Haber, R. N. Discrepancy from adaptation level as a source of affect. *Journal of Experimental Psychology.* 1958, 56, 370–375.

Hackman, J. R. & Lawler, E. E. Employee reactions to job characteristics. *Journal of Applied Psychology.* 1971, 55, 259–286.

Haire, M. *Psychology in management.* New York 1956.

Haire, M., Ghiselli, E. E. & Gordon, M. E. A psychological study of pay. *Journal of Applied Psychology Monograph.* 1967, 51 (4, Whole No. 636).
Haire, M., Ghiselli, E. E. & Porter, L. W. *Managerial thinking. An international study.* New York 1966.
Hall, C. S. & Lindzey, G. *Theories of personality.* New York 1957.
Hall, D. T. Potential for career growth. *Personnel Administration.* May-June, 1971, 34, 18–30.
Hall, D. T. & Lawler, E. E. Unused potential in research and development organizations. *Research management.* 1969, 12, 339–354.
Halpin, A. W. & Winer, B. J. A factorial study of the leader behavior descriptions. In R. M. Stogdill & A. E. Coons (Hrsg.), *Leader behavior: Its description and measurement.* Columbus 1957, No. 88, 39–51.
Harlow, H. F. Mice, monkeys, men, and motives. *Psychological Review.* 1953, 60, 23–32.
Harlow, H. F. The nature of love. *American Psychologist.* 1958, 13, 673–685.
Herzberg, F., Mausner, B., Peterson, R. O., & Capwell, D. F. *Job attitudes. Review of research and opinion.* Pittsburgh: 1957.
Herzberg, F., Mausner, B., & Snyderman, B. *The motivation to work.* (2. Auflage) New York 1959.
Hickson, D. J. Motives of work people who restrict their output. *Occupational Psychology,* 1961, 35, 110–121.
Hofstede, G. H. *The game of budget control.* Assen, Netherlands: 1967.
Hoppock, R. *Job satisfaction.* New York 1935.
Horney, K. *Neurosen und menschliches Wachstum.* München 1975.
House, R. J., Filley, A. C., & Kerr, S. Relation of leader consideration and initiating structure to *R and D* subordinates' satisfaction. *Administrative Science Quarterly,* 1971, 16, 19–30.
Hulin, C. L. & Blood, M. R. Job enlargement, individual differences, and worker responses. *Psychological Bulletin.* 1968, 69, 41–55.
Hull, C. L. *Principles of behavior.* New York 1943.
Hull, C. L. *A behavior system.* New Haven 1952.
Jacobson, E. *Foreman-steward participation practices and worker attitudes in a unionized factory.* Unpublished doctoral dissertation, University of Michigan, 1951.
Jones M. R. (Hrsg.), *Nebraska symposium on motivation.* Lincoln 1955.
Kahn, R. L. Human relations on the shop floor. In E. M. Hugh-Jones (Hrsg.), *Human relations and modern management.* Amsterdam 1958.
Kahn, R. L. Productivity and job satisfaction. *Personnel psychology.* 1960, 13, 275–286.
Katz, D., Maccoby, N., Gurin, G. & Floor, L. G. *Productivity, supervision, and morale among railroad workers.* Ann Arbor 1951.
Katz, D., Maccoby, N. & Morse, N. *Productivity, supervision, and morale in an office situation.* Ann Arbor 1950.
Katzell, R. A. Personal values, job satisfaction, and job behavior. In H. Borow (Hrsg.), *Man in a world of work.* Boston 1964.

Keys, A., Brozek, J., Henschel, A., Mickelsen, O., & Taylor, H. *The biology of human starvation.* Minneapolis 1950. 2 Bände.
Klein, S. M., & Maher, J. R. Education level and satisfaction with pay. *Personnel Psychology.* 1966, 19, 195–208.
Korman, A. K. „Consideration", „initiating structure", and organizational criteria–A review, *Personnel Psychology.* 1966, 19, 349–362. (a)
Korman, A. K. Self esteem variable in vocational choice. *Journal of Applied Psychology.* 1966, 50, 479–486. (b)
Kornhauser, A. *Mental health of the industrial worker. A Detroit study.* New York 1965.
Kuriloff, A. H. *Reality in management.* New York 1966.
Langer, W. C. *Psychology and human living.* New York 1937.
Lawler, E. E. Managers' attitudes toward how their pay is and should be determined. *Journal of Applied Psychology.* 1966, 50, 273–279.
Lawler, E. E. The multitrait-multirater approach to measuring managerial job performance. *Journal of Applied Psychology.* 1967, 51, 369–381.
Lawler, E. E. Job design and employee motivation. *Personnel Psychology.* 1969, 22, 426–435.
Lawler, E. E. *Pay and organizational effectiveness: A psychological view.* New York 1971.
Lawler, E. E. & Cammann, C. What makes a work group successful? In A. Morrow (Hrsg.), *The failure of success.* New York 1972.
Lawler, E. E., & Hackmann, J. R. The impact of employee participation in the development of pay incentive plans. A field experiment. *Journal of Applied Psychology.* 1969, 53, 467–471.
Lawler, E. E., Hackman, J. R., & Kaufman, S. Effects of job redesign. A field experiment. *Journal of Experimental Social Psychology.* 1973, 3, 49–62.
Lawler, E. E. & Hall, D. T. Relationship of job characteristics to job involvement, satisfaction, and intrinsic motivation. *Journal of Applied Psychology.* 1970, 54, 305–312.
Lawler, E. E., & Porter, L. W. Perceptions regarding management compensation. *Industrial Relations,* 1963, 3, 41–49.
Lawler, E. E., & Porter, L. W. Predicting managers' pay and their satisfaction with their pay. *Personnel Psychology.* 1966, 19, 363–373.
Lawler, E. E. & Porter, L. W. The effect of performance on job satisfaction. *Industrial Relations,* 1967, 7, 20–28.
Lawler, E. E. & Suttle, J. L. A causal correlational test of the need hierarchy concept. *Organizational Behavior and Human Performance.* 1972, 7, 265–287.
Lecky, P. Self-consistency: *A theory of personality.* New York 1945.
Lewin, K. *A dynamic theory of personality.* New York 1935.
Lewin, K. Group decision and social change. In T. M. Newcomb & E. L. Hartley (Hrsg.), *Readings in social psychology.* New York 1947.
Lewin, K., Dembo, T., Festinger, L., & Sears, P. Level of aspiration. In J. McV. Hunt (Hrsg.), *Personality and the behavior disorders.* New York 1944.

Lewin, K., Lippitt, R., & White, R. K. Patterns of aggressive behavior in experimentally created social climates. *Journal of Social Psychology.* 1939, 10, 271–299.

Likert, R. A motivational approach to a modified theory of organization and management. In M. Haire (Hrsg.), *Modern organization theory: A symposium of the foundation for research on human behavior.* New York 1959.

Likert, R. *Neue Ansätze der Unternehmungsführung.* Bern und Stuttgart 1972.

Lincoln, J. F. *Incentive management.* Cleveland 1951.

Locke, E. A. What is job satisfaction? Paper presented at the APA Convention. San Francisco, September 1968.

Locke, E. A. What is job satisfaction? *Organizational Behavior and Human Performance,* 1969, 4, 309–336.

Lyden, F. J. & Miller, E. G. (Hrsg.) *Planning, programming, and budgeting: A systems approach to management.* Chicago 1968.

McClelland, D. C. Measuring motivation in phantasy. *The achievement motive. In H. Guetzkow (Hrsg.),* Groups, leadership, and men. Pittsburgh 1951.

McClelland, D. C. *Die Leistungsgesellschaft.* Stuttgart 1966.

McDougall, W. *An introduction to social psychology.* London 1908.

McGregor, D. An uneasy look at performance appraisal. *Harvard Business Reviews.* 1957, 35 (3), 89–94.

McGregor, D. *Der Mensch im Unternehmen.* Düsseldorf 1970.

March, J. G. & Simon, H. A. *Organizations.* New York 1958.

Marks, A. R. N. An investigation of modifications of job design on an industrial situation and their effects on some measures of economic productivity. Unpublished doctoral dissertation. Berkeley 1954.

Marriott, R. Size of working group and output. *Occupational Psychology.* 1949, 23, 47–57.

Marrow, A. J., Bowers, D. G., & Seashore, S. E. *Management by participation.* New York 1967.

Martin, N. H., & Strauss, A. L. Patterns of mobility within industrial organizations. *Journal of Business.* 1956, 29, 101–110.

Maslow, A. H. A theory of human motivation. *Psychological Review.* 1943, 50, 370–396.

Maslow, A. H. *Motivation and personality.* New York 1954.

Maslow, A. H. *Psychologie des Seins.* München 1973.

Maslow, A. H. *Motivation and personality* (2. Auflage), New York 1970.

May, R. *Man's search for himself.* New York 1953.

Mayo, E. *The social problems of an industrial civilization.* Cambridge, Mass. 1945.

Metzner, H., & Mann, F. Employee attitudes and absences. *Personnel Psychology.* 1953, 6, 467–485.

Meyer, H. H., Kay, E. & French, J. R. P. Split roles in performance appraisal. *Harvard Business Review.* 1965, 43 (1), 123–129.

Miles, R. C. Learning in kittens with manipulatory, exploratory, and food incentives. *Journal of Comparative and Physiological Psychology.* 1958, 51, 39–42.

Miles, R. E. Human relations or human resources? *Harvard Business Review.* 1965, 43 (4), 148–163.

Mobley, W. H., & Locke, E. A. The relationship of value importance to satisfaction. *Organizational Behavior and Human Performance.* 1970, 5, 463–483.

Moore, J. V. & Smith, R. G. Aspects of non-commissioned officer leadership. Working paper, U. S. Air Force Human Resources Research Center, Technical Report No 52–53, 1952.

Morse, N. C. *Satisfactions in the white collar job.* Ann Arbor 1953.

Morse, N. C., & Reimer, E. The experimental change of a major organizational variable. *Journal of Abnormal Social Psychology.* 1956, 52, 120–129.

Morse, N. C., & Weiss, R. The function and meaning of work and the job. *American Sociological Review.* 1955, 20, 191–198.

Murray, E. J. *Motivation and emotion.* Englewood Cliffs, N. J. 1964.

Murray, H. A. The effect of fear upon estimates of the maliciousness of other personalities. *Journal of Social Psychology.* 1933, 4, 310–329.

Murray, H. A. *Explorations in personality.* New York 1938.

Odiorne, G. S. *Management by Objectives.* München 1973.

Office of Strategic Services Asessment Staff. *Assessment of men.* New York 1948.

Ondrack, Daniel A. Exmamination of the generation gap. Attitudes toward authority, *Personnel Administration.* May–June, 1971, 34, 8–17.

Opinion Research Corporation. *„Productivity" from the worker's standpoint.* Princeton 1949.

Organization for Economic Cooperation and Development. *Wages and labor mobility.* Paris 1965.

Pelz, D. C. Leadership within a hierarchical organization. *Journal of Social Issues.* 1951, 7 (3), 49–55.

Porter, L. W. A study of perceived need satisfactions in bottom and middle management jobs. *Journal of Applied Psychology.* 1961, 45, 1–10.

Porter, L. W. Job attitudes in management: I. Perceived deficiencies in need fulfillment as a function of job level. *Journal of Applied Psychology.* 1962, 46, 375–384.

Porter, L. W. Job attitudes in management: II. Perceived importance of needs as a function of job level. *Journal of Applied Psychology.* 1963, 47, 141–148.

Porter, L. W. *Organizational patterns of managerial job attitudes.* New York 1964.

Porter, L. W. & Lawler E. E. Properties of organization structure in relation to job attitudes and job behavior. *Psychological Bulletin.* 1965, 64, 23–51.

Porter, L. W. & Lawler, E. E. *Managerial attitudes and performance.* Homewood. Ill. 1968.

Porter, L. W., Lawler, E. E. & Hackman, J. R. *Behavior in organizations.* New York 1975.

Puckett, E. S. Productivity achievements – A measure of success. In F. G. Lesieur (Hrsg.). *The Scanlon Plan.* Cambridge, Mass. 1958.

Quinn, R. P., Staines, G., & McCullough, M. Job satisfaction in the 1970's: Recent history and a look to the future. *Manpower Monograph.* 1973.
Raiffa, H. *Einführung in die Entscheidungstheorie.* Oldenburg-München-Wien 1973.
Reich, C. *The greening of America.* New York 1970.
Rhode, J. G., Sorensen, J. E. & Lawler, E. E. *A study of professional staff turnover in public accounting firms.*
Riesmann, D., Whyte, W. H. *The Lonely Crowd.* Göttingen und Zürich 1967.
Roethlisberger, F. J. & Dickson, W. J. *Management and the worker.* Cambridge, Mass. 1939.
Rogers, C. R. *Die klientbezogene Gesprächstherapie.* München 1973.
Rogers, C. R. *Entwicklung der Persönlichkeit.* Stuttgart 1973.
Rosenberg, M. *Occupations and values.* Glencoe, Ill. 1957.
Ross. I. E. & Zander, A. F. Need satisfaction and employee turnover. *Personnel Psychology.* 1957, 10, 327–338.
Roszak, Th. *Gegenkultur – The marking of a counter culture.* Düsseldorf 1975.
Rotter, J. B. Generalized expectancies for internal versus external control of reinforcement. *Psychological Monographs.* 1966, 80 (1), 1–28.
Roy, D. Quota restriction and gold bricking in a machine shop. *American Journal of Sociology.* 1952, 57, 427–442.
Schachter, S. *The psychology of affiliation.* Stanford, Calif. 1959.
Schachter, S., Ellertson, N., McBride, D., & Gregory, D. An experimental study of cohesiveness and productivity. *Human Relations.* 1951, 4, 229–238.
Schaffer, R. H. Job satisfaction as related to need satisfaction in work. *Psychological Monographs.* 1953, 67 (14, Whole No. 364).
Scheflen, K. D., Lawler, E. E. & Hackman, J. R. Long term impact of employee participation in the development of pay incentive plans: A field experiment revisited. *Journal of Applied Psychology.* 1971, 55, 182–186.
Schein, E. H. *Organizational psychology.* Englewood Cliffs. N. J. 1965.
Schultz, G. P. Variations in environment and the Scanlon plan. In E. G. Lesieur (Hrsg.). *The Scanlon Plan.* Cambridge, Mass. 1958.
Scott, W. E. The behavioral consequences of repetitive task design: Research and theory. In L. L. Cummings & W. E. Scott (Hrsg.). *Readings in organizational behavior and human performance.* Homewood Ill. 1969.
Seashore, S. *Group cohesiveness in the industrial work group.* Ann Arbor 1954.
Simon, H. A. *Administrative behavior.* (2. Auflage), New York 1957.
Smith, P., Kendall, L. & Hulin, C. *The measurement of satisfaction in work and retirement.* Chicago 1969.
Smock, C. D. & Holt, B. G. Children's reactions to novelty: An experimental study of „curiosity motivation". *Child Development.* 1962, 33, 631–642.
Snygg, D. & Combs, A. W. *Individual behavior.* New York 1949.
Sofer, C. *Men in mid-career. A study of British managers and technical specialists.* Cambridge 1970.

Stone, C. H. The personality factor in vocational guidance. *Journal of Abnormal Social Psychology*. 1933, 28, 274–275.

Svetlik, B., Prien, E. & Barrett, G. Relationships between job difficulty, employee's attitude toward his job, and supervisory ratings of the employee effectiveness. *Journal of Applied Psychology*. 1964, 48, 320–324.

Tannenbaum, A. S. & Allport, F. H. Personality structure and group structure. An interpretive study of their relationship through an event-structure hypothesis. *Journal of Abnormal Social Psychology*. 1956, 53, 272–280.

Tausky, C. & Dubin, R. Career anchorage: Managerial mobility motivations. *American Sociological Review*, 1965, 30, 725–735.

Taylor, F. W. *The principles of scientific management*. New York 1911.

Thorndike, F. L. *Animal intelligence. Experimental studies*. New York 1911.

Titmus, R. M. *The gift relationship*. New York 1971.

Tolman, E. C. *Purposive behavior in animals and men*. New York 1932.

Trow, D. B. Autonomy and job satisfaction in task-oriented groups. *Journal of Abnormal Social Psychology*. 1957, 54, 204–209.

Turner, A. N. & Lawrence, P. R. *Industrial jobs and the worker*. Boston 1965.

Viteles, M. S. *Motivation and morale in industry*. New York 1953.

Vroom, V. H. Some personality determinants of the effects of participation. *Journal of Abnormal Social Psychology*. 1959, 59, 322–327.

Vroom, V. H. *Some personality determinants of the effects of participation*. Englewood Cliffs., N. J. 1960.

Vroom, V. H. Organizational choice: A study of pre- and post-decision processes. *Organizational Behavior and Human Performance*. 1966, 1, 212–225.

Vroom, V. H. *Work and motivation*. New York 1964.

Vroom, V. H. & Deci, E. L. *Management and motivation*. Baltimoore 1970.

Wager, L. W. Leadership style, influence, and supervisory role obligations. *Administrative Science Quarterly*. 1965, 9, 391–420.

Walker, C. R. & Guest, R. H. *The man on the assembly line*. Cambridge, Mass. 1952.

Wanous, J. P. *An experimental test of job attraction theory in an organizational setting*. Unpublished doctoral dissertation, Yale University, 1972 (a).

Wanous, J. P. Occupational preferences: Perceptions of valence and instrumentality and objective data. *Journal of Applied Psychology*. 1972, 56, 152–155 (b).

Wanous, J. P. & Lawler, E. E, Measurement and meaning of job satisfaction. *Journal of Applied Psychology*. 1972, 56, 95–105.

Weitz, J. Job expectancy and survival. *Journal of Applied Psychology*. 1956, 40, 245–247.

Weitz, J. & Nuckols, R. C. The validity of direct and indirect questions in measuring job satisfaction. *Personnel Psychology*. 1953, 6, 487–494.

White, B. F. & Barnes, L. B. Power networks in the appraisal process. *Harvard Business Review*, 1971, 49 (3), 101–109.

White, R. W. Motivation reconsidered: The concept of competence. *Psychological Review,* 1959, 66, 297–333.
Whyte, W. F. *Human relations in the restaurant industry.* New York 1948.
Whyte, W. F. *Money and motivation.* New York 1955.
Wickert, F. R. Turnover and employees' feelings of ego-involvement in the day-to-day operations of a company. *Personnel Psychology.* 1951, 4, 185–197.
Williamson, E. G. *How to counsel students.* New York 1939.
Wolfe, J. B. Effectiveness of token-rewards for chimpanzees. *Comparative Psychology Monograph.* 1936, 12, 15.
Woodworth, R. S. *Dynamic psychology.* New York 1918.
Wyatt, S. *Incentives in repetitive work: A practical experiment in a factory.* (Industrial Health Research Board Report No. 69). London 1934.
Yoder, D. *Personnel management and industrial relations.* Englewood Cliffs, N. J. 1956.
Zahleznik, A., Christensen, C. R. & Roethlisberger, F. J. *The motivation, productivity, and satisfaction of workers; A prediction study.* Boston 1958.
Zeaman, D. Response latency as a function of the amount of reinforcement. *Journal of Experimental Psychology.* 1949, 39, 466–483.

Sachregister